suhrkamp taschenbuch 22

Bertrand Russell, geboren am 18. Mai 1872 in Chepstow/Monmouthshire, starb am 2. Februar 1970 in Penrhyndendraeth/Wales. Russell studierte am Trinity College Mathematik und Sozialwissenschaften. Während des Ersten Weltkriegs kam er wegen Aufforderung zur Kriegsdienstverweigerung ins Gefängnis. Er lehrte an den Universitäten Harvard, Oxford, London, Peking, Chicago, Los Angeles. 1950 wurde er mit dem Nobelpreis für Literatur ausgezeichnet. Russell ist einer der bekanntesten Mathematiker. Weltruhm erlangte er durch sein Engagement gegen die Atomrüstung und gegen den Vietnamkrieg. Er ist der Initiator des nach ihm benannten Tribunals, das die Amerikaner der Kriegsverbrechen in Vietnam für schuldig befand. Wichtige Werke: *Principia mathematica* (1910–1913), *Einführung in die mathematische Philosophie* (1919), *The Practice and Theory of Bolshevism* (1920), *Analyse des Geistes* (1921), *On Education* (1926), *Das naturwissenschaftliche Zeitalter* (1931), *Philosophie des Abendlandes* (1946), *Gesunder Menschenverstand und Atomkrieg* (1954), u. a.
Golo Mann: »Ein Humanist ist Russell immer geblieben. Ein freier Mann auch, sehr frei von der Tyrannei seiner Mitmenschen ... daß er seine Grundsätze *lebte* und, da es provozierende Grundsätze waren, durch acht Jahrzehnte die Obrigkeiten und Großen der Welt provozierte, da er doch von Geburt zu ihnen gehörte und unter ihnen es sich hätte bequem machen können – das macht ihn unvergleichlich; legendenumwoben, oft mißverstanden und plump verleumdet, und zur mythischen Gestalt zuletzt.«
Als letztes Werk vor seinem Tod erregte Russells Autobiographie weltweites Aufsehen. In dem hier vorliegenden 1. Band schildert er in einer brillanten Prosa den bizarren Puritanismus seiner Erziehung, seinen Weg zur mathematischen Logik und seine Freundschaft mit bedeutenden Zeitgenossen. Russell gibt keine hermetische, nach allen Seiten bedachtsam abgesicherte Retrospektive, sondern eine Folge variierender Momentaufnahmen, die in Erinnerungen, Assoziationen, Dokumenten und Briefen die Unmittelbarkeit und Frische des Erlebten vermittelt.

Bertrand Russell
Autobiographie I
1872-1914

Suhrkamp

Deutsch von Harry Kahn
Titel der Originalausgabe:
The Autobiography of Bertrand Russell

suhrkamp taschenbuch 22
Erste Auflage 1972

Satz: Aktino KG, Berlin
Druck: Ebner, Ulm · Printed in Germany
Umschlag nach Entwürfen
von Willy Fleckhaus und Rolf Staudt

Inhalt

Wofür ich gelebt habe 7
Kindheit 9
Jugend 45
Cambridge 75
Verlobung 105
Erste Ehe 189
Principia Mathematica 222
Wiederum Cambridge 321

Golo Mann: *Versuch über Bertrand Russell* 363
Erläuterungen zum Text 391
Zeittafel

Die »Erläuterungen zum Text« am Schluß des Buches dienen vornehmlich zur Unterrichtung des nicht-englischen Lesers über nicht allgemein bekannte Institutionen und Figuren des britischen Lebens. Kurze Erklärungen innerhalb des Textes wurden in eckige Klammern gesetzt.

An Edith

Die langen Jahre hindurch
sucht' ich Frieden.
Ich fand Verzückung, ich fand Qual,
ich fand Wahnsinn,
ich fand Einsamkeit.
Ich fand die einsame Pein,
die das Herz zerfrißt.
Aber Frieden fand ich nicht.

Nun, alt und dem Ende nah,
lernte ich dich kennen,
und, da ich dich kenne,
fand ich sowohl Verzückung wie Frieden,
kenne ich Ruhe.
Nach so vielen Jahren der Einsamkeit
weiß ich, was Leben und Liebe sein kann.
Wenn ich nun schlafe,
wird mein Schlaf voll Erfüllung sein.

Wofür ich gelebt habe

Drei einfache, doch übermächtige Leidenschaften haben mein Leben bestimmt: das Verlangen nach Liebe, der Drang nach Erkenntnis und ein unerträgliches Mitgefühl für die Leiden der Menschheit. Gleich heftigen Sturmwinden haben mich diese Leidenschaften bald hier-, bald dorthin geweht in einem launenhaften Zickzackkurs über ein Weltmeer von Qual hinweg bis zum letzten Rand der Verzweiflung.

Nach Liebe trachtete ich, einmal, weil sie Verzückung erzeugt, eine Verzückung so gewaltig, daß ich oft mein ganzes, mir noch bevorstehendes Leben hingegeben haben würde für ein paar Stunden dieses Überschwangs. Zum andern habe ich nach Liebe getrachtet, weil sie von der Einsamkeit erlöst, jener entsetzlichen Einsamkeit, in der ein einzelnes erschauerndes Bewußtsein über den Saum der Welt hinabblickt in den kalten, leblosen, unauslotbaren Abgrund. Und letztens habe ich nach Liebe getrachtet, weil ich in der liebenden Vereinigung, in mystisch verkleinertem Abbild, die Vorahnung des Himmels erschaute, wie er in der Vorstellung der Heiligen und Dichter lebt. Danach habe ich gesucht und, wiewohl es zu schön erscheinen mag für ein Menschenleben: ich habe es – am Ende – gefunden.

Mit gleicher Leidenschaft habe ich nach Erkenntnis gestrebt. Ich wollte das Herz der Menschen ergründen. Ich wollte begreifen, warum die Sterne scheinen. Ich habe die Kraft zu erfassen gesucht, durch die nach den Pythagoreern die Zahl den Strom des Seins beherrscht. Ein wenig davon, wenn auch nicht viel, ist mir gelungen.

Liebe und Erkenntnis, soweit sie erreichbar waren, führten empor in himmlische Höhen. Doch stets brachte mich das Mitleid wieder zur Erde zurück. Widerhall von Schmerzensgeschrei erfüllt mein Herz: Verhungernde Kinder, getolterte Opfer von Unterdrückern, hilflose alte Menschen, ihren Kindern zur verhaßten Bürde geworden – die ganze Welt der Verlassenheit, der Armut, des Leids, all das macht ein hohnvolles Zerrbild aus dem, was Menschenleben eigentlich sein soll. Es verlangt mich danach, dem Übel zu steuern, allein ich vermag es nicht und so leide auch ich.

So war mein Leben. Ich habe es lebenswert gefunden, und ich würde es mit Freuden noch einmal leben, wenn sich mir die Möglichkeit dazu böte.

Kindheit

Meine früheste noch lebhafte Erinnerung ist die an meine Ankunft in Pembroke Lodge im Februar 1876. Um ganz genau zu sein: an das eigentliche Eintreffen im Hause selbst entsinne ich mich nicht mehr, dagegen an das riesige Glasdach des Bahnhofs, an dem ich aussteigen mußte – vermutlich Paddington –, das mir unbegreiflich schön vorkam. Vom ersten Tag in Pembroke Lodge entsinne ich mich noch des Tees im Saal der Dienerschaft. Es war das ein großer, kahler Raum, worin ein langer massiver Tisch stand mit Stühlen und einem Hocker daran. Die ganze Dienerschaft, mit Ausnahme der Haushälterin, der Köchin, der Zofe und des Butlers – die in der Stube der Haushälterin eine Aristokratie für sich bildeten – nahm in diesem Saal den Tee ein. Ich wurde zu diesem Behuf auf den hohen Hocker gesetzt und wunderte mich – wie ich mich noch heute höchst lebhaft erinnere – darüber, daß die Dienstboten so viel Interesse an mir nahmen. Damals wußte ich eben nicht, daß ich bereits der Gegenstand gewichtiger Erwägungen des Lord-Kanzlers, verschiedener Kronanwälte sowie anderer Standespersonen gewesen war, und ebensowenig von den merkwürdigen Begebenheiten, die sich vor meiner Ankunft in Pembroke Lodge abgespielt hatten und von denen ich erst Kunde bekam, als ich erwachsen war.

Mein Vater, Lord Amberley, war nach einer langen Zeit zunehmenden körperlichen Verfalls vor kurzem gestorben. Etwa anderthalb Jahre vorher waren meine Mutter und meine Schwester an Diphtherie gestorben. Meine Mutter war, wie ich späterhin aus ihrem Tagebuch und ihren Briefen erkannte, eine energische, originelle, charaktervolle, witzige, lebhafte, furchtlose Frau; nach ihren Bildern zu urteilen muß sie auch eine schöne Frau gewesen sein. Mein Vater war ein philosophisch veranlagter, wissensdurstiger, aber weltfremder, griesgrämiger und dünkelhafter Mann. Beide waren sie hitzige Weltverbesserer, Reformtheoretiker, die jede Theorie, an die sie glaubten, in die Praxis umzusetzen geneigt waren. Mein Vater war ein Jünger und Freund von John Stuart Mill, von dem beide den Glauben an Geburtenkontrolle und Frauenstimmrecht übernahmen. Infolge seines Eintretens für die Geburtenkontrolle verlor mein Vater seinen Parlamentssitz. Auch meine Mutter geriet wegen ihrer radikalen Ansichten zuweilen arg in die Klemme. Bei einer von den Eltern der Königin Mary veranstalteten Gardenparty äußerte die Herzogin von Cambridge mit lauter Stimme: »Jawohl, ich weiß, wer Sie sind; Sie sind die Schwiegertochter. Ich höre jedoch, daß Sie nur schmutzige Radikale und schmutzige Amerikaner mögen. Ganz London ist voll davon; in allen Clubs wird darüber gesprochen. Ich muß mir doch einmal Ihre Unterröcke ansehen, ob die auch schmutzig sind.«

Das folgende Schreiben des Britischen Konsuls in Florenz spricht für sich selbst:

22. September 1870

Liebe Lady Amberley,

Ich bin kein Verehrer von Signor Mazzini, sondern hege den äußersten Abscheu und Widerwillen gegen seinen Charakter und seine Grundsätze. Die öffentliche Stellung, die ich einnehme, verbietet mir überdies, mich zum Kanal für seine Korrespondenz herzugeben. Da ich Ihnen jedoch in dieser Hinsicht nicht ungefällig sein möchte, habe ich den einzigen Weg eingeschlagen, der mir offenstand, um ihm Ihren Brief zu übermitteln, will sagen: diesen zuhanden des Königlichen Staatsanwalts in Gaëta auf die Post zu geben.

Ich verbleibe
Ihr sehr ergebener
A. Paget

Mazzini schenkte meiner Mutter sein Uhrenetui, das noch in meinem Besitz ist.
Meine Mutter sprach häufig in Versammlungen zugunsten der

Einführung des Frauenstimmrechts. In ihrem Tagebuch fand ich eine Stelle, wo sie von den Mitgliedern der Potter-Schwesternschaft, zu der Mrs. Sidney Webb und Lady Courtenay gehörten, als von »Gesellschafts-Schmetterlingen« spricht. Als ich in späteren Jahren Mrs. Webb näher kennenlernte, gewann ich bedeutende Hochachtung vor der ernsten Lebensauffassung meiner Mutter, wenn ich mich daran erinnerte, daß Mrs. Webb ihr als »leichtfertiger Schmetterling« erschienen war. Aus den Briefen meiner Mutter, zum Beispiel solchen an Henry Crompton, den Positivisten, konnte ich andererseits feststellen, daß sie gelegentlich sehr munter, ja kokett sein konnte; vielleicht war also das Gesicht, das sie der Welt zukehrte, weniger beunruhigend als das, das sie ihrem Tagebuch zeigte.
Mein Vater war ein Freidenker. Er hat ein umfangreiches, nach seinem Tode herausgekommenes Buch mit dem Titel *An Analysis of Religious Belief* geschrieben. Er besaß eine große Bibliothek, die Kirchenväter, Werke über Buddhismus, über die Lehren des Konfuzius und dergleichen enthielt. Für die Vorbereitung seines Buches verwandte er viel von der Zeit, die er auf dem Lande zubrachte. In ihren ersten Ehejahren indes verbrachten meine Eltern jedes Jahr einige Monate in London, wo sie in Dean's Yard ein Haus hatten. Meine Mutter und ihre Schwester, Mrs. George Howard (später Lady Carlisle), wetteiferten mit ihren »Salons«. In dem von Mrs. Howard waren sämtliche präraffaelitischen Maler zu sehen und in dem meiner Mutter alle englischen Philosophen von Stuart Mill abwärts.
Im Jahre 1867 fuhren meine Eltern nach Amerika, wo sie sich mit den Bostoner Radikalen anfreundeten. Sie konnten nicht voraussehen, daß die Männer und Frauen, deren demokratischem Feuereifer sie Beifall spendeten und deren siegreichem Kampf gegen die Sklaverei sie Bewunderung zollten, die Großväter und Großmütter der Menschen waren, die Sacco und Vanzetti umbrachten. Meine Eltern hatten, beide erst zweiundzwanzigjährig, im Jahre 1864 geheiratet. Mein Bruder ist, wie er sich in seiner Autobiographie rühmt, neun Monate und vier Tage nach der Hochzeit zur Welt gekommen. Kurz vor meiner Geburt bezogen sie in einer Waldung dicht über den

steilen Ufern des Wye ein ganz einsames Haus, das Ravenscroft hieß (jetzt heißt es Cleiddon Hall). Von diesem Hause aus gab meine Mutter drei Tage nach meiner Geburt ihrer Mutter die folgende Beschreibung von mir: »Der Kleine wiegt 8³/₄ (englische) Pfund [etwa 4 kg], ist 21 Zoll [etwa 52 cm] lang, sehr dick, sehr häßlich und sieht, wie alle sagen, Frank sehr ähnlich, hat blaue, weit auseinanderstehende Augen und wenig Kinn. Beim Nähren verhält er sich genau wie Frank. Ich habe jetzt sehr viel Milch, aber wenn er sie nicht gleich bekommt, Blähungen oder sonst etwas hat, dann schreit, strampelt und zittert er, bis man ihn beschwichtigt... Er hebt sein Köpfchen und wirft höchst energische Blicke um sich herum...«
Für meinen Bruder bekamen meine Eltern einen Hauslehrer mit einiger wissenschaftlicher Begabung, zumindest laut einem Hinweis auf seine Arbeit in William James' *Psychology*[1] zu urteilen. Er war Darwinianer und mit dem Studium des Trieblebens der Hühner beschäftigt, die, zwecks Förderung seiner Forschungstätigkeit, in allen Räumen des Hauses, einschließlich des Salons, Verwüstungen anrichten durften. Er selbst befand sich in vorgeschrittenem Stadium von Lungenschwindsucht; er starb kurz nach meinem Vater. Offenbar aus rein theoretischen Gründen kamen meine Eltern zu der Ansicht, daß er zwar wegen seiner Tuberkulose kinderlos bleiben müsse, es jedoch ungerecht wäre, ihn zu dauernder Junggesellenschaft zu verurteilen. Meine Mutter erlaubte ihm daher, bei ihr zu wohnen; daß sie daraus irgendwelchen Lustgewinn gezogen hätte, dafür habe ich keinen Beweis gefunden. Dieser Zustand war nur von sehr kurzer Dauer; denn er nahm seinen Anfang nach meiner Geburt, und ich war erst zwei Jahre alt, als meine Mutter starb. Mein Vater behielt indes den Hauslehrer auch nach dem Tode meiner Mutter bei, ja, als mein Vater ebenfalls starb, stellte es sich heraus, daß er den Hauslehrer und Cobden Sanderson, die beide Atheisten waren, zu Vormündern seiner beiden Söhne eingesetzt hatte, weil er diese vor den Übeln einer religiösen Erziehung bewahren wollte. Aus seinen hinterlassenen Papieren entdeckten meine Großeltern jedoch, was sich in Hinsicht meiner Mutter zugetragen hatte. Diese Entdeckung

erregte ihr höchstes viktorianisches Entsetzen. Sie beschlossen daher – wenn nötig, auch gerichtlich – gegen die gottlosen Ränkeschmiede vorzugehen, um ihnen die unschuldigen Kinder aus den Klauen zu reißen. Die gottlosen Ränkeschmiede indes holten sich Rat bei Sir Horace Davey (später Lord Davey), der ihnen – anscheinend unter Bezugnahme auf den Präzedenzfall Shelley – versicherte, daß ein Prozeß mangels Rechtsgrundes nicht angestrengt werden könne. Mein Bruder und ich wurden daher zu Mündeln unter Vormundschaft des Kanzleigerichts erklärt, und Cobden Sanderson lieferte mich an dem Tage, von dem ich zu Anfang berichtet habe, meinen Großeltern aus. Zweifellos trug diese Vorgeschichte viel zu dem Interesse bei, das die Dienstboten an mir nahmen.

Erinnerungen an meine Mutter habe ich eigentlich überhaupt keine. Ich entsinne mich nur, daß ich einmal aus einem Ponywägelchen gefallen bin bei einer Gelegenheit, wo sie zugegen gewesen sein muß. Von meinem Vater erinnere ich mich nur an zweierlei: erstens, daß er mir einmal einen Bogen rotbedruckten Papiers schenkte, dessen Farbe mir großes Vergnügen machte, und zweitens, daß ich ihn einmal im Bad gesehen habe. Meine Eltern waren ihrem Wunsch gemäß im Garten von Ravenscroft beerdigt worden; ihre Leichen wurden später wieder ausgegraben und in die Familiengruft zu Chenies überführt.

Einige Tage vor seinem Tode schrieb mein Vater folgenden Brief an seine Mutter:

Ravenscroft,
Mittwoch nachts

Meine liebe Mama

Du wirst erfreut sein zu hören, daß ich, so bald irgend möglich, Redcliffe aufzusuchen gedenke, aber bekümmert, den Grund dafür zu vernehmen. Dieser ist, daß ich einen schweren Anfall von Bronchitis erlitten habe, die mich wahrscheinlich eine Zeitlang ans Bett fesseln wird. Dein Bleistiftbrief traf heute ein; zu meinem Leidwesen ersah ich daraus, daß auch Du so zerschlagen warst. So erschöpft, wie ich bin, kann ich doch schreiben; denn schlafen kann ich sowieso nicht. Unnötig zu sagen, daß dieser Anfall nicht gefährlich ist und ich keine Gefahr voraussehe. Allein ich habe zu bittere Erfahrungen, wie rasch sich Krankheiten entwickeln, um mich unbedingt sicher zu fühlen, oder »Frieden zu schreien, und ist doch kein Friede«. Die beiden Lungenflügel sind entzündet und können sich verschlimmern. Ich bitte Dich dringend, nicht zu depeschieren oder sonst etwas in Hast zu unternehmen. Anstelle von Audland haben wir einen netten jungen Doktor, und da er gerade erst hier zu praktizieren beginnt, wird er in seinem eigenen Interesse für mich alles tun, was er vermag. Ich wiederhole, daß ich zu genesen hoffe, doch für den Fall einer schlimmen Wendung möchte ich sagen, daß ich so ruhig und gelassen zu sterben gedenke wie »Einer, der die Diwandecke um sich rafft / Und hin sich legt, um angenehm zu träumen«.

Für mich selbst also keine Angst, ja nicht einmal ein Schreck; großen Schmerz jedoch empfinde ich für ein paar andere Menschen, die ich verlassen müßte, und vornehmlich für Dich. In Schmerz und Schwäche, wie ich diese Zeilen niederschreibe, kann ich Dir nur diesen ganz unzulänglichen Ausdruck meines tiefen Empfindens für Deine stetige, unwandelbare Liebe und Güte bieten, selbst wenn es scheinen mag, als habe ich sie nicht verdient. Ich bereue tief, daß ich zuweilen genötigt war, mich schroff zu geben; ich wollte jedoch nie etwas anderes dartun als Zuneigung. Ich habe sehr wenig von dem getan, was ich gern vollbracht hätte, doch ich hoffe, dieses Wenige war nicht minderwertig. Ich würde sterben im Bewußtsein, daß ein großes Werk meines Lebens ausgeführt wurde. Was meine zwei geliebten Jungen betrifft, so hoffe ich, daß Du sie, wenn möglich, häufig bei Dir siehst und daß sie Dich als Mutter betrachten. Die Bestattung soll, wie Du weißt, hier in meinem vielgeliebten Wald an dem schönen, für mich schon bereiteten Platz erfolgen. Ich darf kaum hoffen, daß Du ihr beiwohnst, aber ich würde gern daran denken, daß es sich ermöglichen ließe.

Es mag sehr selbstsüchtig sein, Dir den Schmerz dieses Briefes anzutun; ich fürchte jedoch, daß ich an einem andern Tag zum

Schreiben zu schwach sein könnte. Wenn ich kann, werde ich Dir täglich Nachricht geben. Auch von meinem lieben Papa habe ich zeit meines Lebens nur Güte und Zärtlichkeit erfahren, wofür ich zutiefst dankbar bin. Ich hoffe zuversichtlich, daß ihm am Ende seines langen, edlen Lebens der Schmerz erspart bleibe, einen Sohn zu verlieren. Agatha, Rollo und, wenn möglich, dem armen Willy, kann ich nur meine allerbesten Grüße senden.

Dein Dich liebender Sohn
A.

Pembroke Lodge, wo meine Großeltern lebten, ist ein weitläufiges Gebäude mit nur zwei Stockwerken im Richmond Park. Es war eine königliche Schenkung und leitet seinen Namen von jener Lady Pembroke her, die Georg III. in den Jahren seiner Geistesgestörtheit verehrte. Königin Victoria hatte es in den vierziger Jahren meinen Großeltern auf Lebenszeit überlassen, und seitdem wohnten sie dauernd darin. Die berühmte Kabinettssitzung, die in Kinglakes *Invasion of the Crimea* geschildert ist, bei der mehrere Kabinettsminister schliefen, während der Krimkrieg beschlossen wurde, fand in Pembroke Lodge statt. In späteren Jahren wohnte Kinglake in Richmond; ich erinnere mich noch gut an ihn. Als ich Sir Spencer Walpole einmal fragte, weshalb Kinglake so erbittert gegen Napoleon III. gewesen sei, antwortete er: »Sie zankten sich um eine Frau.« Natürlich fragte ich weiter: »Würden Sie mir die Geschichte erzählen?« – »Nein, das werde ich nicht tun«, entgegnete Sir Spencer. Bald darauf starb er.
Zu Pembroke Lodge gehörte ein Park von elf Acres [1 Acre = 40 Ar], den man größtenteils verwildern ließ. Er spielte eine große Rolle in meinem Leben bis zu meinem achtzehnten Jahr. Nach Westen zu breitete sich eine riesige Sicht aus, die von der Epsomer Heide bis zum Schloß Windsor reichte mit Hindhead und Leith Hill dazwischen. Ich gewöhnte mich an weite Horizonte und unbehinderten Ausblick auf Sonnenuntergänge. Wo ich diese beiden vermissen mußte, habe ich mich seitdem nie wohlgefühlt. Der Park enthielt viel schöne Bäume: Eichen, Bu-

chen, Roß- und Edelkastanien, Linden, eine ganz herrliche Zeder sowie indische Zedern und Kryptomerien, Geschenke indischer Fürsten. Es waren Gartenhäuschen darin, Wildrosenhekken, Lorbeergebüsch und viele geheime Plätzchen, wo man sich ausgezeichnet vor den Erwachsenen verstecken konnte, daß man nicht die leiseste Angst zu haben brauchte, entdeckt zu werden. Auch mehrere Blumengärten zwischen Buchsbaumhecken waren vorhanden. Die ganzen Jahre über, da ich in Pembroke Lodge lebte, wurde der Park immer mehr vernachlässigt. Hohe Bäume stürzten, die Wege wurden von Strauchwerk überwuchert, auf den Rasenflächen schoß das Gras lang und üppig in die Halme, und die Buchsbaumhecken gediehen fast zu Bäumen. Der Park schien sich der Tage früheren Glanzes zu erinnern, als ausländische Botschafter über seine Rasenstücke schritten und Fürsten seine schmucken Blumenbeete bewunderten. Er lebte in der Vergangenheit, und ich lebte mit ihm in der Vergangenheit. Ich dachte mir Hirngespinste über meine Eltern und meine Schwester aus. Ich stellte mir die Zeit vor, da mein Großvater in seiner Vollkraft stand. Die Unterhaltung der Erwachsenen, die ich mitanhörte, drehte sich meistenteils um längst vergangene Dinge: wie mein Großvater Napoleon auf Elba besucht hatte, wie der Großonkel meiner Großmutter während des amerikanischen Unabhängigkeitskrieges Gibraltar verteidigt und wie ihr Großvater von der ganzen Grafschaft »geschnitten« wurde, weil er geäußert hatte, die Welt müsse vor dem Jahre 4004 v. Chr. Geburt geschaffen worden sein, sintemalen sich auf den Abhängen des Ätna so viel Lava befinde. Zuweilen kam man aber auch auf jüngere Zeiten zu sprechen, und ich erfuhr, daß Carlyle Herbert Spencer als ein »perfect vacuum« [vollendeter Hohlkopf] bezeichnet und daß Darwin sich über den Besuch von Mr. Gladstone hochgeehrt gefühlt hatte. Meine Eltern waren tot, und ich machte mir viel Gedanken darüber, was für Menschen sie gewesen sein mochten. Mutterseelenallein pflegte ich im Park herumzuwandern, abwechselnd Vogeleier sammelnd und über den Flug der Zeit grübelnd. Wenn ich nach meinen eigenen Rückerinnerungen urteilen darf, so erheben sich die wirklich bedeutsamen, form-

bildenden Eindrücke der Kindheit nur in flüchtigen Augenblikken zum Bewußtsein inmitten der rein kindlichen Tätigkeiten und werden vor Erwachsenen niemals erwähnt. Meines Erachtens sind Perioden, in denen der jugendliche Geist »weidet« und ihm keine Betätigung von außenher auferlegt wird, hochbedeutend, weil sie für die Bildung dieser anscheinend flüchtigen, in Wahrheit aber lebenswichtigen Eindrücke Zeit lassen.
Mein Großvater war, wie ich ihn in der Erinnerung habe, ein schon weit über achtzigjähriger Mann, der in einem Rollstuhl im Park herumgefahren wurde oder, den Hansard lesend, in seinem Zimmer saß. Ich war sechs Jahre alt, als er starb. Ich erinnere mich, daß, als ich an seinem Todestag meinen Bruder (der auswärts auf der Schule war) mitten im Semester mit einer Droschke anfahren sah und ihn mit einem lauten »Hurrah!« begrüßte, mein Kindermädchen sagte: »Pst! Heute darfst du nicht Hurrah rufen!« Aus diesem Vorfall läßt sich schließen, daß der Großvater für mich wenig bedeutete.
Meine Großmutter dagegen, die dreiundzwanzig Jahre jünger war als er, war für mich die bedeutungsvollste Person während meiner ganzen Kindheit. Sie war eine schottische Presbyterianerin, in Politik und Religion eine Liberale (mit siebzig wurde sie Unitarierin), aber in allem, was Moral anging, äußerst streng. Sie war jung und sehr schüchtern gewesen, als sie meinen Großvater heiratete. Dieser war ein Witwer mit zwei eigenen und vier Stiefkindern. Ein paar Jahre nach der Heirat wurde er Premierminister. Für sie mußte das eine schwere Prüfung gewesen sein. Sie erzählte, wie sie als junges Mädchen einmal zu einem der berühmten Frühstücke bei dem Dichter Rogers gegangen war und dieser, als er ihre Schüchternheit bemerkte, zu ihr gesagt hatte: »Lassen Sie Ihre Zunge ein bißchen gehen. Sie brauchen das, liebes Kind.« Aus ihren Gesprächen ging deutlich hervor, daß sie der Erfahrung, wie man sich fühlt, wenn man verliebt ist, nie auch nur nahegekommen war. Sie erzählte mir einmal, wie erleichtert sie während ihrer Flitterwochen aufatmete, als ihre Mutter zu ihr kam. Bei einer andern Gelegenheit klagte sie darüber, daß soviel Poesie sich um ein so triviales Thema drehe, wie es die Liebe sei. Sie war indes

meinem Großvater eine hingebungsvolle Gattin, und, soweit ich entdecken konnte, ließ sie es niemals an der Erfüllung dessen fehlen, was sie, nach ihren höchst anspruchsvollen Maßstäben, für ihre Pflicht hielt.

Als Mutter und Großmutter ließ sie tiefe, wenn auch nicht immer kluge Besorgnis walten. Ich glaube nicht, daß sie jemals etwas von den Anforderungen des Sinnenlebens und überschäumender Lebenskraft begriffen hat. Sie verlangte, daß alles durch den Nebel der viktorianischen Empfindsamkeit hindurch betrachtet werde. Ich entsinne mich, daß ich ihr einmal klarzumachen versuchte, es sei doch widersinnig, im selben Atemzug zu verlangen, daß alle Menschen eine anständige Unterkunft hätten, daß aber keine neuen Häuser gebaut werden sollten, weil sie dem Auge des Beschauers wehtäten. Für sie hatte jede Empfindung ihre eigenen, getrennten Rechte, und es durfte nicht gefordert werden, daß eine Empfindung einer andern auf Grund eines so kalten Moments wie der Logik Platz machen solle. Nach dem Maßstab ihrer Zeit war sie eine gebildete Frau. Sie sprach ein fehlerloses Französisch, Deutsch und Italienisch ohne den geringsten Akzent. Shakespeare, Milton und die Dichter des achtzehnten Jahrhunderts kannte sie ausgezeichnet. Die Tierkreiszeichen und die Namen der Neun Musen wußte sie auswendig. Mit den französischen, deutschen und italienischen Klassikern war sie wohlvertraut. Sie verfügte über eine genaue Kenntnis der englischen Geschichte. Die Politik seit dem Jahre 1830 kannte sie aus nächster persönlicher Erfahrung. Doch alles, was Anwendung der Vernunft erforderte, war ihrer Erziehung vollständig ferngehalten worden und ihrem geistigen Leben fremd. Sie konnte niemals begreifen, wie die Schleusen der Flüsse funktionieren, obschon ich selbst gehört habe, wie zahllose Leute es ihr zu erklären versuchten. Ihre Ethik war die einer viktorianischen Puritanerin, und sie ließ sich durch nichts überzeugen, daß ein Mensch, der hin und wieder einmal fluchte, trotzdem gute Eigenschaften haben könne. Zu ihrem Bekanntenkreis gehörten auch die Damen Berry, Horace Walpoles Freundinnen; von diesen erzählte sie mir eines Tages ohne tadelnden Beiklang, die seien »altmodisch, sie pflegten

ein bißchen zu fluchen«. Wie viele Damen ihresgleichen machte sie unlogischerweise eine Ausnahme mit Byron, den sie als unglückseliges Opfer einer unerwiderten Liebe erachtete. Nicht so duldsam war sie mit Shelley, den sie für gottlos hielt und dessen Lyrik sie als kitschig bezeichnete. Während sie wohlbelesen war in den Klassikern des Kontinents, einschließlich Goethe und Schiller, wußte sie nichts von den Schriftstellern des Kontinents aus ihrer eigenen Zeit. Turgenjew schenkte ihr einen seiner Romane, doch sie las das Buch keineswegs und sah in seinem Verfasser lediglich den Vetter von Freunden. Sie wußte wohl, daß er Bücher schrieb; aber das taten ja so gut wie alle andern Leute auch.
Von Psychologie im modernen Sinn dieses Worts hatte sie natürlich keinen Schimmer. Daß es bestimmte Beweggründe des menschlichen Handelns gibt, war ihr bekannt: Vaterlandsliebe, Gemeinsinn, Liebe zu den Kindern, das waren lobenswerte, Liebe zum Geld, zur Macht, Eitelkeit, das waren schlechte Motive. Anständige Menschen handelten stets aus anständigen Motiven; schlechte Menschen, selbst die schlechtesten hatten Momente, in denen sie nicht gänzlich schlecht waren. Die Ehe war eine problematische Institution. Daß Eheleute einander liebten, war selbstverständliche Pflicht, der man sich jedoch nicht allzu leichthin entledigen durfte, denn wenn der Geschlechtstrieb sie zueinanderführte, dann mußte mit ihnen etwas nicht ganz in Ordnung sein. Natürlich drückte sie sich nicht mit derartigen Worten aus. Was sie äußern wollte und tatsächlich auch äußerte, war: »Weißt du, ich bin keineswegs der Ansicht, daß die Liebe zwischen Eheleuten etwas ebenso Schönes ist wie die Liebe der Eltern zu den Kindern, und zwar weil sie zuweilen mit Selbstsucht verbunden ist.« Eine größere Annäherung an ein Thema wie Geschlechtsleben erlaubte ihr Denken nicht. Einmal allerdings erlebte ich es, daß sie dem verbotenen Thema doch vielleicht etwas näherkam, nämlich mit der Äußerung, Lord Palmerston habe insofern eine Sonderstellung unter den Männern eingenommen, als er kein ganz anständiger Mann gewesen sei. Wein mochte sie nicht; Tabak verabscheute sie; stets war sie nahe daran, Vegetarierin zu werden. Sie führte

ein nüchtern-strenges Leben. Sie nahm nur die einfachste Nahrung zu sich, frühstückte um acht Uhr und vor ihrem achtzigsten Lebensjahr setzte sie sich erst nach der Teestunde in einen bequemen Sessel. Sie war vollkommen weltabgewandt und verachtete Leute, die etwas für weltliche Ehrungen übrig hatten. Leider muß ich sagen, daß ihre Einstellung zu Königin Victoria alles andere als respektvoll war. Höchst belustigt pflegte sie zu erzählen, wie ihr einmal, als sie in Windsor war, ziemlich schlecht wurde, die Königin zu sagen geruht habe: »Lady Russell kann sich hinsetzen. Lady Soundso wird sich vor sie stellen.«

Nachdem ich vierzehn geworden war, begann mir die geistige Beschränktheit meiner Großmutter auf die Nerven zu gehen, und ihre puritanische Sittenstrenge fing an, mir übertrieben zu scheinen. Doch solange ich noch in den Kinderschuhen steckte, gaben mir ihre herzliche Zuneigung zu mir und ihre unablässige Sorge um mich das Sicherheitsgefühl, dessen Kinder bedürfen, und ich vergalt es ihr mit meiner Liebe zu ihr. Ich erinnere mich, daß ich mit vier oder fünf Jahren manchmal nachts wachlag und mir ausdachte, wie schrecklich es sein würde, wenn die Großmutter tot wäre. Als sie dann, nachdem ich längst verheiratet war, wirklich starb, war es mir vollkommen gleichgültig. Mit der Zeit jedoch und mit zunehmendem Alter erkannte ich immer mehr die Bedeutung, die sie für die Gestaltung meiner Lebensauffassung gehabt hatte. Ihre Unerschrockenheit, ihr Gemeinsinn, ihre Verachtung der Konvention und die Gleichgültigkeit, die sie der Meinung der Mehrheit entgegenbrachte, habe ich immer als gut und richtig erachtet und haben mich als der Nacheiferung wert beeindruckt. Sie schenkte mir eine Bibel, auf deren Vorsatzblatt ihre Lieblingsstellen angegeben waren. Eine davon war »Du sollst der Menge nicht folgen zum Bösen«. Diese von ihr so hervorgehobene Bibelstelle hat mich in meinem späteren Leben vor der Angst bewahrt, kleinen Minderheiten anzugehören.

In meiner Knabenzeit lebten noch vier Brüder und zwei Schwestern meiner Großmutter, die sich alle von Zeit zu Zeit in Pembroke Lodge einfanden. Der älteste ihrer Brüder war Lord

Minto, den ich als Onkel William kannte. Der zweitälteste war Sir Henry Elliot, der eine ansehnliche diplomatische Karriere gemacht hatte, an den ich jedoch wenig Erinnerung habe. Vom dritten, Onkel Charlie, entsinne ich mich hauptsächlich der Länge seiner Adresse auf einem Briefumschlag: Admiral the Honourable Sir Charles Elliot, KCB [Kommandeur des Bath-Ordens]. Er lebte in Devonport. Es wurde mir erzählt, er sei Konteradmiral, aber es gebe noch einen Admiral höheren Ranges, der Flottenadmiral hieß. Das schmerzte mich ziemlich, und ich war der Meinung, er hätte in dieser Hinsicht etwas tun sollen. Der jüngste Bruder, der Junggeselle George Elliot, war mir nur als Onkel Doddy bekannt. Ganz besonders wurde ich immer auf seine große Ähnlichkeit mit seinem und meiner Großmutter Großvater aufmerksam gemacht, jenes Mr. Brydon, dem die bedauerliche Ketzerei über die Lava am Ätna unterlaufen war. Ansonsten war Onkel Doddy durch nichts vor andern Sterblichen ausgezeichnet. An Onkel William knüpft sich für mich eine höchst schmerzliche Erinnerung: Er kam eines Juniabends, am Ende eines Tages voller Sonnenschein, den ich in jeder Minute genossen hatte, nach Pembroke Lodge. Beim Gutenachtsagen dann machte er mich sehr ernst darauf aufmerksam, daß die Genußfähigkeit des Menschen mit den Jahren abnehme und daß ich daher nie mehr einen Sommerabend so freudig werde genießen können wie den jetzt zur Rüste gehenden. Ich brach in einen Strom von Tränen aus und weinte noch lange, nachdem ich zu Bett gegangen war. Spätere Erfahrungen belehrten mich, daß seine Bemerkung ebenso unrichtig wie grausam gewesen war.

Die Erwachsenen, mit denen ich in Berührung kam, bewiesen eine bemerkenswerte Unfähigkeit, die Heftigkeit kindlicher Gemütsbewegungen zu begreifen. Als man mich in meinem vierten Lebensjahr zum Photographieren nach Richmond mitnahm, hatte der Photograph einige Mühe, mich zum Stillsitzen zu bringen, bis er mir schließlich ein Sandtörtchen versprach, wenn ich mich reglos verhalte. Bis zu diesem Augenblick hatte ich in meinem ganzen Leben erst einmal ein Sandtörtchen bekommen, das mir als der Gipfelpunkt des Entzückens im Gedächtnis geblieben war. So verhielt ich mich also mäuschenstill, und das Bild wurde denn auch ausgezeichnet. Aber das Sandtörtchen bekam ich nicht.

Ein andermal hörte ich einen Erwachsenen zu einem andern sagen: »Wann kommt denn der junge Löwe?« Ich spitzte die Ohren und fragte: »Soll ein Löwe kommen?« – »Jawohl«, war die Antwort, »er kommt am Sonntag. Er ist ganz zahm; du wirst ihn im Salon sehen.« Ich zählte die Tage bis zum Sonntag und am Sonntagvormittag die Stunden. Schließlich wurde mir mitgeteilt, der Löwe sei im Salon, ich könne hingehen, um ihn anzusehen. Ich ging hin. Und dann war es ein junger Mann mit Namen Löwe. Ich war völlig erschüttert durch die Enttäuschung, und ich denke noch heute mit Herzeleid daran, wie tief verzweifelt ich damals war.

Um auf die Familie meiner Großmutter zurückzukommen: An ihre Schwester, Lady Elizabeth Romilly, erinnere ich mich nur wenig, außer daß ich von ihr zuerst den Namen Rudyard Kipling hörte, dessen *Plain Tales from the Hills* sie sehr bewunderte. Die andere Schwester, Lady Charlotte Portal, die für mich Tante Lottie hieß, war interessanter. Von ihr wurde erzählt, sie habe, da sie als Kind einmal aus dem Bett fiel, ohne aufzuwachen gemurmelt: »Mein Haupt ward erniedrigt, mein Stolz kam zu Fall.« Es wurde ferner von ihr erzählt, daß sie die Großen von Schlafwandeln hatte sprechen hören, in der nächsten Nacht aufgestanden und umherspaziert sei in einem Zustand, den sie für den einer Schlafwandlerin hielt. Die Großen, die sie sahen und merkten, daß sie hellwach war, kamen überein, die Sache mit Schweigen zu übergehen. Als daher am andern Morgen niemand etwas davon erwähnte, war sie so enttäuscht, daß sie schließlich fragte: »Hat mich niemand diese Nacht schlafwandeln sehen?« In ihrem späteren Leben neigte sie dazu, sich unglücklich auszudrücken. So wollte sie einmal eine Droschke für drei Leute bestellen; da sie ein Hansom [zweirädrig] für zu klein und einen normalen Vierräder für zu groß hielt, befahl sie dem Diener, einen dreirädrigen Wagen zu besorgen. Ein andermal geschah es, daß dieser Diener, der George hieß, sie zur Abfahrt nach dem Kontinent an den Bahn-

hof begleitete. Dort fiel ihr ein, sie werde ihm vielleicht wegen einer Haushaltungsangelegenheit schreiben müssen, merkte aber im gleichen Augenblick, daß sie den Zunamen des Dieners nicht wußte. Gerade als der Zug sich in Bewegung setzte, steckte sie den Kopf aus dem Fenster und rief: »George, George, wie heißen Sie?« »George, Milady«, rief der Diener – schon außer Hörweite.
Außer meiner Großmutter wohnten in dem Hause noch mein Onkel Rollo und meine Tante Agatha. Onkel Rollo hatte einen gewissen Einfluß auf meine frühzeitige Entwicklung insofern, als er häufig mit mir über wissenschaftliche Dinge sprach, in denen er vortrefflich Bescheid wußte. Er litt sein ganzes Leben lang an einer so krankhaften Schüchternheit, daß sie ihn an jeder Leistung hinderte, die eine Berührung mit andern Menschenwesen erforderte. Mir gegenüber indes war er, wenigstens solange ich noch im Kindesalter stand, nicht scheu, ja ließ er eine Ader drolligen Humors zutage treten, die die Erwachsenen nicht bei ihm vermutet hätten. Ich entsinne mich, daß ich ihn einmal fragte, warum die Kirchenfenster bunte Scheiben hätten. Worauf er mir allen Ernstes auseinandersetzte, daß dies in früheren Zeiten nicht der Fall gewesen sei, daß jedoch ein geistlicher Herr einmal, als er eben die Kanzel erklettert hatte, einen Mann mit einem Eimer voll weißer Tünche auf dem Kopf gesehen habe und wie auf einmal der Boden aus dem Eimer fiel und sich die weiße Farbe über den Mann ergoß. Dies habe bei dem Pfarrherrn einen so unbeherrschten Anfall von Gelächter hervorgerufen, daß er seine Predigt nicht halten konnte, und seitdem hätten alle Kirchenfenster bunte Scheiben. Er war früher im Auswärtigen Amt gewesen, aber er hatte ein Augenleiden, und als ich ihn kennenlernte, vermochte er nicht mehr zu lesen noch zu schreiben. Seine Augen wurden später wieder besser, doch er versuchte niemals mehr eine feste Stellung anzunehmen. Er war Meteorologe und stellte wertvolle Untersuchungen an über die Wirkungen des Ausbruchs des Vulkans Krakatau im Jahre 1883, der, wie mein Onkel zu beweisen versuchte, die merkwürdigen Sonnenuntergänge, ja einen blauen Mond in England hervorgerufen habe. Ich lauschte ihm mit

höchster Aufmerksamkeit. Die Gespräche mit ihm haben viel dazu beigetragen, meine wissenschaftlichen Interessen anzuregen.

Die Jüngste von den Erwachsenen in Pembroke Lodge war meine Tante Agatha. Sie war nur neunzehn Jahre älter als ich, also zweiundzwanzig Jahre alt, als ich nach Pembroke Lodge kam. Während meines ersten dort verbrachten Jahres machte sie allerhand Versuche mich zu erziehen, hatte jedoch wenig Erfolg damit. Sie besaß drei Bälle von verschiedener greller Färbung: einer war rot, einer gelb und einer blau. Sie hielt den roten Ball hoch und fragte: »Welche Farbe ist das?« Worauf ich antwortete: »Gelb.« Da hielt sie den Ball neben ihren Kanarienvogel und fragte: »Meinst du, dies sei die gleiche Farbe wie die des Kanarienvogels?« Worauf ich antwortete: »Nein.« Da ich aber nicht wußte, daß der Kanrienvogel gelb war, nützte das nicht viel. Ich muß jedoch die Farben noch rechtzeitig gelernt haben; aber ich kann mich nur daran erinnern, daß ich sie nicht auseinanderzuhalten vermochte. Danach machte sie den Versuch mir Lesen beizubringen. Aber da war Hopfen und Malz verloren. Solange sie mir Unterricht gab, vermochte ich nur ein einziges Wort zu lesen, nämlich »or« [oder]. Kein anderes, noch so kurzes Wort vermochte ich zu behalten. Sie muß den Mut verloren haben, denn kurz bevor ich fünf Jahre wurde, kam ich in einen Kindergarten, wo es schließlich gelang, mir die schwierige Kunst des Lesens beizubringen. Mit meinem sechsten oder siebten Jahr nahm sich die Tante wieder meiner an und unterrichtete mich in englischer Verfassungsgeschichte. Diese fesselte mich außerordentlich; ich weiß bis zum heutigen Tag noch viel von dem, was Tante Agatha mich auf diesem Gebiet gelehrt hat.

Ich besitze noch das Büchlein, in dem ich die von ihr diktierten Fragen und Antworten niedergeschrieben habe. Hier einige bezeichnende Proben davon:

Frage: Worum ging der Streit zwischen Heinrich II. und Thomas Becket?

Antwort: Heinrich wollte den Mißbräuchen steuern, die da

durch aufgetreten waren, daß die Bischöfe über eine eigene Gerichtsbarkeit verfügten, so daß das Kirchenrecht vom Gemeinrecht des Landes getrennt war. Becket lehnte es ab, die Macht der bischöflichen Gerichtshöfe beschränken zu lassen, ließ sich jedoch schließlich überreden, den sogenannten »Konstitutionen von Clarendon« zuzustimmen (in denen die entsprechenden Maßnahmen niedergelegt waren).
Frage: Bemühte sich Heinrich II. um die Verbesserung der Verwaltung des Landes oder nicht?
Antwort: Jawohl, während seiner ganzen, von emsiger Tätigkeit erfüllten Regierungszeit vergaß er nie, für die Reform des Gerichtswesens zu wirken. Die Wanderrichter gewannen immer mehr an Einfluß und schlichteten nicht nur Geldangelegenheiten in den Grafschaften wie bisher, sondern nahmen auch Klagen entgegen und fällten Urteile in Strafsachen. Heinrichs II. Reformen verdanken wir die ersten deutlichen Anfänge der Geschworenengerichte.

Die Ermordung Beckets wurde nicht erwähnt. Die Hinrichtung Karls I. wurde erwähnt, aber nicht getadelt.
Tante Agatha blieb ledig, nachdem sie einmal mit einem Pfarrer verlobt gewesen war, aber während der Verlobungszeit an allerhand Wahnvorstellungen litt, die schließlich zum Bruch führten. Danach wurde sie ein Geizkragen; in dem großen Haus, das sie bewohnte, benutzte sie nur ein paar Zimmer, um Kohle zu sparen, und nahm aus dem gleichen Grunde nur einmal in der Woche ein Bad. Sie trug dicke Wollstrümpfe, die immer in Falten über ihre Knöchel herunterrutschten, und hielt dauernd rührselige Reden über die unmäßige Gütigkeit gewisser Leute und die übermäßige Schlechtigkeit gewisser anderer, was gleicherweise auf reiner Einbildung beruhte. Unsere Ehefrauen, sowohl die meines Bruders wie meine, haßte sie, solange wir mit ihnen zusammenlebten, liebte sie jedoch, wenn das nicht mehr der Fall war. Als ich mit meiner zweiten Frau den ersten Besuch bei ihr machte, stellte sie eine Photographie meiner ersten Frau auf den Kaminsims und sagte zu der zweiten: »Wenn ich Sie ansehe, kann ich mich des Gedankens an

die liebe Alys nicht erwehren und frage mich, was geschieht, wenn Bertie Sie auch sitzen läßt, was Gott verhüten möge.« Mein Bruder sagte einmal zu ihr: »Tante, du bist immer um eine Frau zurück.« Diese Bemerkung erzürnte sie keineswegs, sondern rief schallendes Gelächter bei ihr hervor, und sie erzählte sie überall. Wer sie für sentimental und senil hielt, konnte plötzliche Überraschungen erleben, wenn ihr Witz und ihre Gewitztheit zum Ausbruch kamen. Sie war ein Opfer der Sittenstrenge meiner Großmutter. Wenn ihr nicht beigebracht worden wäre, daß Geschlechtsleben etwas Verruchtes sei, dann wäre sie wohl eine glückliche, lebensfrohe und lebenstüchtige Frau geworden.

Mein Bruder war sieben Jahre älter als ich und daher kein eigentlicher Gespiele für mich. Außer in der Ferienzeit war er auswärts auf der Schule. Wie das für den jüngeren Bruder natürlich ist, bewunderte ich ihn und freute mich immer sehr, wenn er zu Anfang der Ferien wiederkam; aber nach ein paar Tagen wünschte ich das Ende der Ferien herbei. Er neckte mich immer, tyrannisierte mich auch ein bißchen. Ich entsinne mich, wie er mir, als ich schon sechs Jahre alt war, laut zurief: »He, Baby!« Höchst würdevoll überhörte ich das, denn das war ja nicht mein Name. Hinterher teilte er mir dann mit, er habe Weintrauben gehabt, die er mir geschenkt hätte, wenn ich gekommen wäre. Da mir Obstgenuß auf das strengste verboten war, ging mir dieser Verlust sehr nahe. Es war da auch ein Glöckchen, das ich für mein Eigentum hielt, von dem er aber bei jeder Heimkehr behauptete, daß es ihm gehöre, und er nahm es mir weg, obschon er schon zu alt war, um daran viel Vergnügen finden zu können. Er hatte es noch in Besitz als Erwachsener, und ich konnte es nie ohne Ärger ansehen. Meine Eltern hatten, wie aus ihren Briefen hervorgeht, erhebliche Schwierigkeiten mit ihm; jedenfalls aber hatte meine Mutter Verständnis für ihn, da er dem Charakter und der Erscheinung nach ein Stanley war. Die Russells dagegen brachten ihm keinerlei Verständnis entgegen, sondern betrachteten ihn von allem Anfang an als »Teufelsbrut«[2]. Es war nur natürlich, daß er sich bemühte, seinem Ruf gerecht zu werden. Man machte Versuche, ihn von mir fernzuhalten, die ich übelnahm, als ich sie bemerkte. Seine Persönlichkeit war jedoch so wahrhaft überwältigend, daß ich, wenn ich mit ihm eine Zeitlang zusammen gewesen war, die Empfindung hatte, nicht mehr atmen zu können. Sein ganzes Leben hindurch bewahrte ich ihm gegenüber eine aus Zuneigung und Furcht gemischte Einstellung. Er sehnte sich leidenschaftlich danach, geliebt zu werden, war jedoch ein solcher Tyrann, daß ihm niemand auf die Dauer Liebe entgegenbringen konnte. Wenn er die Zuneigung eines Menschen einbüßte, so verwundete ihn das tief; er wurde dann grausam und rücksichtslos; seine schlimmsten Handlungen entsprangen Gefühlsregungen.

Während meiner ersten Jahre in Pembroke Lodge spielten die Dienstboten in meinem Leben eine größere Rolle als die Familienangehörigen. Es war eine alte Haushälterin da, Mrs. Cox, die schon das Kindermädchen meiner Großmutter gewesen war, eine rechtschaffene, tatkräftige, strenge, der Familie tief ergebene Person, die immer nett zu mir war. Dann gab es einen Butler namens MacAlpine, einen waschechten Schotten. Er pflegte mich auf die Knie zu nehmen und mir die Berichte von Eisenbahnunfällen aus der Zeitung vorzulesen. Sobald ich seiner ansichtig wurde, kletterte ich an ihm hoch und bat: »Erzähl' mir von einem Unglück.« Ferner gab es eine französische Köchin mit Namen Michaud, eine recht beängstigende Person; aber ihrem angsterregenden Gehabe zum Trotz konnte ich mich nicht enthalten, in die Küche zu gehen, um zuzusehen, wie sich der Braten an dem altmodischen Spieß drehte, und um Klümpchen Salz aus dem Salzfaß zu stibitzen, die mir lieber waren als Zuckerzeug. Dann lief mir die Köchin mit dem Tranchiermesser nach, doch ich entkam stets mit Leichtigkeit. An den Gärtner, der außerhalb des Herrenhauses wohnte und MacRobie hieß, erinnere ich mich nur wenig, da er abging, als ich fünf Jahre alt war. Draußen lebte auch der Pförtner mit seiner Frau, Mr. und Mrs. Singleton, die ich beide sehr ins Herz geschlossen hatte, da sie mir immer Bratäpfel und Bier gaben, die mir streng verboten waren. Der Nachfolger von MacRobie war ein Gärtner namens Vidler, der mir erzählte, die Engländer seien die zehn verlorenen Stämme Israels, was ich ihm aber nicht recht glaubte. Während der ersten Zeit in Pembroke Lodge hatte ich noch eine Deutsche Erzieherin, Fräulein Hentschel, und ich sprach Deutsch schon so fließend wie Englisch. Aber sie verließ Pembroke Lodge bald nach meiner Ankunft dort und wurde ersetzt durch ein deutsches Kindermädchen, namens Wilhelmina, abgekürzt Mina. Lebhaft erinnere ich mich noch, daß ich, als sie mich am ersten Abend baden wollte, meinen Körper krampfhaft steif hielt aus Vorsicht, weil ich nicht wußte, was sie im Sinn hatte. Da ich alle ihre Bemühungen vereitelte, mußte sie schließlich Hilfe von außen herbeirufen. Bald jedoch wurde ich ihr sehr zugetan. Sie lehrte mich deutsche Buchstaben schreiben. Ich entsinne mich, daß ich, nachdem ich alle großen und kleinen deutschen Buchstaben gelernt hatte, zu ihr sagte: »Jetzt muß ich nur noch die Ziffern lernen«, und daß ich ebenso überrascht wie erleichtert war, als ich merkte, daß die deutschen mit den englischen Ziffern identisch waren. Gelegentlich versetzte sie mir auch einen Klaps, und ich erinnere mich, daß ich dann weinte, aber es fiel mir nicht ein, ihr deshalb die Freundschaft zu kündigen. Sie blieb bis zu meinem sechsten Jahr bei mir. Zu ihrer Zeit war auch ein Dienstmädchen für das Kinderzimmer da, Ada mit Namen, das morgens, wenn ich noch im Bett lag, das Feuer anzündete. Ada wartete ab, bis die Holzreiser flackerten, dann legte sie Kohle darauf. Ich wollte immer, sie solle keine Kohle darauf schütten, weil ich das Geknatter und die Helligkeit des brennenden Holzes so gern hatte. Das Kindermädchen schlief bei mir im Zimmer; aber so weit meine Erinnerung reicht, zog sie sich niemals an noch aus. Freudianer mögen daraus schließen, was sie wollen.

Was die Ernährung angeht, so wurde ich meine ganze Jugend hindurch höchst spartanisch behandelt, jedenfalls viel strenger, als man das heute als der Gesundheit zuträglich erachtet. In Richmond wohnte eine alte französische Dame, eine Nichte von Talleyrand, namens Madame d'Etchegoyen, die mir immer große Schachteln köstlicher Pralinés schenkte. Von diesen durfte ich ein einziges am Sonntag essen, aber sonntags wie werktags mußte ich sie den Erwachsenen anbieten. Ich brockte so gern mein Brot in die Bratensauce, aber das durfte ich nur im Kinderzimmer, doch nicht im Speisezimmer. Ich machte häufig ein Schläfchen vor dem Abendessen, und wenn ich zu lange schlief, bekam ich mein Abendessen im Kinderzimmer; allein wenn ich rechtzeitig aufwachte, mußte ich im Speisezimmer mitessen. Ich täuschte deshalb häufig langen Schlaf vor, um im Kinderzimmer essen zu können. Schließlich faßte man aber Verdacht, daß ich mich verstelle, und eines schönen Tages wurde ich, als ich noch im Bett lag, gepufft und geknufft. Ich blieb stocksteif liegen in der Meinung, so verhalte man sich, wenn man schlafe, aber zu meinem Verdruß hörte ich sagen: »Er schläft nicht, er hält sich nur stocksteif.« Warum ich mich schlafend stellte, darauf ist nie jemand gekommen. Ich erinnere mich, daß einmal beim Mittagessen, als die Teller gewechselt wurden, jeder außer mir eine Orange bekam. Orangen waren mir, auf Grund der damals unausrottbaren Überzeugung, daß Obst ungesund für Kinder sei, verboten. Ich wußte, daß ich keine Orange verlangen durfte, weil das eine Dreistigkeit gewesen wäre, doch da ich auch einen frischen Teller erhalten hatte, wagte ich trotzdem zu sagen: »Ein Teller und nichts drauf.« Alles lachte, aber eine Orange bekam ich nicht. Ich bekam nie Obst, auch so gut wie keinen Zucker, dagegen übermäßig viel Kohlehydrate. Trotzdem war ich kaum je einen Tag krank, bis auf leichte Masern in meinem elften Jahr. Seit ich mich, nach der Geburt eigener Kinder, mit Kindern näher befaßte, habe ich kaum je eines erlebt, das so gesund war wie ich; ich bin jedoch überzeugt, ein heutiger Sachverständiger für Kinderernährung würde meinen, ich müsse die verschiedensten Mangelkrankheiten durchgemacht haben. Vielleicht wurde ich davor bewahrt durch meine Gewohnheit, Holzäpfel zu stehlen, was, wenn es ruchbar geworden wäre, sicher höchstes Entsetzen und tiefste Beunruhigung hervorgerufen hätte. Durch eine ähnliche Betätigung meines Selbsterhaltungstriebs kam ich zu meiner ersten Lüge. Die Gouvernante ließ mich für eine halbe Stunde allein, nachdem sie mir strengstens eingeschärft hatte, während ihrer Abwesenheit keine Brombeeren zu naschen. Als

sie zurückkam, befand ich mich in verdächtiger Nähe der Brombeersträucher. »Du hast Brombeeren gegessen«, sagte sie. »Nein!« entgegnete ich. »Zeig deine Zunge!« sagte sie. Scham überwältigte mich, und ich kam mir höchst verworfen vor. Überhaupt war ich äußerst anfällig für die Empfindung von Sünde. Auf die Frage, welches mein Lieblingskirchenlied sei, antwortete ich: »Der Erde müde und von Sünden schwer.« Als meine Großmutter einmal bei der Familienandacht das Gleichnis vom verlorenen Sohn vorlas, sagte ich hinterher zu ihr: »Ich weiß, warum du das vorgelesen hast..., weil ich meine Wasserkanne zerbrochen habe.« Diese Anekdote pflegte sie in späteren Jahren voll Vergnügen zu erzählen, ohne zu erkennen, daß sie die Schuld trug an einer krankhaften Veranlagung, die bei ihren Kindern zu tragischen Folgen geführt hatte.
Viele meiner lebhaftesten Erinnerungen aus der frühen Jugend beziehen sich auf Demütigungen. Im Sommer 1877 mieteten meine Großeltern vom Erzbischof von Canterbury ein Haus in der Nähe von Broadstairs, das Stone House hieß. Die Bahnfahrt dorthin erschien mir übermäßig lang; schließlich meinte ich, wir müßten schon in Schottland sein. Ich fragte daher: »In welchem Land sind wir denn?« Worauf ich ausgelacht und gefragt wurde: »Weißt du denn nicht, daß man England nicht verlassen kann, ohne übers Meer zu fahren?« Ich wagte nicht, etwas Erklärendes vorzubringen und schwieg tief beschämt. Als wir dann dort waren, ging ich eines Nachmittags mit Großmutter und Tante Agatha zum Meer hinunter. Ich hatte ein Paar ganz neuer Stiefel an, und das Kindermädchen hatte mir noch im letzten Augenblick, da ich von daheim wegging, eingeschärft: »Paß auf, daß du deine Stiefel nicht naß machst!« Doch die eintretende Flut hielt mich auf einem Felsen gefangen; Großmutter und Tante riefen mir zu, ich solle durchs Wasser ans Ufer waten. Da ich das nicht tat, mußte die Tante zu mir hinwaten und mich auf den Armen durchs Wasser tragen. Die beiden meinten, ich hätte mich aus Angst so verhalten; ich erzählte ihnen aber nichts vom Verbot der Kinderfrau, sondern ließ die Standpredigt, die mir wegen meiner Feigheit gehalten wurde, demütig über mich ergehen.

Alles in allem jedoch war die Zeit, die ich in Stone House verlebte, durchaus erfreulich. Ich erinnere mich an North Foreland, das ich für eine der vier Ecken von England hielt, weil ich es mir als Rechteck vorstellte. Ich erinnere mich an die Ruinen von Richborough, die mich sehr interessierten, und an die Camera obscura in Ramsgate, die mich noch mehr interessierte. Ich erinnere mich an wogende Kornfelder, die zu meinem Bedauern verschwunden waren, als ich dreißig Jahre später wieder in diese Gegend kam. Ich erinnere mich selbstverständlich an die üblichen Freuden der Meeresküste: an die Schnecken und Seeanemonen, an die Felsen und Dünen, die Fischerboote und Leuchttürme. Es machte mir großen Eindruck, daß die Napfschnecken sich ans Gestein klammern, wenn man sie wegzureißen versucht, und ich fragte Tante Agatha: »Tante, können Schnecken denken?« Als sie antwortete: »Das weiß ich nicht«, entgegnete ich: »Dann mußt du dich erkundigen.« Genau erinnere ich mich nicht mehr an den Vorfall, durch den ich mit meinem Freund Whitehead bekannt wurde. Es war mir erzählt worden, die Erde sei rund, was ich nicht glauben wollte. Da riefen meine Großmutter und meine Tante den Pfarrer des Kirchspiels zu Hilfe, um mich zu überzeugen, und das war zufällig Whiteheads Vater. So bekehrte ich mich denn unter geistlicher Anleitung zu der rechtgläubigen Anschauung und machte mich daran, ein Loch zu den Antipoden zu bohren. Dieser Vorfall ist mir allerdings nur vom Hörensagen bekannt. Während meines Aufenthalts in Broadstairs wurde ich einmal zu einem Besuch bei Sir Moses Montefiore mitgenommen, einem hochverehrten jüdischen alten Herrn, der in der Umgegend wohnte. (Laut *Encyclopaedia Britannica* hatte er sich bereits 1824 zurückgezogen.) Es war dies das erste Mal, daß mir die Existenz von Juden außerhalb der Bibel bewußt wurde. Vor dem Besuch erklärte man mir daheim vorsorglicherweise, welche Bewunderung der alte Herr verdiene, unter welch abscheulichen Zurücksetzungen die Juden früher gelitten, zu deren Aufhebung Sir Moses und mein Großvater viel beigetragen hätten. Bei dieser Gelegenheit gab mir Großmutter eine Erklärung, die mir einleuchtete, während ich sonst nie recht wußte,

was ich aus ihren Antworten machen solle. Sie war eine wütende Klein-Engländerin und mißbilligte heftig alle Kolonialkriege. Sie erzählte mir vom Zulukrieg, der ein höchst ruchloser Krieg sei, an dem zu großem Teil Sir Bartle Frere, der Gouverneur der Kap-Provinz, die Schuld trage. Als Sir Bartle Frere sich dann in Wimbledon niederließ, nahm sie mich zu einem Besuch bei ihm mit, und ich beobachtete, daß sie ihn keineswegs als Ungeheuer behandelte. Das war mir höchst unverständlich.
Großmutter pflegte mir vorzulesen, und zwar vornehmlich Erzählungen von Maria Edgeworth. Eine dieser Erzählungen, mit dem Titel *Der falsche Schlüssel*, sei, sagte sie, keine sehr anständige Geschichte. Sie wollte sie mir deshalb nicht vorlesen. Ich las jedoch die ganze Geschichte, nämlich jedesmal einen Satz, wenn ich ihr das Buch vom Regal holen mußte. Überhaupt waren ihre Versuche, mich vor der Kenntnis gewisser Dinge zu bewahren, selten von Erfolg. Etwas später, zur Zeit des skandalösen Ehescheidungsprozesses von Sir Charles Dilke, ergriff sie die Vorsichtsmaßregel, jeden Tag die Zeitungen zu verbrennen; ich mußte jedoch immer ans Parktor gehen, um sie ihr zu holen, und unterwegs las ich Wort für Wort die Prozeßberichte, ehe sie noch Großmutter vor Augen kamen. Der Prozeß interessierte mich um so mehr, als ich einmal mit Sir Charles in der Kirche gewesen war und ich mich nun immer fragte, wie ihm zumute gewesen sein müsse, als er das Siebente Gebot hörte. Als ich schließlich fließend lesen gelernt hatte, las ich Großmutter vor und erwarb dadurch eine ausgedehnte Kenntnis der maßgebenden englischen Literatur. Ich las mit ihr Shakespeare, Milton, Dryden, Cowpers *Task*, Thomsons *Castle of Indolence*, Jane Austen und eine Masse anderer Bücher.

A Victorian Childhood von Amabel Huth Jackson (geborene Grant Duff) gibt eine gute Schilderung der Atmosphäre von Pembroke Lodge. Ihr Vater war Sir Mountstuart Grant Duff, der mit seiner Familie in einem großen Haus in Twickenham wohnte. Amabel und ich waren seit unserm vierten Lebensjahr befreundet, bis sie während des Zweiten Weltkriegs starb.

Durch sie hörte ich zuerst von Verlaine, Dostojewskij, den deutschen Romantikern und vielen andern Literaturgrößen. Ihre Erinnerungen beziehen sich jedoch auf eine frühere Zeit. Sie schreibt:

»Der einzige Junge, mit dem ich befreundet war, war Bertrand Russell, der bei seiner Großmutter, der alten Lady Russell, Witwe von Lord John, in Pembroke Lodge im Park von Richmond lebte. Bertie und ich waren eng verbündete Kameraden. Ich hegte eine übergroße, geheime Bewunderung für seinen schönen und begabten älteren Bruder Frank. Leider indes war Frank einer Meinung mit meinem Bruder hinsichtlich kleiner Mädchen und hatte die Gewohnheit, mich mit den Haaren an Bäume anzubinden. Bertie dagegen, ein ernsthafter Junge in blauem Sammetanzug mit einer ebenso ernsthaften Gouvernante, war immer lieb zu mir, und ich ging stets sehr gern zum Tee in Pembroke Lodge. Welch ein ungeeigneter Ort für heranwachsende Kinder es war, das wurde mir schon als Kind bewußt. Lady Russell sprach immer in gedämpftem Ton, und Lady Agatha trug immer ein weißes Umhangtuch und machte ein bedrücktes Gesicht. Rollo Russell sprach überhaupt keine Silbe. Mit seinem Händedruck zerquetschte er einem fast die Finger, war aber sonst ganz freundlich. Sie alle schwebten durch die Zimmer wie Gespenster, und keiner von ihnen schien je Hunger zu haben. Es war eine absonderliche Erziehung für zwei außerordentlich begabte junge Menschen.«

Während des größten Teils meiner Kindheit waren meine bedeutsamsten Tagesstunden die, die ich allein im Park verbrachte; der erfüllteste Teil meines Lebens verlief in Einsamkeit. Selten nur erwähnte ich andern gegenüber etwas von meinen tieferen Gedanken, und wenn ich es einmal tat, bereute ich es. Ich kannte jeden Winkel des Parks; jedes Jahr sah ich an dem einen Fleck nach den weißen Schlüsselblumen, an einem andern nach dem Nest des Rotschwänzchens, im Gewirr des Efeus nach den auftauchenden Akazienblüten. Ich wußte, wo die frühesten Glockenblumen zu finden waren und welche der Eichen sich zuerst belaubte. Ich entsinne mich noch, daß im Jahre 1878 ein bestimmter Eichbaum bereits am 14. April in vollem Laub stand. Mein Fenster ging auf zwei lombardische Pappeln hinaus, jede von etwa dreißig Meter Höhe, und ich pflegte zu beobachten, wie der Schatten des Hauses beim Sonnenuntergang an ihren Stämmen emporkroch. Am Morgen erwachte ich sehr früh und sah manchmal die Venus erscheinen. Einmal hielt ich das Licht des Planeten irrtümlich für das einer Laterne im Wald. Die Sonne sah ich in der Frühe meistens aufgehen; an hellen Apriltagen schlüpfte ich manchmal zu einem langen Spaziergang vor dem Frühstück aus dem Haus. Ich beobachtete, wie die untergehende Sonne die Erde mit Rot und die Wolken mit Gold überzog; ich lauschte dem Wind und bejubelte den Blitz. Meine ganze Kindheit hindurch wurde das Gefühl der Einsamkeit immer stärker, und dazu das der Hoffnungslosigkeit, daß ich jemals einen Menschen finden würde, mit dem ich mich aussprechen könnte. Vor völliger Verzweiflung bewahrten mich die Natur, die Bücher und (später) die Mathematik.

Meine frühen Kinderjahre waren jedoch glücklich, und erst als es auf die Jünglingsjahre zuging, wurde die Einsamkeit bedrükkend. Ich hatte deutsche und Schweizer Erzieherinnen, die ich mochte, und mein Verstand war noch nicht so weit entwickelt, daß ich unter der Unzulänglichkeit meiner Familie in diesem Betracht litt. Ich muß mich jedoch irgendwie unglücklich gefühlt haben; denn ich erinnere mich daran, daß ich oft wünschte, meine Eltern lebten noch. In meinem sechsten Lebensjahr äußerte ich dies einmal zu meiner Großmutter, worauf sie mir ohne weiteres entgegnete, ich könne von Glück sagen, daß sie gestorben seien. Ihre diesbezüglichen Äußerungen verstimmten mich damals sehr, und ich führte sie auf Eifersucht zurück. Ich wußte ja nicht, daß sie vom viktorianischen Standpunkt gesehen vollauf berechtigt waren. Das Gesicht meiner Großmutter war sehr ausdrucksvoll, und, all ihrer Erfahrung in der großen Welt zum Trotz, lernte sie nie die Kunst, ihre Gefühle zu verbergen. Ich merkte, daß jede Anspielung auf Geistesgestörtheit bei ihr Angstkrämpfe hervorrief, über deren

Veranlassung ich mir viel Gedanken machte. Erst viele Jahre später entdeckte ich, daß einer ihrer Söhne im Irrenhaus war. Er war in einem feudalen Regiment gewesen, aber nach ein paar Jahren darin war er irrsinnig geworden. Für die Wahrheit dessen, was mir darüber erzählt wurde, nämlich daß ihn seine Regimentskameraden wegen seiner Keuschheit gehänselt hätten, kann ich mich nicht verbürgen. Das Regiment hielt als »Mascotte« einen Bären, und den hetzten sie eines Tages rein zum Scherz auf ihn. Er ergriff die Flucht, verlor das Gedächtnis, wurde hilflos herumirrend aufgefunden, und da man nicht wußte, wer er war, in ein Armenspital verbracht. Mitten in der Nacht sprang er auf, schrie: »Der Bär! ... Der Bär!« und erwürgte einen im Nebenbett liegenden Landstreicher. Sein Gedächtnis erlangte er nie wieder, wurde aber über achtzig Jahre alt.

Bei der Bemühung, soviel als möglich aus meiner frühesten Kindheit wachzurufen, stoße ich als erste Erinnerung nach meiner Ankunft in Pembroke Lodge darauf, daß ich – es muß etwa einen Monat danach gewesen sein – bei warmem Sonnenschein durch schmelzenden Schnee spaziere und zusehe, wie eine große gefällte Buche zersägt wird. Die nächste Erinnerung ist die an meinen vierten Geburtstag, zu dem ich eine Trompete geschenkt bekam, auf der ich dann den ganzen Tag blies, und daß es im Gartenhaus Tee mit einem Geburtstagskuchen gab. Die darauf folgende Erinnerung ist die, wie meine Tante mich im Lesen und über die Farben unterrichtet, und danach, sehr lebhaft, die Klasse im Kindergarten, wohin ich knapp vor Erreichung des fünften Jahres kam, um ungefähr anderthalb Jahre dort zu bleiben. Es war eine höchst beglückende Zeit. Das Geschäft, aus dem die Lehrmittel bezogen wurden, befand sich, wie auf den Deckeln stand, in der Berners Street – einer Seitenstraße der Oxford Street –, und, wenn ich mich nicht sehr zusammennehme, erscheint mir die Berners Street noch heute als etwas wie Aladins Wunderschloß. Im Kindergarten lernte ich andere Kinder kennen, von denen ich jedoch die meisten aus den Augen verloren habe. Nur einen dieser Jungen traf ich einmal zufällig im Jahre 1929, als ich in Vancouver aus dem Zug stieg, Jimmie Baillie. Es wird mir erst jetzt klar, daß die gute Dame, die uns unterrichtete, eine regelrechte Fröbel-Ausbildung genossen hatte, die für die damalige Zeit außerordentlich modern war. Ich entsinne mich fast aller Lektionen noch bis in die Einzelheiten; was mich jedoch am meisten erregte, das war wohl die Entdeckung, daß die Mischung von Gelb und Blau Grün ergibt.

Ich war gerade sechs geworden, als mein Großvater starb; bald darauf gingen wir über den Sommer nach St. Fillans in Perthshire. Ich erinnere mich an das ulkige alte Gasthaus mit den Türpfosten aus knorrigem Holz, die Holzbrücke über den Fluß, die Felsbuchten am See und an den gegenüberliegenden Berg. Auch diese Zeit habe ich in beglückender Erinnerung. Meine nächste Erinnerung ist dagegen weniger erfreulich. Es ist die an ein Zimmer in London, Chesham Place No. 8, wo meine Gouvernante wütend auf mich einredete, während ich mich bemühte, das Einmaleins zu lernen, was dauernd durch Tränenergüsse behindert wurde. Als ich sieben war, mietete meine Großmutter auf einige Monate ein Haus in London; von da an kam ich mehr mit der Familie meiner Mutter zusammen. Mein Großvater mütterlicherseits war tot, doch meine Großmutter von der Mutterseite, Lady Stanley of Alderley, lebte noch in einem großen Hause, Dover Street No. 40 – das im Zweiten Weltkrieg ausgebombt wurde – mit ihrer Tochter Maude. Ich war öfter bei ihr mittags zu Tisch, aber, obwohl das Essen vorzüglich war, war es ein zweifelhaftes Vergnügen, denn sie hatte eine bitterböse Zunge und schonte weder Alter noch Geschlecht. In ihrem Beisein war ich immer vor Schüchternheit wie gelähmt, und da keiner von den Stanleys schüchtern war, so ärgerte sie das sehr. Ich gab mir stets verzweifelte Mühe, guten Eindruck zu machen, was aber, infolge von Umständen, die ich nicht hatte voraussehen können, immer mißglückte. Ich erinnere mich, wie ich ihr einmal mitteilte, ich sei in den letzten sieben Monaten um zweieinhalb Zoll gewachsen, so daß ich bei dieser Proportion im Jahre vierzweisiebtel Zoll wachsen würde. Worauf sie sagte: »Weißt du nicht, daß man niemals Brüche erwähnen soll außer Halben und Vierteln? Das ist Pedanterie!«

– »Jetzt weiß ich es«, erwiderte ich. »Genau wie sein Vater!« sagte sie darauf zu Tante Maude. So oder ähnlich wie in diesem Fall gingen meine besten Bemühungen immer fehl. Ich war ungefähr zwölf Jahre alt, als sie mich vor einem Zimmer voll Gästen ausfragte, ob ich diese und jene populär-wissenschaftlichen Bücher – sie zählte deren eine ganze Reihe auf – gelesen hätte. Keines davon hatte ich gelesen. Schließlich seufzte sie und sagte zu den Gästen: »Ich habe keine intelligenten Enkel.« Sie war eine Figur aus dem achtzehnten Jahrhundert, ebenso rationalistisch wie phantasielos, immer auf Aufklärung erpicht und voll Verachtung für die Zimperlichkeit und den Tugenddünkel der viktorianischen Epoche. Sie war eine der Hauptbeteiligten an der Gründung des Girton College; ihr Bildnis hängt in der großen Halle von Girton, aber ihre politischen Grundsätze wurden nach ihrem Tode aufgegeben. »Solange ich lebe«, hatte sie immer gesagt, »gibt es keine Kapelle in Girton.« An ihrem Todestag wurde dann mit dem Bau der jetzigen Kapelle begonnen. Als ich ins Pubertätsalter kam, begann sie dem entgegenzuarbeiten, was sie an meiner Erziehung als »namby-pamby« [etwa »verpimpelt und versimpelt«] bezeichnete. Sie pflegte zu sagen: »Niemand kann etwas vorbringen gegen *mich*, aber ich sage immer: es ist nicht so schlimm gegen das Siebente Gebot zu verstoßen als gegen das Sechste, denn dazu bedarf es jedenfalls der Mitwirkung des andern Teils.« Ich machte ihr große Freude damit, daß ich mir einmal als Geburtstagsgeschenk *Tristram Shandy* wünschte, und sie sagte: »Ich werde nichts hineinschreiben, denn sonst sagen die Leute, was für eine wunderliche Großmutter du hast.« Gleichwohl schrieb sie etwas hinein. Es war eine vom Autor gezeichnete Erstausgabe. Das war das einzige Mal, soweit ich mich erinnere, daß es mir glückte, ihr Freude zu bereiten.
Große Verachtung hatte sie für alles, was sie als albern erachtete. An ihrem Geburtstag lud sie immer dreizehn Gäste ein und ließ den abergläubischsten von ihnen stets zuerst an der Tafel Platz nehmen. Ich erinnere mich, wie eine ihrer Enkeltöchter, eine affektierte Person, einmal zu einem Besuch bei ihr einen Schoßhund mitbrachte, der meine Großmutter mit sei-

nem Gekläff anödete. Die Enkelin machte geltend, der Hund sei ein Engel. »Engel? – Engel?!« sagte Großmutter empört, »Blödsinn! Meinst du vielleicht, er hat eine Seele?« – »Jawohl, Großmama«, sagte die Enkelin beherzt. Während des ganzen Nachmittags nun, den die Enkelin bei ihr verbrachte, teilte sie jedem Besucher der Reihe nach mit: »Was glauben Sie, was dieses alberne Ding da, die Grisel, sagt? Hunde hätten Seelen.« Es war ihre Gewohnheit, den Nachmittag über in ihrem großen Salon zu sitzen und Ströme von Besuchern, darunter die hervorragendsten Schriftsteller der Zeit, zum Tee zu empfangen. Sogald einer von diesen wegging, wandte sie sich an die Zurückgebliebenen, seufzte auf und sagte: »Dummköpfe sind so ermüdend.« Sie war in der jakobitischen Tradition aufgewachsen, denn ihre Eltern waren irische Dillons, die nach der Schlacht am Fluß Boyne nach Frankreich geflüchtet waren und dort ein eigenes Regiment innerhalb der französischen Armee befehligten. Die Französische Revolution söhnte sie mit Irland aus; meine Großmutter wuchs jedoch in Florenz auf, wo ihr Vater Minister war. Dort besuchte sie jede Woche einmal die Witwe des jungen Thronprätendenten. Sie pflegte zu sagen, die einzige Dummheit, die sie ihren Vorfahren vorzuwerfen habe, sei, daß sie Jakobiten waren. Meinen Großvater mütterlicherseits habe ich nicht gekannt; ich hörte jedoch, er habe es verstanden, meiner Großmutter die Zähne zu zeigen; wenn das stimmt, dann kann man wohl sagen, daß er ein höchst bemerkenswerter Herr gewesen sein muß[3]. Sie hatte eine Riesenfamilie von Söhnen und Töchtern, von denen der größte Teil jeden Sonntag zum Mittagessen zu ihr kam. Der älteste Sohn war Mohammedaner und fast stocktaub. Der zweite Sohn, Lyulph mit Vornamen, war Freidenker und verbrachte seine Zeit damit, bei der Londoner Schulbehörde die Kirche zu bekämpfen. Algernon, der dritte Sohn, war katholischer Priester, Bischof von Emmaus und päpstlicher Kammerherr. Lyulph war ein witziger, allseitig gebildeter, mit sarkastischem Humor begabter Mensch. Algernon war ebenfalls witzig, aber fett und gefräßig. Henry, der Mohammedaner, war aller Familienvorzüge bar und der ödeste Trottel, den ich je erlebt habe. Seiner Taubheit zum Trotz versteifte er sich darauf, jedes Wort zu hören, das man zu ihm sagte. Bei den sonntäglichen Mittagsmahlzeiten wurden heftige Streitgespräche geführt, denn unter den Töchtern und Schwiegersöhnen gab es Vertreter der englischen Hochkirche, der Unitarier und der Positivisten noch zusätzlich zu den von den Söhnen vertretenen Bekenntnissen. Wenn der wütende Streit auf seinem Höhepunkt angelangt war, vernahm Henry einen dumpfen Lärm und fragte, um was es gehe. Der Tischnachbar schrie ihm dann seine subjektive Meinung ins Ohr, worauf die andern ihm zuschrien: »Nein, Henry, das stimmt nicht!«, und dann wurde das Getöse wahrhaft fürchterlich. Einer der Lieblingsscherze Onkel Lyulphs war es, zu fragen: »Wer von den Anwesenden hält die Geschichte von Adam und Eva für buchstäblich wahr?« Der Zweck dieser Fragestellung war, den Mohammedaner und den katholischen Priester dazu zu zwingen, ihre Übereinstimmung zu erklären, was beiden zuwider war. Ich ging zu diesen Mahlzeiten immer zitternd vor Angst, weil ich nie wußte, was das ganze Rudel gegen mich aushecken werde. Unter ihnen war nur eine mir freundlich gesinnte Person: keine geborene Stanley, sondern die Schwester von Sir Hugh Bell, die Frau von Onkel Lyulph. Meine Großmutter hielt sich immer für höchst weitherzig, weil sie nichts dagegen gehabt hatte, daß Onkel Lyulph, wie sie das nannte, in den »Handel« einheiratete; doch da Sir Hugh Multimillionär war, war ich davon nicht sehr überzeugt.

So furchtbar und gefürchtet Großmutter war, sie hatte auch ihre Grenzen. Als eines Tages Gladstone zum Tee erwartet wurde, sagte sie uns allen vorher, sie werde ihm genau auseinandersetzen, in welcher Hinsicht sie seine Homerule-Politik für verkehrt halte. Ich war bei dem Besuch zugegen, aber kein kritisches Wörtchen kam über ihre Lippen. Gladstones Falkenblick brachte auch sie zum Schweigen. Einer ihrer Schwiegersöhne, Lord Carlisle, erzählte mir von einer noch weit demütigenderen Episode, die sich auf Schloß Norwood zugetragen hatte, als sie dort zu Gast war. Der Maler Burne-Jones, der ebenfalls dort war, besaß einen Tabaksbeutel, der Form und Aussehen einer Schildkröte hatte. Im Haus gab es auch eine wirkliche Schildkröte, die sich eines Tages in die Bibliothek verirrte. Das regte die jüngere Generation zu einem Schabernack an. Während des Abendessens wurde der Tabaksbeutel vor den Kamin im Salon gelegt, und als die Damen sich nach dem Essen zurückzogen, wurde mit großem Theater die Entdeckung gemacht, die Schildkröte sei diesmal sogar in den Salon eingedrungen. Jemand hob sie auf und erklärte zu allseitigem Erstaunen, der Rücken des Tierchens sei weich geworden. Lord Carlisle holte darauf aus der Bibliothek den einschlägigen Band der Encyclopaedia Britannica und las daraus vor, was angeblich an einer Stelle stand, daß nämlich große Hitze diese Wirkung haben könne. Meine Großmutter bezeigte für dieses seltsame Naturspiel das größte Interesse und erwähnte es später häufig. Als sie viele Jahre danach sich wieder einmal mit ihrer Tochter Lady Carlisle über Homerule herumstritt, erzählte ihr diese boshafterweise die Wahrheit über den damaligen Vorfall. Worauf die Großmutter entgegnete: »Ich mag allerhand sein, aber eine Närrin bin ich nicht. Ich glaube dir einfach nicht.«

Mein Bruder, der das Stanleysche Naturell hatte, liebte die Stanleys und haßte die Russells. Ich liebte die Russells und fürchtete mich vor den Stanleys. Mit zunehmendem Alter indes haben sich meine Gefühle geändert. Von den Russells habe ich die Schüchternheit, Feinfühligkeit und metaphysische Veranlagung; von den Stanleys die Tatkraft, Gesundheit und Heiterkeit. Alles in allem scheint dies letzte Erbgut jenem ersten vorzuziehen zu sein.

Wenn ich mich wieder dem zuwende, was mir aus der Kindheit im Gedächtnis geblieben ist, so steht mir als nächste Erinnerung das Bild des Winters 1880/81 vor Augen, den wir in Bournemouth verbrachten. Dort wurde mir zuerst der Name von Thomas Hardy bekannt, dessen dreibändiges Romanwerk *The Trumpet Major* auf dem Tisch im Salon lag. Der einzige Grund wohl dafür, daß ich mich daran erinnere, ist, daß ich mich fragte, was ein »trumpet major« sein könne, und daß das Buch vom gleichen Verfasser wie *Far from the Madding Crowd* stammte und ich ebensowenig wußte, was eine »madding crowd« war. Während des Aufenthalts in Bournemouth erzählte mir meine deutsche Gouvernante, man bekomme keine Weihnachtsgeschenke, wenn man nicht an den Weihnachtsmann glaube. Da ich an eine solche Figur nicht glauben konnte, rief das bei mir einen Tränenausbruch hervor. Als weitere Erinnerungen an diesen Ort sind nur ein unerhörter Schneesturm zu nennen und außerdem, daß ich dort Schlittschuhlaufen lernte, ein Vergnügen, dem ich mich während meiner ganzen Knabenjahre mit Leidenschaft hingab. Eine Gelegenheit zum Schlittschuhlaufen ließ ich mir nie entgehen, selbst wenn das Eis unsicher war. Als ich in der Dover Street wohnte, ging ich einmal auf dem Teich im St. James' Park Schlittschuhlaufen und brach ein. Zu meiner Schande mußte ich triefend naß über die Straßen heimlaufen; aber trotzdem hörte ich nicht auf, auch auf dünnem Eis Schlittschuh zu laufen. Vom folgenden Jahr erinnere ich mich an überhaupt nichts mehr; aber mein zehnter Geburtstag steht mir noch so lebendig vor Augen, als wenn er gestern gewesen wäre. Es war helles, warmes Wetter; ich saß unter einem blühenden Goldregenbaum. Es dauerte nicht lange, da erschien eine Schweizerin, die gekommen war, um sich vorzustellen (und die denn in der Folge auch meine Erzieherin wurde), um mit mir Ball zu spielen. Dabei sagte sie, sie habe den Ball »gefangt« [»catched« statt »caught«], worauf ich den Fehler verbesserte. Als ich dann meine Geburtstagstorte selbst anschneiden sollte, verging ich fast vor Scham, weil ich das erste Stück nicht herausbekommen konnte. Am stärksten jedoch ist mir der Sonnenschein dieses Tages im Gedächtnis geblieben.

Im Alter von elf Jahren begann ich, mit meinem Bruder als Lehrmeister, Euklid zu lesen. Es war dies eines der größten Ereignisse meines Lebens, atemraubend wie erste Liebe. Ich hatte mir nicht vorstellen können, daß es etwas so Köstliches auf der Welt gebe. Nachdem ich den fünften Lehrsatz gelernt hatte, sagte mir mein Bruder, dieser werde allgemein als schwierig betrachtet, mir hatte er jedoch keinerlei Schwierigkeit gemacht. Es war das erste Mal, daß mir zu Bewußtsein kam, ich verfüge wohl über Intelligenz. Von diesem Augenblick an bis zu dem, da Whitehead und ich die *Principia Mathematica* beendeten – ich war damals achtunddreißig –, galt der Mathematik mein vornehmlichstes Interesse und war sie für mich die Quelle höchster Beglückung. Wie alles Lebensglück jedoch war auch dieses nicht ungemischt. Es war mir gesagt worden, Euklid führe Beweise, und ich war daher sehr enttäuscht, daß er mit Axiomen begann. Anfänglich weigerte ich mich, sie anzunehmen, wenn mein Bruder mir keine Begründung dafür bieten könne, doch der sagte nur: »Wenn du sie nicht annimmst, dann können wir nicht weitergehen.« Da dies jedoch mein Wunsch war, fand ich mich einstweilen damit ab. Der Zweifel an den Prämissen der Mathematik, den ich damals empfand, blieb für mich bestehen und bestimmte die Richtung meiner künftigen Arbeit.

Die Anfangsgründe der Algebra fand ich schwieriger, was aber auf unzulänglichen Unterricht zurückgehen mag. Ich wurde gezwungen auswendig zu lernen: »Das Quadrat der Summe zweier Zahlen ist gleich der Summe ihrer um das Doppelte ihres Produkts vermehrten Quadrate.« Ich hatte nicht die leiseste Ahnung davon, was das bedeutete, und wenn ich den Satz nicht wortgetreu aufsagen konnte, warf mir mein Lehrmeister das Buch an den Kopf, was keineswegs zur Anfeuerung meines Verstandes beitrug. Nach den ersten Anfangsgründen der Algebra jedoch ging alles Weitere wie geschmiert. Es machte mir stets Vergnügen, einen neuen Hauslehrer mit meinen Kenntnissen zu verblüffen ... Meine Großmutter hatte immer Angst, ich könne mich überarbeiten, und hielt mich daher mit Unterrichtsstunden sehr knapp. Die Folge davon war, daß ich mich daran gewöhnte, heimlich des Nachts in meinem Schlafzimmer beim Schein einer einzigen Kerze zu arbeiten, die ich – an kalten Abenden im Nachthemd am Schreibtisch sitzend – beim geringsten Laut auszublasen und mich ins Bett zu stürzen bereit war. Latein und Griechisch verabscheute ich; ich hielt es einfach für Blödsinn, eine Sprache zu erlernen, die niemand sprach. Am liebsten war mir die Mathematik und danach Geschichte. Da ich niemanden hatte, mit dem ich mich vergleichen konnte, wußte ich lange nicht, ob ich mehr oder weniger könne als andere Knaben; ich erinnere mich aber, daß mein Onkel Rollo, als er sich eines Tages an der Haustür von Jowett, dem damaligen Master [Rektor] von Balliol, verabschiedete, die Bemerkung machte; »Ja, er kommt wirklich sehr schön vorwärts«, und ich bezog das, wenn ich auch nicht recht wußte wieso, auf mich. Sobald es mir zu Bewußtsein gekommen war, daß ich über Intelligenz verfügte, faßte ich den Entschluß, wenn irgend möglich, eine Leistung von intellektueller Bedeutung zu vollbringen, und die ganzen Jugendjahre hindurch ließ ich mich durch nichts von diesem ehrgeizigen Bestreben abbringen.

Es wäre völlig irreführend, wenn ich andeuten wollte, meine Kindheit sei nur von feierlichem Ernst erfüllt gewesen. Ich holte aus dem Leben so viel Spaß und Scherz heraus, wie ich vermochte, manchmal sogar, wie ich leider sagen muß, auf recht boshafte Art. Unser Hausarzt, ein alter Schotte mit Bartkoteletten, pflegte in seiner Kutsche anzufahren, die dann vor der Haustüre wartete, während der Medizinmann sein Sprüchlein sagte. Der Kutscher trug einen fabelhaften Zylinder, der darauf berechnet war, als Reklame für die hervorragende Praxis des Arztes zu dienen. Ich pflegte nun auf ein Dach über der prächtigen Kopfbedeckung zu steigen und verfaulte Rosenknospen aus der Dachrinne auf den Hut zu werfen. Sie zerflossen darauf zu einem herrlichen Matsch; ich aber zog schnell genug meinen Kopf zurück, daß der Kutscher nur annehmen konnte, die Dinger seien vom Himmel gefallen. Manchmal trieb ich es noch schlimmer. Ich bewarf ihn mit Schneebällen, während er kutschierte, und gefährdete so sein und seines Brotherrn kostbares Leben. Ein anderes Vergnügen, an dem ich mich weidlich ergötzte, war das folgende: An Sonntagen, wenn der Richmond Park voller Menschen war, kletterte ich auf den höchsten Wipfel einer großen Buche am Rand unseres Grundstücks. Ich ließ mich dann mit dem Kopf nach unten von einem Ast herunterbaumeln und schrie wie besessen, mich dabei an den ernsten Auseinandersetzungen der Leute unter mir, wie die Rettung zu bewerkstelligen sei, weidend. Wenn ich merkte, daß sie vor einem bestimmten Entschluß standen, kletterte ich in aller Gemütsruhe herunter. Während der Zeit, als Jimmy Baillie bei mir war, ließ ich mich zu noch bösartigeren Streichen verleiten. Der Rollstuhl, in dem meiner Erinnerung nach mein Großvater gefahren worden war, stand jetzt in einer Rumpelkammer. Wir fanden ihn dort, holten ihn heraus und ließen ihn von jeder Anhöhe, die wir entdecken konnten, heruntersausen. Als man uns erwischte, wurde unser Tun als Versündigung am Geist des verstorbenen Großvaters aufgefaßt und uns im Tone trauervollsten Kummers vorgehalten. Gewisse andere unserer Missetaten kamen den Erwachsenen jedoch nicht zu Ohren. So banden wir etwa ein Seil an einen Baumast und lernten durch lange Übung in einem vollständigen Kreis um den Stamm und wieder zum Ausgangspunkt zurückzuschwingen. Es gehörte große Geschicklichkeit dazu, nicht auf halbem Wege zu stocken und mit dem Rücken schmerzhaft gegen die rauhe Baumrinde zu schlagen. Wenn andere Buben zu Besuch kamen, führten wir ihnen das Kunststück genau vor, und wenn die anderen Jungen dann versuchten, es uns nachzutun, jubelten wir hämisch, wenn es ihnen mißglückte und sie sich dabei weh taten.

Onkel Rollo, bei dem wir eine Zeitlang alljährlich drei Monate verbrachten, besaß drei Kühe und einen Esel. Der Esel war gescheiter als die Kühe und lernte die Gattertüren zwischen den Feldern mit der Nase aufzumachen. Aber er galt als ungebärdig und unnütz. Ich war nicht dieser Meinung, und es gelang mir tatsächlich nach einigen erfolglosen Versuchen, ohne Sattel und Zügel auf ihm zu reiten. Er schlug hinten aus und bockte, doch er vermochte mich nie abzuwerfen, außer wenn ich ihm eine Büchse mit scheppernden Steinen an den Schwanz gebunden hatte. Ich ritt auf ihm in der ganzen Gegend herum, sogar wenn ich die Tochter von Lord Wolseley besuchte, der etwa fünf Kilometer vom Haus meines Onkels entfernt wohnte.

1 Siehe auch J. B. S. Haldane, *British Journal of Animal Behaviour*, Band II, Nr. 1, 1954.

2 Bei einer bestimmten Gelegenheit schrieb mein Großvater einmal an meinen Vater, er solle die Nichtsnutzigkeit meines Bruders nicht gar zu ernst nehmen, angesichts der Tatsache, daß Charles James Fox [der große Staatsmann] ein höchst nichtsnutziger Junge gewesen sei, sich jedoch trotzdem ausgezeichnet entwickelt habe.

3 Es stimmt tatsächlich. Siehe Nancy Mitford, *The Ladies of Alderley*, 1938,

Jugend

Meine Kindheit ist alles in allem glücklich und glatt verlaufen; für die meisten Erwachsenen, mit denen ich in Berührung kam, empfand ich Zuneigung. Ich erinnere mich, daß darin ein sehr entschiedener Wandel eintrat, als ich in das Stadium kam, das in der modernen Kinderpsychologie als die »latente Periode« bezeichnet wird. Ich fing an, Dialektworte zu gebrauchen, zu behaupten, ich habe keine Gefühle, und mich überhaupt »männlich« aufzuführen. Ich fing an, meine Familie zu verachten, vornehmlich wegen ihres übertriebenen Abscheus gegen Dialekt und ihrer Ansicht, daß es gefährlich sei, auf Bäume zu klettern. Es wurde mir so viel untersagt, daß ich die Gewohnheit annahm, mich zu verstellen, und sie bis zum einundzwanzigsten Lebensjahr beibehielt. Daß jeder Schritt, den ich tat, verheimlicht werden müsse, dieser Gedanke wurde mir sozusagen zur zweiten Natur und den daraus entspringenden Trieb zu Geheimniskrämerei konnte ich nie mehr ganz überwinden. Immer noch drängt es mich zu verbergen, was ich gerade lese, wenn jemand ins Zimmer tritt, ganz allgemein zu verschweigen, wo ich gewesen bin und was ich getan habe. Es kostet mich stets eine gewisse Willensanstrengung, diesen Trieb zu unterdrükken, der mir während der Jahre angezüchtet wurde, in denen ich mir einen Weg bahnen mußte durch einen Wust törichter Verbote.

Meine Reifejahre verliefen sehr einsam und freudlos, sowohl was das Gefühls- wie das Verstandesleben angeht. Ich sah mich gezwungen, meiner Familie gegenüber undurchdringliches Stillschweigen zu bewahren. Meine Interessen waren geteilt zwischen Sexualität, Religion und Mathematik. Wenn ich mich daran erinnere, wie benommen ich während der Pubertätsjahre vom sexuellen Problem war, so finde ich das recht unerquicklich. An die Empfindungen, die mich damals beherrschten, erinnere ich mich nur ungern, aber ich will doch versuchen, die Dinge möglichst so wiederzugeben, wie sie gewesen sind, und nicht so, wie ich möchte, daß sie gewesen wären. Die Tatsachen des Geschlechtslebens erfuhr ich mit 12 Jahren von einem Jungen namens Ernest Logan, der früher mit mir im Kindergarten gewesen war. Er und ich schliefen eines Nachts im selben Zimmer, und da klärte er mich auf über das Wesen der Paarung und deren Rolle bei der Kindererzeugung; zu näherer Erläuterung erzählte er allerlei komische Geschichten. Seine Mitteilungen fand ich außerordentlich interessant, wenn sie auch bei mir noch keine physische Reaktion hervorriefen. Es erschien mir damals als selbstverständlich, daß die freie Liebe das einzig vernünftige System und die Ehe eine Folgeerscheinung des christlichen Aberglaubens sei. (Dieser Gedankengang stellte sich bei mir sicher nur in der allerersten Zeit nach Kenntnisnahme der Tatbestände ein.) Als ich vierzehn war, machte mich mein Hauslehrer darauf aufmerksam, daß ich in aller Bälde eine körperliche Veränderung wichtiger Art erleben werde. Ich war damals bereits einigermaßen im Stande, diese Anspielung zu verstehen. In jener Zeit befand sich bei mir ein anderer Junge, jener Jimmy Baillie, den ich dann im Jahre 1929 zufällig in Vancouver wieder traf. Wir unterhielten uns eifrig über dieses Thema, und zwar nicht immer nur unter uns, sondern auch mit dem Laufjungen, der ungefähr in unserem Alter oder höchstens ein Jahr älter war, aber eher mehr wußte als wir. Als es herauskam, daß wir an einem bestimmten Nachmittag nichts getan hatten als zweideutige Gespräche mit dem Laufjungen zu führen, wurden wir höchst kummervoll zur Rede gestellt, ins Bett geschickt und auf Wasser und Brot gesetzt. Sonderbarerweise untergrub dieses Verfahren mein Interesse an geschlechtlichen Dingen keineswegs. Wir verwandten viel Zeit auf Unterhaltung, die als unschicklich gilt, und darauf, hinter Dinge zu kommen, die uns unbekannt waren. Als sehr nützlich hierfür erwies sich das medizinische Lexikon. Mit fünfzehn Jahren stellten sich bei mir geschlechtliche Regungen von geradezu unerträglicher Heftigkeit ein. Wenn ich bei der Arbeit saß und mich darauf zu konzentrieren bemühte, wurde ich dauernd gestört durch Erektionen, und ich gewöhnte mich daran zu onanieren, was ich allerdings doch nur mit Maßen betrieb. Ich schämte mich sehr

deswegen und war bestrebt, diese Gewohnheit abzulegen. Gleichwohl fuhr ich damit bis ins zwanzigste Jahr fort; da ließ ich es plötzlich sein, weil ich verliebt war.
Der gleiche Hauslehrer, der mir seinerzeit das Herannahen der Pubertät angedeutet hatte, erklärte mir einige Monate später, daß man beim Mann von der Brust, bei den Frauen von den Brüsten spreche. Diese Bemerkung erregte bei mir einen so unerträglichen Gefühlssturm, daß ich mich geradezu abgestoßen fühlte, weshalb mich der Lehrer dann wegen meiner Prüderie verspottete. Täglich wurden viele Stunden darauf verwandt, das Verlangen nach dem Anblick des weiblichen Körpers zu befriedigen, flüchtige Blicke durch die Fenster der Dienstmädchen zu werfen, wenn diese sich an- und auszogen, was jedoch nie glükken wollte. Zusammen mit meinem Freund grub ich einen ganzen Winter lang ein unterirdisches Gehäuse, das aus einem sechs Kubikfuß großen Raum mit einem dazu führenden Tunnel bestand, den man auf Händen und Füßen durchkriechen mußte. Es gelang mir, eines der Hausmädchen dazu zu bringen, mit in diese unterirdische Höhle zu kommen, wo ich sie dann herzte und küßte. Auf die Frage, ob sie nicht einmal eine Nacht mit mir verbringen wolle, erwiderte sie, lieber würde sie sterben, was ich ihr glaubte. Sie drückte auch ihr Erstaunen aus; sie habe mich für einen anständigen Jungen gehalten. Infolgedessen wurde das Verhältnis nicht weitergeführt. Um diese Zeit hatte ich bereits die rein verstandesmäßige Anschauung über das Geschlechtsleben, die ich vor der Pubertät hatte, aufgegeben und mich mit den nun als durchaus vernünftig empfundenen konventionellen Ansichten abgefunden. Ich wurde verschroben und erachtete mich als höchst sündhaft. Doch zur gleichen Zeit bekundete ich ein beträchtliches Interesse an meinem Seelenleben, das ich sorgfältig und nicht ohne Scharfsinn durchforschte, bis mir vorgehalten wurde, solche Selbsterforschung sei etwas Krankhaftes, so daß ich diese Beschäftigung mit den eigenen Gedanken und Gefühlen als weiteren Beweis für eine geistige Verirrung betrachtete. Allein nach zwei bis drei Jahren solcher Selbstbeobachtung erkannte ich auf einmal, daß dies die einzige Methode ist, zu vielerlei wichtigem Wissen zu

gelangen, und daß sie nicht als krankhaft verworfen werden dürfe. Damit fiel mir in dieser Hinsicht ein Stein vom Herzen. Mit der körperlichen Inanspruchnahme durch Sexualität ging eine Hochspannung idealistischen Fühlens einher, deren sexuellen Ursprung ich damals nicht erkannte. Ich zeigte ein heftiges Interesse für die Schönheit von Sonnenuntergängen und Wolkenbildungen, von Bäumen im Frühling und Herbst, das jedoch, da es nichts anderes war als eine unbewußte Sublimierung des Sexus und ein Versuch, der Wirklichkeit zu entfliehen, rein sentimentalen Charakter hatte. Ich verschlang eine Unmenge von Versen, angefangen mit so schlechter Lyrik wie *In Memoriam*. In meinem sechzehnten und siebzehnten Jahr las ich, soweit ich mich erinnere, den ganzen Milton, das meiste von Byron, sehr viel Shakespeare, große Teile von Tennyson und schließlich Shelley. Auf Shelley stieß ich eines Tages ganz zufällig, während ich in ihrem Salon an der Dover Street auf Tante Maude wartete. Ich schlug *Alastor* auf, das mir das herrlichste Gedicht schien, das ich je gelesen hatte. Natürlich trug seine Wirklichkeitsferne am meisten zu meiner Bewunderung bei. Ich war ungefähr bis in die Mitte gekommen, als die Tante erschien und ich den Band aufs Regal zurückstellen mußte. Ich fragte die Erwachsenen, ob Shelley nicht als großer Dichter gelte, merkte aber alsbald, daß sie ihn nicht sehr schätzten. Das schreckte mich jedoch nicht ab, und ich verwandte meine ganze Freizeit darauf, ihn zu lesen und auswendig zu lernen. Da ich niemand kannte, mit dem ich über meine Gefühle und Gedanken sprechen konnte, ging es mir dauernd im Kopf herum, wie herrlich es gewesen wäre, Shelley gekannt zu haben, und ob ich jemals einem Menschenwesen begegnen würde, dem ich mich so herzlich verbunden fühlen könnte.

Mit diesem Interesse an der Poesie ging ein starkes Interesse an Religion und Philosophie einher. Mein Großvater war Anglikaner, meine Großmutter schottische Presbyterianerin und entwickelte sich nach und nach zur Unitarierin. Sonntags wurde ich abwechselnd in die anglikanische Pfarrkirche von Petersham und in die presbyterianische Kirche von Richmond mitgenommen, während ich zu Hause in den Lehren des Unitarismus unterwiesen wurde. An diese glaubte ich bis ungefähr zum fünfzehnten Lebensjahr. In diesem Alter begann ich, die vermeintlich auf Vernunft beruhenden Argumente für die grundlegenden Glaubenssätze des Christentums einer systematischen Untersuchung zu unterziehen. Endlose Stunden brachte ich mit dem Grübeln darüber hin; ich konnte jedoch mit keinem Menschen darüber sprechen aus Angst, schmerzliche Gefühle zu erwecken. Sowohl unter dem allmählichen Verlust des Glaubens wie unter dem Zwang zu schweigen litt ich heftig. Ich meinte, daß ich höchst unglücklich würde, wenn ich vom Glauben an Gott, Freiheit und Unsterblichkeit abließe. Ich mußte jedoch feststellen, daß die Begründungen für diese Dogmen sehr wenig überzeugend waren. Mit tiefem Ernst erwog ich eines nach dem andern. Das erste Dogma, das von mir den Laufpaß bekam, war das der Willensfreiheit. Mit fünfzehn Jahren gelangte ich zu der Überzeugung, daß die Bewegungen der Materie, sei es der lebenden, sei es der toten, durchaus gemäß den Gesetzen der Dynamik vor sich gingen und der Wille somit keinerlei Einfluß auf den Körper ausüben könne. Meine Überlegungen pflegte ich damals in englischer Sprache, aber in griechischen Buchstaben in ein Heft mit dem Titel »Griechische Übungen[1]« niederzuschreiben. Aus Angst natürlich, man könne meinen Gedankengängen auf die Spur kommen. Ich legte darin also meine Überzeugung nieder, daß der menschliche Körper eine Maschine sei. Wenn ich Materialist geworden wäre, hätte ich mich intellektuell wohl zufriedengegeben, doch aus fast den gleichen Gründen wie Descartes (den ich nur als Erfinder der kartesianischen Koordinaten kannte) kam ich zu dem Schluß, daß das Bewußtsein eine unbestreitbare Gegebenheit, reiner Materialismus daher unmöglich ist. Damals war ich fünfzehn Jahre alt. Zwei Jahre später gelangte ich zu der Überzeugung, daß es kein Leben nach dem Tode gibt; aber ich glaubte immer noch an Gott, weil mir das Argument der »Ersten Ursache« unwiderlegbar schien. Mit achtzehn jedoch, kurz bevor ich nach Cambridge ging, las ich Stuart Mills *Autobiography* und darin fand ich eine Stelle des Inhalts, sein Vater habe ihn gelehrt, auf die Frage: »Wer hat mich geschaffen?« gebe es keine Antwort, weil diese Frage sofort zu der weiteren führe: »Und wer hat Gott geschaffen?« Dies brachte mich dazu, Begriff und Beweis der »Ersten Ursache« fallenzulassen und Atheist zu werden. Während der langen Zeit des religiösen Zweifels machte mich der allmähliche Verlust des Glaubens höchst unglücklich, aber als dann reiner Tisch gemacht war, merkte ich zu meiner Überraschung, daß ich durchaus froh war, die ganze Sache hinter mir zu haben.

Diese ganzen Jahre über verschlang ich Lesestoff in Mengen. Ich brachte mir selbst genügend Italienisch bei, um Dante und Machiavelli im Urtext lesen zu können. Ich las Comte, von dem ich allerdings nicht viel hielt. Dann Stuart Mills *Political Economy* und *Logic*, aus denen ich sorgfältige Auszüge machte. Mit großem Interesse las ich Carlyle, wenn auch unter völliger Verwerfung seiner rein gefühlsmäßigen Argumente zugunsten der Religion. Ich kam damals zu der Ansicht – die ich seitdem beibehalten habe –, daß eine theologische Behauptung nicht hingenommen werden dürfe, ohne daß dafür Beweise der gleichen Art vorgebracht werden, wie sie für eine wissenschaftliche Behauptung erforderlich sind. Ich las Gibbon, ferner Milmans *History of Christianity* und *Gullivers Reisen* in der ungekürzten Fassung. Der Bericht über die Jähus beeindruckte mich tief, und ich begann Menschenwesen im Lichte Swifts zu sehen.

Selbstredend blieb dieses ganze geistige Leben tief in mir verschlossen; nicht das kleinste Anzeichen ließ ich davon im Umgang mit andern Leuten nach außen dringen. In Gesellschaft war ich schüchtern, kindisch, linkisch, aber artig und freundlich. Mit Neid blickte ich auf Menschen, denen es gegeben war, ohne peinliche Unbeholfenheit gesellschaftlichen Verkehr zu pflegen. Ich kannte da einen jungen Mann, der, wie es scheint, ein rechter Flegel gewesen sein muß; ich konnte jedoch beobachten, wie er mit einer jungen Dame in leichtfertiger Vertraulichkeit umging, die ihr offensichtlich Vergnügen machte. Ich indes dachte bei mir, nie, nie, niemals würde ich mich so zu benehmen lernen, daß eine Frau, für die ich etwas übrig hatte, Gefallen an mir finden könne. Bis kurz vor meinem sechzehnten Geburtstag konnte ich über mancherlei mit meinen Hauslehrern sprechen. Bis dahin wurde ich daheim unterrichtet, aber die Hauslehrer

blieben selten länger als ein Vierteljahr. Den Grund dafür kannte ich nicht; es kam wohl daher, daß ich, sobald ein neuer Hauslehrer sich einstellte, ihn sofort ins Vertrauen zog, daß er sich mit mir gegen meine Familie verschwören solle, wenn ihre Anforderungen zu unsinnig wurden. Einer dieser Hauslehrer erwies sich als Agnostiker und ließ sich mit mir auf Religionsgespräche ein. Wahrscheinlich wurde er entlassen, weil man das entdeckt hatte. Der Hauslehrer, den meine Familie am besten leiden konnte und der am längsten bei mir blieb, war ein todkranker Mann, der an Schwindsucht hinsiechte und einen unerträglichen stinkenden Atem hatte. Niemandem kam je der Gedanke, daß es vom gesundheitlichen Standpunkt aus höchst unklug war, mich dauernd in der Nähe dieses Mannes zu lassen. Kurz vor meinem sechzehnten Geburtstag wurde ich nach Old Southgate – das damals noch eine ländliche Gegend war – geschickt, und zwar zu einem Militäreinpauker. Nicht um mich zum Heeresdienst vorzubereiten, sondern für das Stipendiatenexamen des Trinity College von Cambridge. So gut wie alle andern jungen Leute gingen von dort zur Armee, bis auf ein paar Durchgefallene, die sich danach dem geistlichen Stand widmeten. Bis auf mich waren sie alle zwischen siebzehn und neunzehn Jahren, so daß ich bei weitem der jüngste war. Alle daher auch in dem Alter, in dem sie gerade anfingen, mit Prostituierten zu verkehren, was ihren vornehmlichsten Gesprächsstoff bildete. Am meisten bewundert wurde in diesem Kreis ein Jüngling, der behauptete, er habe die Syphilis gehabt und sei davon geheilt worden, was ihm zu bedeutendem Ruhme gereichte. Ständig hockten sie alle zusammen und erzählten sich zotige Geschichten. Jede Gelegenheit wurde zu unanständigen Bemerkungen benutzt. Als in der Kirche einmal das Lied gesungen wurde: »Hier will ich meinen Ebenezer erheben«, sagten sie: »Ganz neuer Name dafür.«
Trotz meiner früheren geschlechtlichen Betätigung im Geheimen war ich abgestoßen von der brutalen Form, in der die Sexualität hier auftrat. Meine Ansichten wurden auf einmal sehr puritanisch, und ich kam zu dem Schluß, daß Geschlechtsleben ohne tiefe Liebe tierisch sei. Ich zog mich in mich selbst zurück

und machte mir mit den andern Schülern so wenig zu schaffen wie irgend möglich. Aber gerade deshalb erwies ich mich als höchst geeignete Zielscheibe ihrer Hänseleien. So zwangen sie mich oft, mich auf einen Stuhl auf einem Tisch zu setzen und das einzige Liedchen, das ich konnte, zu singen. Es lautete:

Old Abraham ist mausetot,
Nie wird er wieder munter:
Er hatt'nen alten Kaftan an
Mit Knöpfen vorn herunter.

'Nen andern Kaftan hatt' er noch,
Dran war'n die Knöpf' verschoben;
Statt vorn herunter gingen sie
Von hinterwärts nach oben.

Ich sah bald ein, daß die einzige Möglichkeit, mich ihren Zumutungen zu entziehen, darin bestand, unbeirrbar gute Miene zum bösen Spiel zu machen. Nach einem oder zwei Trimestern tauchte schließlich ein anderer Junge auf, den sie hänseln konnten und der zudem den Vorzug hatte, daß er in Wut geriet. So ließen sie mich denn in Ruhe. Nach und nach gewöhnte ich mich auch an ihre Redereien und nahm keinen Anstoß mehr daran. Gleichwohl aber fühlte ich mich sehr unglücklich. Durch die Felder führte ein Fußpfad nach New Southgate; ich ging ihn oft entlang, um den Sonnenuntergang zu betrachten und Selbstmordgedanken nachzuhängen. Ich beging jedoch nicht Selbstmord, hauptsächlich aus dem Grunde, daß ich mir mehr Wissen in der Mathematik aneignen wollte. Meine Familie wäre natürlich entsetzt gewesen, hätte sie geahnt, was für eine Art Unterhaltung in diesem Institut gang und gäbe war; aber ich kam mit der Mathematik schön voran, und so wollte ich jedenfalls dort bleiben, ließ jedoch kein Wort verlauten über die Umgebung, in der ich mich befand. Nach den anderthalb Jahren, die ich dort hatte zubringen müssen, stellte ich mich im Dezember 1889 zum Examen für die Stipendien und erhielt auch ein kleines Stipendium. Die zehn Monate, bis ich in Cambridge die Universi-

tät bezog, verbrachte ich daheim mit vorbereitendem Unterricht durch einen Mann, den der Einpauker für mich besorgt hatte.
Während meines Aufenthalts bei dem Einpauker hatte ich als einzigen Freund eine Zeitlang einen gewissen Edward FitzGerald. Seine Mutter war Amerikanerin und sein Vater Kanadier. Er wurde in späteren Jahren sehr bekannt als großer Bergsteiger, der in den neuseeländischen Alpen und den Anden bedeutende Leistungen vollbrachte. Er wohnte in einem großen Haus, Rutland Gate No. 19, das jetzt abgerissen ist; seine Familie war sehr reich. Er hatte eine Schwester, die Lyrikerin und eine gute Freundin von Robert Browning war, den ich dort oft traf[2] . . . Sie war bedeutend älter als ihr Bruder und eine vorzügliche Altphilologin. Ich brachte ihr eine romantische Verehrung entgegen; doch als ich sie später wieder traf, schien sie mir unerträglich langweilig. FitzGerald war in Amerika aufgewachsen und war ein ebenso raffinierter wie affektierter Nichtstuer, hatte jedoch eine bemerkenswerte Begabung auf vielerlei Gebieten, besonders auf dem der Mathematik. Er vermochte den Jahrgang eines jeden Weines und jeder Zigarre von einigem Wert anzugeben. Er brachte es fertig, einen Löffel voll mit Cayenne-Pfeffer gemischten Senfs hinunterzuschlucken. Er war vertraut mit sämtlichen Freudenhäusern des Kontinents. Dazu verfügte er über eine umfassende Kenntnis der Literatur; während seiner Studentenzeit in Cambridge erwarb er eine schöne Bibliothek von Erstausgaben. Als er bei dem Einpauker auftauchte, schloß ich mich ihm sofort an, denn er war auf alle Fälle ein kultivierter Mensch, was die andern Schüler nicht waren. (Während ich dort war, starb Robert Browning; keiner meiner Mitschüler hatte je den Namen gehört.) FitzGerald und ich pflegten übers Wochenende heimzufahren; auf dem Wege nahm er mich immer zuerst zum Mittagessen bei seinen Eltern und dann zu einer Nachmittagsvorstellung mit. Meine Familie zog über die seine Erkundigungen ein; durch ein Zeugnis Robert Brownings fühlte sie sich beruhigt. Da ich so lange mutterseelenallein gewesen war, brachte ich FitzGerald ein geradezu unsinniges Maß von Zuneigung entgegen. Zu meiner allergröß-

ten Freude wurde ich aufgefordert, mit ihm und seinen Angehörigen im August ins Ausland zu reisen. Es war meine erste Auslandsreise seit meinem zweiten Lebensjahr, und die Aussicht, fremde Länder zu sehen, versetzte mich in große Aufregung.

Wir fuhren zuerst nach Paris, wo gerade die Weltausstellung von 1889 im Gange war, und dort zur Spitze des ebenfalls in diesem Jahr eingeweihten Eiffelturms. Dann reisten wir in die Schweiz, wo wir eine Woche lang von einem Ort zum andern fuhren, um zuletzt im Engadin haltzumachen. FitzGerald und ich bestiegen zwei Berge, den Piz Corvatsch und den Piz Palü. Beide Male gerieten wir in einen Schneesturm; beim ersten Mal bekam ich die Bergkrankheit; beim zweiten Mal er. Diese zweite Tour verlief sehr aufregend, da einer unserer Führer in eine Gletscherspalte stürzte und mittels des Seiles heraufgezogen werden mußte. Seine Kaltblütigkeit, als er beim Absturz noch fluchte, imponierte mir stark.

Leider hatte ich während dieser Tage mit FitzGerald einen recht ernsten Zwist. Er führte seiner Mutter gegenüber eine für meine Begriffe unverzeihlich ungezogene Sprache; jung, wie ich war, machte ich ihm deswegen Vorwürfe. Er nahm das übertrieben übel, ja verfiel in einen kalten Zorn gegen mich, der monatelang anhielt. Nach unserer Rückkehr zu dem Einpauker teilten wir zwar die Zimmer miteinander, er nahm jedoch die Gewohnheit an, mir Bosheiten zu sagen, worin er eine bedeutende Begabung entwickelte. Es kam so weit, daß mein Haß auf ihn eine Heftigkeit annahm, die mir heute kaum mehr verständlich ist. Bei einer bestimmten Gelegenheit bekam ich einen solchen Wutanfall, daß ich ihn mit beiden Händen beim Hals packte und drauf und dran war, ihn zu erwürgen. Als er aber bleich und grün zu werden anfing, ließ ich von ihm ab. Danach wurden und blieben wir jedoch wieder recht gute Freunde, solange er noch in Cambridge war, das er gegen Schluß des zweiten Jahres wegen seiner Heirat verließ.

Innerhalb dieser Zeitspanne war eine immer größere Entfremdung zwischen mir und meinen Angehörigen eingetreten. Auf politischem Gebiet war ich zwar noch mit ihnen einig, doch auf keinem andern mehr. Anfänglich versuchte ich ab und zu, mit ihnen Gegenstände zu erörtern, die mir am Herzen lagen; aber sie lachten mich immer nur aus, weshalb ich mich veranlaßt sah, fortan meinen Mund zu halten. Mir schien es selbstverständlich, daß das Glück der Menschheit das Ziel jeglichen Tuns sein müsse, ich entdeckte jedoch mit Staunen, daß es Leute gab, die anderer Ansicht waren. Der Glaube an das Glück, stellte ich fest, wurde Utilitarismus geheißen und war nur eine unter einer ganzen Anzahl von ethischen Theorien. Ich wurde alsbald ihr Anhänger, war aber so vorwitzig, Großmutter mitzuteilen, ich sei Utilitarier. Da überhäufte sie mich mit Gespött und gab mir fortan stets ethische Rebusse auf, die ich nach utilitaristischen Prinzipien lösen sollte. Ich merkte jedoch, daß sie keine stichhaltigen Gründe gegen den Utilitarismus vorzubringen hatte und ihr Widerspruch nicht gerade von einwandfreier Logik war. Als sie entdeckte, daß ich mich für Metaphysik interessierte, sagte sie, die ganze Sache lasse sich in den einen Satz zusammenfassen: »Was ist Geist? Nicht Materie. Was ist Materie? Nie Geist.«[3]

Als sie diesen Spruch fünfzehn- oder sechzehnmal wiederholt hatte, machte er mir keinen Spaß mehr. Aber die feindliche Einstellung Großmamas zur Metaphysik hielt bis zu ihrem Tode an. Sie hatte sich einmal Luft gemacht in folgenden Strophen:

[In nicht allzu freier deutscher Übersetzung:]

Hochgelahrte Metaphysik,
Du bist gänzlich überflüssig,
Machst nur des Lebens Irrgarten noch irrer;
Prahlst, mit Helle zu erfüllen
Rätsel wie Schicksal und Willen,
Machst sie aber bloß noch wirrer und wirrer.

Den Grund jedes Tuns
Erklärst wichtig du uns;

Sagst, in den Winkeln des Geistes noch so dunkel
Seist du wandernd gewesen,
Alle Rätsel zu lösen,
Und nennst Axiome dein gelehrtes Gemunkel.

Recht und Falsch hast du derart zerpflücket
Und die Stücke zusammengeflicket,
Daß es gleich ist, wonach wir uns richten;
Doch die Spinnweben, die dir gelangen,
Und die blöden Fliegen, die sie gefangen,
Wegzufegen brauchts einen Zauberbesen mitnichten.

Besser als ich weißt auch du nicht Bescheid
Über Lachen, Weinen und Leid,
Von Liebe und Haß, vom Zorn und vom Tode:
Metaphysik drum, lebwohl,
Ich brauch nicht deinen Kohl,
Und du kommst, scheint mir, bald aus der Mode.

Ich erinnere mich, daß Großmutter, als ich bereits erwachsen war, einmal zu mir sagte: »Ich höre, du schreibst schon wieder ein Buch«, in einem Ton, in dem man etwa sagt: »Ich höre, du bekommst schon wieder ein uneheliches Kind.« Gegen Mathematik hatte sie an sich nichts einzuwenden, wenn sie auch nie recht glauben wollte, daß sie einem nützlichen Zweck dienen könne. Ihre Hoffnung für mich war, daß ich unitarischer Pfarrer werde. Ich ließ jedoch nichts über meine religiösen Anschauungen verlauten, bis ich einundzwanzig war. Tatsächlich fand ich das Leben daheim von meinem vierzehnten Jahr ab nur erträglich um den Preis vollständigen Stillschweigens über alles, was mir am Herzen lag. Großmutters Humor, so amüsant er sich gab und anhörte, war in Wahrheit voller Animosität. Ich verstand mich damals noch nicht darauf, ihr mit gleicher Münze heimzuzahlen, und fühlte mich lediglich gekränkt und elend. Tante Agatha war ebenso boshaft; Onkel Rollo hatte sich seinerseits aus Kummer über den Tod seiner ersten Frau in sich selbst zurückgezogen. Mein Bruder, der am Balliol College studierte, war Buddhist geworden und erzählte mir immer, die Seele könne im kleinsten Umschlag enthalten sein. Ich entsinne mich, daß ich mir darunter stets die kleinsten Briefumschläge, die ich je gesehen hatte, vorstellte und wie die Seele gleich einem Herzen gegen das Papier pochte. Aber was ich den Gesprächen meines Bruders über die Geheimlehren des Buddhismus entnehmen konnte, bot mir nichts Brauchbares. Als er großjährig geworden war, bekam ich ihn nur selten noch zu sehen, da ihn die Familie als einen gottlosen Menschen ansah und er sich deshalb von zu Hause fernhielt. Mich hielt die Entschlossenheit aufrecht, etwas Bedeutendes auf dem Gebiet der Mathematik zu leisten, sobald ich erwachsen sein würde, ich nahm jedoch nicht an, daß ich je einem Menschen begegnen würde, mit dem ich mich anfreunden oder dem ich freimütig meine Gedanken mitteilen könne, und ebensowenig erwartete ich, daß irgendein Abschnitt meines Lebens ohne schweres Ungemach verlaufen könne.

Während meines ganzen Aufenthalts in Southgate war ich sehr interessiert an Politik und Nationalökonomie. Ich las Stuart Mills *Political Economy*, mit der ich mich restlos einverstanden erklären konnte; auch Herbert Spencer, der mir jedoch, so weitgehend ich seinen Vorurteilen zustimmte, in *The Man Versus the State* als zu doktrinär erschien. Tante Agatha machte mich mit den von ihr sehr bewunderten Büchern Henry Georges bekannt. Ich ließ mich überzeugen, daß die Verstaatlichung von Grund und Boden all die Wohltaten, die sich die Sozialisten vom Sozialismus erhofften, herbeiführen würde, eine Ansicht, die ich bis zum Ersten Weltkrieg beibehielt.

Meine Großmutter Russell und meine Tante Agatha waren leidenschaftliche Verfechterinnen der Homerule-Politik Gladstones, und viele irische Abgeordnete pflegten Pembroke Lodge zu besuchen. Es war die Zeit, da *The Times* behaupteten, Beweismaterial dafür zu besitzen, daß Parnell der Mittäterschaft an Morden schuldig sei. So gut wie die ganze Oberschicht der Gesellschaft einschließlich der großen Mehrheit derer, die Gladstone bis 1886 unterstützt hatten, machte sich diese Ansicht zu eigen, bis sie im Jahre 1889 in dramatischer Weise da-

durch widerlegt wurde, daß Piggot, der Fälscher jener Schriftstücke, das Wort »hesitancy« nicht richtig zu buchstabieren vermochte. Meine Großmutter und meine Tante hatten stets heftig bestritten, daß Parnells Anhänger mit Terroristen im Bunde gewesen seien. Sie verehrten Parnell, mit dem ich einmal einen Händedruck wechselte. Doch als er in Skandale verwikkelt wurde, rückten sie wie Gladstone von Parnell ab.
Mit Tante Agatha reiste ich zweimal nach Irland. Dort machte ich viele Spaziergänge, teils mit dem irischen Patrioten Michael Davitt, teils allein. Die Schönheit der Landschaft beeindruckte mich tief. Vor allem entsinne ich mich eines kleinen Sees in der Grafschaft Wicklow namens Lugala. Aus unerfindlichen Gründen verbanden sich mir seitdem mit seinem Erinnerungsbild immer die Verszeilen:

So wie die Wellen laufen hin zum kies'gen Strand,
so eilen die Minuten hin zu unserm Ende.

Als ich, ein Halbjahrhundert später, meinen Freund Crompton Davies in Dublin besuchte, überredete ich ihn dazu, mich zum Lugala-See zu bringen. Er brachte mich jedoch in einen Wald hoch über dem See, nicht zum »kiesigen Strand«, den ich in der Erinnerung hatte, und ich kehrte um mit der Überzeugung, daß man nicht versuchen soll, alte Erinnerungen aufzufrischen.
Im Jahre 1883 erwarb Onkel Rollo ein Haus an den Hängen von Hindhead, wo wir alle dann viele Jahre hindurch immer drei Monate zu Gast waren. Ansonsten gab es damals an der Hindhead-Höhe nur zwei verlassene alte Postkutschen-Gasthäuser – »Royal Huts« und »Seven Thorns« geheißen –, die jetzt keineswegs mehr verlassen sind. Mit dem Bau von Tyndalls Haus begann die Mode. Ich wurde häufig von Tyndall mitgenommen, und er schenkte mir einmal eines von seinen Büchern. Ich bewunderte ihn als hervorragenden Gelehrten und war sehr erpicht darauf, ihn zu beeindrucken. Das gelang mir denn auch zweimal. Das erste Mal, als ich, während er sich mit Onkel Rollo unterhielt, zwei Spazierstöcke mit gebogenen Griffen auf einem Finger balancierte. Da fragte mich Tyndall,

was ich da mache, worauf ich antwortete, ich wolle eine praktische Methode zur Bestimmung des Gravitationszentrums herausbekommen. Das zweite Mal ergab sich einige Jahre danach, als ich ihm erzählte, daß ich den Piz Palü bestiegen habe. Er war ein Pionier der Alpinistik gewesen. Unaussprechliches Entzücken empfand ich bei Spaziergängen durch das Heidekraut über Blackdown, die »Punschterrine« hinab bis zum »Teufelssprung« bei Churt. Ich erinnere mich ganz besonders an einen kleinen Fußweg, den ich erkundete, der damals »Mutter Bunchs Pfad« hieß (jetzt ist er von Häusern gesäumt und auf dem Schild steht nur »Bunch Pfad«). Er wurde immer unansehnlicher und war zuletzt nur noch ein zur Kuppe des Hurt Hill führender Steig. Ganz plötzlich, vollkommen wider Erwarten, tat sich eine riesige Aussicht vor mir auf, die halb Sussex und fast ganz Surrey umfaßte. Solche Augenblicke sind in meinem Leben immer von Bedeutung gewesen. Überhaupt hinterließ alles, was mir außer Hause, unter freiem Himmel zustieß, stets einen tieferen Eindruck, als was ich im Hause, zwischen vier Wänden, erlebte.

Anhang: »Griechische Übungen«

1888. 3. März. Ich werde hier über einige Themata schreiben, die mich zur Zeit interessieren. Infolge einer Reihe mannigfacher Umstände bin ich dazu gelangt, die eigentlichen Grundlagen der Religion, in der ich erzogen wurde, nachzuprüfen. In einigen Punkten wurde mein bisheriger Glaube durch meine Schlußfolgerungen bekräftigt, während ich bei anderen unweigerlich zu Schlüssen geführt wurde, die nicht nur bei meinen Angehörigen Entsetzen erregen würden, sondern auch mich selbst sehr schmerzlich berührt haben. In einigen wenigen Punkten erlangte ich Gewißheit, doch meine Anschauungen sind auch dort, wo sie nicht zu Überzeugungen wurden, solchen sehr nahegekommen. Ich habe nicht den Mut, meinen Leuten mitzuteilen, daß ich an die Unsterblichkeit kaum mehr glaube. Früher konnte ich über derlei mit Mr. Ewen freimütig sprechen, doch jetzt kann ich meine Gedanken bei niemandem mehr laut werden lassen, was das einzige Mittel wäre, mir Luft zu machen. So will ich denn einige meiner Probleme hier erörtern.

19. März. Ich beabsichtige, heute meine Gründe für den Glauben an Gott niederzuschreiben. Ich möchte von vornherein sagen, daß ich wirklich an Gott glaube, und daß ich, wenn ich meinem Bekenntnis einen Namen geben müßte, mich als einen Theisten bezeichnen würde. Zur Begründung des Glaubens an Gott werde ich ausschließlich wissenschaftliche Argumente heranziehen. Dieses mir selbst abgelegte Gelöbnis einzuhalten und alle Gefühlsmomente auszuschalten, kommt mich hart an. Um also wissenschaftliche Gründe für den Glauben an Gott zu finden, muß man zum Anfang aller Dinge zurückgehen. Wir wissen, daß die jetzt geltenden Naturgesetze immer gültig waren. Die genaue Menge von Materie und Energie, die jetzt im Weltall ist, muß immer vorhanden gewesen sein; die Nebelfleckentheorie läßt jedoch keinen Schluß darauf zu, daß und wann in Urzeiten das ganze Weltall mit undifferenzierter Nebelmaterie gefüllt gewesen wäre. Es ist aber durchaus möglich, daß Stoff und Kraft, die jetzt vorhanden sind, auf einen Schöpfungsakt zurückgehen, der zweifellos nur einer göttlichen Macht zugeschrieben werden kann. Aber auch wenn wir zugeben, daß sie immer vorhanden gewesen sind, woher kamen dann die Gesetze, die die Einwirkung der Kraft auf den Stoff regeln? Meines Erachtens lassen sie sich nur einer göttlichen Herrschermacht zuschreiben, die ich folgerichtig Gott nenne.

22. März. Prüfen wir nun einmal die Stichhaltigkeit dieser Beweisführung. Nehmen wir an, das Weltall sei, wie manche Leute meinen, rein zufällig entstanden. Wäre dann zu erwarten, daß jedes Atom unter allen gegebenen Bedingungen genau gleich wirkt wie jedes andere Atom? Wenn die Atome unbelebt sind, so liegt meines Erachtens kein Grund zu der Erwartung vor, daß sie irgend etwas ohne eine sie leitende Macht tun. Wenn sie aber mit Willensfreiheit ausgestattet sind, so sind wir zu der Schlußfolgerung gezwungen, daß alle Atome sich zum Gemeinwesen zusam-

mengetan und sich Gesetze gegeben haben, die keines von ihnen jemals bricht. Das aber ist eine unsinnige Hypothese, und darum sind wir gezwungen, an Gott zu glauben. Doch diese Beweisführung widerlegt gleichzeitig die Wunder und andere mutmaßliche Bekundungen einer göttlichen Macht. Es widerlegt das jedoch nicht ihre Möglichkeit, denn der Schöpfer der Gesetze kann sie auch wieder rückgängig machen. Zum Unglauben an Wunder können wir auch auf einem andern Weg gelangen. Denn wenn Gott der Schöpfer der Naturgesetze ist, so würde es sich bestimmt als eine Unzulänglichkeit im Gesetz erweisen, wenn es gelegentlich abgeändert werden müßte, und eine solche Unzulänglichkeit dürfen wir dem göttlichen Wesen nicht zuschreiben, wie in der Bibel, wo Gott Reue über sein Werk empfindet.

2. April. Ich komme jetzt zu dem Thema, das uns arme Sterbliche persönlich näher angeht als wohl jedes andere: die Frage der Unsterblichkeit. Es ist dies die Frage, bei der mich das Denken am meisten enttäuscht und geschmerzt hat. Es gibt hier zwei Wege der Betrachtung: einmal den der Entwicklung und Vergleichung des Menschen mit den Tieren, und zum andern den der Vergleichung des Menschen mit Gott. Der erste ist der wissenschaftlichere, denn über die Tiere wissen wir genau Bescheid, aber nicht über Gott. Nun, ich bin der Meinung, daß man, wenn man von Anfang an Willensfreiheit annimmt, bedenken muß, daß keine klare Trennungslinie zwischen Mensch und Protozoen [Urtierchen] besteht und daß wir daher, wenn wir dem Menschen Willensfreiheit zugestehen, sie auch den Protozoen zugestehen müssen, was einem freilich recht schwerfällt. Wenn wir also nicht gewillt sind, den Protozoen Willensfreiheit zuzugestehen, können wir sie auch nicht für den Menschen in Anspruch nehmen. Das wäre jedoch möglich, wenn auch schwer vorstellbar, wenn, wie es mir wahrscheinlich dünkt, Protoplasma sich lediglich auf Grund des regelmäßigen Naturablaufs gebildet hätte ohne jede Planung oder Bewirkung durch Gott. Dann werden wir und sämtliche andern Lebewesen einfach durch chemische Kräfte in Gang gehalten und sind keineswegs wunderbarer als ein Baum, dem niemand Willensfreiheit zusprechen wird; und wenn wir eine genügende Kenntnis von den Kräften besäßen, die zu irgendeiner Zeit auf irgend jemand einwirken, die Motive für und wider, die Konstitution seines Gehirns, wir sogar genau voraussagen könnten, was er tun wird. Vom religiösen Standpunkt andererseits ist es vermessen, auf Willensfreiheit Anspruch zu erheben; das wäre natürlich eine Durchbrechung der Gesetze Gottes, denn durch seine allgemeingültigen Gesetze wären unsere sämtlichen Handlungen festgelegt wie die Bahnen der Sterne. Meines Erachtens müssen wir Gott die ursprüngliche Aufstellung von Gesetzen überlassen, die nie gebrochen werden und das Tun und Treiben eines jeden bestimmen. Und da wir keine Willensfreiheit besitzen, kommt uns auch keine Unsterblichkeit zu.

Montag, 6. April. Ich wollte, ich könnte an das ewige Leben glauben, denn es macht mich ganz unglücklich, den Menschen lediglich für eine Art Maschine zu halten, die zum Leidwesen für ihn selbst mit Bewußtsein ausgestattet ist. Keine andere Theorie jedoch ist vereinbar mit der vollständigen Allmacht Gottes, von der die Wissenschaft, wie mir scheint, reichlich Bekundungen liefert. Ich muß also entweder Atheist sein oder die Unsterblichkeit bezweifeln. Da ich das erste unmöglich finde, bekehre ich mich zum andern, doch ohne es jemand zu bekennen. So enttäuschend diese Anschauung von den Menschen sein mag, gibt es uns doch, meiner Meinung nach, eine wunderbare Vorstellung von der Größe Gottes, wenn man bedenkt, daß Er am Anfang Gesetze zu schaffen vermag, die durch Einwirkung auf eine bloße Masse nebelförmiger Materie, vielleicht nur über diesen Teil des Alls versprengten Äthers, Geschöpfe unseresgleichen hervorbringen kann, Geschöpfe, die nicht nur ihrer eigenen Existenz bewußt, sondern sogar imstande sind, bis zu einem gewissen Grade Gottes Geheimnisse zu ergründen. Und all dies ohne Sein weiteres Zutun. Nun wollen wir einmal überlegen, ob diese Lehre vom Mangel an Willensfreiheit gar so widersinnig ist. Wenn man mit Leuten darüber sprechen will, dann werden sie wütend oder gebärden sich sonstwie. Aber sie können wohl nicht anders, weil sie etwas beweisen müssen und ihnen das den Beweggrund dafür liefert. So haben wir bei allem, was wir tun, Be-

weggründe, die uns bestimmen. Es gibt auch keine Abgrenzungslinie zwischen Shakespeare oder Herbert Spencer und einem Papua, wenn auch zwischen ihnen und einem Papua ein so großer Unterschied zu sein scheint wie zwischen einem Papua und einem Affen.

14. April. Es bestehen indes große Schwierigkeiten in Bezug auf die Lehre, daß der Mensch weder Unsterblichkeit noch Willensfreiheit noch eine Seele besitze, kurz, daß er weiter nichts sei als eine kunstvolle, mit Bewußtsein ausgestattete Art Maschine. Denn Bewußtsein ist an sich eine Eigenschaft, die den Menschen durchaus unterscheidet von der toten Materie, und wenn er sich schon in einer Hinsicht von der toten Materie unterscheidet, warum dann nicht auch in einer andern, nämlich der der Willensfreiheit? Unter Willensfreiheit verstehe ich, daß, zum Beispiel, der Mensch nicht dem ersten Bewegungsgesetz gehorcht oder zumindest, daß die Richtung, in der er die Energie, die ihm verliehen ist, gebraucht, nicht gänzlich von äußeren Umständen abhängt. Außerdem scheint die Vorstellung unmöglich, daß der Mensch, der homo sapiens, mit seiner Vernunft, seiner Kenntnis vom Weltall, seinem Wissen um Recht und Unrecht, der Mensch mit seinen Gefühlen, seiner Liebe, seinem Haß und seiner Religion, daß dieser Mensch nichts sein soll als eine vergängliche Zusammensetzung von Chemikalien, dessen Wesensart und Bewirkung von Gut oder Böse lediglich und ausschließlich von den individuellen Bewegungen seiner Gehirnmoleküle abhängt und daß alle großen Menschen ihre Größe nur dem Umstand verdankten, daß ein bestimmtes Molekül bei ihnen öfter mit einem andern zusammenstieß als bei andern Menschen. Ist das nicht äußerst unglaubwürdig und muß nicht jeder, der an solchen Widersinn glaubt, verrückt sein? Aber was ist die Alternative dazu? Daß unter der Annahme der Evolutionstheorie, die so gut wie erwiesen ist, der Verstand der Affen allmählich zugenommen und Gott eines Tages einen von ihnen mit dem Wunder der Vernunft begabt habe, deren Besitz uns ein Rätsel ist? Und dann soll der Mensch, der mit Recht als das herrlichste Werk Gottes bezeichnet wird, dazu bestimmt sein, völlig unterzugehen, nachdem er sich im Lauf vieler Jahrtausende zur Blüte entfaltet hat? Wir wissen das nicht, aber ich ziehe diese Anschauung derjenigen vor, Gott habe ein Wunder benötigt, um den Menschen hervorzubringen und ihm dann die Freiheit zu lassen, zu tun, was er will.

18. April. Wenn wir also die Theorie annehmen, daß der Mensch sterblich und ohne freien Willen ist – eine bloße Theorie wie andere auch, wie denn selbstverständlich alles dergleichen auf reiner Spekulation beruht –, wie kommen wir zu dem Begriff von Recht und Unrecht? Viele Leute sagen, wenn man auch nur mit einem Wort eine so unsinnige Lehre wie die von der Prädestination erwähnt – die auf dasselbe hinausläuft, wenn auch die Pfarrer es nicht glauben wollen –, was dann aus dem Bewußtsein usw. würde, das doch ihrer Meinung nach von Gott unmittelbar in den Menschen eingepflanzt worden sei. Meiner Meinung nach jedoch verdanken wir unser Bewußtsein in erster Linie der Evolution, die in ganz natürlicher Weise Selbsterhaltungstriebe hervorbrachte. Nehmen wir beispielsweise die Zehn Gebote zur Veranschaulichung eines primitiven Ethos. Manche von ihnen dienen zur Förderung des friedlichen Zusammenlebens der Gemeinschaft, wie es zur Erhaltung der Art am vorteilhaftesten ist. Was immerdar als schlimmstmögliches Verbrechen gilt und das schlechteste Gewissen hervorruft, ist der Mord, der ohne weiteres Vernichtung der Art bedeutet. Wie wir andererseits wissen, galt bei den alten Hebräern als Zeichen von Gottes Gnade die Zeugung vieler Kinder, während die Kinderlosen als von Gott verflucht angesehen wurden. Bei den Römern waren auch die Witwen verabscheut, und es war ihnen meines Wissens untersagt, mehr als ein Jahr unverheiratet in Rom zu bleiben. Woher diese eigentümlichen Anschauungen? Kamen sie nicht einfach daher, daß diese mit Mitleid oder Abscheu betrachteten Frauen keine neuen Menschenwesen hervorbrachten? Wir können begreifen, wie solche Vorstellungen sich herausbildeten und verstärkten, als die Menschen einigermaßen vernünftig wurden und einsahen, daß ein Stamm, bei dem Mord und Selbstmord gang und gäbe wurde, aussterben müsse, während ein anderer, bei dem derlei verpönt war, einen großen Vorteil genoß. In hochgebildeten Ge-

sellschaften sind diese Anschauungen natürlich Veränderungen unterworfen.

20. April. Primitive Ethik entsteht somit meines Erachtens immer im Hinblick auf die Erhaltung der Art. Aber ist das ein Lebensgesetz, das eine zivilisierte Gemeinschaft befolgen muß? Meiner Meinung nach nicht. Mein Lebensgesetz, nach dem ich mein Verhalten regle und von dem abzuweichen ich als Sünde betrachte, ist, so zu handeln, daß dabei mit größter von mir angenommener Wahrscheinlichkeit der höchste Stärke- und Streuungsgrad des Glücks erreicht wird. Ich weiß, daß Großmama das für eine nicht in Praxis umsetzbare Lebensregel hält, weil man, wie sie sagt, nie wissen kann, was das größte Glück hervorruft, und man daher besser daran tut, der inneren Stimme zu folgen. Das Gewissen jedoch hängt, wie leicht einzusehen ist, größtenteils von der Erziehung ab, wie etwa der durchschnittliche Ire Lügen nicht als unrecht betrachtet, eine Tatsache, die mir allein zur Widerlegung des göttlichen Werts des Gewissens zu genügen scheint. Und da meiner Meinung nach das Gewissen nichts anderes ist als ein Kompositum aus Entwicklung und Erziehung, so ist es offensichtlich ein Widersinn, sich nach ihm statt nach der Vernunft zu richten. Und meine Vernunft sagt mir, es sei am besten, so zu handeln, daß ein Höchstmaß an Glück hervorgebracht wird. Ich habe nämlich herauszufinden gesucht, welch anderes Ziel ich mir vorsetzen könnte; es ist aber nichts dabei herausgekommen. Nicht mein eigenes Individualglück allein, sondern ebenso das aller Menschen, ohne dabei einen Unterschied zu machen zwischen mir selbst, Verwandten, Freunden oder völlig Fremden. Im wirklichen Leben macht es mir sehr wenig aus, wenn andere Leute nicht meiner Meinung sind; denn wo eine Möglichkeit besteht, daß man durchschaut wird, ist es gescheiter, das zu tun, was die eigenen Angehörigen für richtig halten. Meine Begründung dieser Ansicht: einmal, daß ich keine andere finde, da ich mich gezwungen sah – wie jeder, der ernsthaft über Entwicklung nachdenkt – das alte Verfahren der Befragung des eigenen Gewissens aufzugeben, und zweitens, daß es mich dünkt, Glück sei das Höchste, wonach man trachten solle. Zur Anwendung dieser Theorie auf das praktische Leben möchte ich sagen, daß ich in einem Fall, der nur mich selbst berührt – wenn es einen solchen Fall überhaupt gibt – selbstverständlich vollkommen eigennützig handeln würde, um mich selbst zufriedenzustellen. Nehmen wir den andern Fall an, daß ich die Möglichkeit hätte, einen Menschen zu retten, der besser daran täte, wenn er vom Erdboden verschwände. Offensichtlich wäre ich im Interesse meines eigenen Glücks am besten beraten, wenn ich mich ihm ins Wasser nachstürzte. Denn wenn ich dabei mein Leben einbüßte, so wäre die Angelegenheit auf dem glattesten Weg erledigt, und wenn ich ihn retten würde, hätte ich die Freude endloser Lobsprüche. Wenn ich ihn aber ertrinken ließe, so hätte ich eine gute Gelegenheit zu sterben versäumt und mir statt dessen die Trübsal vielfachen Tadels zugezogen, aber die Welt wäre schöner, weil sie ihn los ist und, wie ich leise hoffe, weil ich ihr erhalten geblieben bin.

29. April. Ich habe mir geschworen, bei allem der Vernunft Folge zu leisten und nicht den Trieben, die ich teils von meinen Vorfahren geerbt habe, nachdem diese sie allmählich auf Grund der natürlichen Auslese erworben hatten, und teils meiner Erziehung verdanke. Es wäre doch widersinnig also, ihnen bei den Fragen von Recht oder Unrecht Folge zu leisten. Denn wie ich schon früher ausführte, kann der ererbte Teil nur auf Grundprinzipien beruhen, die auf Erhaltung der Art abzielen, während der auf die Erziehung zurückgehende Teil je nach der individuellen Erziehung gut oder schlecht ist. Und doch sollen wir vernunftbegabte Wesen dieser inneren Stimme, dem gottgegebenen Gewissen – das die Blutige Maria zur Verbrennung der Protestanten veranlaßte – Folge leisten. Ich halte das für Wahnwitz und bestrebe mich, soweit irgend möglich, mich an die Vernunft zu halten. Als Ideal betrachte ich das, was letzlich das größte Glück der größten Zahl hervorbringt. Dann kann ich Vernunft anwenden, um das beste zu diesem Ziel führende Verfahren herauszufinden. In meinem speziellen Fall jedoch kann ich, dank der Vortrefflichkeit meiner Erziehung, mich mehr oder weniger nach dem Gewissen richten. Aber wie merkwürdig, daß es Menschen gibt, die es verschmähen, zugunsten der Vernunft auf tierische Antriebe zu verzichten. Erst heute wieder hatten Fräulein Bühler und ich eine lange Auseinandersetzung, weil ich sagte, ich richte mich bei Angelegenheiten von Recht und Unrecht nach der Vernunft und nicht nach dem Gewissen. Es ist mir übrigens höchst unlieb, daß ich so eigenartige Ansichten habe, denn entweder muß ich sie streng für mich behalten oder die Leute sind entsetzt über meinen Skeptizismus, was einem bei solchen, die man gern hat, ebenso unangenehm ist als sich gegen sie zu verschließen. Es würde mir sehr leid tun, wenn Fräulein Bühler ginge, denn ich kann ihr, so seltsam es klingen mag, mein Herz leichter ausschütten als meinen Angehörigen.

3. Mai. Fräulein Bühler ist gegangen, und so bin ich wieder der Einsamkeit und Zurückhaltung ausgeliefert. Glücklicherweise jedoch scheint es ausgemacht, daß ich nach Southgate kommen soll, und zwar noch im Laufe dieser Woche. Dank der vermehrten Betätigung im Tagesleben und anfänglich auch der Neuartigkeit wird mich das davor bewahren, trübseligen Gedanken nachzuhängen. Ich erwarte nicht, daß ich gleich zu Anfang dort mit Lust und Liebe bei der Sache sein werde; aber nach einer gewissen Zeit, so hoffe ich, wird das wohl doch der Fall sein. Jedenfalls, so nehme ich an, wird es nützlich sein für meine Arbeit, für meine Pläne und meine Manieren ...

8. Mai. Wieviel glücklicher wäre mein Leben, wenn ich nicht hinsichtlich der Theologie solch unerquickliche Anschauungen hätte! Morgen reise ich ab, und am Abend heute sprach Großmama ein wunderschönes Gebet für mich zu meinem neuen Lebensabschnitt; unter anderem hieß es darin: Möge er vor allem gelehrt werden, Gottes unendliche Liebe für ihn zu erkennen. Nun, zu diesem Gebet kann ich nur von Herzen Amen sagen; es bezieht sich doch auf etwas, woran es mir aufs höchste gebricht. Denn nach dem, was ich über Gott denke, haben wir keinen besonderen Grund zu der Annahme, daß er uns liebe. Hat er doch eigentlich nur die Maschine einmal in Arbeitsgang gesetzt und es ihr dann überlassen, die nötigen Auswirkungen selbst durchzu-

führen. Man könnte freilich sagen, seine Gesetze seien geeignet, uns Sterblichen das größtmögliche Glück zu gewährleisten, aber das wäre eine unbeweisbare Behauptung. Ich sehe also keinen Grund, an Gottes Güte mir gegenüber zu glauben, wiewohl ich ehrlich gerührt war durch die Schlichtheit des Gebetes und den ernsten Ton, in dem sie es sprach. Wie herrlich ist es doch, solche Menschen zu Angehörigen zu haben! Was wäre aus mir geworden, wenn ich eine schlechtere Erziehung genossen hätte?!
Um übrigens auf einen erfreulicheren Gegenstand zu kommen: Marshall[4] *und ich hatten heute einen wunderschönen Tag. Wir gingen zum Fluß hinunter, drangen in Broom Hall*[5] *ein, bemächtigten uns eines Boots von Frank und ruderten bis über die Kingstoner Brücke hinaus, ohne daß irgendwer uns in Broom Hall gesehen hatte außer einem lahmen alten Mann. Wer, zum Kuckuck, dieser Mann war, ahne ich nicht. Marshall war furchtbar erpicht auf eine Tasse Tee, und wir kamen schließlich an ein letztklassiges Wirtshaus, das ihm jedoch für den Augenblick zu genügen schien. Da wir aber blödsinnigerweise unsere Jacketts im Bootshaus von Teddington liegen gelassen hatten, mußten wir rocklos in die Gaststube treten, wo wir von dem frechsten Serviermädchen, das mir je vorgekommen ist, bedient wurden; sie habe gemeint, sagte sie, wir seien die Zimmerleute, die das Haus reparieren wollten. So angestrengt, wie es irgend ging, ruderten wir heim und kamen schweißtriefend zwanzig Minuten zu spät zu Hause an, was einen kleinen Krach im Gefolge hatte.*

20. Mai. Zum ersten Mal wieder daheim von Southgate. Es scheint an sich ein ganz angenehmer Ort; in Tat und Wahrheit jedoch ist es traurig zu sehen, wie durchschnittlich die jungen Menschen überall sind. Kein Verstand, kein selbständiger Gedanke, keine Liebe zu guten Büchern oder zu sittlicher Verfeinerung. Es ist wirklich traurig, daß die Oberklassen eines kultivierten und (angeblich) moralischen Landes nichts Besseres hervorzubringen vermögen. Ich bin froh, daß ich nicht früher von daheim fortgekommen bin; denn dann wäre ich nie zu meiner jetzigen Form gelangt, sondern nur einer ihresgleichen geworden. (Nebenbei: wie schrecklich pharisäisch ich werde!) Die sechs Monate, seit Baillie fort ist, haben wohl eine große Veränderung bei mir hervorgerufen. Ich bin ruhiger, nachdenklicher, poetischer als früher geworden. Ein kleiner Zug dürfte dafür recht kennzeichnend sein. Früher hatte ich mir nie viel aus den Landschaften im Frühling gemacht, doch dieses Jahr war ich so schlechtweg hingerissen von ihrer Schönheit, daß ich Großmama fragte, ob sie nicht schöner seien als sonst, was sie jedoch verneinte. Ich liebe Dichtung auch jetzt viel mehr als früher, habe mit großem Genuß sämtliche Königsdramen von Shakespeare gelesen und es verlangt mich danach, Tennysons In Memoriam *zu lesen.*

27. Mai. Wie ich letzthin sagte, versuche ich nach meinen eigenen Grundsätzen zu arbeiten, ohne irgendwelche Aussicht auf Lohn, ja ohne sogar das Licht des Gewissens blindlings als unfehlbaren Führer zu benutzen ... Es ist sehr schwierig für einen jeden, ohne Unterstützung durch die Religion, nur auf Grund der eigenen inneren Leitung rechte Arbeit zu tun. Ich habe es versucht und muß leider sagen: es ist mir nicht gelungen. Das Traurige ist, daß ich über keine andere Hilfsquelle verfüge. Mir fehlt die Hilfestellung der Religion. Meine Lehrsätze, wie sie nun einmal sind, helfen mir im Alltagsleben nicht mehr als algebraische Formeln. Doch der stärkste Ansporn zu einem ersprießlichen Leben ist für mich Großmamas Liebe, und der Gedanke an den unendlichen Schmerz, den es ihr bereiten würde, wenn ich auf Abwege geriete. Aber sie muß ja wohl eines Tages sterben, und wo wird dann meines Bleibens sein? Ich habe die größte Angst, daß es mit meinem Leben dann bergab geht, weil ich die Stützung durch die Religion verloren habe. Vor allen Dingen möchte ich nicht, daß meine Religion sich verbreite, denn gerade ich müßte, dank meiner Erziehung und der Besorgnis um mein sittliches Wohlergehen, der moralischste aller Menschen sein. Ich glaube schon, daß ich das sein könnte, wenn meine unglückseligen Gedankengänge nicht wären; denn wie leicht ist es doch, wenn man stark versucht ist, sich zu beweisen, daß Glück nur entsteht, indem man der Versuchung nachgibt, wenn der Weg, den man zu verabscheuen gelehrt worden ist, den eigenen Gedanken entspre-

chend plötzlich tugendhaft wird. Wenn ich je mit dem, was ich zu sein hoffe, Schiffbruch erleide, so werde ich zur Erklärung dieses Tagebuch vorweisen. Was uns nottut, ist ein neuer Luther. Denn Religionen altern wie Bäume, wenn sie nicht von Zeit zu Zeit »reformiert« werden. Das Christentum, wie es jetzt besteht, gehört einer vergangenen Epoche an. Wir brauchen eine neue Form, die mit der Wissenschaft im Einklang ist und doch zu einem rechten Leben verhilft.

3. Juni. Es ist ganz ungewöhnlich, von wie wenig Prinzipien oder Dogmen ich wirklich überzeugt werden konnte. Ich merke, wie mir einer nach dem andern meiner früher unangezweifelten Glaubenssätze in den Bereich des Zweifels entgleitet. So habe ich beispielsweise nie einen Augenblick daran gezweifelt, daß Wahrheit ein Gut sei, nach dem man frisch zugreifen müsse. Doch jetzt hege ich darüber die allergrößten Zweifel und die stärkste Ungewißheit. Denn die Suche nach Wahrheit hat mich zu den Resultaten geführt, die ich in diesem Heft hier niedergelegt habe, während ich, wenn ich mich damit zufriedengegeben hätte, die Lehren meiner Jugend anzunehmen, in Ruhe und Frieden hätte leben können. Die Erforschung der Wahrheit hat den größten Teil meiner einstigen Überzeugungen erschüttert und mich dazu gebracht, Dinge zu begehen, die vermutlich sündig sind und von denen ich mich andernfalls freigehalten haben würde. Ich glaube nicht, daß mich das irgendwie glücklicher gemacht hat. Natürlich hat es meinen Charakter vertieft, mich gelehrt, Lappalien und schnödes Gespött zu verachten, aber zugleich hat es mir die Heiterkeit genommen und es mir schwerer gemacht, Herzensfreunde zu gewinnen, und, was das Schlimmste ist, es hat den freimütigen Verkehr mit meinen Angehörigen unterbunden und sie meinen tiefsten Gedanken entfremdet, die, wenn ich sie durch irgendeinen unglücklichen Zufall äußere, sofort zur Zielscheibe des Spotts gemacht werden, der mich, mag er gar nicht unfreundlich gemeint sein, doch unsagbar bitter kränkt. So muß ich wohl sagen, daß in meinem persönlichen Fall die Wahrheitserforschung mehr Schlechtes als Gutes bewirkt hat. Aber von der Wahrheit, die ich als solche gelten lasse, kann möglicherweise gesagt wer-

den, sie sei die Wahrheit nicht, und es kann mir vielleicht bedeutet werden, daß ich, wenn ich zur wirklichen Wahrheit gelange, durch sie glücklicher würde; aber das ist eine höchst anzweifelbare Behauptung. Darum hege ich starken Zweifel am unbedingten Vorteil der Wahrheit. Bestimmt drückt die Wahrheit in der Biologie die Vorstellung vom Menschen herab, was recht peinlich sein muß. Außerdem entfremdet einem die Wahrheit frühere Freunde und hindert einen daran, neue zu gewinnen, was auch nicht angenehm ist. Man sollte dies alles vielleicht als ein Martyrium ansehen, da sehr oft die von einem einzelnen Menschen errungene Wahrheit zur Steigerung des Glücks vieler anderer führen kann, doch nicht zu der des eigenen Glücks. Aufs Ganze gesehen neige ich dazu, die Verfolgung der Wahrheit fortzusetzen, obwohl ich keineswegs den Wunsch habe, Wahrheit der Art, wie sie auf diesen Blättern steht – falls es sich dabei tatsächlich um Wahrheit handelt – zu verbreiten, sondern eher an der Verbreitung zu hindern.

15. Juli. Meine Ferien haben vor ungefähr einer Woche begonnen; ich gewöhne mich an das Daheimsein und fange an, Southgate als einen vergangenen Traum anzusehen. Denn wenn ich auch den Leuten erzähle, daß ich gern dort sei, so hat das Leben dort – wenn es auch besser ist, als ich erwartete – große Plagen und Unzuträglichkeiten. Ich kann mir nicht denken, daß es jemanden gibt, der Störungen und Spötteleien so schlecht vertragen kann wie ich, wenn ich auch nach außenhin mein Temperament im Zaum halte. Mitten in der Nacht gezwungen zu werden, etwas zu singen, auf Stühle zu steigen, aufzustehen, um sich mit Wasser bespritzen zu lassen, ist für mich hundertmal widerwärtiger als für andere. Ich muß dann in einem Augenblick immer eine lange Kette von Überlegungen, was jetzt am besten zu sagen oder zu tun sei, durchlaufen, denn ich habe genügend Selbstbeherrschung, um das zu tun, was mir am besten dünkt, und nach der Aufregung, die andern Menschen unerheblich scheinen mag, zittere ich vor Erschöpfung. Dennoch ist es meines Erachtens für mich ausgezeichnet, weil es meine Fähigkeit zum Genießen steigert und mich moralisch in bedeutendem Maße stärkt... Ich bin froh, daß ich vorher nie in eine Schule gegangen bin. Es würde mir dazu die Kraft gefehlt und ich keine Zeit zu eigenem Denken gehabt haben, das, trotz dem vielen Ungemach, das es mir verursacht hat, vornehmlich Halt und Stütze in Mißhelligkeiten für mich ist. Ich habe mich immer, so verfehlt es sein mag, durch ein Gefühl der Verachtung gegen alle, die mich mit Bosheit behandeln und mich drangsalieren, aufrechterhalten. Wäre meine Erziehung nur ein klein bißchen weniger vollkommen gewesen, als sie es tatsächlich war, so wäre ich vermutlich genau ebenso geworden. Aber ich habe die Empfindung, ich müsse nun daheim mehr Freude finden als früher, was zusammen mit einem eingebildeten Gefühl von Heldentum einen großen Teil meiner in Southgate durchlebten Unglückseligkeit wettmachen wird.

20. Juli. Es gibt drei verschiedene, doch aufeinander zulaufende Wege, die Frage der Willensfreiheit zu betrachten: der erste von der Allmacht Gottes her, der zweite von der Herrschaft des Gesetzes und der dritte von dem Umstand aus gesehen, daß alle unsere Handlungen sich bei näherer Betrachtung als von Beweggründen verursacht erweisen. Man erkennt ohne weiteres, daß diese drei Wege in Wahrheit miteinander identisch sind; denn Gottes Allmacht ist das Gleiche wie die Herrschaft des Naturgesetzes, und die Bestimmung von Handlungen durch Beweggründe ist die besondere Form, die die Herrschaft des Naturgesetzes beim Menschen annimmt. Untersuchen wir jeden dieser Wege einmal näher.
Erstens der von der Allmacht Gottes her. Was, vor allem, verstehen wir unter Willensfreiheit? Daß wir, wenn uns zwei verschiedenen Richtungen offenstehen, wählen können. Doch gemäß dieser Definition werden wir dabei nicht von Gott angeleitet, sondern sind, wir allein in der ganzen Schöpfung, unabhängig von Ihm. Das erscheint unwahrscheinlich, ist jedoch keineswegs unmöglich, da Seine Allmacht nur eine Schlußfolgerung ist. Gehen wir also zum zweiten über, der Herrschaft des Naturgesetzes. Bei allen Dingen, die wir kennen, außer vielleicht bei den höheren Tieren, übt das Naturgesetz die unumschränkte Herrschaft aus. Daß auch der Mensch dem Naturgesetz unterworfen ist, er-

hellt aus einer Tatsache wie dem Grimmschen Gesetz und ebenso daraus, daß es zuweilen möglich ist, menschliche Handlungen vorauszusagen. Wenn also der Mensch dem Naturgesetz unterworfen ist, bedeutet das nicht, daß seine Handlungen ebenso vorbestimmt sind wie die Bewegungen oder das Wachstum einer Pflanze? In der Tat spricht der Herzog von Argyll von Freiheit innerhalb der Schranken des Naturgesetzes; das ist jedoch meines Erachtens eine nichtssagende Redensart, denn Unterwerfung unter ein Gesetz beinhaltet notwendigerweise, daß unter gegebenen Voraussetzungen jederzeit eine bestimmte Folge eintritt. Zweifellos handeln verschiedene Menschen unter den gleichen Umständen verschiedenartig; das beruht jedoch nur auf der Verschiedenheit der Charakteranlagen, ebenso wie zwei Kometen in der gleichen Stellung sich auf Grund ihrer verschiedenen Exzentrizitäten verschiedenartig bewegen. Drittens nun von der Betrachtung der Beweggründe her ergibt sich wohl der stärkste Weg. Denn was für eine Handlung auch immer wir untersuchen, wir finden stets Gründe, über die wir so wenig Gewalt haben wie die Materie über die auf sie einwirkenden Kräfte, Gründe, die unsere Handlungen hervorrufen. Der Herzog von Argyll meint, wir könnten uns selbst Beweggründe vorbringen, aber ist das nicht eine von unserm Charakter und andern unumgänglichen Faktoren bestimmte Handlung? Der Umstand, daß wir etwas wie freien Willen spüren, hat als Argument für ihn keinen Wert, denn wir spüren keine Beweggründe, die wir als wirklich vorhanden feststellen können, nicht einmal, daß der Verstand vom Gehirn abhängig ist und dergleichen. Ich möchte jedoch die Willensfreiheit nicht ausdrücklich leugnen, denn ich habe oft feststellen können, daß gute Argumente sich nicht nur auf einer Seite einer Frage bemerkbar machen, bevor man auf sie hingewiesen worden ist. Mein Naturell mag dazu neigen, die Willensfreiheit zu bezweifeln, und es mögen ganz ausgezeichnete Argumente für sie vorhanden sein, an die ich entweder noch nicht gedacht habe oder die bei mir nicht mit ihrem vollen Gewicht zur Geltung gekommen sind... Es hält schwer, nicht unbesonnen zu werden und Selbstmord zu begehen, was ich wohl tun würde, wenn meine Familie nicht wäre.

1 Teile daraus sind auf Seite 59 zu finden.

2 Robert Brownings Bekanntschaft hatte ich schon früher gemacht, nämlich in meinem zweiten Lebensjahr, als er einmal zum Mittagessen nach Pembroke Lodge gekommen war und unaufhörlich redete, während alle Tischgäste den Schauspieler Salvini hören wollten, den er mitgebracht hatte. Schließlich soll ich mit gellender Stimme gerufen haben: »Der Mann soll zu sprechen aufhören.« Was er dann auch tat.

3 Wörtliche Übersetzung des englischen Wortspiels, das sich im Deutschen nicht nachahmen läßt, da im Englischen »matter« nicht nur »Materie«, sondern auch »Sache« (also hier etwa »Nebensache«) und »never mind« nicht nur »nie Geist«, sondern auch »mach dir nichts draus« bedeutet (Anm. d. Übers.).

4 Mein damaliger Hauslehrer.

5 Wo mein Bruder lebte.

Cambridge

Mein Vater war in Cambridge gewesen, doch mein Bruder war in Oxford. Wegen meiner Vorliebe für Mathematik ging ich nach Cambridge. Zum ersten Mal war ich dort im Dezember 1889, um die Prüfungen für die Aufnahmestipendien abzulegen. Ich wohnte im New Court, war aber zu schüchtern, um nach dem Weg zum Waschraum zu fragen, so daß ich jeden Morgen vor der Prüfung zum Bahnhof wanderte. Durch das Gittertor des New Court sah ich zwar die »Backs«, wagte aber nicht hineinzugehen, da ich meinte, sie könnten privat sein. Ich wurde zum Essen beim Master eingeladen, der zu meines Vaters Zeit Headmaster von Harrow gewesen war. Dort traf ich zum ersten Mal mit Charles und Bob Trevelyan zusammen. Charakteristischerweise hatte sich Bob Charles' zweitbesten Abendanzug ausgeborgt und fiel während des Essens in Ohnmacht, als die Rede auf eine chirurgische Operation kam. Ich war höchst aufgeregt bei dieser beängstigenden gesellschaftlichen Veranstaltung, wenn auch nicht so sehr wie bei einer andern Gelegenheit, als ich mich plötzlich mutterseelenallein tête-à-tête mit Gladstone sah. Er kam zu einem Aufenthalt in Pembroke Lodge, aber da er der einzige Gast und ich das einzige männliche Wesen im ganzen Hause war, blieben wir beide, nachdem die Damen sich zurückgezogen hatten, allein am Eßtisch sitzen. Der Premierminister äußerte nur einen einzigen Satz: »Sehr guter Portwein, den man mir da gegeben hat; aber warum hat man mir ihn in einem Rotweinglas serviert?« Darauf wußte ich keine Antwort, sondern hatte nur den Wunsch, daß mich die Erde verschlinge. Nie in meinem ganzen Leben habe ich je wieder einen so qualvollen Augenblick erlebt.
Ich gab mir die allergrößte Mühe bei der Stipendienprüfung gut abzuschneiden. Die Nervosität kam mir während der Arbeit zwar etwas in die Quere. Doch gleichwohl bekam ich ein kleines Stipendium, worüber ich höchst beglückt, weil es das erste Mal war, daß ich mich mit begabten Altersgenossen messen konnte.

Anfang Oktober 1890 übersiedelte ich nach Cambridge, und von da an ging alles schön und glatt. Alle damals dort Wohnhaften, die dann später meine besten Freunde wurden, besuchten mich in der ersten Woche des Trimesters. Den Grund dafür kannte ich damals noch nicht; aber späterhin entdeckte ich, daß Whitehead, der die Stipendienprüfungen geleitet hatte, einigen von ihnen gesagt hatte, sie sollten Sanger und mich im Auge behalten. Sanger war Fuchs im ersten Semester, wie ich, studierte ebenfalls Mathematik und hatte gleich mir ein kleines Stipendium. Wir wohnten beide in Whewell's Court. Webb, unser Einpauker, hatte die Gewohnheit, Manuskripte in seinen Klassen zirkulieren zu lassen, und ich hatte dann das Manuskript, sobald ich es gelesen hatte, an Sanger weiterzugeben. Ich hatte ihn bisher nicht kennengelernt; nun aber machten mir die Bücher, die ich auf seinen Regalen sah, großen Eindruck. »Ich sehe, du hast da Drapers *Intellectual Development of Europe*«, sagte ich, »meines Erachtens ein ausgezeichnetes Buch.« Worauf er erwiderte: »Du bist der erste Mensch, dem ich je begegnet bin, der davon gehört hat.« Von da aus entwickelte sich die Unterhaltung weiter, und nach einer halben Stunde waren wir Freunde fürs Leben. Wir verglichen unsere Aufzeichnungen darauf, bis wohin wir in der Mathematik gelangt waren. Über Theologie und Metaphysik waren wir einer Meinung; verschiedener Ansicht jedoch über Politik (er war damals Konservativer, trat aber später der Labourpartei bei). Er sprach von Shaw, dessen Name mir bisher nicht bekannt gewesen war. In der Mathematik arbeiteten wir dann stets zusammen. Er war von einer unglaublich raschen Auffassungsgabe und mit der Lösung eines Problems bereits halb fertig, ehe ich noch die Frage richtig begriffen hatte. Beide widmeten wir unser viertes Jahr der philosophischen Fakultät, doch er belegte Nationalökonomie und ich Moralphilosophie. Unsere Fellowships bekamen wir in der gleichen Stunde. Er war einer der gütigsten Menschen, die je gelebt haben; in seinen letzten Lebensjahren liebten ihn meine Kinder nicht weniger als ich. Keinen zweiten Menschen habe ich je kennengelernt, der über eine so vollendete Verbindung von durchdringendem Verstand und liebevollem Gefühl verfügte. Er wurde Anwalt beim Kanzleigericht und in Juristenkreisen berühmt wegen seiner hochgelehrten Ausgabe von Jarmans *On Wills* [Über Testamente]. Er klagte immer darüber, daß die Verwandten Jarmans ihm verboten hatten, im Vorwort zu erwähnen, daß Jarman selbst ohne Testament gestorben sei. Er war auch ein ausgezeichneter Nationalökonom und vermochte eine unwahrscheinliche Anzahl von Sprachen, darunter so ausgefallene wie Ungarisch und Finnisch, zu lesen. Ich machte viele Fußwanderungen in Italien mit ihm; er ließ mich immer die Unterhandlungen mit den Gastwirten machen, doch als ich dann Italienisch studierte, merkte ich, daß seine Kenntnisse in dieser Sprache weit größer waren als meine. Sein Tod im Jahre 1930 war mir ein großer Schmerz.

Die andern Freunde, die ich während des ersten Trimesters erwarb, verdanke ich vornehmlich der Empfehlung Whiteheads. Später erfuhr ich, daß bei der Stipendiatenprüfung ein anderer junger Mann bessere Noten bekommen hatte als ich, Whitehead aber den Eindruck gehabt habe, ich sei der begabtere. Er verbrannte deshalb die Zettel mit den Noten vor der Konferenz der Examinatoren und empfahl, mir den Vorrang vor dem andern Prüfling zu geben.

Zwei meiner besten Freunde waren Crompton und Theodore Llewelyn Davies. Ihr Vater war der Pfarrer von Kirkby Lonsdale und Übersetzer von Platons *Staat* (in der »Golden Treasury«-Ausgabe), ein hervorragender Gelehrter und Anhänger der Broad Church, dessen Anschauungen auf F. D. Maurice zurückgingen. Er hatte sechs Söhne und eine Tochter. Es hieß – und das dürfte auf Wahrheit beruhen –, daß die ganze Erziehung sämtlicher sechs Söhne, von denen Crompton und Theodore die jüngsten waren, einschließlich Schule und Universität, auf Grund von Stipendien, also ohne jede Ausgabe für den Vater, bewerkstelligt werden konnte. Die meisten von ihnen waren auch auffallend schöne Menschen, vor allem Crompton, der herrliche blaue Augen hatte, die zuweilen vor Vergnügen sprühten und zu andern Zeiten einen festen, tiefernsten Blick zeigten. Der begabteste und einer der meistgeliebten der Familie war Theodore, mit dem Crompton, als ich die Bekanntschaft der Brüder machte, die Zimmer im College teilte. Beide wurden nach der üblichen Zeit Fellows [Graduierte Studenten eines College], nahmen aber dort nicht mehr Wohnung. Späterhin wohnten sie zusammen in einem kleinen Haus bei der Westminster-Abtei in einer ruhigen Seitenstraße. Beide waren sehr begabt, hochsinnig und temperamentvoll; im großen und ganzen hatten sie die gleichen Ideale und Anschauungen. Theodores Lebensauffassung war nur etwas praktischerer Art als die Cromptons. Er wurde Privatsekretär einer Reihe von konservativen Schatzkanzlern, die er, einen nach dem andern, zum Freihandel bekehrte, und das zu einer Zeit, da den übrigen Kabinettsmitgliedern die entgegengesetzte Ansicht lieber gewesen wäre. Er arbeitete unglaublich schwer, fand aber doch immer Zeit, all den Kindern seiner Freunde Geschenke zu bringen, die jedesmal genau das Richtige für das Kind waren. Es gab kaum einen Menschen, der seine Bekanntschaft machte, in dem er nicht tiefste Zuneigung geweckt hatte. Ich weiß nur von einer einzigen Frau, die ihn nicht mit Begeisterung geheiratet hätte, und das war natürlich diejenige, die allein er hätte heiraten wollen. Vierunddreißig war er, als im Frühjahr 1905 seine Leiche in einem Teich bei Kirkby Lonsdale, in dem er wohl auf dem Weg zum Bahnhof noch hatte baden wollen, aufgefunden wurde. Beim Hineinspringen muß er mit dem Kopf auf einen Felsen geprallt sein. Der Tod seines über alles gebliebten Bruders bereitete Crompton schier unerträglichen Schmerz. Ich verbrachte die nächsten darauffolgenden Wochen mit ihm, aber ein tröstliches Wort zu finden, wurde mir überaus schwer[1]. Der Anblick seines Kummers war herzzerreißend. Seitdem hat mich der Klang der Glocken von Westminster immer an die Nächte gemahnt, in denen auch ich damals vor Wehmut nicht schlafen konnte. Am Sonntag nach dem Unglücksfall war ich in der Kirche, wo der Vater, mit verbissenem Stoizismus, den Gottesdienst wie gewöhnlich abhaltend, nur mit knapper Not vermeiden konnte, auf der Kanzel zusammenzubrechen. Crompton erholte sich nach und nach, vollständig aber erst mit seiner Heirat. Aus unerfindlichen Gründen sah ich ihn jahrelang nicht, bis es eines Abends an meiner Haustür in Chelsea klingelte, und

ich Crompton auf der Schwelle fand. Er verhielt sich, als wenn wir uns erst am Vortag getroffen hätten, war reizend wie immer und wollte unbedingt meine schon schlafenden Kinder sehen. Wahrscheinlich war meine Person so sehr mit dem verbunden, was er nach Theodores Tod durchlitten hatte, daß er lange Zeit meine Gegenwart als schmerzhaft empfunden hätte.
Eine meiner frühesten Erinnerungen an Crompton ist die, wie ich ihm im dunkelsten Teil der Wendeltreppe im College begegnete und er, sofort, wie aus der Pistole geschossen, anfing, den ganzen Text von »Tyger, Tyger, burning bright« aufzusagen. Ich hatte bis dahin noch nie etwas von Blake gehört, und das Gedicht erschütterte mich so sehr, daß mir schwindlig wurde und ich mich an die Wand stützen mußte. Kaum ein Tag verging dann ohne die Erinnerung an einen mit Crompton in Zusammenhang stehenden Vorfall: manchmal nur ein Scherz, manchmal eine Grimasse des Widerwillens angesichts von Gemeinheit oder Heuchelei, meistens aber ein Ausdruck seiner herzlichen, freigebig gewährten Zuneigung. Wenn ich je in Versuchung käme, vom Pfade der Rechtschaffenheit abzuweichen, so würde mich der Gedanke, damit sein Mißfallen zu erregen, davon abhalten. Verstand und Leidenschaft, Klugheit und Spottlust, Sanftmut und Lauterkeit waren bei ihm in einem Grade vereint, wie ich es nie wieder angetroffen habe. Überdies war seine tiefe, unwandelbare Freundesliebe mir und andern in späteren Jahren ein Halt in der aus den Fugen geratenden Welt. Nur seiner eigenen Überzeugung folgte er und hielt er unbedingt die Treue. Er brachte es nicht über sich, sich einer Menge anzuschließen, ob es nun um Gutes oder um Böses ging. Für alle Fragen, über die sich seine Freunde ereiferten, hatte er nur Verachtung und Belustigung übrig. »Die Gesellschaft für diese« und »Die Weltliga zur Förderung jener Sache« spottete er, und war dabei selbst stets in irgendeinem Kreuzzug begriffen: einmal für Irland gegen England; ein andermal für die kleinen Geschäftsleute gegen die großen oder für die Habenichtse gegen die, die etwas hatten, für freien Wettbewerb gegen Monopolwirtschaft.
Seine größte Begeisterung jedoch galt der Besteuerung des

Grundbesitzes. Henry George ist heute ein fast vergessener Prophet; im Jahre 1890 jedoch, in dem ich Crompton kennenlernte, bot die Lehre Georges, alle Pacht müsse an den Staat gezahlt werden, nicht an private Grundbesitzer, noch eine starke Konkurrenz zum Sozialismus bei denen, die mit dem wirtschaftlichen Status quo nicht zufrieden waren. Crompton war damals bereits ein fanatischer Anhänger von Henry George. Wie man sich denken kann, hegte er eine starke Abneigung gegen den Sozialismus und eine starke Verehrung für den Grundsatz der Freiheit des Privatunternehmertums. Er hatte keine Abneigung gegen den Kapitalisten, der sein Geld in der Industrie verdiente, betrachtete aber als wahren Gottseibeiuns denjenigen, der sich anmaßte, vom Gewerbefleiß anderer Leute eine Abgabe zu erheben, nur weil ihm das Land gehört, das sie benötigen. Er hat sich wahrscheinlich selbst nie die Frage gestellt, wie zu vermeiden wäre, daß der Staat nicht übermächtig wird, wenn er über das gesamte Steueraufkommen aus dem Grundeigentum verfügen kann. Er wie Henry George dachten sich diese Reform als den Schlußstein für den Bau des individualistischen Liberalismus, der die jetzt von der Macht der Monopole gedrosselten Kräfte freigemacht hätte. Im Jahre 1909 vermeinte er, Henry Georges Grundsätze würden in die Tat umgesetzt durch Lloyd George, dessen berühmtes Budget er ausarbeiten half.
Zu Anfang des Ersten Weltkrieges war er Rechtsberater der Postverwaltung; aber seine glühende Parteinahme für die Überzeugungen seiner Frau, die als irische, dem Sinn Fein angehörende Nationalistin, in Haft genommen wurde, machte seine Stellung unhaltbar. Er wurde fristlos entlassen. Allen damaligen Vorurteilen zum Trotz wurde er fast augenblicklich bei Coward, Chance & Co., einer der bedeutendsten Anwaltsfirmen der City, als Partner aufgenommen. Im Jahre 1921 entwarf er dann den Friedensvertrag, der die Selbstverwaltung Irlands besiegelte, was jedoch der Öffentlichkeit nie bekannt wurde. Infolge seiner Selbstlosigkeit blieb ihm jeder große öffentliche Erfolg versagt, da er niemals etwas gegen diejenigen unternahm, denen das Verdienst an dem von ihm getanen Werk zu-

gesprochen wurde; an öffentlicher Anerkennung und Ehrung lag ihm nichts. Allein seine Begabung war ganz außerordentlich, wenn es auch nicht sie war, die ihn unvergeßlich machte. Wodurch Crompton so bewundernswert und so bezaubernd zugleich wirkte, war nicht seine Begabung, sondern seine starke Liebes- und Haßfähigkeit, sein fabelhafter Humor und seine felsenfeste Rechtschaffenheit. Er war einer der witzigsten Menschen, die ich je erlebt habe, ein Mann, bei dem sich eine große Liebe zur Menschheit mit einem verachtungsvollen Haß für die Überzahl der Einzelmenschen paarte. Das Gehaben eines Heiligen hatte er keineswegs. Als wir beide noch recht jung waren, wanderte ich einmal mit ihm über Land, und dabei passierte es uns, daß wir den Zipfel eines bäuerlichen Grundstücks betraten. Brüllend und rot vor Wut kam uns der Bauer nachgerannt. Da hielt Crompton die Hand an sein eines Ohr und sagte mit größter Sanftmut: »Würden Sie vielleicht noch etwas lauter sprechen? Ich bin leider ein wenig schwerhörig.« Diese Aufforderung, noch mehr Lärm zu machen als bisher, verblüffte den Bauern dermaßen, daß es ihm völlig die Rede verschlug. Kurz vor seinem Tode war ich einmal Zeuge, wie Crompton diese Geschichte mit allem Drum und Dran und reichlich übertreibend erzählte, wobei er indes die Rolle, die er gespielt hatte, mir zuschob, weshalb ich ihn unterbrach: »Glaubt ihm kein Wort! Ich war es keineswegs, sondern einzig und allein Crompton selbst.« Mit einem freundschaftlichen Kichern löste er dann alles in Wohlgefallen auf.
Er gab so wenig auf sein Äußeres, daß er immer in den schäbigsten Anzügen herumlief, bis ihm eines Tages seine Freunde ernstliche Vorhaltungen deswegen machten. Das Ergebnis war überraschend. Als Westaustralien mittels eines Prozesses sich vom Commonwealth loszusagen versuchte, wurde Cromptons Kanzlei mit der Rechtsvertretung betraut; der Fall sollte im »Ankleidezimmer des Königs« zur Verhandlung kommen. Da rief Crompton – wie Zuhörer des Telephongesprächs berichten – den Oberhofmeister an und sagte: »Ich wurde kürzlich darauf aufmerksam gemacht, daß sich meine Hosen in einem unzulänglichen Zustand befinden. Ich höre nun, daß der Fall im

›Ankleidezimmer des Königs‹ zur Verhandlung kommen soll. Vielleicht hat der König dort ein Paar Hosen zurückgelassen, die mir dienlich sein könnten.«
Seine – ebenso zahlreichen wie heftigen – Abneigungen wurden stets in einer Form ausgedrückt, daß man darüber lachen mußte. Als ich einmal bei seinem Vater weilte, kam zu Gast ein Bischof, das mildeste, unaggressivste Kaliber eines geistlichen Herrn, ein Mensch, von dem man wirklich sagen konnte, daß er keiner Fliege etwas zuleide tun würde. Unglücklicherweise jedoch war er in seinen politischen Anschauungen etwas reaktionär. Als ich schließlich wieder mit Crompton unter vier Augen war, knurrte er mit der Miene und dem Gehaben, die vielleicht für einen Mitgefangenen auf einem Seeräuberschiff angebracht gewesen wären: »Das scheint ja ein Desperado zu sein.«
Als gegen Ende 1905 die Liberalen an die Regierung kamen und der wohlbeleibte, bequeme, immer besänftigende Lord Haldane das Kriegsministerium übernahm, äußerte Crompton ganz ernsthaft, Haldane sei deshalb dazu erkoren worden, damit die Generäle nicht vom Schlag getroffen würden, wenn Armeereformen beantragt werden sollten.
Ein Ärgernis war ihm der Autoverkehr wegen dessen immer ausgeprägterer Vorherrschaft. Er pflegte die Londoner Straßen zu überqueren, ohne den Verkehr überhaupt zu beachten, und wenn dann von den Wagen entrüstete Hupensignale ertönten, schaute er mit einer Miene hochnäsiger Erbostheit um sich herum und sagte: »Machen Sie keinen solchen Lärm!« Obschon er, den Hut in den Nacken geschoben, daherkam wie ein Traumwandler, waren die Autofahrer überzeugt, es mit einer hochwichtigen Persönlichkeit zu tun zu haben, und warteten geduldig, bis er seines Weges gegangen war.
London liebte er so, wie Lamb oder Dr. Johnson die Stadt geliebt hatten. Als er einmal gegen Wordsworth vom Leder zog, weil er die gemeine Feigwurz besungen habe und ich ihn fragte: »Ist er dir lieber, wenn er die Westminsterbrücke vornimmt?«, gab er zur Antwort: »O ja, wenn er sie bloß mit der gleichen Würde behandelt hätte.« In seinen letzten Jahren spazierten

wir, er, meine Frau und ich, nach dem Abendessen öfter durch London. Wenn er nicht schon in uns eingehängt war, nahm er uns beim Arm, sobald wir an Wrens Kirche St. Clement Danes vorbeikamen, um uns zu ermahnen, eine seiner Lieblingssehenswürdigkeiten mitzugenießen: den vor dem glänzenden Abendhimmel düster aufragenden Kirchturm. Auf diesen Spaziergängen kam er zuweilen ins Gespräch mit Leuten, die uns begegneten. So erinnere ich mich, wie er einmal einen Parkwächter in eine ernsthafte Auseinandersetzung verwickelte, vielleicht über Bodenpreise. Der Parkwächter zeigte sich zuerst entschlossen, sich seiner Klasse wie seiner Beamtenstellung bewußt zu bleiben, und behandelte Crompton mit respektvoller Mißachtung. Fremde Leute sollten sich nicht so bereitwillig mit andern fremden Leuten unterhalten; Gentlemen sollten sich nicht so leichthin mit Werktätigen einlassen, und vor allem sollte man diensttuende Beamte nicht in Gespräche verwickeln. Aber seine steife Förmlichkeit schmolz zusehends. Crompton war ein wahrhafter Demokrat. Mit seinen Kanzleischreibern und seinen Dienstboten sprach er stets in demselben Ton, den er für eine prominente Persönlichkeit, etwa einen der indischen Radschahs, deren Geschäfte er führte, brauchte, und sein Benehmen war in einer irischen Hütte, die aus zwei Räumen bestand, genau das gleiche wie bei einer Gesellschaft von Berühmtheiten. Ich erinnere mich, mit welch selbstverständlicher Höflichkeit er sich vom Stuhl erhob, um sich vor unserm Stubenmädchen zu verbeugen und ihm die Hand zu reichen, als er hörte, daß das Mädchen aus demselben Bezirk stammte wie seine Familie.

Seinem ganzen Naturell nach neigte er zur Anarchie; Systeme, Organisation, Uniformität waren ihm verhaßt. Als ich mit ihm einmal über die Westminsterbrücke ging, deutete er begeistert auf ein winziges Eselswägelchen inmitten des starken Verkehrs. »So was hab' ich gern«, sagte er. »Freiheit für alle Arten und Größen.«

Ein andermal, als ich mit ihm eine Fußtour in Irland machte, kamen wir an einen Omnibus-Bahnhof mit mehreren Linien, wo ich, ohne irgendwie nachzudenken, auf das größte und be-

quemste Gefährt zuging. Geradezu empört nahm mich Crompton beim Arm und führte mich eilends auf einen schäbigen, kleinen Klapperkasten von Bus zu und erklärte mir höchst ernsthaft, der da habe doch immerhin den Mut, den großen Transportgesellschaften Trotz zu bieten.
Seine Ansichten waren zuweilen etwas ausgefallen, und er scheute sich nicht, seinen Vorurteilen freien Lauf zu lassen. Für Aufrührer hatte er mehr übrig, als wohl immer vernünftig war. Vor allem, was irgendwie nach Berechnung aussah, hatte er den größten Abscheu; ich entsetzte ihn einmal aufs tiefste durch den Ausspruch, ein Krieg lasse sich nur rechtfertigen, wenn die Wahrscheinlichkeit eines Sieges bestehe. Heldenhaftes, wenn auch noch so hoffnungsloses Trotzen erschien ihm als etwas Herrliches. Viele seiner Vorurteile stimmten mit meinen Gedanken und Gefühlen so überein, daß ich nicht das Herz hatte, sie zu bestreiten – was übrigens auf alle Fälle ein hoffnungsloses Beginnen gewesen wäre.
Daß er mit diesem Naturell und diesen Anschauungen die Webbs, Sidney Webb und seine Frau, nicht ausstehen konnte, war nur natürlich. Als sie für die Reform der Armengesetzgebung zu Felde zogen, sagte er, da jedermann ihre Versuche zur Neuregelung zurückweise, hätten sie immerhin erreicht, die schutzlosen Armen zu organisieren. Als einen der großen Siege dieser Organisierung bezeichnete er, daß jetzt ein armer Krüppel mit einem Holzbein von ihnen angestellt worden sei, Löcher für Kartoffeln zu stechen.
Viele Jahre lang war er mein Rechtsbeistand, eine etwas undankbare Aufgabe, der er sich aus Freundschaft unterzog. Der größte Teil seiner Praxis bestand aus Angelegenheiten schwerwiegenden Charakters, die indische Fürsten, Dominienregierungen oder führende Bankhäuser betrafen. In Rechtssachen bewies er eine unbeugsame Redlichkeit im Verein mit Geschick und Geduld, diese letzte Eigenschaft um so erstaunlicher, als er von Natur aus doch einer der ungeduldigsten Menschen war, die man sich denken kann. Allein mit diesen Eigenschaften erzielte er Ergebnisse, die selbst seinen Gegnern Vertrauen einflößten, Ergebnisse, die keine noch so einfallsreiche Gerissen-

heit erreicht haben würde. Ich erinnere mich noch an seinen versteinerten Gesichtsausdruck, als im Verlauf einer juristischen Konsultation jemand ein nicht bis ins letzte rechtschaffenes Vorgehen anregte.
Bei all dieser grundlegenden Ernsthaftigkeit war er fast unveränderlich heiter. Am Ende eines langen, mit aufreibender, verantwortungsvoller Tätigkeit ausgefüllten Tages kam er zu einer Abendgesellschaft so aufgeräumt, als ob er bereits eine hübsche Menge Champagner zu sich genommen hätte, und brachte die ganze Gesellschaft zum Lachen. Mitten in einer Abendgesellschaft starb er ganz plötzlich an Herzschwäche. Vielleicht hatte er gewußt, daß ihm dies Schicksal drohe, er hatte jedoch nie etwas davon erwähnt. Erst hinterher erinnerten sich seine Freunde an leise Anspielungen auf seine kurze Lebenserwartung, die jedoch nicht ausgesprochen genug waren, um bei den Menschen, die ihn hochschätzten, wirkliche Besorgnis hervorzurufen.
In seinen letzten Lebensjahren brachte er viele Stunden seiner Freizeit damit zu, ein philosophisches Werk zu schreiben, das er geringschätzig als seine »Nachtischtorte« bezeichnete, unter Anspielung auf den alten Mann in einem Theaterstück, der nur ein einziges Talent besaß, nämlich Torten zu backen, und dessen einziger Ehrgeiz es ist, vor seinem Tode noch einmal eine wirklich gute Torte zu backen. In seinen jungen Jahren war seine vornehmlichste intellektuelle Betätigung – neben der Dichtkunst der Griechen – die Philosophie gewesen. In der ersten Zeit unserer Bekanntschaft diskutierten wir stundenlang über Ethik und Metaphysik. Sein angespanntes Berufsleben hatte ihn während der ganzen mittleren Mannesjahre völlig für praktische Dinge in Anspruch genommen, aber zuletzt war er doch noch im Stande, die Zeit für rein theoretische Gedankenarbeit, zu der er freudigen Herzens zurückkehrte, aufzubringen. Als das Buch fertig war, verlor er das Manuskript, wie man ja zuweilen gerade die Dinge einbüßt, auf die man den größten Wert legt. Er hatte es im Eisenbahnzug liegen gelassen. Es wurde nie wiedergefunden. Irgend jemand muß es an sich genommen haben in der Hoffnung, es stelle einen materiellen

Wert dar. Traurig, aber ohne viele Worte, tat er des Verlusts
Erwähnung, sagte, es bleibe nichts anderes übrig, als mit Hilfe
der noch vorhandenen Notizen wieder von vorne anzufangen
und kam dann sofort auf etwas anderes zu sprechen. In den
letzten Monaten vor seinem Tode sah man ihn nicht mehr oft,
aber wenn man ihm begegnete, war er heiter und herzlich wie
immer. Die ganze ihm noch zu Gebote stehende Lebenskraft
verwandte er zu dem Versuch, das verlorengegangene Werk zu
ersetzen. Aber die »Torte« wurde nicht mehr fertiggebacken.
Ein anderer Freund aus meiner Cambridger Zeit war der Philo-
soph McTaggart, der noch schüchterner war als ich. Eines Tages
hörte ich an meiner Tür klopfen, sehr leise klopfen. Ich rief:
»Herein!«, aber es erfolgte nichts. Ich rief nochmals lauter:
»Herein!«, worauf sich die Tür auftat, auf deren Schwelle
McTaggart stand. Er war bereits Präsident der »Union« und
wurde bald darauf Fellow. Auf Grund seines Rufs als Metaphy-
siker flößte er mir eine scheue Ehrfurcht ein, aber er war zu
schüchtern hereinzukommen, und ich war zu schüchtern, ihn
dazu aufzufordern. Ich entsinne mich nicht, wieviel Zeit dar-
über hinging, aber irgendwie ergab es sich schließlich doch, daß
er im Zimmer war. Danach ging ich häufig zu seinen Frühstük-
ken, die hauptsächlich wegen ihres Mangels an Eßbarem be-
rühmt waren. Tatsächlich brachte jeder, der einmal bei ihm ge-
wesen war, beim nächsten und allen weiteren Besuchen jeweils
ein Ei mit. McTaggart war damals ein noch junger, aber begei-
sterter Hegelianer. Er hat auf meine Generation großen Ein-
fluß ausgeübt, wenn ich auch, nun zurückblickend, nicht sagen
möchte, daß dieser Einfluß von Gutem war. Durch ihn beein-
flußt jedenfalls wurde ich für zwei, drei Jahre Hegelianer. Ich
entsinne mich noch genau des Augenblicks in meinem vierten
Jahr, da ich es wurde. Ich war ausgegangen, um eine Büchse
Tabak zu besorgen und kam damit über die Trinity Lane zu-
rück, als ich die Büchse plötzlich in die Luft warf und ausrief:
»Heiliger Strohsack! Der ontologische Beweis stimmt!« Wenn
ich auch nach 1898 die Philosophie McTaggarts nicht mehr gut-
hieß, blieb ich ihm doch weiter herzlich verbunden, bis zu dem
Tag während des Ersten Weltkriegs, da er mich bat, ihn nicht

mehr aufzusuchen, weil er meine Ansichten nicht vertragen könne. Diesen Worten ließ er die Tat folgen: er setzte sich eifrig dafür ein, daß mir mein Lehrstuhl entzogen wurde.

Zwei andere Freunde, die ich in meiner Cambridger Frühzeit kennenlernte und denen ich bis heute treu geblieben bin, waren Lowes Dickinson und Roger Fry. Dickinson flößte einem Zuneigung ein durch seine Noblesse und sein Pathos. Als er schon Dozent, ich aber noch Student war, merkte ich, daß ich Gefahr lief, ihn zu verletzen durch meine etwas grobschlächtige Art, unliebsame Wahrheiten – oder was ich dafür hielt – auszusprechen. Zustände dieser Welt, die meinen Spott und Hohn herausforderten, stimmten ihn nur traurig, und wann immer ich bis ans Ende seiner Tage mit ihm zusammenkam, fürchtete ich stets seine unglückselige Stimmung durch allzu weitgehenden Realismus zu steigern. Aber Realismus ist wohl nicht das richtige Wort dafür. Ich meine damit die Gewohnheit, die Dinge, die man geradezu unerträglich findet, in so abstoßender Weise darzustellen, daß andere Leute dadurch ebenfalls in Wut geraten. Er sagte einmal zu mir, ich ähnele Shakespeares Cordelia, aber daß er König Lear geglichen hätte, läßt sich kaum sagen.

Vom ersten Tage an, da ich nach Cambridge kam, war ich, ungeachtet meiner Schüchternheit, außerordentlich gesellig, und ich fand nie, daß meine zu Hause erfolgte Erziehung mir irgendwie hinderlich gewesen wäre. Unter dem Einfluß gleichgesinnter, geistesverwandter Gesellschaft verlor ich nach und nach meine stocksteife Ernsthaftigkeit. Anfänglich berauschte mich geradezu die Entdeckung, daß ich meine eigensten Gedanken aussprechen konnte, ohne daß mir mit Abscheu oder Spott geantwortet wurde, sondern so, als hätte ich etwas durchaus Vernünftiges vorgebracht. Lange Zeit hindurch nahm ich an, irgendwo auf der Universität müsse es wirklich grundgescheite Leute geben, die ich bisher noch nicht kennengelernt hatte und die ich auf der Stelle als mir geistig überlegen erkennen und anerkennen würde; doch schon in meinem zweiten Jahr entdeckte ich, daß ich bereits die allergescheitesten Leute der Universität kenne. Es war zwar eine Enttäuschung für mich, stärkte aber auch mein Selbstvertrauen. Im dritten Jahr indes machte ich die Bekanntschaft von G. E. Moore, der damals noch Fuchs war und der dann einige Jahre lang für mich das Idealbild des Genies darstellte. Er war damals ein bildschöner, schlanker Mensch mit einem von innerer Begeisterung geradezu strahlenden Blick und einem Verstand, dem die Tiefe und Leidenschaft Spinozas eignete. Hinzu kam seine unvergleichliche Lauterkeit. Es ist mir nur einmal gelungen, ihn zu einer Lüge zu veranlassen, und das auch nur mittels einer Fangfrage. Ich fragte ihn nämlich: »Moore, sagst du *immer* die Wahrheit?«, worauf er antwortete: »Nein.« Das dürfte die einzige Lüge gewesen sein, die er je ausgesprochen hat. Seine Familie wohnte in Dulwich. Ich besuchte ihn dort einmal. Sein Vater war ein zurückgezogener Mediziner; seine Mutter trug eine große Porzellanbrosche, auf der das Kolosseum zu sehen war. Er hatte zahlreiche Geschwister, von denen der interessanteste der Dichter Sturge Moore war. In der Welt des Verstandes war er ohne Furcht und Abenteuern nicht abhold, doch im Alltagsleben war er ein Kind. Während meines vierten Jahres machte ich mit ihm ein paar Tage lang eine Fußtour an der Küste von Norfolk. Durch Zufall stießen wir dabei auf einen rauhbeinigen Gesellen, der alsbald auf Petronius zu sprechen kam und mit besonderem Genuß bei dessen unanständigen Stellen verweilte. Ich eiferte ihn sogar noch an, da er mir als Typus Spaß machte. Moore indes blieb vollkommen stumm, bis der Bursche uns verlassen hatte und sagte dann zu mir: »Der Mann war gräßlich.« Ich glaube nicht, daß ungehörige Erzählungen oder Unterhaltungen ihm jemals Vergnügen bereitet haben. Gleich mir war er, von McTaggart beeinflußt, eine Zeitlang Hegelianer. Aber er überwand diese Phase rascher als ich; es waren in der Hauptsache die Gespräche mit ihm, die mich veranlaßten, sowohl Kant wie Hegel aufzugeben. Obwohl er zwei Jahre jünger war als ich, beeinflußte er meine philosophischen Anschauungen stark. Ein Lieblingsvergnügen aller Freunde Moores war es, ihm zuzusehen, wenn er seine Pfeife anzünden wollte. Er strich ein Streichholz an, begann dann zu diskutieren und hörte damit nicht auf, bis ihm das Zündholz die Finger versengte. Darauf strich er ein zweites an, dann wieder eins, und so fort,

bis die Schachtel leer war. Es war das zweifellos sehr gut für seine Gesundheit, da er dann wenigstens für Augenblicke nicht rauchte.
Es waren da ferner die drei Brüder Trevelyan. Charles, der älteste, wurde von uns allen als der wenigst begabte der drei betrachtet. Der zweite, Bob, war mein besonderer Freund. Er wurde ein sehr gelehrter, aber nicht sehr beseelter Dichter; in seinen jüngeren Jahren verfügte er jedoch über einen köstlichen, kauzigen Humor. Als Eddie Marsh bei einem Ferienausflug ins Seengebiet einmal morgens verschlafen hatte und im Nachthemd herunterkam, um nachzusehen, ob es schon Frühstück gebe, taufte Bob den verfroren und jämmerlich ausschauenden Eddie »kalte weiße Gestalt«, ein Spitzname, der lange an ihm hängen geblieben ist. George Trevelyan war bedeutend jünger als Bob, aber ich wurde doch später gut mit ihm bekannt. Er und Charles waren gewaltige Fußwanderer. Als ich einmal eine Fußtour durch Devonshire mit George machte, ließ ich mir von ihm das Versprechen geben, daß er es bei vierzig Kilometern im Tag bewenden lasse. Er hielt das Versprechen auch ein – bis zum letzten Tag. Da ließ er mich im Stich mit dem Bedeuten, er müsse jetzt einmal einen richtigen kleinen Marsch machen. Bei einer andern Tour, die ich allein machte, gelangte ich eines Abends ans Kap Lizard und fragte, ob ich dort ein Bett haben könne. »Sind Sie Mr. Trevelyan?«, war die Gegenfrage. »Nein«, sagte ich, »erwarten Sie ihn?« – »Jawohl«, bekam ich zur Antwort, »seine Frau ist bereits da.« Das überraschte mich, da ich wußte, daß es sein Hochzeitstag war. Ich fand die Dame denn auch allein, schmachtend seiner harrend, der sie in Truro verlassen hatte, weil er, wie er sagte, es ohne einen kleinen Spaziergang nicht den ganzen Tag aushalten könne. Vollkommen erschöpft von einem Parforcemarsch von etwa 65 Kilometern in Rekordzeit, kam er nachts gegen zehn daher, was mrr immerhin als eine recht sonderbare Art, Flitterwochen zu beginnen, vorkam. Am 4. August 1914 gingen wir, in einem Streitgespräch begriffen, in London den Strand entlang. Seitdem habe ich ihn nur noch einmal gesehen, bevor ich 1944 nach Trinity zurückkehrte, dessen Master [Rek-

tor] er geworden war. Als Student noch hatte er mir einmal auseinandergesetzt, die Trevelyans machten niemals falsche Heiraten. »Sie warten, bis sie dreißig sind und heiraten dann ein Mädchen, das sowohl Verstand wie Geld hat.« Manch schlechten Stunden zum Trotz habe ich nie den Wunsch verspürt, ich hätte dieses Rezept befolgen sollen.

Bob Trevelyan war wohl der größte Bücherwurm und Stubengelehrte, der mir je vorgekommen ist. Was in Büchern steht, das interessierte ihn, was nur wirkliches Leben ist, kam für ihn nicht in Betracht. Wie die ganze Familie besaß auch er eine genaue, ins Einzelne gehende Kenntnis der Strategie und Taktik in allen großen Schlachten der Weltgeschichte, soweit sie sich verläßlichen historischen Werken entnehmen lassen. Ich war jedoch während der kritischen Stunden der Marneschlacht mit ihm zusammen; da es Sonntag war, konnte man indes eine Zeitung nur in einem etwa drei Kilometer entfernten Dorf bekommen. Dazu schien ihm die Schlacht aber nicht interessant genug, schon weil Schlachten in Zeitungen an sich etwas Gemeines seien. Ich dachte mir einmal eine Frage aus, die ich vielen Leuten stellte, um zu prüfen, ob sie Pessimisten seien. Sie lautete: »Würden Sie die Welt vernichten, wenn Sie die Macht dazu hätten?« Als ich Trevelyan diese Frage, in Gegenwart seiner Frau und seines Kindes, stellte, sagte er: »Was?!... Meine Bibliothek vernichten? Nie und nimmer!« Er entdeckte immer neue Dichter und las einem deren Verse vor, wobei er aber stets vorher sagte: »Das ist keines seiner besten Gedichte.« Als er mir gelegentlich wieder einmal von einem neuen Dichter sprach und hinzufügte, er würde mir gern etwas von ihm vorlesen, sagte ich: »Ja, aber lies mir kein Gedicht vor, das nicht eines von seinen besten ist.« Darüber war er so verblüfft, daß er wortlos den Band weglegte.

Die Dozenten trugen wenig zu meiner Freude am Studium in Cambridge bei. Der Master war wie geradenwegs aus Thackerays *Book of Snobs* entsprungen. Seine Äußerungen wurden stets eingeleitet mit: »Es ist jetzt just dreißig Jahre her...«, oder: »Erinnern Sie sich vielleicht daran, was Pitt vor heute genau hundert Jahren tat?«, und dann erging er sich in einer langweiligen historischen Anekdote, um zu beweisen, wie groß und tüchtig sämtliche in der Weltgeschichte vorkommenden Staatsmänner gewesen seien. Als Beispiel für seinen Briefstil mag ein Schreiben dienen, das ich von ihm nach der mathematischen Schlußprüfung erhielt, aus welcher ich mit einem andern Kandidaten zusammen als Siebtbester hervorging:

Trinity Lodge
Cambridge
13. Juni 1893

Mein lieber B. Russell

Ich kann Ihnen nicht sagen, wie glücklich uns dieser großartige Sieg gemacht hat. Es sind gerade dreiunddreißig Jahre her, daß ich in Harrow den Preis der Fünften Klasse für lateinische Prosa Ihrem lieben Vater aushändigte, und nun ist es mir vergönnt, seinen Sohn und seine Mutter zu einem bedeutenden Erfolg in Mathematik, der im College hoch bewertet wird, zu beglückwünschen.

Wir kennen Ihre mathematische Begabung, aber wir wissen auch, daß Ihre Geistestätigkeit nicht ausschließlich auf Mathematik eingestellt, sondern zu großem Teil andern, vielleicht sogar größeren, Gegenständen gewidmet ist. Ich würde es natürlich bedauert haben, wenn dies Ihre Einstufung in der Mathematik ernstlich beeinträchtigt hätte, aber ich würde dann geltend gemacht haben, daß gediegene Kompensationen dafür vorhanden waren.

Nun läßt sich also erfreulicherweise nur gratulieren, und Sie werden mit Ruhe den Prüfungen in Moralphilosophie und zur Fellowship entgegensehen können, ohne Befürchtung, eine mathematische Wüste hinter sich gelassen zu haben.

Ich darf mir das Vergnügen geben, selbst einige kurze Zeilen an Lady Russell und Lady Stanley zu schreiben. Es wird ein glücklicher Tag für die beiden Damen sein.

Ich verbleibe
Stets getreulich der Ihre
H. Montagu Butler (Master of Trinity)

Ich entsinne mich, wie ich einmal morgens zum Frühstück in die Lodge kam und zufällig der Geburtstag seiner Schwägerin gefeiert wurde. Nach den üblichen Wünschen für eine glückliche und häufige Wiederkehr des Wiegenfestes fuhr Butler fort: »Nun, meine Liebe, jetzt hat dein Leben die Länge des Peloponnesischen Krieges erreicht.« Sie wußte nicht, wie lange der gedauert haben mochte, fürchtete indes, er sei länger gewesen als ihr lieb sein konnte. Seine Frau verschrieb sich der Christian Science, was zur Folge hatte, daß sein Leben um zwanzig Jahre länger wurde, als man sonst füglicherweise hätte annehmen können. Das kam daher, daß sie keinerlei Mitgefühl für seine kleinen Leiden aufbrachte. Wenn er krank war, meldete sie dem Kuratorium, der Master liege im Bett und wolle nicht aufstehen. Es darf jedoch erwähnt werden, daß der Vice-Master und der Senior Fellow – Aldous Wright und Joey Prior – ohne Beihilfe von Christian Science fast ebenso alt wurden. Ich erinnere mich noch aus meiner Studentenzeit, wie ich die drei Herren barhäuptig am Portal stehen sah, um die Kaiserin Friedrich zu begrüßen. Sie waren damals bereits recht alte Herren, erschienen jedoch fünfzehn Jahre später auch nicht älter. Aldous Wright war eine höchst würdevolle Figur; er stand immer kerzengerade da wie ein Ladestock und zeigte sich außer Hause nie ohne Zylinder. Selbst als er eines Nachts wegen Ausbruchs eines Feuers um drei Uhr geweckt wurde, war sein Haupt gebührend mit dem Zylinder bedeckt. Er hielt fest an der englischen Aussprache des Lateinischen, während der Master die auf dem Kontinent übliche Aussprache annahm. Wenn die beiden abwechselnd die Verse des Tischgebets aufsagten, so hörte sich das grotesk an, zumal der Vice-Master seinen Teil vor sich hin nuschelte, während der Master den seinen salbungsvoll rezitierte. In meiner Studentenzeit hatte ich alle diese Leute als Ulkfiguren betrachtet, doch als ich dann selbst Fellow wurde und den Collegekonferenzen beiwohnte, begann ich zu erkennen, daß sie wirklich üble Gesellen waren. Als der Dekan der jüngeren Semester, ein geistlicher Herr, der seine minderjährige Tochter vergewaltigt und durch Syphilis die Paralyse bekommen hatte, schließlich deswegen entlassen werden mußte gab sich der Master die größte Mühe, bei der Collegekonferenz nachzuweisen, daß diejenigen von uns, die nicht regelmäßig zum Gottesdienst gingen, keine Ahnung hätten, wie hervorragend die Predigten dieses würdigen Herrn gewesen seien. Die wichtigste Persönlichkeit nach diesen dreien war im College der Oberpförtner, eine prächtige Mannesgestalt von so königlicher Würde, daß es unter der Studentenschaft hieß, er sei ein natürlicher Sohn des künftigen Eduard VII. Nachdem ich Fellow geworden war, fiel es mir auf, daß bei einer bestimmten Gelegenheit das Kuratorium fünf Tage hintereinander in größter Heimlichkeit Sitzungen abhielt. Nicht ohne große Schwierigkeit bekam ich heraus, was auf der Tagesordnung gestanden hatte. Es hatte sich darum gehandelt, die peinliche Tatsache festzustellen, daß der Oberpförtner unschickliche Beziehungen mit fünf der sogenannten »Bettmacherinnen« – den Aufwärterinnen der Studentenbuden – unterhalten hatte, und zwar ungeachtet dessen, daß sie, wie es im Statut der Universität vorgeschrieben ist, allesamt *nec juvenis nec pulchra* [weder jung noch schön] waren.

Als Student war ich der Überzeugung, daß die Dozenten einen völlig überflüssigen Teil der Universität bildeten. Von ihren Vorlesungen hatte ich überhaupt nichts, und ich schwor mir – was ich dann auch hielt – wenn ich einmal selbst Vorlesungen halten müßte, nicht von ihnen zu behaupten, daß sie zu irgend etwas nützten.

Für Philosophie interessierte ich mich bereits, bevor ich die Universität bezog; aber außer Stuart Mill hatte ich nicht viel gelesen. Mein sehnlichster Wunsch war eine Begründung dafür zu erhalten, daß die Mathematik zuverlässig sei. Die Beweise dafür, die Mill in seiner *Logik* gibt, machten mir schon immer einen recht unzureichenden Eindruck. Meine mathematischen Erzieher hatten mir niemals eine Begründung dafür vorbringen können, daß die Differentialrechnung etwas anderes sei als ein Gespinst von Trugschlüssen. Zwei Fragen also waren es, die mich beunruhigten: eine philosophische und eine mathematische. Die mathematische war in der Hauptsache bereits auf dem Kontinent gelöst worden: von dem dort Erarbeiteten war jedoch in England nur wenig bekannt. Erst als ich Cambridge verlassen und im Ausland zu leben begonnen hatte, erkannte ich, was ich während meiner drei Studentenjahre eigentlich hätte lernen müssen. Mit der Philosophie lag es aber anders. Vom Landaufenthalt her kannte ich Harold Joachim, der am Merton College über Philosophie las und ein Freund von F. H. Bradley war. Joachims Schwester war die Frau meines Onkels Rollo geworden, und ich traf ihn hin und wieder bei Tennispartien und andern derartigen Gelegenheiten. Ich ließ mir von ihm eine lange Liste philosophischer Werke zusammenstellen, die ich lesen sollte, und ich machte mich alsbald daran, während ich mich dabei immer weiter mit Mathematik beschäftigte. Wann immer ich Zeit dazu fand, widmete ich mich der Philosophie mit brennendem Eifer. Während meines vierten Jahres las ich die meisten großen Philosophen und dazu noch eine Unmenge von Büchern über Philosophie der Mathematik. James Ward lieh mir dauernd neue Bücher über diesen Gegenstand, die ich, sobald ich sie ihm zurückgab, durchwegs als schlechte Bücher bezeichnete. Ich erinnere mich noch an seine Enttäuschung und seine unverdrossenen Bemühungen, mir ein Werk zu beschaffen, das mich zufriedenstellte. Schließlich, doch erst nachdem ich Fellow geworden war, bekam ich von ihm zwei kleine Bücher, die er beide nicht gelesen und auch nicht für irgendwie wertvoll gehalten hatte. Es waren Georg Cantors *Mannigfaltigkeitslehre* und Freges *Begriffsschrift.* Diese Bücher führten mich endlich zum Kernpunkt dessen, was ich brauchte, doch was Frege angeht, so hatte ich das Buch jahrelang in Besitz, ehe ich seinem Sinn auf die Spur kam. Ja, ich begriff es wirklich erst, als ich unabhängig von ihm das meiste dessen, was es enthielt, selbst entdeckt hatte.

Ich war damals längst nicht mehr der schüchterne Tugendbold, der ich bei meinem Einzug in Cambridge gewesen war. Ich entsinne mich, daß ich einige Monate, bevor ich ständigen Wohnsitz im College nahm, zu meinem Tutor [Studienleiter] ging, um mit ihm über die mir zugewiesenen Zimmer zu sprechen, und, im Vorzimmer wartend, in der *Granta* (der Studentenzeitung von Cambridge) blätterte. Es war die Maifestwoche, und ich war empört darüber, daß in der Zeitung stand, in dieser Woche seien die Gedanken der Menschheit nicht auf Arbeit eingestellt. Doch in meinem vierten Jahr war ich munter und leichtfertig geworden. Ich hatte gerade viel über Pantheismus gelesen, und so verkündete ich meinen Freunden, ich sei Gott. Worauf sie rechts und links von mir Kerzen aufstellten und sich in travestierten Andachtszeremonien vor mir ergingen. Alles in allem erschien mir die Philosophie als ein grandioser Ulk, und ich ergötzte mich an den kuriosen Methoden, die Welt in Begriffe zu fassen, die die großen Philosophen der Einbildungskraft darbieten.

Die größte Beglückung meiner Cambridger Jahre stand im Zusammenhang mit einer Körperschaft, die ihren Mitgliedern als »Die Gesellschaft« bekannt war, von Außenseitern jedoch – falls sie überhaupt von ihr wußten – »Die Apostel« genannt wurde. Es war das eine kleine Diskutiervereinigung, der durchschnittlich ein oder zwei Studenten von jedem Jahrgang angehörten und die sich jeden Samstagabend versammelte. Sie bestand bereits seit 1820, und es hatte ihr seitdem so gut wie alles angehört, was in Cambridge von überragender geistiger Bedeutung gewesen war. Die Wahl dazu erfolgt streng geheim, und zwar so, daß die zur Wahl in Aussicht Genommenen davon nichts erfahren. Dem Vorhandensein dieser »Gesellschaft« verdanke ich, daß ich so rasch mit den Menschen bekannt wurde, die zu kennen sich lohnte, denn Whitehead war Mitglied und veranlaßte die jüngeren Mitglieder, über Sanger und mich hinsichtlich unserer Stipendiatenarbeiten Erkundigungen anzustellen. Mit seltenen Ausnahmen waren die Mitglieder untereinander zu jeder Zeit eng persönlich befreundet. Grundsätzlich gab es bei der Diskussion keinerlei Tabus, keinerlei Begrenzungen, nichts wurde als anstößig betrachtet, keinerlei Schranken bestanden für die unbedingte Freiheit spekulativen Denkens. Es wurde über alles Mögliche diskutiert, zweifellos mit einer gewissen Unreife, aber mit einem Interesse und einer Objektivität, wie sie im späteren Leben kaum mehr angängig war. Die Versammlungen endeten meistens gegen ein Uhr nachts, und danach wanderte ich mit ein oder zwei andern Mitgliedern noch stundenlang in den Kreuzgängen von Neville's Court auf und ab. Wir nahmen uns wohl ein wenig zu ernst, sintemalen wir uns einbildeten, die Tugend der intellektuellen Redlichkeit sei uns allein anvertraut. Unzweifelhaft leisteten wir in dieser Hinsicht mehr als in der Welt gang und gäbe ist, und ich darf wohl sagen, daß die besten Köpfe von Cambridge sich in diesem Betracht sehr hervorgetan haben. In der Mitte meines zweiten Jahres wurde ich gewählt, ohne daß ich vorher etwas vom Bestehen einer solchen Gesellschaft gewußt hatte, wiewohl mir alle ihre Mitglieder bereits gut bekannt waren. Anfang 1892 wurde ich also in die »Gesellschaft« aufgenommen. Die hier folgenden Briefe bedürfen der Erklärung einiger Ausdrücke, derer sich die »Gesellschaft« bediente, um die deutsche Metaphysik zu verulken. Die »Gesellschaft« galt als »Die Welt der Wirklichkeit«; alles andere war »Schein«. Nichtmitglieder hießen »Erscheinungen«. Da die Metaphysiker behaupteten, Raum und Zeit seien irreal, so wurde angenommen, daß die Angehörigen der »Gesellschaft« von Gebundenheit an Raum und Zeit ausgenommen seien.

c/Hon. Sir Charles Elliott, KCSI
Gouverneur-Stellvertreter von
Bengalen, Indien

Mittwoch, 9. März 1892

Lieber Russell

Soeben entnehme ich der Frühpost, daß Du zu uns gestoßen bist, Hurra! Das ist mal eine schöne Nachricht. Ich darf die heutige Nachmittagspost nicht abgehen lassen, ohne ein paar Worte darüber zu sagen, wie sehr ich mich freue und wie leid es mir tut, daß ich jetzt nicht in Cambridge bin, um mit Dir einen brüderlichen Handschlag zu tauschen. Du wirst natürlich Deine eigenen Eindrücke gewinnen, aber für mich war es unbedingt ein wahrhaft neues Leben und eine Enthüllung dessen, was Cambridge wirklich ist.
Es ist gerade noch Zeit, die Korrespondenz abzusenden, leider

kann ich daher im Augenblick nicht weiter schreiben, um Dir von meinen Erlebnissen zu berichten. Theodore wird Dir mitteilen, wie es mir ergeht. Mit großem Bedauern hörte ich, daß Du nicht ganz wohl warst. Werde rasch gesund. Laß Dich nicht von Webb[2] umbringen.

Entschuldige diese eiligen Zeilen. Der Teufel hole die blödsinnigen Popanze Raum und Zeit, die die Unverschämtheit haben zu behaupten, sie trennten uns jetzt. Wohingegen wir doch wissen, daß sie nichts zu tun haben mit jener wahren Existenz, in deren Banden ich von Anfang an war, jetzt bin und immer sein werde

brüderlich und herzlich der Deine
CROMPTON Ll. D.

An Sanger einen richtigen Brief zu schreiben habe ich keine Zeit, sei deshalb so gut, ihm den beiliegenden Wisch zu übergeben. Und schreib mir, wenn Du Zeit hast.

Devon St., New Plymouth
Taranaki, New Zealand. 17. Mai 1892

Lieber Russell

Viele Glückwünsche zu der hocherfreulichen Nachricht vom letzten Februar, die – mit einer Gebundenheit an Raum und Zeit, wie sie bei apostolischen Angelegenheiten schlechterdings unerklärlich ist – mich erst jetzt via Indien erreicht hat.

Ich freue mich furchtbar darüber. Ich hoffe, es ist Dir vom durchdringenden Scharfsinn unseres Bruders Whitehead berichtet worden, der auf Grund Eurer Abhandlungen für die Aufnahmestipendien Deine und Sangers apostolische Natur entdeckt und uns veranlaßt hat, Euch im Auge zu behalten.

Ich möchte zu gern wieder einmal einen Samstagabend etwa dort sein und mich mit Theodore auseinandersetzen darüber, ob das Christentum eine Religion der Liebe ist – was es wohl gerade nicht ist. Ich verstehe nicht, wie die Begriffe von einem persönlichen Gott und wahrhafter Liebe mit einigem Schwergewicht nebeneinander bestehen können.

Wie steht es mit den Embryos[3]? Ich höre, der jüngere Treve-

lyan (Bob) ist vielversprechend; auch Green vom Kings College.
Ich habe noch unzählige Briefe für die abgehende Post zu schreiben. Ich hoffe, Dich Mitte nächsten Januars zu sehen.

Der Deine brüderlich
(gez.) Ellis McTaggart

Kurz nach meiner Zeit traten in der »Gesellschaft« erhebliche Veränderungen ein.
In der Generation, die zehn Jahre jünger war als meine, gaben den Ton vornehmlich Lytton Strachey und Keynes an. Es ist erstaunlich, welch eine Wandlung des geistigen Klimas diese zehn Jahre hervorgebracht haben. Wir waren Viktorianer; sie waren Edwardianer. Wir glaubten an geordneten Fortschritt mittels Politik und freier Diskussion. Diejenigen von uns, die über die meiste Selbstsicherheit verfügten, hatten sich wohl der Hoffnung hingegeben, Führer der Massen zu werden, doch keiner unter uns hatte den Wunsch, von ihnen geschieden zu sein. Die Generation der Keynes und Lytton war nicht bestrebt, irgendwelche Verwandtschaft mit dem Spießbürgertum zu bewahren. Sie zielte vielmehr ab auf ein Leben der Zurückgezogenheit zwischen feine Tönungen und schöne Gefühle und stellte sich das Gute vor als die leidenschaftliche gegenseitige Bewunderung eines Eliteklüngels. Diese Lehre wurde, ganz unberechtigterweise, G. E. Moore in die Schuhe geschoben, dessen Jünger zu sein man vorgab. In seinem Erinnerungsbuch *Early Beliefs* hat Keynes über die Bewunderung von Moores Lehren berichtet. Moore legte der Ethik das gebührende Gewicht bei und vermied durch seine Theorie der organischen Einheiten die Auffassung, daß das Gute aus einer Reihe vereinzelter leidenschaftlicher Momente bestehe, doch diejenigen, die sich seine Schüler nannten, schenkten diesem Gesichtspunkt seiner Lehre keine Beachtung und würdigten seine Ethik zur Propaganda für eine muffige Mädchenschul-Sentimentalität herab.
Dieser Stubenluft entfloh Keynes, indem er in die große Welt ging, Strachey jedoch ergriff niemals die Flucht. Freilich ent-

kam ihr Keynes auch nicht restlos. Er nahm auf alle seine Fahrten durch die Welt stets das Gefühl eines Bischofs *in partibus* mit. Das wahre Heil war anderswo: bei den Getreuen in Cambridge. Wenn er sich mit Politik und Wirtschaft befaßte, dann ließ er seine Seele daheim. Das ist die Ursache eines gewissen hart glitzernden, grausamen Stils in den meisten seiner Schriften. Mit einer großen Ausnahme: *The Economic Consequences of the Peace* [Die wirtschaftlichen Folgen des Friedensvertrages], worüber ich gleich noch einiges zu sagen haben werde.
Keynes lernte ich durch seinen Vater kennen, Lytton Strachey durch seine Mutter. Keynes' Vater las, als ich jung war, in Cambridge ein altmodisches Kolleg über formelle Logik. Wieweit die neuen Entwicklungen auf diesem Gebiet das, was er lehrte, verändert haben, weiß ich nicht. Er war ein ernsthafter Nonkonformist, für den die Ethik an erster und die Logik an zweiter Stelle kam. Etwas vom nonkonformistischen Geist des Vaters war dem Sohn verblieben, überlagert jedoch von der Erkenntnis, daß Tatsachen und Beweise zu Schlußfolgerungen führen können, die bei vielen Leuten Anstoß erregen, und ein Hang zu intellektueller Arroganz in seinem Charakter machte, daß er sich nicht ungern damit abgab, *d'épater les bourgeois*. In dem Buch *Die wirtschaftlichen Folgen des Friedensvertrages* setzte dieser Hang jedoch aus. Die tiefe Überzeugung davon, daß der Versailler Vertrag Unheil bedeute, versetzte den ernsten Moralisten in ihm in solche Erregung, daß er vergaß, gescheit zu sein – ohne indes aufzuhören es zu sein.
Zu seiner nationalökonomischen und politischen Tätigkeit hatte ich keine Beziehung; ich nahm jedoch bedeutenden Anteil an seinem *Treatise on Probability*, von dem ich viele Teile eingehend mit ihm besprach. Im Jahre 1914 stand die Arbeit dicht vor dem Abschluß, mußte jedoch bis zum Kriegsende beiseite gelegt werden.
Er war immer in Gefahr, sich zu überarbeiten, und tatsächlich hat die Überanstrengung auch seinen Tod herbeigeführt. Als ich im Jahre 1904 in einem abgelegenen kleinen Landhaus auf einem weiten Hochmoor ohne Fahrstraßen wohnte, fragte er mich brieflich an, ob ich ihm ein geruhsames Wochenende ver-

sprechen könne. Ich bejahte zuversichtlich, und er kam. Keine fünf Minuten war er da, als der Vizekanzler gespickt mit Universitätsangelegenheiten auftauchte. Unangemeldet kamen Leute außerdem zu jeder Mahlzeit, zum Sonntagsfrühstück deren sechs. Bis zum Montagmorgen hatten wir sechsundzwanzig unangemeldete Gäste gehabt, und Keynes reiste, wie ich fürchte, müder ab als er gekommen war. Am 2. August 1914, einem Sonntag, begegnete ich ihm, wie er über den Großen Hof von Trinity lief. Ich fragte ihn, warum er es so eilig habe, worauf er sagte, er wolle sich das Motorrad seines Schwagers ausborgen, um damit nach London zu fahren. »Warum fahren Sie nicht mit der Bahn?« fragte ich. »Weil dazu keine Zeit ist«, versetzte er. Was für ein dringendes Geschäft er hatte, ahnte ich nicht, aber es dauerte nur ein paar Tage, da war der Diskontsatz, den die Panikmacher auf zehn Prozent getrieben hatten, wieder auf fünf Prozent gesenkt. Das war Keynes' Werk.

Ich verstehe nicht genügend von Wirtschaft, um eine fachmännische Ansicht über die Theorien von Keynes abzugeben, aber soweit ich es beurteilen kann, scheint es mir, daß es ihm zu verdanken sei, wenn England in den letzten Jahren nicht an hochgradiger Arbeitslosigkeit gelitten hat. Ich möchte sogar noch weiter gehen und sagen, daß, wenn seine Theorien von den Finanzgewaltigen in der ganzen Welt angenommen und angewandt worden wären, die große Depression sich nicht eingestellt hätte. Es gibt immer noch viele Leute in den Vereinigten Staaten, die Depressionen für göttliche Akte halten. Meines Erachtens hat Keynes bewiesen, daß die Verantwortung für diese Vorkommnisse nicht der Vorsehung zuzuschreiben ist.

Zum letzten Mal sah ich ihn im Oberhaus, als er, von Amerika zurückgekehrt, wo er über eine Anleihe unterhandelt hatte, diese den Lords in einer meisterhaften Rede empfahl. Viele von ihnen hatten vorher eine zweifelnde Haltung eingenommen, als jedoch Keynes geendet hatte, blieben kaum noch ein paar Zweifler im Saal, außer Lord Beaverbrook und zwei meiner Vettern, die die Leidenschaft hatten, bei der Minderheit zu sein. Da er gerade von Amerika zurückgekommen war, mußte die Anstrengung, die ihn dieses Auftreten gekostet hatte, ent-

setzlich gewesen sein, und es erwies sich denn auch, daß sie zu groß für ihn gewesen war.
Keynes besaß den schärfsten, klarsten Verstand, den ich je erlebt habe. Wenn ich mich mit ihm auf eine Diskussion einließ, wußte ich, daß ich Kopf und Kragen riskierte, ich ging selten daraus hervor, ohne mir selbst ein bißchen dumm vorzukommen. Ich war zuweilen versucht anzunehmen, eine derartige Gescheitheit müsse mit Tiefgründigkeit unvereinbar sein, aber ich glaube doch nicht, daß diese Mutmaßung gerechtfertigt war.
Lytton Stracheys Bekanntschaft machte ich, wie erwähnt, durch seine Mutter. Sie und ich gehörten einem Komitee zur Förderung des Frauenstimmrechts an. Nach einigen Monaten lud sie mich zum Abendessen ein. Ihr Mann, Sir Richard Strachey, war ein pensionierter Regierungsbeamter der indischen Verwaltung, und die ganze Atmosphäre des Hauses erinnerte stark an »British Raj« [die britische Herrschaft in Indien]. Meine erste Mahlzeit bei der Familie Strachey war ein ziemlich aufregendes Erlebnis. Die Anzahl der Söhne und Töchter überstieg geradezu mein Fassungsvermögen, und sämtliche Kinder erschienen meinen unerfahrenen Augen als genau gleich bis auf den einen einigermaßen oberflächlichen Punkt, daß einige männlichen und andere weiblichen Geschlechts waren. Als ich ankam, war die Familie noch nicht vollzählig versammelt, in Abständen von zwanzig Minuten kamen die noch fehlenden Mitglieder eines nach dem andern hinzu. (Zu diesen gehörte, wie ich später entdeckte, auch Lytton.) Ich mußte immer sorgfältig im Saal Umschau halten, um mich zu vergewissern, daß wieder ein neues aufgetaucht und nicht eines von den bereits vorhandenen war, das mit einem andern den Platz getauscht hatte. Gegen Ende des Abends fing ich an meiner geistigen Gesundheit zu zweifeln an; liebenswürdige Freunde versicherten mir jedoch hinterher, daß es sich bei den Stracheys wirklich so abgespielt habe, wie es mir geschienen hatte.
Lady Strachey war eine Frau von ungemeiner Tatkraft, deren höchster Wunsch es war, daß zumindest einige ihrer Kinder sich hervortun sollten. Sie hatte einen bewundernswerten Sinn für Prosastil und pflegte ihren Kindern Predigten von South vorzu-

lesen, und zwar nicht wegen des Inhalts (sie war Freidenkerin), sondern um ihnen rhythmischen Sinn für den Gebrauch der englischen Schriftsprache beizubringen. Lytton, der zu zart war, um ihn auf eine Durchschnittschule zu schicken, aber von seiner Mutter für hochbegabt gehalten wurde, wurde in eitel Liebe und Hingebung für den Schriftstellerberuf erzogen. Was er schrieb, wirkte damals auf mich höchst erheiternd. Ich hörte ihn aus seinem Werk *Eminent Victorians* vor Erscheinen vorlesen und las es dann wieder im Gefängnis. Ich mußte dabei so laut auflachen, daß der Wärter zu mir in die Zelle kam und sagte, er müsse mich daran erinnern, daß das Gefängnis eine Strafanstalt sei.

Lytton war stets ein Sonderling und wurde es mit den Jahren immer mehr. Als er sich einen Bart stehen ließ, gab er vor, er habe die Masern, damit er sich seinen Bekannten nicht zu zeigen brauchte, bis die Barthaare die gehörige Länge erreicht hatten. Er kleidete sich stets höchst eigenartig. Eine Bauernfrau, die Zimmer vermietete, erzählte mir einmal, Lytton sei bei ihr gewesen und habe sich erkundigt, ob sie etwas frei habe. »Zuerst hielt ich ihn für einen Landstreicher«, sagte sie, »aber als ich genauer zusah, merkte ich, daß er ein Gentleman sei, wenn auch ein recht wunderlicher.« Seine Fistelstimme bildete manchmal einen grotesken Kontrast zu dem, was er damit ausdrückte. Als ich mich einmal mit ihm unterhielt, machte er erst gegen dies, dann gegen das, was ich sagte, den Einwand, das habe nichts zu tun mit dem, worauf die Literatur abzielen müsse. Schließlich fragte ich: »Nun, Lytton, worauf muß sie abzielen?« Er erwiderte mit einem einzigen Wort: »Leidenschaft.« Trotzdem gab er sich gern den Anschein einer über die menschlichen Dinge erhabenen Einstellung. Ich hörte einmal, wie jemand in seinem Beisein behauptete, junge Leute neigten dazu, über das Leben als solches nachzudenken. Er widersprach: »Ich kann nicht glauben, daß es Leute gibt, die über das Leben nachdenken. Es steckt nichts dahinter.« Es war wohl diese Auffassung, die es ihm versagte, ein bedeutender Mann zu werden.

Sein Stil ist übermäßig rhetorisch; in boshaften Augenblicken kommt er mir oft als demjenigen Macaulays nicht unähnlich vor. Die historische Wahrheit ist ihm gleichgültig; er will das Bild immer retouchieren, um die Lichter und Schatten greller und die Torheit oder Schlechtigkeit berühmter Leute augenfälliger zu machen. Es sind das schwere Vorwürfe, aber ich mache sie allen Ernstes.

Von Moores überragender Bedeutung gewann ich den ersten Eindruck in der »Gesellschaft«. Ich erinnere mich, daß er ein Referat hielt, das mit dem Satz begann: »Im Anfang war die Materie, und die Materie zeugte den Teufel, und der Teufel zeugte Gott.« Die Abhandlung endete dann mit dem Tod erst Gottes, darauf dem Tod des Teufels, so daß die Materie allein blieb wie zu Uranfang. Als er dieses Referat hielt, war er erst im ersten Semester, aber schon ein glühender Anhänger von Lukrez.

Am Sonntag war es unsere Gewohnheit, spät zu frühstücken und dann den ganzen Tag bis zur Abendmahlzeit mit Spaziergängen zu verbringen. Ich kannte schließlich jede Landstraße und jeden Fußweg auf zehn Meilen im Umkreis von Cambridge, auch in noch größerer Entfernung. Alles in allem fühlte ich mich in Cambridge glücklich und verhältnismäßig ruhig, doch in Mondscheinnächten rannte ich in einem Zustand zeitweiliger Verrücktheit [die im Englischen bezeichnenderweise »lunacy«, Mondsucht, heißt] in der Umgegend herum. Die Ursache dafür war selbstverständlich Geschlechtstrieb, wovon ich aber damals keine Ahnung hatte.

Nach meiner Zeit wandelte sich die »Gesellschaft« in einer bestimmten Hinsicht. Es war ein lange währender Kampf im Gang zwischen den beiden Mitgliedern George Trevelyan und Lytton Strachey, bei dem Strachey in der Hauptsache Sieger blieb. Seitdem waren zwischen den Mitgliedern homosexuelle Beziehungen gang und gäbe, zu meiner Zeit jedoch war dergleichen unbekannt.

Cambridge war für mein Leben von Bedeutung, weil es mir Freunde sowie Erfahrung in der intellektuellen Diskussion verschaffte, nicht aber hinsichtlich des eigentlichen akademischen Unterrichts. Von dem mathematischen Lehrbetrieb habe ich bereits gesprochen. Den größten Teil dessen, was ich dort an Philosophie lernte, erkannte ich nach und nach als falsch, und ich mußte viele meiner nachfolgenden Jahre darauf verwenden, allmählich die Denkgewohnheiten abzulegen, die ich dort erworben hatte. Die einzige Denkgewohnheit von wahrhaftem Wert, die ich von dort mitnahm, war intellektuelle Redlichkeit. Diese Tugend eignete bestimmt nicht nur meinen Freunden, sondern auch meinen Lehrern. Ich kann mich an kein Beispiel erinnern, daß ein Lehrer es übelgenommen hätte, wenn einer seiner Schüler ihm einen Irrtum nachwies, dagegen entsinne ich mich sehr wohl einer ganzen Anzahl von Fällen, in denen Studenten mit solcher Heldentat Erfolg hatten. Während einer Vorlesung über Hydrostatik unterbrach einmal ein Jüngling den Professor mit der Frage: »Haben Sie nicht die auf den Deckel wirkenden Zentrifugalkräfte außer acht gelassen?« Dem Professor blieb erst die Luft weg, dann antwortete er: »Ich arbeite mit diesem Beispiel seit zwanzig Jahren ... aber Sie haben recht.«

Es war ein harter Schlag für mich, als ich während des Kriegs merkte, daß selbst in Cambridge die intellektuelle Redlichkeit ihre Grenzen hatte. Bis dahin hatte ich, wo immer ich auch hauste, die Empfindung gehabt, daß Cambridge der einzige Ort auf Erden sei, den ich als Heimat zu betrachten vermöchte.

1 Siehe meinen Brief an Lucy Donnelly, S. 280 f., ebenso den Brief von Crompton Davies, S. 311.

2 Mein Mathematik-Einpauker.

3 Unsere Bezeichnung für Leute, die wir aufzunehmen gedachten.

Verlobung

Als ich im Sommer 1889 in dem Haus auf den Hängen von Hindhead bei Onkel Rollo wohnte, nahm er mich eines Sonntags auf einen langen Spaziergang mit. Beim Abstieg von Friday's Hill, kurz vor Fernhurst, sagte er: »In dem Haus da wohnen neue Leute; wir wollen sie mal aufsuchen.« Schüchtern, wie ich immer noch war, hatte ich wenig Lust dazu und bat den Onkel dringend, jedenfalls nicht zum Abendessen dazubleiben. Er sagte mir das zu, blieb dann doch und ich war darüber erfreut. Es ergab sich, daß es sich um eine amerikanische Familie namens Pearsall Smith handelte, die aus einem älteren Ehepaar, einer verheirateten Tochter und deren Ehemann namens Costelloe, einer jüngeren Tochter, die über die Ferien von Bryn Mawr heimgekommen war, und einem Sohn, der auf dem Balliol College studierte, bestand. Vater und Mutter waren in früherer Zeit beide berühmte Wanderprediger gewesen, der Vater hatte jedoch seinen Glauben verloren infolge eines Skandals, der ausgebrochen war, weil man ihn eine junge Frau küssen gesehen hatte, und die Mutter war für das damit verbundene aufreibende Leben etwas zu alt geworden. Costelloe, der Schwiegersohn, Radikaler, Mitglied des Londoner Grafschaftsrats, war ein aufgeweckter Mann. Er traf gerade von London ein, als wir bei Tisch saßen, und brachte die letzten Nachrichten von dem großen Dockerstreik mit, der damals im Gang war. Dieser Streik der Dockarbeiter sei deshalb so interessant und bedeutsam, weil er das Eindringen der Gewerkschaftsbewegung in niedrigere Schichten als die bisher davon erfaßten bezeichnete. Mit offenem Munde hörte ich zu, als er von den Geschehnissen berichtete, und ich hatte die Empfindung, dem wirklichen Leben nahe zu sein. Der Sohn, der Balliolstudent, steuerte geistreich-schlagfertige Sätze zur Unterhaltung bei; es schien, als habe er mit verächtlicher Ungezwungenheit alles am Schnürchen. Die Person jedoch, die mich am meisten anzog, war die Tochter, die Studentin von Bryn Mawr. Sie war sehr schön; zum

Beweis dafür sei eine Stelle aus dem Glasgower *Bulletin* vom 19. Mai 1921 zitiert, wo es hieß: »Ich entsinne mich, Mrs. Bertrand Russell bei einem städtischen Empfang oder dergleichen (war es vielleicht ein Empfang der Delegierten der Antialkohol-Bewegung?) in Edinburgh vor zwanzig Jahren kennengelernt zu haben. Sie war damals eine der schönsten Frauen, die man sich vorstellen kann, und, ihrem Quäkerblut zum Trotz, von einer geradezu königlichen Haltung und Vornehmheit. Alle Anwesenden bewunderten sie so sehr, daß wir sie, in der zurückhaltenden, würdigen Edinburgher Art und Weise, zur Heldin des Abends machten.« Sie war selbständiger – »emanzipierter«, wie man das damals nannte –, als ich je ein weibliches Wesen erlebt hatte: sie studierte, sie fuhr mutterseelenallein über den Atlantik, ja, sie war, wie ich bald entdeckte, eine vertraute Freundin Walt Whitmans. Sie fragte mich, ob ich den deutschen Roman *Ekkehard* gelesen habe, und es traf sich gut, daß ich das Buch gerade am selben Vormittag zu Ende gelesen hatte – ein Glücksfall, wie mir schien. Sie war liebenswürdig und benahm mir alle Scheu. Ich verliebte mich auf den ersten Blick in sie.

In jenem Sommer kam ich mit niemandem von der Familie mehr zusammen. In den folgenden Jahren jedoch, während der drei Monate, die ich alljährlich bei Onkel Rollo verbrachte, unternahm ich jeden Sonntag den Fußmarsch von über sechs Kilometern zum Hause der Pearsall Smith, um zum Mittagessen recht zu kommen und dann zum Abendessen dazubleiben. Nach dem Abendessen wurde im Wald ein Lagerfeuer angezündet, um das alle herumsaßen und Negro-Spirituals sangen, die damals in England noch unbekannt waren. Wie Goethe erschien mir Amerika als romantisches Land der Freiheit; ich stellte bei diesen Amerikanern das Fehlen vieler Vorurteile fest, die mich daheim behinderten. Vor allem freute ich mich über ihre Lossagung vom sogenannten guten Geschmack. Dort lernte ich den damals noch unverheirateten Sidney Webb kennen.

Sidney und Beatrice Webb, mit denen ich eine Reihe von Jahren eng befreundet war, ja zeitweise zusammenwohnte, waren

das vollendetste Ehepaar, das ich jemals erlebt habe. Dabei waren sie jeder romantischen Anschauung von Liebe und Ehe durchaus abhold. Die Ehe galt ihnen als eine gesellschaftliche Institution zwecks Einfügung des Naturtriebs in einen gesetzlichen Rahmen. Während des ersten Jahrzehnts ihrer Ehe äußerte Mrs. Webb gelegentlich öfters: »Wie Sidney immer sagt, die Ehe ist der Papierkorb der Gefühle.« In späteren Jahren trat darin allerdings eine leichte Veränderung ein. Meistenteils war übers Wochenende bei ihnen ein anderes Ehepaar zu Gast, und am Sonntagnachmittag wurde ein frisch-fröhlicher Spaziergang unternommen, bei dem Sidney mit der andern Dame und Beatrice mit dem andern Herrn ging. An einem bestimmten Punkt pflegte Sidney dann zu bemerken: »Ich weiß, was Beatrice in diesem Augenblick sagt. Sie sagt: ›Wie Sidney immer sagt, die Ehe ist der Papierkorb der Gefühle.‹« Ob Sidney das tatsächlich je gesagt hat, ist nicht bekannt.
Ich kannte Sidney schon vor seiner Hochzeit. Aber er stellte damals bei weitem nicht die Hälfte dessen dar, was die beiden dann zusammen bedeuteten. Ihre Zusammenarbeit war genau aufeinander abgestimmt und ineinandergefügt. Mir kam immer vor – obschon das eine unzulässige Vereinfachung gewesen sein mag –, daß sie die Gedanken habe und er sie ausführte. Er war wohl der betriebsamste Mensch, den ich je erlebt habe. Wenn sie etwa ein Buch über Kommunalverwaltung schrieben, dann ließen sie Rundschreiben an alle Kommunalbeamten des Landes ergehen mit Fragebogen, aber auch zugleich mit dem Hinweis darauf, daß der betreffende Beamte das künftige Buch durchaus rechtmäßig unterm Ladenpreis erwerben könne. Als ich ihnen mein Haus mietweise überlassen hatte, wußte der Briefträger, ein glühender Sozialist, nicht, ob er sich mehr dadurch geehrt fühlen sollte, daß er sie bedienen durfte, oder mehr darüber ärgern, daß er jeden Tag tausend Antworten auf ihre Rundschreiben zu bestellen hatte. Webb war ursprünglich ein Regierungsbeamter zweiter Klasse, brachte es aber durch seine ungemeine Rührigkeit dazu, in die erste Klasse aufzusteigen. Er war etwas zu ernsthaft und mochte Scherze über sakrosankte Themen – wie politische Theorien – nicht. Ich sagte

gelegentlich einmal zu ihm, die Demokratie habe zumindest den Vorzug, daß ein Abgeordneter nicht dümmer sein könne als seine Wähler, denn je dümmer er sei, desto dümmer müßten sie sein, daß sie ihn wählten. Webb war darüber ernstlich verärgert und sagte scharf: »Derartige Auslassungen habe ich nicht gern.«

Mrs. Webb hatte weiterreichende Interessen als ihr Mann. Sie nahm bedeutenden Anteil an einzelnen Menschenwesen, auch wenn sie nicht von Nutzen sein konnten. Sie war tief religiös, ohne sich zu irgendeiner offiziellen Form von Orthodoxie zu bekennen, wenn sie auch, als Sozialistin, die englische Hochkirche vorzog, weil sie eine staatliche Institution war. Sie war eine von den neun Töchtern eines Selfmademan namens Potter, der den größten Teil seines Vermögens mit Barackenbau für die Soldaten auf der Krim verdient hatte. Er war ein Jünger von Herbert Spencer, und Mrs. Webb war das hervorragendste Produkt der pädagogischen Theorien dieses Philosophen. Leider muß ich hier einflechten, daß meine Mutter, die auf dem Land ihre Nachbarin war, sie einen »Gesellschaftsschmetterling« nannte, aber man darf sich der Hoffnung hingeben, daß sie dieses Urteil berichtigt haben würde, wenn sie Mrs. Webb in deren späterem Leben kennengelernt hätte. Als sie sich für den Sozialismus zu interessieren begann, beschloß sie, unter den Fabiern Musterung zu halten und vornehmlich die drei bedeutendsten von ihnen in Erwägung zu ziehen, nämlich Webb, Shaw und Graham Wallas. Es war das sozusagen ein Urteil des Paris mit umgekehrtem Vorzeichen, aus dem Sidney als Pendant von Aphrodite hervorging.

Webb war völlig abhängig gewesen von dem, was er verdiente, während Beatrice von ihrem Vater ein auskömmliches Vermögen geerbt hatte. Ihre Denkungsart war ganz die der herrschenden Klasse, was bei Sidney nicht der Fall war. Als sie merkten, daß sie ohne selbstverdiente Einkünfte auskommen konnten, beschlossen sie, ihr Leben der Forschung und den höheren Sparten der Propaganda zu widmen. Auf beiden Gebieten hatten sie erstaunliche Erfolge zu verzeichnen. Ihre Bücher zeugen von ihrem Fleiß, und die »School of Economics« legt Zeugnis ab für Sidneys Geschicklichkeit. Meines Erachtens hätten Sidneys Fähigkeiten sich nicht annähernd als so ertragreich bewiesen, wäre er nicht von Beatrices Selbstvertrauen gestärkt gewesen. Ich fragte sie einmal, ob sie in ihrer Jugend jemals etwas wie Schüchternheit verspürt habe. »O nein«, sagte sie darauf, »wenn ich je ängstlich zu werden glaubte, sobald ich einen Saal voller Menschen betrat, sagte ich zu mir: ›Du bist das gescheiteste Mitglied einer der gescheitesten Familien der gescheitesten Klasse des gescheitesten Volkes der Welt, weshalb solltest du Angst haben?‹«

Ich mochte und bewunderte Mrs. Webb, obschon ich über viele hochwichtige Themen anderer Ansicht war als sie. Zuerst und vor allem galt meine Bewunderung ihrer natürlichen Begabung, die wirklich groß war. Dann aber ihrer unbedingten Lauterkeit: sie lebte nur für gemeinnützige Ziele, von denen sie sich nie durch persönlichen Ehrgeiz abbringen ließ, wiewohl sie davon nicht frei war. Und ich hatte sie gern, weil sie eine warmherzige gütige Freundin all derer war, für die sie persönliche Zuneigung hegte; über Religion, Imperialismus und Staatsvergötzung war ich stets anderer Ansicht als sie. Diese letzte gehörte zum Wesen des Fabiertums. Sie führte sowohl die Webbs wie Bernard Shaw zu der Haltung, die ich als unzulässige Duldsamkeit gegenüber Hitler und Mussolini erachtete, und letzten Endes zu einer geradezu widersinnigen Lobhudelei für die Sowjetregierung.

Aber kein Mensch ist aus einem Stück; nicht einmal die Webbs waren das. Ich sagte einmal zu Shaw, Webb scheine es etwas an Güte zu fehlen. Worauf Shaw erwiderte: »Da irren Sie sich sehr. Webb und ich fuhren in Holland einmal in der Straßenbahn und aßen Biskuits aus einer Tüte. Da stieg in unsern Wagen ein Polizist mit einem mit Handschellen gefesselten Verbrecher ein. Alle andern Fahrgäste wichen entsetzt zurück, doch Webb stand auf und bot dem Gefangenen die Tüte mit den Biskuits an.« An die Geschichte muß ich seitdem immer denken, wenn ich gegen Webb oder Shaw ungebührlich kritisch werden will.

Es gab Leute, denen die Webbs Abscheu entgegenbrachten, so

zum Beispiel Wells, und zwar nicht nur, weil er Mrs. Webbs viktorianisches Sittengefühl verletzte, sondern auch, weil er Webb von seinem Herrscherthron über die Fabiergesellschaft zu stürzen suchte. Ebenso zuwider war ihnen von den allerfrühesten Zeiten her Ramsay Macdonald. Den noch wenigst feindseligen Ausspruch, den ich von ihnen über Macdonald gehört habe, tat Mrs. Webb, als Macdonald das erste Labourkabinett bildete: er sei ein sehr guter Führerersatz.

Die politische Geschichte der Webbs verlief recht sonderbar. Zuerst arbeiteten sie mit den Konservativen zusammen, weil Mrs. Webb darüber erfreut war, daß Arthur Balfour sich geneigt zeigte, den kirchlichen Schulen mehr öffentliche Geldmittel zukommen zu lassen. Als die Konservativen im Jahre 1906 gestürzt wurden, bemühten die Webbs sich, sachte und erfolglos, um Zusammenarbeit mit den Liberalen. Sie sahen indes schließlich ein, daß sie sich als Sozialisten in der Labour Party mehr zu Hause fühlen würden, der sie dann auch in späteren Jahren treue Gefolgschaft leisteten.

Eine Reihe von Jahren hindurch gab sich Mrs. Webb fanatisch dem Fasten hin, teils aus hygienischen, teils aus religiösen Gründen. Sie aß zum Frühstück überhaupt nichts und nahm nur ein höchst frugales Abendessen ein. Ihre einzige gediegene Mahlzeit war das Mittagessen. Zu diesem bat sie fast stets eine Anzahl bedeutender Leute, aber sie selbst war so ausgehungert, daß sie sobald man angerichtet hatte, vor ihren sämtlichen Gästen zu Tisch ging und sofort zu essen anfing. Nichtsdestoweniger war sie davon überzeugt, die Hungerleiderei steigere ihre Geistigkeit und außerdem verschaffe sie ihr, wie sie mir einmal erzählte, die herrlichsten Gesichte. Worauf ich erwiderte: »Jawohl, wenn Sie zuwenig essen, haben Sie Gesichte, und wenn Sie zuviel trinken, sehen Sie Schlangen.« Ich nehme an, daß diese Bemerkung ihr unentschuldbar frivol vorkam. Webb teilte die religiöse Seite ihres Wesens nicht, hatte jedoch nichts dagegen einzuwenden, wenn sie ihm auch zuweilen unbequem war. Als ich einmal mit ihnen im selben Hotel in der Normandie wohnte, blieb sie morgens auf ihrem Zimmer, weil sie das schmerzliche Schauspiel unseres »Fastenbrechens« [wörtlich das englische »breakfast«] nicht mitansehen konnte. Sidney hingegen kam regelmäßig zu Kaffee und Brötchen ins Frühstückszimmer hinunter. Am ersten Morgen ließ sie durch das Zimmermädchen ausrichten: »Wir wünschen keine Butter für Sidneys Frühstück.« Der ständige Gebrauch dieses »wir« rief immer wieder das Vergnügen ihrer Freunde hervor.

Beide waren sie im Grunde ganz undemokratisch; die Aufgabe des Staatsmanns bestand nach ihnen darin, die Massen zu beschwindeln oder einzuschüchtern. Woher Mrs. Webbs Vorstellungen über den Begriff des Regierens stammten, wurde mir klar, als sie mir die Schilderung ihres Vaters von Generalversammlungen wiedergab. Die anerkannte Aufgabe der Direktoren sei es, die Aktionäre in Schranken zu halten, und ähnlich war ihre Ansicht über die Beziehung der Regierung zum Wählervolk.

Die Erzählungen ihres Vaters von seiner Laufbahn hatten sie nicht gerade mit übermäßiger Achtung vor den Großen dieser Welt erfüllt. Nachdem er Baracken für die Winterquartiere der französischen Truppen auf der Krim errichtet hatte, war er nach Paris gefahren, um sein Geld einzukassieren. Er hatte so ziemlich sein ganzes Vermögen in den Barackenbau gesteckt, so daß die Bezahlung für ihn von großer Bedeutung war. Doch obwohl in Paris die Schuld allseitig anerkannt wurde, ließ die Überweisung auf sich warten. Zuguterletzt traf er dort Lord Brassey, den eine ähnliche Angelegenheit hergeführt hatte. Als Mr. Potter ihm seine Unannehmlichkeiten auseinandergesetzt hatte, lachte Lord Brassey ihn aus und sagte: »Mein lieber Mann, Sie kennen die Schliche nicht. Sie müssen dem Minister fünfzig Pfund und jedem seiner Unterbeamten fünf Pfund geben.« Dies tat Mr. Potter und, siehe da, am nächsten Tag traf das Geld ein.

Was Sidney Webb anging, so hatte er auch keine Bedenken, gewisse Kniffe anzuwenden, die manch einer für skrupellos halten könnte. Er erzählte mir zum Beispiel, wenn er in einem Ausschuß einen bestimmten Punkt unbedingt durchsetzen wollte, über den die Mehrheit gegenteiliger Ansicht war, er einen Antrag einbrachte, in dem der strittige Punkt zweimal vorkam. Er sorgte dann für eine lange Debatte über die Stelle, an der der Punkt zum ersten Mal auftauchte, und gab schließlich gnädig nach. Neunmal unter zehn solcher Gelegenheiten, so schloß er, merkte kein Mensch, daß der gleiche Punkt noch einmal in demselben Antrag vorkam.

Sehr viel trugen die Webbs dazu bei, dem englischen Sozialismus intellektuelles Rückgrat zu geben. Mehr oder weniger erfüllten sie die Aufgabe, die die Bentham-Anhänger in früherer Zeit für die Radikalen geleistet hatten. Mit den Benthamiten hatten die Webbs eine gewisse Trockenheit und Kälte sowie die Anschauung gemein, daß Gefühle in den Papierkorb gehörten. Doch die Webbs und Keir Hardie glichen den Benthamiten auch darin, daß sie ihre Lehren Enthusiasten zu vermitteln verstanden. Ebenso wie Bentham und Robert Owen vermochten sie eine wohlausgewogene intellektuelle Nachkommenschaft hervorzubringen. Man muß nicht von jedermann all das verlangen, was für das Menschenwesen einen Wertzuwachs bedeutet. Einiges davon mitbekommen zu haben ist alles, was man verlangen kann. Die Webbs bestehen diese Probe; unzweifelhaft wäre die englische Labour Party viel verworrener und verblasener geworden, wenn die Webbs nicht gewesen wären. Ihre Erbschaft übernahm dann Mrs. Webbs Neffe, Sir Stafford Cripps. Ich möchte bezweifeln, daß ohne sie die englische Demokratie die schweren Jahre, durch die wir hindurch mußten, mit der gleichen Geduld überstanden haben würde.

Als ich daheim erwähnte, ich habe Sidney Webb kennengelernt, sagte meine Großmutter, sie habe in Richmond einmal einen Vortrag von ihm gehört, aber der Mann sei »nicht ganz ...« gewesen. »Nicht ganz was?«, wollte ich wissen. »Nicht ganz Gentleman nach Gesinnung und Auftreten«, sagte sie schließlich.

Bei den Pearsall Smiths hatte ich dergleichen nicht zu befürchten. Bei ihnen fühlte ich mich glücklich, war ich gesprächig und frei von Schüchternheit. Sie brachten mich so zum Reden, daß ich mir recht intelligent vorkam. Ich lernte dort interessante Leute kennen, zum Beispiel William James. Logan Pearsall Smith machte mich mit der Kultur der neunziger Jahre bekannt, mit Flaubert, Walter Pater und anderen. Er gab mir Stilregeln für eine gute Schriftsprache, wie: »Nach jedem vierten Wort ein Komma setzen«, »niemals ›und‹ gebrauchen außer am Anfang eines Satzes«. Ich lernte Sätze im Stil Walter Paters – mit vielen Parenthesen – zu machen. Ich lernte, das Richtige über Manet, Monet und Degas zu äußern, die damals das waren, was später Matisse und Picasso werden sollten.

Logan Pearsall Smith, der sieben Jahre älter war als ich, wurde auch mein Ratgeber in vielen ethischen Fragen. Er selbst befand sich in der Phase eines Übergangs von den ethischen Anschauungen des Quäkertums von Philadelphia zur Boheme des Pariser Quartier Latin. Politisch bekannte er sich zum Sozialismus, zu dem ihn Graham Wallas, einer der Gründer der Fabier-Gesellschaft, bekehrt hatte (der allerdings selbst später wieder zum Liberalismus zurückkehrte). Logan bemühte sich, die philanthropische Praxis der Quäker dem sozialistischen Credo anzupassen. Auf dem Gebiet der Sexualmoral war er zu jener Zeit höchst asketisch, ja geradezu manichäisch, auf religiösem jedoch rein agnostisch. Er war bestrebt, jugendliche Freidenker zu hochgradiger Selbstzucht und Selbstverleugnung zu erziehen. Zu diesem Zweck gründete er eine Vereinigung, die er selbst spaßhafterweise »The Order of Prigs« [etwa »Orden der Tugendbolde«] nannte, der ich beitrat und deren Regeln ich mehrere Jahre lang befolgte[1].

Mit jedem Jahr, das verging, steigerte sich meine Verehrung für Alys, die unverheiratete Tochter. Sie war weniger respektlos als ihr Bruder Logan und nicht so verantwortungslos wie ihre Schwester Mrs. Costelloe. Sie schien mir all die schlichte Güte zu besitzen, die ich trotz Pembroke Lodge noch immer hochhielt, und frei von Dünkel und Vorurteil. Ich machte mir Gedanken darüber, ob sie, bis ich ins Mannesalter kam, ledig bleiben würde, denn sie war fünf Jahre älter als ich. Es schien das recht unwahrscheinlich, dessenungeachtet wurde mein Entschluß, sie, wenn es der Fall sein sollte, zu meiner Frau zu machen, immer fester. Ich erinnere mich noch, wie ich eines Tages mit ihr und ihrem Bruder nach Leith Hill zum Besuch von Richter Vaughan Williams fuhr, dessen Frau eine elisabethanische

Halskrause trug und auch sonst recht absonderlich war. Auf der Fahrt dorthin lockten mir die beiden das Geständnis heraus, daß ich an Liebe auf den ersten Blick glaube und zogen mich wegen meiner Sentimentalität auf. Ich war tief verletzt, zumal ich ja noch nicht sagen durfte, warum ich dieses Glaubens war. Ich erkannte, daß Alys nicht das war, was meine Großmutter als »Dame« bezeichnen würde, kam jedoch zu der Ansicht, daß sie Jane Austens Elizabeth Bennett ähnele. Ich war mir damit wohl einer gewissen erfreulichen Großzügigkeit bewußt.
Im Mai 1893 wurde ich großjährig, und von da an begannen meine Beziehungen zu Alys in etwas mehr zu bestehen als nur Bewunderung aus der Ferne. Im darauffolgenden Monat bestand ich das mathematische Schlußexamen als Siebenter und wurde somit rechtlich wie wirtschaftlich unabhängig. Alys kam mit einem ihrer Vettern nach Cambridge, so daß ich mehr Gelegenheit zur Unterhaltung mit ihr hatte als je zuvor. Während der großen Ferien kam sie wieder mit jenem Vetter, aber als dieser abgereist war, konnte ich sie dazu überreden, fast noch einen ganzen Tag länger zu bleiben. Wir ruderten den Fluß entlang und sprachen über Ehescheidung, zu der sie eine positivere Einstellung hatte als ich. Theoretisch trat sie für freie Liebe ein, was ich von ihrer Seite als wunderbar empfand, obwohl meine Ansichten darüber etwas strenger waren. Es verwirrte mich jedoch etwas, daß sie sich tief deswegen schämte, weil ihre Schwester ihren Mann verlassen hatte, um mit dem Kunstkritiker Berenson zusammenzuleben. Tatsächlich verstand sie sich erst dazu, diesen kennenzulernen, als wir verheiratet waren. Durch ihren zweiten Besuch in Cambridge höchst erregt, begann ich einen regelmäßigen Briefwechsel mit Alys. Ich verbrachte die Sommermonate jetzt nicht mehr in Haslemere, weil Großmutter und Tante Agatha mit Onkel Rollos zweiter Frau nicht auskamen. Doch am 13. September fuhr ich zu einem zweitägigen Besuch nach Friday's Hill. Es war warm; golden strahlte die Sonne; kein Windhauch war zu spüren, nur früh morgens lag Bodennebel über den Tälern. Ich erinnere mich, daß Logan sich über Shelley lustig machte, weil er von »goldenen Nebeln« spricht, und daß ich ihm das heimzahlte, indem ich

ebenso spöttisch sagte, gerade in der heutigen Morgenfrühe sei der Nebel golden gewesen, freilich bevor er, Logan, wach gewesen war. Ich meinerseits war zeitig aufgestanden, weil ich mit Alys zu einem Spaziergang vor dem Frühstück verabredet war. Wir unternahmen ihn denn auch und setzten uns schließlich in einem bestimmten Buchenwäldchen auf einer Anhöhe hin, eine Stelle von ganz ungewöhnlicher Schönheit, die einer frühgotischen Kathedrale glich und von der aus man einen herrlichen Fernblick zwischen den Baumstämmen hindurch nach allen Himmelsrichtungen hatte. Frisch und taubenetzt war die Morgenfrühe; es beschlich mich der Gedanke, es könne im menschlichen Leben vielleicht doch so etwas wie Glück geben. Meine Schüchternheit verhinderte mich indes, weiterzugehen als bis zu leisen Andeutungen, während wir im Walde saßen. Erst nach dem Frühstück, und auch dann noch unendlich zaudernd und aufgeregt, ermannte ich mich zu einem regelrechten Antrag, wie er damals Brauch war. Er wurde weder angenommen noch abgelehnt. Auch nur zu versuchen, sie zu küssen oder ihre Hand zu ergreifen, das kam mir nicht in den Sinn. Wir verabredeten, uns weiterhin zu sehen und miteinander zu korrespondieren, die Entscheidung jedoch der Zeit zu überlassen.

All dies spielte sich im Freien ab, doch als wir schließlich zum Mittagessen wieder ins Haus kamen, fand Alys einen Brief von Lady Henry Somerset vor mit der Aufforderung, ihr auf der Chicagoer Weltausstellung behilflich zu sein bei der Propaganda für die Enthaltsamkeit von Alkohol, eine Tugend, an der es in Amerika damals zu mangeln schien. Da Alys von ihrer Mutter den leidenschaftlichen Glauben an die völlige Enthaltsamkeit geerbt hatte, war sie hocherfreut über diese Aufforderung. Triumphierend las sie sie vor und nahm sie mit Begeisterung an, so daß mir ziemlich jämmerlich zumute wurde, da das mehrere Monate ihrer Abwesenheit und möglicherweise den Beginn einer sie in Anspruch nehmenden Laufbahn bedeutete. Als ich heimkam und meinen Angehörigen berichtete, was vorgefallen war, nahmen sie das in ihrer starr-konventionellen Weise auf. Sie sagten, die Betreffende sei keine Dame, sie sei eine Jugendverführerin, eine unstandesgemäße Abenteurerin, eine Intrigantin, die meine Unerfahrenheit ausnutze, eine Person, der jede feinere Empfindung abgehe, kurz: ein Weib, dessen Gewöhnlichkeit mir dauernd die Schamröte ins Gesicht treiben werde. Da ich jedoch von meinem Vater ein Vermögen von zwanzigtausend Pfund geerbt hatte, kehrte ich mich nicht an das Gerede meiner Familie. Die Beziehungen zu ihr wurden sehr gespannt und blieben es bis nach meiner Heirat.

Zu jener Zeit führte ich ein Tagebuch, das ich wohlverschlossen und sorgfältig verborgen vor jedem fremden Auge hielt. Darin zeichnete ich die Gespräche mit Großmutter über Alys und meine diesbezüglichen Gefühle und Gedanken auf. Nicht lange danach fiel mir ein (offenbar ebenfalls zwecks Verheimlichung) zum Teil in Stenographie geschriebenes Tagebuch meines Vaters in die Hände. Darin fand ich, daß mein Vater meiner Mutter, im genau gleichen Alter wie ich nun Alys, seinen Antrag gemacht und daß Großmutter ihm damals fast genau das Gleiche gesagt hatte wie jetzt mir, und daß er genau die gleichen Gedanken darüber seinem Tagebuch anvertraut hatte wie ich jetzt meinem. Das flößte mir eine unheimliche Empfindung ein: daß ich nicht mein eigenes Leben lebe, sondern das meines Vaters wiederhole, eine Empfindung, die sich dazu hätte auswachsen können, bei mir eine abergläubische Vorstellung über Vererbung hervorzurufen[2].

So verliebt ich auch war, ein bewußtes Verlangen nach körperlichen Beziehungen verspürte ich nicht. Ja, als ich eines Nachts einen sexuell betonten Traum hatte, worin die Liebe eine weniger ätherische Form angenommen hatte, hielt ich sie für entweiht. Allmählich jedoch übernahm die Natur die Sorge hierfür.

Die nächste Gelegenheit von Bedeutung ergab sich am 4. Januar 1894, als ich von Richmond nach London kam, um Alys in ihrem Elternhause, Grosvenor Road 44, zu besuchen. Ein furchtbarer Schneesturm ging an diesem Tag über London hin; die ganze Stadt war alsbald unter fast zwanzig Zentimeter Schnee begraben, durch den ich von Vauxhall aus zu Fuß stapfen mußte. Indem er die Weltstadt so geräuschlos machte wie eine einsame Bergkuppe, rief der Schnee ein seltsames Gefühl der Isolierung in einem hervor. Bei dieser Gelegenheit nun geschah es, daß ich Alys zum ersten Mal küßte. Meine bisherige Erfahrung auf diesem Gebiet beschränkte sich auf das (früher erwähnte) Erlebnis mit dem Stubenmädchen, und ich war nicht darauf gefaßt gewesen, in welch gewaltige Verzückung es einen versetzt, wenn man die Frau küßt, die man liebt. Obschon sie sagte, sie habe sich noch nicht entschlossen, ob sie mich heiraten werde oder nicht, verbrachten wir den ganzen Tag – ausgenommen die Mahlzeiten – mit Küssen, wobei von morgens bis abends kein Wort gesprochen wurde, von einem Zwischenspiel abgesehen, in dem ich *Epipsychidion* vorlas. Sehr spät kam ich, übermüdet, aber in Hochstimmung, daheim an, nachdem ich vom Bahnhof drei Kilometer durch einen Schneesturm hatte marschieren müssen.

Während des ganzen nächsten Trimesters in Cambridge schwankten Alys' Gefühle. Einmal schien sie erpicht darauf, mich zu heiraten, ein andermal war sie entschlossen, ihre Freiheit zu bewahren. Da ich in einem Jahr den zweiten Teil der Prüfung in Moralphilosophie zu bestehen hatte, mußte ich in dieser Zeit angestrengt arbeiten, doch ich habe nie gefunden, daß die Liebe, ob sie nun glücklich war oder nicht, auch nur im Geringsten meine Fähigkeit zu geistiger Konzentration beeinträchtigte. In den Osterferien reiste ich zunächst mit Tante Maude nach Rom zum Besuch meines dort wohnenden Onkels Monsignore. Von da fuhr ich nach Paris, wo Logan eine Wohnung hatte und seine Mutter mit Alys in der Nähe wohnte. Es war das meine erste Erfahrung mit dem Leben der amerikanischen Kunststudenten in Paris, und alles daran erschien mir höchst freizügig und ergötzlich. Ich erinnere mich eines Balles, auf dem Alys in einem von Roger Fry entworfenen Kleid erschien. Ich entsinne mich auch einiger eher erfolglosen Bemühungen, mir Kultur beizubringen, indem man mich ins Luxembourg schleppte, um impressionistische Bilder anzusehen. Ich erinnere mich auch an eine nächtliche Bootsfahrt in der Umgebung von Fontainebleau, bei der Alys neben mir saß, während Logan die ganze Nacht hindurch seiner Gescheitheit unablässig die Zügel schießen ließ. Als ich nach Cambridge zurückkam, stellte mich James Ward ernsthaft zur Rede, weil ich meine Zeit auf dem Kontinent vergeudet hätte, statt sie zum Arbeiten zu benutzen. Ich nahm mir das jedoch nicht sehr zu Herzen und bestand das Examen mit einer Eins und Auszeichnung.

Als ich ungefähr mit den Prüfungen zu Ende gekommen war, willigte Alys ein, sich mit mir endgültig zu verloben. Daraufhin kam meine Familie, die bisher ihre Opposition niemals aufgegeben hatte, zu der Einsicht, es müsse etwas Drastisches unternommen werden. Meine Handlungen zu überwachen, dazu hatte sie nicht die Macht, und ihre Bekrittelung von Alys' Charakter war natürlich ohne Wirkung geblieben. Trotz alledem fand die Familie eine Waffe, die ihr beinahe den Sieg verschafft hätte. Der alte Hausarzt, jener stockernste Schotte mit den Bartkoteletten, fing an, mir Dinge aus meiner Familiengeschichte zu enthüllen, die ich bisher dunkel geahnt hatte: daß mein Onkel William wahnsinnig sei, daß die Verlobung meiner Tante Agatha wegen ihrer Wahnvorstellungen hatte aufgehoben werden müssen und daß mein Vater an Epilepsie gelitten habe. (Nach dem, was ich inzwischen von medizinischen Kapazitäten gehört habe, zweifle ich an der Richtigkeit dieser Diagnose.) In der damaligen Zeit hatten Leute, die sich für wissenschaftlich gebildet hielten, eine geradezu abergläubische Einstellung zur Vererbung, und es war selbstredend auch noch nicht bekannt, wieviel Geisteskrankheiten auf schlechte Umgebung und unklugen Sittenunterricht zurückgehen. Ich bildete mir nachgerade ein, ich sei zu einem düsteren Schicksal verdammt. Ich las Ibsens *Gespenster* und Björnsons *Das Haus Kurt*. Alys hatte auch einen etwas verschrobenen Onkel. All diese Momente wurden von meinen Angehörigen so hervorgehoben, daß ich selbst fast irrsinnig wurde, und sie redeten uns zu, uns die Meinung der höchsten medizinischen Autorität zu Herzen zu nehmen, die darin gipfelte, daß aus einer Ehe zwischen uns beiden wahrscheinlich irrsinnige Kinder hervorgehen würden. Die höchste medizinische Autorität, deren Meinung die des vorher ins Bild gesetzten Hausarztes war, sprach sich also gebührend dahin aus, daß wir vom Standpunkt der Vererbung aus keine Kinder in die Welt setzen dürften. Nachdem wir dieses Verdikt beim Hausarzt entgegengenommen hatten, der auch in Richmond wohnte, spazierten Alys und ich auf dem Wiesenplan von Richmond hin und her und erörterten die Lage. Ich war dafür, die Verlobung aufzuheben, da ich an das glaubte, was die Ärzte sagten, aber mir unbedingt Kinder wünschte. Alys indessen sagte, sie sei gar nicht so versessen auf Kinder und würde lieber heiraten, wenn auch unter Verzicht auf Nachkommenschaft. Nach einer Auseinandersetzung von etwa einer halben Stunde, bekehrte ich mich zu ihrem Standpunkt. Wir verkündeten daher, wir hätten die Absicht zu heiraten, jedoch keine Kinder zu bekommen. Geburtenkontrolle wurde damals als etwas so Entsetzenerregendes erachtet, wie das heute höchstens noch bei Katholiken der Fall ist. Meine Familie und der Hausarzt rauften sich die Haare. Der Hausarzt versicherte mir feierlich, er wisse aus seiner medizinischen Erfahrung, daß Verhütungsmittel so gut wie ausnahmslos schwer gesundheitsschädlich seien, und meine Angehörigen ergingen sich in Andeutungen, daß es der Gebrauch solcher Mittel gewesen sei, der meinen Vater zum Epileptiker gemacht habe. Es ergab sich eine von Seufzern, Tränen und Gestöhn erfüllte dumpfe Stimmung krankhaften Grausens, eine Luft, in der man kaum mehr atmen konnte. Die Entdeckung, daß mein Vater Epileptiker, meine Tante Wahnvorstellungen ausgesetzt und mein Onkel irrsinnig gewesen war, erschreckte mich zutiefst, denn in jenen Tagen war die abergläubische Furcht vor der Vererbung geistiger Störungen gang und gäbe. Ich hatte dergleichen auch schon verspürt, wenn ich mir dessen auch nicht bestimmt bewußt geworden war. Im Jahre 1893 nämlich, am 21. Juli (der, wie ich später erfuhr, Alys' Geburtstag war) träumte ich, ich habe herausbekommen, daß meine Mutter nicht tot sei und daß ich es deshalb für meine Pflicht halte, nicht zu heiraten. Nach alldem, was mir an Tatsachen mitgeteilt worden war, vermochte ich nur mit großer Mühe die Angst abzuschütteln, wie aus den folgenden Gedankengängen hervorgeht, Aufzeichnungen, die ich niemandem – auch Alys erst viel später – zeigte.

20.–21. Juli (1894). Mitternacht. – Heute ist es ein Jahr her, daß ich den bewußten Traum über Alys hatte, und zugleich ist heute ihr Geburtstag. Seltsames Zusammentreffen, das in Verbindung damit, daß der größte Teil meines Traums sich verwirklicht hat, meine Phantasie sehr stark beeinflußt. Ich bin immer abergläubisch gewesen; das Glück hat diesen Hang noch verstärkt. Es ist beängstigend, so restlos von einem einzigen Menschen in Anspruch genommen zu sein. Nichts ist für mich irgendwie von Wert, es sei denn in Beziehung zu ihr. Selbst meine Laufbahn, meine Bemühungen um Tugend, mein Verstand (wie er nun einmal ist), alles was ich habe oder erhoffe, ist mir wertvoll nur als Geschenk für sie, als Mittel zum Beweis, wie unsagbar wertvoll mir ihre Liebe ist. Und ich bin glücklich, himmlisch glücklich. Vor allem hatte, wie ich, Gott sei Dank, noch immer sagen kann, Sinnenlust keinerlei Teil an meiner Leidenschaft. Aber gerade wenn ich am glücklichsten bin, wenn die Freude am reinsten ist, scheint sie über sich hinauszuwachsen und plötzlich in schreckhafte Abgründe des Verlusts zu stürzen – es wäre so leicht, etwas zu verlieren, was auf so schwacher, schwankender Grundlage ruht! Mein Traum an ihrem Geburtstag; die darauffolgende Entdeckung, daß meine Familie mich, wie in jenem Traum, tatsächlich betrogen hatte; ihre wiederholten feierlichen Warnungen; die allmähliche Entdekkung der hoffnungslosen, unheilbar tragischen Schicksale, die, eines nach dem andern, das Leben der meisten meiner Familienangehörigen ausgemacht haben; vor allem aber die ewige Düsternis, die gleich einem Verhängnis über Pembroke Lodge schwebt und die, mag ich noch so sehr dagegen ankämpfen, ins Innerste meiner Seele dringt, wann immer ich dorthin gehe, und mir jede Freude raubt, selbst die an Alys' Liebe; alles dies zusammen mit der Angst vor der Vererbung, muß mich unbedingt bedrücken. Es gibt mir die Empfindung, als liege ein Fluch auf der Familie, gegen den ich vergebens ankämpfe, um in die Freiheit zu entrinnen, die doch das andern Menschen mit der Geburt verliehene Recht ist. Das Schlimmste aber ist, daß diese Angst mit Notwendigkeit auch Alys in Mitleidenschaft zieht. Mir ist, als sei die Finsternis mein angestammtes Element, und

ein grausames Geschick habe mich gezwungen, statt daß ich selbst ans Licht gelange, auch sie, die Geliebte, mit mir wieder in den Abgrund zu reißen, aus dem ich teilweise emporgetaucht bin. Ich weiß nicht, ob das Schicksal die Form eines plötzlichen Schlags oder einer lange sich hinziehenden Folterqual annehmen wird, um unsere Kräfte zu unterwühlen und unsere Liebe zugrunde zu richten; doch mich verfolgt die Angst vor dem Familiengespenst, das mit unsichtbaren, feuchtkalten Händen nach mir zu packen scheint aus Rache, weil ich die Flucht ergriffen habe vor dem überkommenen dunklen Fluch.
All diese Empfindungen sind natürlich Blödsinn und kommen von zuviel Schokoladentorte und zu langem Aufbleiben; allein sie sind deswegen nicht weniger wirklich und überfallen mich beim leisesten Anlaß mit furchtbarer Gewalt. So schmerzlich das notgedrungen für sie sein wird, ich muß eine Zeitlang möglichst wenig mit meinen Angehörigen zusammen oder nach Pembroke Lodge kommen, sonst fange ich wirklich an, für meinen Geisteszustand zu fürchten. Pembroke Lodge ist für mich etwas wie eine Familiengruft, in der die Geister von Wahnsinnigen umgehen, zumal in Ansehung dessen, was ich jüngst von Dr. Anderson erfahren habe. Hier ist, dem Himmel sei Dank, alles hell und heil, namentlich meine Alys, und solange ich Pembroke Lodge und seine gräßliche Hinterlassenschaft vergessen kann, habe ich keinerlei böse Vorahnungen, sondern nur die reine Freude an unserer gegenseitigen Liebe, eine Freude, so groß und himmlisch, daß ich noch immer nicht aufgehört habe, mich darüber zu wundern, wie dergleichen in dieser, von den Menschen so geschmähten Welt vorkommen kann. Ach, wenn ich doch wüßte, ob es ihr zuletzt Freude bringen und sie nicht weiterhin lehren wird, womit sie leider schon begonnen hat: wie entsetzlich das Leben sein und welch abgründiges Elend es enthalten kann.

Die damals entstandenen Ängste haben nie aufgehört mich im Unterbewußtsein zu behelligen. Seit damals, niemals vorher jedoch, bin ich heftigen Alpträumen ausgesetzt, in denen ich meistens von einem Wahnsinnigen ermordet werde. Dann schreie

ich laut auf, und einmal war ich, bevor ich erwachte, drauf und dran meine Frau zu erwürgen, weil ich meinte, ich müsse mich gegen den Überfall eines Mörders zur Wehr setzen.
Eine Angst dieser Art veranlaßte mich jahrelang, jeder tieferen Gefühlsregung aus dem Wege zu gehen und ein reines Verstandesleben, gemildert durch Leichtfertigkeit, zu führen. Die glückliche Ehe verschaffte mir nach und nach geistige Standfestigkeit, und als ich dann zu einem späteren Zeitpunkt neue Stürme des Gefühls erlebte, merkte ich, daß ich bei gesundem Verstand zu bleiben vermochte. Dies vertrieb die bewußte Angst vor Geistesgestörtheit, aber die unbewußte Furcht blieb bestehen.
Jedwede Unschlüssigkeit darüber, was wir nun anfangen sollten, war behoben, als wir einen andern Arzt auftrieben, der mir frischfröhlich versicherte, er gebrauche selbst seit Jahren Verhütungsmittel, daß von schlimmen Folgen keine Rede sein könne und daß wir blöd wären, wenn wir deshalb nicht heirateten. Wir setzten uns also über die schreckhaften Anschauungen zweier Generationen hinweg und kamen tatsächlich, nachdem wir zwei Jahre verheiratet waren, zu dem Schluß, daß die medizinischen Kapazitäten, die wir damals konsultierten, baren Unsinn geredet hatten, so daß wir auch beschlossen, wenn die Möglichkeit dazu bestand, Kinder in die Welt zu setzen. Alys erwies sich jedoch als unfruchtbar, und so war alles viel Lärm um nichts gewesen.
Nach Beendigung dieses *fracas* zog ich zur Familie von Alys nach Friday's Hill hinaus und machte mich dort an die Arbeit einer Dissertation für die Fellowship, als deren Thema ich die nicht-euklidische Geometrie wählte. Meine Familie schrieb mir fast jeden Tag einen Brief über »das Leben, das Du führst«, und würde mich damit wohl zum Wahnsinn gebracht haben, wenn meine geistige Gesundheit nicht durch den Umgang mit Alys gestärkt worden wäre. Allmählich wurden wir immer vertrauter miteinander.
Meine Angehörigen stellten jedoch ihre Bemühungen keineswegs ein. Im August überredeten sie Lord Dufferin, der damals britischer Botschafter in Paris war, mir einen Posten als Attaché

ehrenhalber anzubieten. Ich war nicht gesonnen, ihn anzunehmen, doch meine Großmutter machte geltend, sie werde nicht mehr lange hienieden weilen und ich sei es ihr schuldig zu erproben, ob eine Trennung nicht meine Verblendung vermindern würde. Da ich keine Lust hatte, mir nach ihrem Tode – wann immer er eintreten mochte – Vorwürfe zu machen, verstand ich mich dazu, nach Paris zu gehen, aber höchstens für ein Vierteljahr und unter der Bedingung, daß, wenn meine Gefühle dort keine Änderung erführen, die Familie sich weder durch Wort noch durch Tat meiner Heirat widersetzen werde.
Meine diplomatische Karriere verlief indes kurz und ruhmlos. Es war mir alles zuwider: die Arbeit, das Personal, die Atmosphäre von Zynismus, die dort herrschte und selbstverständlich die Trennung von Alys. Einmal kam mein Bruder auf Besuch herüber, und zwar – was ich damals nicht wußte – auf Veranlassung meiner Familie, um sich ein Urteil über die Sachlage zu bilden. Er ergriff jedoch eifrig für mich Partei, und als am 17. November das Vierteljahr um war, schüttelte ich den Pariser Staub von den Schuhen und kehrte zu Alys zurück. Vorerst mußte ich mich mit ihr aussöhnen, da sie eifersüchtig geworden war auf ihre Schwester, mit der ich in der letzten Zeit meines Pariser Aufenthalts öfter zusammengewesen war. Ich darf jedoch sagen, daß die Aussöhnung nur zehn Minuten in Anspruch nahm.
Die einzige Errungenschaft von bleibendem Wert aus dieser Pariser Zeit war meine Freundschaft mit Jonathan Sturges, einem Mann, dem ich sehr zugetan war. Viele Jahre nach seinem Tode besuchte ich einmal das Haus von Henry James in Rye, das damals eine Art Museum war. Dort sah ich plötzlich ein Porträt von Sturges an der Wand hängen. Das versetzte mir einen solchen Schock, daß ich mich an nichts sonst mehr erinnere, was ich in dem Hause gesehen habe. Er war ein Krüppel, ein außerordentlich feinfühliger, hochgebildeter Literaturkenner und entstammte einem Milieu, das man als die amerikanische Aristokratie bezeichnen darf (er war ein Neffe von J. P. Morgan). Außerdem war er äußerst witzig. Ich nahm ihn einmal in den Dozentengarten von Trinity mit; da sagte er: »Aha! Hier

hat George Eliot zu F. W. H. Myers gesagt, es gebe keinen Gott, und doch müßten wir gut sein; worauf Myers meinte, es gebe einen Gott, aber trotzdem brauchten wir nicht gut zu sein.« Während meines Aufenthaltes in Paris verkehrte ich viel mit ihm, womit der Grundstein zu einer Freundschaft gelegt wurde, die erst mit seinem Tode endete.

Briefe

15 Rue du Sommerard
Paris
25. Okt. 9?

Mein lieber Bertie

Ich hatte Dir schon früher schreiben wollen, um Dir zu sagen, wie sehr ich meinen Besuch in Cambridge genossen habe, aber ich habe mit meiner Niederlassung hier eine solche Leidenszeit durchgemacht! Das kommt alles von der ärgerlichen neuen Vorschrift, denn es ist sehr schwer, innerhalb der vorgeschriebenen Grenzen Zimmer zu bekommen, und ich bin viel zu stolz, um so rasch eine Überschreitung zu bekennen. So habe ich mich also im Quartier Latin niedergelassen, sieben Stock hoch, und ich finde, daß der Geistesstolz, der meine Brust schwellt, all den Ärger reichlich wettmacht. Es ist wahrlich schön, sich über seine Nächsten erhaben zu fühlen! Gestern traf ich einen Freund, der in wohlgepolsterter Behaglichkeit auf dem andern Ufer wohnt, und ich kam mir so sehr überlegen vor, daß ich fürchten muß, wenn ich meinem Berater schreibe, postwendend ein härenes Hemd zu bekommen. Hast Du versucht, die Disziplinarvorschriften einzuhalten? Ich spreche über niemand schlecht, weil ich überhaupt niemand zum Sprechen habe; immerhin denke ich schlecht von meiner Zimmerwirtin. Letzthin war ich so bedrückt über den Zustand meiner Sachen, als ich hier einzog, daß ich zu nichts Lust hatte, als eine Brioche zu essen und Tid-bits zu lesen.

Ich habe angefangen, einen Roman zu schreiben, aber Du kannst versichert sein, religiös ist er nicht, und er dürfte erst in ein bis zwei Jahren von den Verlegern abgelehnt werden.
Meine Reise hierher, nachdem ich Dich verlassen hatte, war höchst amüsant. Auf dem Dampfer saßen wir reihenweise da und glotzten einander an, wie das so die liebenswürdige englische Manier ist. Aus der Masse stach ein jungverheiratetes Pärchen hervor als Warnung und Lehre für die Jugend. Er war ein verlegen dreinblickender, bartloser Jüngling, sie ein schlaffes, müdes Frauenfigürchen; ein kleines Kind war auch dabei. Mit diesem spazierte der Ehemann auf und ab, nachdem er seine Frau in einem Deckstuhl untergebracht hatte. Schließlich blieb er längere Zeit stehen und blickte auf den wässerigen Horizont hinaus, als wolle er ihm eine Frage stellen. Aber das betrübliche Unwohlsein von Weib und Kind machte seinem Sinnieren bald ein Ende. Welch eine Warnung für die Jugend! Und ich hätte mich vielleicht an seiner Stelle befinden können!
Ich hoffe, Du bist zu der Debatte gegangen, um zu beweisen, daß die oberen Klassen ungebildet sind – solch umfassende Verallgemeinerungen sind ja so anspornend –, man kann viel darüber sagen.
Ich hoffe, Du hast wirklich vor, in unsern Orden einzutreten, und falls Du das tust, mich zu Deinem Berater zu machen. Ich werde Dir anständige Bußen auferlegen, dann bin ich sicher, von Dir zu hören – denn es wird schon Vorschriften geben, gegen die Du verstößt – irgendeinen Riß in Deiner Tugendhaftigkeit.
Grüße Sheldon Amos von mir, wenn Du ihn siehst.

Stets der Deine
Logan Pearsall Smith

15 Rue du Sommerard
Paris
Nov. 1891

Lieber Bertie

Ich lege Dir die Ordensregeln bei – die allgemeinen Hauptlinien –, wir müssen in nächster Zeit eine Ordensversammlung einberufen, um sie endgültig ins Reine zu bringen. Was Regel eins betrifft, so solltest Du einen bestimmten Betrag festsetzen und den beibehalten. Nach der Abrechnung, die Du mir beigelegt hast, scheinst Du nur von Eiern und Kolonialwaren zu leben. Ich möchte Dir raten, gelegentlich richtig zu Abend zu essen. Im College dann muß man mehr oder weniger Einladungen geben – das darf aber nicht zu Wohnung und Verpflegung gerechnet werden. Was Regel 4 angeht, so ist es wohl gescheiter, auf dem College nicht zuviel Fürsorgearbeit zu übernehmen.
Was Du über die Veränderung der Selbstverleugnung sagst, ist nur zu richtig und schrecklich – es griff mir ans Herz –, es wird einem zur Gewohnheit und dann ist es nicht mehr lästig. Ich werde dem Erztugendbold darüber schreiben.
Natürlich mußt Du Dich als Mitglied betrachten und mußt mir beichten, und dann gebe ich Dir wiederum einen ausgezeichneten »geistlichen« Rat. Du mußt auch weitere Mitglieder keilen. Wir geben uns der Erwartung hin, halb Trinity aufzunehmen. Ich lebe so friedlich wie eine Auster, und ich finde es ersprießlich, wenn man sich eine Zeitlang von allen gesellschaftlichen Bindungen löst und sich ein bißchen umschaut. Und hier gibt es ja so viel zu sehen!

Stets der Deine
Logan Pearsall Smith

Nachstehend die Regeln des Tugendbold-Ordens, wie sie Logan Pearsall Smith entworfen hatte:

Grundregeln: Laß niemand wissen, daß Du ein Tugendbold bist.

1. Verleugne Dich auf unmerkliche Art und sprich nie von Deinen Sparmaßnahmen.
2. Vermeide alle eitle und unfreundliche Bekrittelung anderer[3].
3. Behalte stets Deine Gesellschaftsmanieren bei. Zeig dich nur in wohlgebürstetem Anzug und mit gebundenen Schnürsenkeln.
4. Vermeide die Gesellschaft der Reichen und die Tische der Protzen – alle die, die ihr Vermögen nicht als ihnen nur anvertrautes Gut betrachten.
5. Sei kein Philister! Laß Dir keine Gelegenheit entgehen, gute Musik zu hören oder gute Bilder und gutes Theater zu sehen.
6. Laß andere stets von Deinen Kenntnissen auf diesen Gebieten den größtmöglichen Nutzen ziehen.
7. Trage soviel du kannst zur Verbreitung des Ordens bei.

Besondere Regeln:

1. Gib für Wohnung und Verpflegung nicht mehr als zwei Pfund wöchentlich aus.
2. Führe genau Buch über Ausgaben für Kleidung und Vergnügungen.
3. Wenn Dein Einkommen die notwendigsten Lebenskosten übersteigt, so gib wenigstens ein Zehntel davon für wohltätige Zwecke aus.
4. Widme jede Woche einen Abend oder gleichwertige Zeit der Sozialfürsorge unter den werktätigen Klassen oder dem Besuch von Kranken.
5. Zweige jeden Tag eine bestimmte Zeit für Erforschung Deines Gewissens ab.
6. Enthalte Dich aller berauschenden Getränke, es sei denn zu gesundheitlichen Zwecken.
7. Übe jeden Tag eine leichte Selbstverleugnung, zum Beispiel: Aufstehen, sobald geweckt. Keinen Kuchen zum Tee. Keine Butter zum Frühstück. Keinen Kaffee nach dem Abendessen.
8. Befolge genau alle vom Arzt verordneten oder vom eige-

nen Verstand gutgeheißenen Diät- und Körperübungsvorschriften.

9. Lies jeden Tag, mindestens eine halbe Stunde lang, eine klassische Dichtung oder ein religiöses Buch.
10. Widme jeden zweiten Tag eine halbe Stunde oder wöchentlich anderthalb Stunden der Frischerhaltung der bereits erworbenen Kenntnisse, indem Du die eigene wissenschaftliche oder humanistische Arbeit wieder durchgehst.
11. Halte all Deine Verpflichtungen pünktlich ein und verpflichte Dich zu nichts oder versprich nichts, was Du möglicherweise nicht auszuführen vermagst.

Der Erztugendbold[4] oder der stellvertretende Ordensbruder ist befugt, eine zeitweilige oder dauernde Befreiung von jeder dieser Regeln zu gewähren, falls er es für angebracht hält.
Jeder Verstoß gegen die Grundsätze und Regeln muß dem Erztugendbold oder seinem Stellvertreter eingestanden werden, die, wenn es ihnen angemessen dünkt, eine Buße verhängen.
Vorschläge für Bußen:

Einen Pflichtbesuch machen.
Einen Pflichtbrief schreiben.
Eine Vers- oder Prosadichtigung auswendig lernen.
Einen englischen Text in eine Fremdsprache übersetzen.
Sein Zimmer selbst aufräumen.
Einem langweiligen Kerl Gastfreundschaft bieten.
(Härene Hemden können auf Verlangen vom Erztugendbold geliefert werden.)

15 Rue du Sommerard
Paris
3. Dez. 1891

Mein lieber Bertie

Meines Erachtens gibst Du einen vortrefflichen Tugendbold ab und hast auch genügend Fehler, um die Sache interessant zu gestalten. Ich war jedoch entsetzt über den Preis von zwölfeinhalb Shilling, den Du für einen Stock bezahlt hast. Das scheint mir etwas nach Sünde zu riechen. Zweieinhalb Shilling sollten meiner Ansicht nach die Höchstgrenze sein, und wenn die Ethik Cambridges nicht viel über der von Oxford liegt, so dünkt mir, daß Du nicht sehr lange im Besitz Deines Zwölf-Shilling-Stocks bleiben wirst.

Über Tabak und Meerschaumpfeifen weiß ich nicht Bescheid, so daß ich Dir in diese Regionen des Luxus nicht folgen kann. Ich muß mich darüber erst bei einem Pfeifenraucher erkundigen. Nun, mir scheint, es ist am besten, Du erlegst Dir selbst eine der auf der Liste genannten Bußen auf, und wenn Du dann noch weiter sündigst, werde ich strengere Saiten aufziehen.

Ich finde die Tugenboldigkeit, wie alle Formen von Auserlesenheit, sehr viel schwieriger, als ich mir vorgestellt hatte – nebenbei – laß Dir von mir sagen, daß, wenn man so einfach *meint*, man habe eine gute halbe Stunde lang gelesen, es dann wahrscheinlich erst eine Viertelstunde war. Die menschliche Natur, zumindest die meine, ist in Hinsicht auf sich selber unwandelbar optimistisch.

Nein, die Regel bezüglich der anderthalb Stunden braucht für Dich nicht zu gelten –, doch zu Konzerten mußt Du unbedingt gehen, außer wenn Du zuviel zu tun hast. Was wohltätige Stiftungen angeht, so gibts deren eine Unmenge guter – aber warum willst Du das Geld, das Dir für solche Zwecke zur Verfügung steht, nicht für den Fonds des Ordens benutzen? Bei der nächsten Versammlung können wir dann entscheiden, was damit angefangen werden soll. Es wird hochinteressant werden, wenn wir alle zusammenkommen und unsere Erfahrungen vergleichen. Leider könnte das aber zu Reflexionen unter einem pessimistischen Gesichtswinkel führen.

Mein Berater, der Erztugendbold, hat mich im Stich gelassen – wenn das keine üble Nachrede wäre, würde ich andeuten, er sei selbst mit den Regeln in Schwierigkeiten geraten, was ja ganz entsetzlich wäre.

Zu meiner größten Zufriedenheit lebe ich hier mutterseelenallein. Wenn man hierherkommt, erbt man ja einen solchen Reichtum an Tradition und Kultur! Die Errungenschaften von drei oder vier Jahrhunderten des Verstandes und Geschmacks – das hat man in Paris vor sich. Zuerst war ich verwirrt, stand

zitternd am Rand und hatte Heimweh nach England, aber nun habe ich Paris in jeder Hinsicht lieben gelernt.
Schreib mir doch, wenn Du mehr Sünden zusammengehäuft hast, ob die Angst vor Bestrafung auf Dich im Sinne der Tugend wirkt. Bei einer feigen Natur wie der meinen ist das der Fall.

Stets der Deine
Logan Pearsall Smith

15 Rue du Sommerard
Paris
11. Jan. 1892

Mein lieber Bertie

Ich habe jetzt gerade Deinen Brief noch einmal durchgelesen, um zu sehen, ob ich keinen Grund fände, Dir eine Buße aufzuerlegen, denn ich habe mir am Nachmittag heute den Fuß verstaucht und bin daher sehr böser Laune. Aber ich gehöre nicht zu denen, die Sünde in einem Gehrock erblicken – wenn er gut sitzt. Doch halt mal! ... bist Du sicher, daß Du mir mitteiltest, was Du gelesen hast, um, wie Du sagst, meinen Skeptizismus kleinzukriegen – lauerte da nicht ein kleiner Verstoß gegen Grundsatz 1 in Deinem Kopf? Falls Du das nach strenger Selbstprüfung bejahen mußt, so scheint mir, tätest Du gut daran, die *Ode an den Westwind,* die Du vorigen Sommer schon zum Teil konntest, fertigzulernen.
So weit in meiner offiziellen Eigenschaft als Dein Berater. Doch als Dein Freund war ich entsetzt und bestürzt über Deine seelenruhige Feststellung, Du schwelgtest in »allen Lastern, die von den Ordensregeln nicht verboten sind«. Diese sind, worauf ich nicht hinzuweisen brauche, zahlreich und erstrecken sich von Baccaratspielen bis zu Fingernägelbeißen ... Ich kann nicht glauben, daß Du Dich zu alldem hast hinreißen lassen. Ich nehme an, Du hast sagen wollen, daß Du viel Browning liest.
Ich lebe sehr ruhig und zufrieden. Einen Teil des Tages widme ich der Bereicherung der englischen Sprache durch Lebensregeln und Sittenvorschriften, die übrigen Stunden der Betrach-

tung des Menschengeistes, wie er sich in Kunst und Literatur offenbart. Ich dürste natürlich nach dem Augenblick – der zweifellos einmal kommen wird –, da ich meinen Namen von allen Zungen und Posaunen erschallen höre und ihn falsch geschrieben in allen Zeitungen lese. Doch inzwischen begnüge ich mich damit, in den Salons leichtgläubiger amerikanischer Damen als Dichter aufzutreten.
Als Romancier oder, um den Ausdruck des *Star* zu gebrauchen, als »Fiktionist«, ziele ich darauf ab, in meinen Erzählungen, worin Wahrheit sich künstlerisch mit Moral mischt, »Cupido mit all seinen lüsternen Schlingen« darzustellen. Außerdem möchte ich einige der Begebenheiten des ewigen Kampfes zwischen den Geschlechtern veranschaulichen. Was werden die »übertünchten Gräber« Amerikas sagen? Je m'en fiche.
Nun, es ist angenehm, sich über die eigene kostbare Persönlichkeit zu verbreiten.
Ich nehme an, Du bist »auf der Schwelle« – um mich in hohem Stil auszudrücken –, also, auf der Schwelle eines neuen Trimesters, und, indem ich somit wieder dazu übergehe, meines Amtes als sittlicher Berater zu walten, will ich diesen Brief noch mit einem sentenziösen Satz würzen, falls ich einen solchen finde, der sowohl wahr wie neu ist – aber es fällt mir keiner ein – die Wahrheit ist ja immer so banal –, weshalb eben das Paradoxon einen solchen Vorzug vor ihr hat.

Stets der Deine
Logan Pearsall Smith

14 Rue de la Grande Chaumière
Paris
19. März 92

Lieber Bertie

Meines Erachtens sollten Mitglieder in den Orden aufgenommen werden, die mäßige Trinker, aber sonst zufriedenstellend sind. In Betracht kommende Leute sind ja so selten. Aber all dies müssen wir besprechen, sobald wir uns treffen. In der

Osterwoche gehen wir nach Haslemere, denke ich, und ich hoffe, Du kannst Dich ein paar Tage freimachen zu einem Besuch bei uns. Aber ich schreibe Dir noch, wenn ich in England bin. Wie Du an meiner Adresse siehst, bin ich wieder umgezogen und habe mich schließlich in einer kleinen, selbst möblierten Wohnung niedergelassen. Ich bin hier im Lande Bohemia, einer ganz bezaubernden Gegend, ausschließlich bewohnt von französischen Nachtwächtern sowie amerikanischen und englischen Kunststudenten, jungen Männern und Frauen, die teils in schlichter Eleganz und teils im Déshabillé dahinleben. Meine zwei Pfund wöchentlich wirken hier geradezu als gewaltiger Überfluß, und der Anblick von sauberer Wäsche und neuen Anzügen verletzt hier kein Auge. Du kannst Dir wirklich nicht vorstellen, wie reizend es hier ist – jedermann jung, arm, gescheit und fleißig bei der Arbeit.
In der ersten Zeit meines Aufenthaltes hier kannte ich noch einige Leute aus der »Gesellschaft« auf dem andern Ufer; ich ging auch hin, trank bei ihnen Tee und redete Plattheiten, aber jetzt erscheint mir ihr Leben so leer, ihr Geist so brach und sinnlos, daß ich nicht in ihre Nähe kommen kann, ohne Kopfweh zu kriegen vor Langeweile. Wie stumpfsinnig und beschränkt die Menschen werden können, wenn sie sich nur ein bißchen Mühe geben.

Stets der Deine
L. P. Smith

Friday's Hill
Haslemere
24. Nov. 92

Ça va bien à Cambridge, Bertie? Ich wollte, ich könnte mal bei Dir hineinschauen – nur würdest Du bei meinem Anblick erschrecken, denn ich habe mir den Kopf so kahl scheren lassen wie ein Ei, gehe in Lumpen gekleidet und habe mich in die Einsamkeit von Fernhurst zurückgezogen, wo ich mutterseelenallein im Costelloe Cottage hause[5]. Stevens hat mir geschrieben und mich gebeten, ihm etwas für den *Cambridge Observer*[6] zu

schicken, und, auf die Einflüsterungen Satans hin (wie ich annehme), habe ich zugesagt. In aller Eile machte ich mich dran und schrieb einen Artikel über Henry James; aber als ich ihn dann gestern zur Post gegeben hatte, kam es plötzlich über mich, wie dumm und schlecht er sei. Nun, ich hoffe, der Brave druckt ihn nicht ab.
In dem *Observer,* den er mir übersandte, stehen gute Sachen. Ich war ganz überrascht – das Blatt sollte bestimmt gefördert werden. Nur gehe ich nicht einig mit seinem begeisterten Eintreten für Unkeuschheit, seinen höhnischen Ausfällen gegen das, was Milton »Die weise, ernste Lehre der Jungfräulichkeit« nennt. Für Engländer ist es gefährlich, sich französisch gebärden zu wollen, sie treffen niemals den Ton – den Akzent. Wenn ein Franzose auf Abwege gerät, so tut er das, wie man es dort nennt, »dans un moment d'oubli« – aus Zerstreutheit sozusagen –, während der Engländer viel zu ernsthaft und zu bewußt ist. Nein, eine Kultur muß zur Hauptsache innerhalb der Konturen und in den Formen des Fühlens entwickelt werden, die bereits von denen umrissen sind, die sie begründet und genährt haben. Das ging mir im »New English Art Club« auf, den ich einmal besucht habe. Es sind nette Sachen dort, aber in ihrer Überzahl hatten sie eine Beziehung zu wirklicher Kunst – zur französischen Kunst – wie ein Kirchenkongreß zu wirklichen Sozialbewegungen.
Sickert und seine Freunde stellen also ein Evangelium der Unkeuschheit zur Schau und predigen es mit einem Eifer und in einem Anklageton à la Exeter Hall, das viel zur Verdichtung der düsteren Nebelschwaden beitragen wird, in denen wir bereits leben.
Ich werde noch eine Weile in England bleiben – wann beginnen Deine Ferien und wo gehst Du dann hin?

Der Deine
Lo. L. P. Smith

14 Rue de la Grande Chaumière
Paris
14. Febr. 93

Mein lieber Bertie

Ich bedauerte, daß Musgrave und ich nicht nach Richmond kommen konnten, aber ich war nur kurz in London. Ich hoffe, an Ostern zu kommen, wenn ich zurück bin. Paris empfing mich wie sein eigenes Kind, als ich herkam, und ich habe im Zauber dieser ebenso entzückenden wie schrecklichen Stadt gelebt. Denn sie ist wirklich in mancher Hinsicht recht schrecklich, zumindest der Stadtteil, in dem ich wohne. Vielleicht ist es die Verruchtheit von Paris an sich, vielleicht auch, daß die Menschen in diesem Viertel ohne Konventionen oder Masken leben, oder vielleicht – was ich zu glauben geneigt bin –, daß das Künstlerleben fast durchwegs tragisch ist – oder doch der Elemente des Tragischen nicht entbehrt –, was mir die Empfindung von Verruchtheit und Schönheit zugleich des hiesigen Lebens gibt. Denk dir nur, just heute früh entdeckte ich, daß ein junges Mädchen von hier, das ich kannte, irrsinnig geworden ist. Sie kam zu mir, bettelte um meine Mithilfe bei Abfassung eines Buches, worin die französische Sittenlosigkeit gegeißelt werden sollte, und nun warte ich auf den Arzt, den ich habe holen lassen, um zu sehen, ob sie eingesperrt werden muß.
Was die »Moral« betrifft, nun, man stellt vielfach das Gegenteil fest, sowohl bei Frauen wie bei Männern. Kürzlich traf ich in Studd's Studio einen der jungen Davies', und mein Herz sank mir ein wenig beim Anblick eines andern netten jungen Engländers, der sich in Paris niederlassen will. Aber er wird wohl für sich selber sorgen können.
Allein ich darf nicht allzusehr auf Paris schimpfen, denn bei alledem und vielleicht gerade deswegen ist Paris über alle Maßen anziehend. Es geht um große Einsätze, die zu gewinnen oder zu verlieren sind, und jedermann ist beteiligt an dem Spiel um sie.

Der Deine
L. Pearsall Smith

44 Grosvenor Road
Westminster
Mein lieber Bertie 29. Okt. 93

Du beobachtest wohl in Cambridge das Gilben des Jahres und schwelgst in den der Jahreszeit angemessenen Gefühlen. Ich bin gegen meinen Willen immer noch in London festgehalten und habe zur Zeit keine Aussicht loszukommen. Ich habe mich bemüht, London lieb zu gewinnen, denn sein rußiger Zauber – und Zauber hat es bestimmt – ist niemals gebührend gepriesen worden; aber ich bin doch zu der Ansicht gekommen, mich, wenn ich jemals London »machen« sollte, vom Haß und nicht von der Liebe leiten zu lassen; für literarische Zwecke ist ja Haß ein ausgezeichnetes Thema. Der ganze französische Realismus wurzelt im Haß auf das Leben, wie es ist, und nach Harold Joachims ungezogener, aber richtiger Bemerkung, muß solcher Pessimismus irgendwie auf Optimismus gegründet sein. »Kein Schatten ohne Licht«, und der hellstrahlende Traum davon, was London einmal sein könnte und Paris in kleinem Ausmaß bereits ist, macht das derzeitige London gemein und dunkel. Schließlich habe ich mich auch ein wenig in der Literaturgesellschaft umgetan – nicht gerade in der besten, sondern in der Londoner Boheme der kleinen Romanciers, Lyriker und Journalisten –, die einem nicht gerade Begeisterung abnötigt. Nein, dieser Londoner Boheme von minderen Romanciers, Lyrikern und Journalisten mangelt es gerade an jener Eigenschaft, die mit dem Bohemeleben auszusöhnen vermöchte – Uneigennützigkeit –; es ist eine schmierige, geldgierige Boheme, die sich ihrer eigenen Gemeinheit bewußt und entschlossen ist, in der Welt draußen nur Gemeinheit zu sehen. Diese bleichgesichtigen Jüngelchen sitzen an Wirthaustischen herum und bemühen sich zu beweisen, daß die ganze Welt so gemein und schmierig ist wie sie selber – und es gelingt ihnen tatsächlich für den Augenblick, das ganze Weltall als niederträchtig hinzustellen. Wie gefällt dir Deine philosophische Arbeit? Werde nicht zum Hegelianer und verliere Dich nicht in wohlduftende Träume – die Welt wird niemals weiterkommen, wenn nicht ein paar

Menschen wenigstens sich darauf beschränken, das zu glauben, was bewiesen ist, und die klare Unterscheidung zwischen dem, was wir wirklich wissen, und dem, was wir nicht wissen, beibehalten.

Stets der Deine
Logan Pearsall Smith

Queen's Hotel
Barnsley
16. Nov. 1893

Lieber Bertie

Vielen Dank für Deinen freigebigen Check[7]. Die Not ist hier sehr groß, doch dank dem eingehenden Geld sind genügend Mittel vorhanden, um die Menschen irgendwie am Leben zu erhalten. Es sind wahrhaft herrliche Menschen; schwer zu glauben, daß sie jemals nachgeben werden. Es scheint ziemlich sicher, daß die Arbeitgeber den Streik hauptsächlich hervorgerufen haben, um den Verband zu zerschlagen. Natürlich ist der Verband oft lästig, und ich muß sagen, die Eigentümer haben Grund zu beachtenswerten Beschwerden, aber ihre Profite sind enorm, und niemand scheint zu meinen, sie könnten nicht das »Existenzminimum« aufbringen. Im letzten Jahr ist hier viel Geld in Kohlengruben angelegt und sind mehrere Zechen erschlossen worden; das beweist, daß das Geschäft etwas einbringt. Nun, es tut einem gut, die Leute hier zu sehen, wie sie alle, Männer wie Frauen, ihren wirklich schrecklichen Entbehrungen zum Trotz, zusammenhalten.

D.
Logan Pearsall Smith

44 Grosvenor Road
Westminster Embankment S. W.
Nov. 1893

Lieber Bertie

Du hast vergessen, das hier zu girieren – schreib Deinen Namen auf die Rückseite und schicke es an J. T. Drake, 41 Sheffield

Road. Es wird noch Wochen dauern, bis viele Leute in Barnsley die Arbeit wiederaufnehmen können, und so wird dieses Geld sehr gelegen kommen. Jeder Zehnschillingschein bedeutet eine Mahlzeit für 240 Kinder! Ich bin sehr froh, in Barnsley gewesen zu sein, obschon ich mit Stöhnen hingegangen bin, aber es tut gut, schöne demokratische Gesinnung zu sehen. Ich wollte, du hättest mit mir zu einer Versammlung von Bergleuten gehen können. Ein eleganter junger Tory-Abgeordneter kam, mit viel Mut, aber sehr wenig Verstand ausgestattet, daher, um den Bergleuten zu beweisen, daß sie im Unrecht seien. Sie brachten ihm gutmütige Verachtung entgegen, und als er ihnen zurief, ihre Löhne seien durchaus genügend, riefen sie dagegen: »Probier's doch mal selbst, Bürschchen ... es würd' nicht ausreichen für deine besch ... Stärkhemden« oder »Bürschchen, du hast den Bauch voll!« und ähnliche spöttische Zwischenrufe. »Keene Redukschon«, schrie eine Frau, und alle spendeten ihr Beifall. Dann sprach ein Bergmann sehr verständig und witzig, und so befand sich der Tory-Jüngling in der blamabelsten Situation, die sich denken läßt: wohlgenährt, gutgekleidet und rosigen Gesichts, wie er war. Der Kampf zwischen ihm und dem Mann, dem er Selbstbescheidung predigte, war, wie man so sagt, erschlagend. Aber er mußte lächeln und ein liebenswürdiges Gesicht machen, wie das nur die Tories können, und tun, als ob ihm das Ganze unendliches Vergnügen bereite.

D.
L. Pearsall Smith

44 Grosvenor Road
Westminster Embankment
S. W.
2. Dez. (1893)

Mein lieber Bertie

Ich weiß natürlich, wie die Dinge stehen, und da ich nun einmal meiner Schwester herzlich zugetan bin, so erachte ich Dein Gefühl nicht als Torheit. Ich kann Dir versichern, daß ich, wenn

Du nach mehreren Jahren noch desselben Sinnes bist, niemanden lieber zum Schwager haben würde als Dich, und ich glaube auch nicht, daß es einen Menschen gäbe, der sich besser zum Ehemann für Alys eignete als Du. Doch aufrichtig gesprochen, würdest Du meines Erachtens einen Fehler machen, wenn Du Dich zu schnell verlobtest – was Du ja, wie mir scheint, auch nicht vorhast. Man weiß ja nie, wozu man sich entwickelt, doch jedenfalls sollten die ersten paar Jahre nach dem einundzwanzigsten der Selbsterziehung und dem Streben nach dem eigenen Werk gewidmet sein, und die Ehe oder auch nur eine feste Verlobung kommen einem da unerfreulich in die Quere.
Jawohl, ich glaube unbedingt an Dich, Bertie, obschon Glaubensfähigkeit keine meiner starken Seiten ist – doch ich werde mehr Glauben an Deinen Entschluß übrig haben, wenn ich sehe, daß Du nach mehrjähriger tüchtiger Arbeit und Welterfahrung derselbe geblieben bist. Verdiene Deine Sporen, *mon cher,* laß uns erkennen, daß Du tüchtig und vernünftig bist – wie wir es tatsächlich glauben –, alle Deine Freunde haben die höchste Meinung über Deine Begabung und das, was Du für die Zukunft versprichsr, nur bleibe unabhängig und hingegeben an Deine Arbeit. Liebe soll die Dienerin, nicht die Meisterin des Lebens sein.

Dein Dir zuget.
L. P. S.

Die folgenden Briefe an Alys wurden während unserer ein Vierteljahr dauernden Trennung geschrieben.

Pembroke Lodge
Richmond, Surrey
31. Juli 1894

Alys, meine Liebste

Wie zu erwarten, ist nichts Besonderes mitzuteilen, weil sich eben nichts ereignet hat. Bis jetzt ist es immerhin auch nicht besonders abscheulich gewesen. Als ich ankam, fand ich Groß-

mutter mit sehr blassem und kummervollem Gesicht auf dem Sofa in ihrem Wohnzimmer; ich war immerhin etwas beruhigt, daß ich sie außer Bett fand. Unser Zusammensein verlief sehr innig, aber schweigsam. Wir sprachen nur über gleichgültige Dinge; sie hat offenbar eingesehen, daß es für ihre Gesundheit schädlich ist, über aufregende Dinge zu sprechen. Der Arzt hat auch verboten, ihr Briefe auszuhändigen, außer denen, die meine Tante für unschädlich hält (sie weiß davon natürlich nichts); mein Brief wurde ihr jedenfalls heute früh übergeben und scheint ihr Freude gemacht zu haben. Mein schlechtes Gewissen war durch Dich und die Atmosphäre von Friday's Hill ziemlich ausgeschaltet, so daß ich es hier weit erträglicher finde als das letzte Mal, trotz Großmutters Krankheit; vielleicht auch gerade deswegen, weil dadurch alles auf einen freundlicheren und natürlicheren Ton abgestimmt ist.
Meine Tante hat mich über alle meine Pläne in ein Kreuzverhör genommen; ihr Kommentar war stumm, aber *höchst* beredt. Ich berichtete ihr über Amerika; sie schien es abwegig zu finden, daß wir unverheiratet hinübergehen wollten. »Nun, wir hielten es für richtiger, als zu heiraten, bevor wir hinüberfahren«, doch darauf gab sie keine Antwort. Sie äußerte nur: »Gerade jetzt werde ich das Großmama nicht sagen.« Sie will wohl im September aus Gesundheitsgründen verreisen; sie wollte mich ködern, daß ich mich erbiete, hier bei Großmutter zu bleiben; ich sagte jedoch, ich müsse in Friday's Hill sein; ich würde in den nächsten Monaten vielleicht ab und zu hierherkommen, aber ständig in Friday's Hill wohnen. Ihre Augen schossen Blitze, aber von ihren Lippen kam kein Wort. Sie hat die Nutzlosigkeit ihrer Ratgeberei oder Krittelei eingesehen. Sie sprach auch von Deinem Besuch bei Großmutter, ich sagte jedoch, es wäre besser, wenn der nicht ohne mich erfolge.
Heute abend ist Großmutter leider gar nicht wohl; sie muß dauernd Schlaftropfen und Verdauungsmittel zu sich nehmen; man hat einesteils Angst, damit aufzuhören, andererseits fürchtet man, sie allzu abhängig von den Arzneien zu machen. In ihrer Krankheit ist sie wirklich ergreifend, aber da ich mein Gewissen gestählt habe, geht es mir nicht so nahe. Sie hat ein Gedicht über

Arthur geschrieben, um ihren Geist von diesem einzigen Punkt abzulenken; zum gleichen Zweck hat sie auch viel gelesen; sie hat aber anscheinend nicht viel damit ausgerichtet.
Dennoch ist es hier nicht halb so schlimm, wie es sein könnte. Du brauchst also wegen meiner nicht besorgt zu sein und Dir einzubilden, ich würde in der Geistesverfassung zurückkommen, in der ich gestern vor vierzehn Tagen war. Ich möchte jedoch, wenn irgend möglich, nichts hinsichtlich meiner Rückkehr versprechen. Gute Nacht, Liebste. Ich bin wirklich glücklich, außer daß ich mich unsäglich langweile, und ich hoffe, Du genießest die Landschaft, ohne daß ich Dich dazu zwingen muß.

Der Deine hingebungsvoll
Bertie

Ramsbury Manor
Wiltshire
30. Aug. 1894

Meine Liebste

Das Angebot eines Postens in Paris hat mich in große Verlegenheit gestürzt. Wenn ich sicher wäre, daß es nicht über Weihnachten hinaus dauern und mich nicht für einen künftigen derartigen Posten binden würde, wäre ich geneigt anzunehmen: es würde die Zeit unserer Trennung in sehr erfreulicher Weise überbrücken (denn ich würde mich natürlich unendlich freuen, an der Pariser Botschaft zu sein); es würde mir so viel von der Welt geben, wie in diese Zeitspanne hineinzupressen wäre; es würde mir erlauben, den diplomatischen Betrieb von innen kennenzulernen und würde bestimmt ein wertvolles Erlebnis werden, wenn es eine einmalige Episode bliebe. Ich weiß nicht, ob das unbedingt unser Wiedersehen und unsere Heirat verzögern würde; aber ich fürchte doch, und das wäre ein Grund dagegen. Ich habe auch Angst vor der großen Welt und ihrem Stil, weil sie sehr schlecht für mich sind, zumal wenn ich mich ihrem Genuß hingebe; und ich habe auch sehr große Angst, daß eine solche Karriere, wenn man sie einmal eingeschlagen hat, sehr

schwer wieder aufzugeben wäre. Überdies würde es eine Reihe von Verbindungen mit der Aristokratie bedingen, was unsere künftige Tätigkeit behindern würde. Es gibt kaum eine Stellung in England, die mich dazu veranlassen könnte, das Reisejahr aufzugeben, das wir vorhaben, da ich überzeugt bin, daß es nicht nur die angenehmste Art und Weise wäre, unser erstes Ehejahr zu verbringen, sondern auch, daß es von großem erzieherischen Wert wäre. Wenn Großmutter mir nur mehr Einzelheiten gegeben hätte! Klar geht aus ihrem Brief lediglich hervor, daß es für sie eine große Genugtuung wäre, wenn ich annehme. Ich würde Lord Dufferin vermutlich verletzen, wenn ich ablehnte, was sich aber doch vielleicht vermeiden läßt. Ich möchte unbedingt, daß wir zusammenkommen, um die Sache zu besprechen; auch wüßte ich gern Logans Ansicht.
2 Uhr Nm. Je mehr ich darüber nachdenke, desto mehr scheint es mir, daß es der erste Schritt zu einer Laufbahn sein würde, die ich meiden möchte; ich kann jedoch noch kein sicheres Urteil abgeben, ehe ich mehr höre. Und wenn ich ablehne, dann würde mir das sicher ein für allemal das Angebot von Sekretär- oder dergleichen Posten abschneiden, denn niemand würde einem so wählerischen und offenbar so verwöhnten jungen Mann so etwas anbieten. Das ist ein Vorteil oder auch das Gegenteil, je nachdem, wie man es ansieht. Es wirbelt mir im Gehirn; es ist auch zu heiß, um nachzudenken.

Pembroke Lodge
Richmond, Surrey
1. Sep. 9 abds. 94

Meine geliebte Alys

Da ich nun wieder daheim bin, habe ich Zeit, einen wirklich langen Brief zu schreiben, und es ist mir jetzt, als könne ich immerzu weiterschreiben: das Haus hier macht mich sentimental und füllt mich mit Gedanken. Ich fühle mich so lebhaft an den vorigen September erinnert, daß es mir scheint, als habe ich noch alle meine Arbeit vor mir. Ich ging heute aus, setzte mich an den Springbrunnen und gedachte der langen einsamen Tage,

die ich hier verbracht habe, sinnend, wünschend, kaum zu hoffen wagend, und ich die winzigsten Andeutungen herauszulesen suchte aus den dürftigen, trockenen Briefchen, die Du mir schriebst, und aus der Anzahl der Tage, um die Du die Antwort aufschobst; einerseits unglücklich, wahnsinnig vor Ungeduld, und andererseits doch erfüllt von neuem Leben, neuer Tatkraft, so daß ich überrascht zu merken anfing, daß ich nicht mehr den Wunsch habe zu sterben, wie das fünf Jahre lang der Fall gewesen war und es, wie ich meinte, für immer der Fall sein würde. Wie ich die Stunden zählte, bis Dunrozel zu Besuch herkam und ich von Großmutter wegkonnte! Da ich nun hier wieder allein bin, ist mir, als ob das dazwischenliegende Jahr ein Traum gewesen sei; als ob Du für mich immer noch ein ferner, kaum erreichbarer Himmel wärst, so gleichgültig wie ein Himmel sein muß für gewöhnliche Erdenkämpfer. Doch da ist eine seltsame Müdigkeit, wie die nach einem unangenehmen Traum, die eine Unterströmung meines ganzen Denkens bildet und den Traumvorstellungen eine andere Färbung verleiht, als die des vorigen September hatten; eine Müdigkeit, zusammengeflossen aus all den Kämpfen, Ängsten, Schmerzen des letzten Jahres, aus all den Mühen, den aufreibenden Auseinandersetzungen und Streitigkeiten, die es mich gekostet hat, Dich zu gewinnen. Ich bin jedoch nicht unglücklich, beileibe nicht, aber für den Augenblick scheint es, als habe ich mein Leben hinter mir, und es sei schön gewesen; es erreichte eine Aufgipfelung, einen höchsten Augenblick, und es scheint nun, als brauche man sich keine Sorge mehr darum zu machen; nichts Besseres könne mehr kommen, und der Tod werde darum ohne Bitterkeit sein.
Du wirst diese Gefühle wohl als verschroben empfinden; meines Erachtens sind sie das nicht gar zu sehr. Durch die Lektüre von Pater bin ich in eine träumerische Stimmung geraten: ich war davon ganz außerordentlich beeindruckt; es erschien mir als das Schönste, was ich je gelesen hatte (außer hier und da, wo ihn sein Mangel an Humor in einen Mißton fallen läßt, wie an der Stelle mit der kranken Katze); insbesondere war ich beeindruckt von den Pappeln und einer andern Stelle, die ich nicht

mehr finde. Es rief bei mir keine deutlichen Kindheitserinnerungen herauf, weil ich seit jenem Alter, aus dem ich solche habe, nicht in einer Welt von Sinneseindrücken lebte wie Florian; doch habe ich eher auf die Art von Wordsworth' Ode wieder eine schwache Ahnung von der sehr frühen Zeit, bevor der Verstand meine Sinne abgetötet hatte. Ich habe ein verschwommenes, verworrenes Bild von warmen Flecken roten Erdreichs, auf das die Sommerabendsonne herabschien, und vom Rascheln der Pappeln vor dem Hause, wenn ich nach heißen Tagen noch bei Tageslicht zu Bett ging und der Schatten des Hauses langsam an den Baumstämmen emporkroch. Ich habe eine verschwommene Empfindung von ständigem warmem, sonnigem Wetter, wenn ich ausgefahren wurde und die gesprenkelten Schatten über den Wagen huschten, bis ich erkannte, daß sie vom Laub über uns hervorgerufen wurden. (Sobald ich das entdeckt hatte, tötete das wissenschaftliche Interesse die Impression, und ich begann darüber nachzugrübeln, warum die Lichtflecken immer kreisförmig waren, und so weiter.) Sehr früh aber in der Tat verlor ich die Fähigkeit, mich mit Eindrücken an sich zu befassen, sondern abstrahierte stets von ihnen und suchte nach dem Wissenschaftlichen, dem Verstandesmäßigen, dem Abstrakten dahinter, so daß es mir nicht, gleich Florian, einfiel, für sie eine Philosophie zu benötigen; sie gingen mit Stumpf und Stiel in meinen geistigen Papierkorb. (Deshalb machte mich das Buch so träumerisch, weil es mich in meine früheste Kindheit zurückversetzte, wo nichts wirklich real schien.) Das Bedürfnis einer solchen Philosophie stellte sich erst im Pubertätsalter ein, als das Sinnliche und das Gefühlsmäßige sich wieder stärker als zuvor oder seither geltend machten, so daß ich mich eine Zeitlang wieder ins Kindesalter zurückversetzt fühlte; dann machte ich aus der Schönheit eine Religion, wie es bei Florian der Fall gewesen sein mag; es verlangte mich leidenschaftlich danach, ein Zwischenglied zwischen dem Wahren und dem Schönen zu finden, und zwar so stark, daß mir die Schönheit heftigen Schmerz bereitete (aber auch eine prickelnde Erregung von ungeheurer Stärke) durch das ständige Empfinden dieser unerfüllten Forderung nach einer Harmonie zwischen ihr und der Tatsache. Nachdem ich eine Zeitlang in diesem Zustand gelebt hatte, las ich Alastor und fand dort die genau gleiche Gemütsverfassung, die ich durchgemacht hatte, anschaulich dargestellt. Erst allmählich, als es dazu kam, daß ich mich immer weniger um Schönheit kümmerte, während ich die natürliche Periode des Weltschmerzes durchmachte (denn für mich war eine so heftige Leidenschaft für das Schöne unbedingt anormal), erst als ich wieder reiner intellektuell wurde, hörte ich auf, an diesem Widerstreit zu leiden. Natürlich brachte mich die Kostprobe wirklichen Lebens im Verlauf der Fitz-Episode aus solcher Nichts-als-Sentimentalität heraus, und ich habe seitdem nur noch augenblicksweise daran gelitten. Wenn ich an Bradley glauben könnte, wie ich das meistenteils tue, dann würde ich nie mehr darunter leiden...

Sonntagvormittag 2. Sep.

Ich depeschierte Dir gestern früh von Reading aus: »Komme nicht, da 17. Nov. unverändert«, ich nehme jedoch an, Du warst schon von Chichester abgereist, als das Telegramm eintraf. Du sagst, Du würdest nach Paris kommen, wenn ich nicht nach England kommen könnte, aber ich vernehme soeben von meiner Großmutter, daß ich, wenn ich wollte, den Posten fahren lassen könne. Bitte sende mir doch meinen Hut in meiner Hutschachtel, da ich beides benötige. Und bitte schreibe morgen mit der 1.ten Post, sonst bin ich möglicherweise schon weg. Ich werde wahrscheinlich am Tage, nach dem ich von Lord Kimberley Nachricht habe, abfahren. Aber ich kann Edith und Bryson nicht besuchen, da sie bestimmt bis Nov. in der Bretagne bleiben. Soll ich den Pater Mariechen zuschicken oder direkt an Carey Thomas? Diese Kleinigkeiten sind recht langweilig, und es tut mir leid, daß mir nicht all das Zeug gleich eingefallen ist, das ich in einem Schub geschickt haben wollte, aber mein Gedächtnis funktioniert nun einmal unweigerlich so.

Die *Tragic Muse* gefällt mir ungemein; sie ist so spaßhaft; übrigens auch meiner derzeitigen Lage ganz besonders angemessen. Tante Georgy war gestern sehr lieb, aber zu neugierig (wie ja die Frauen meistenteils sind); sie teilte mir sogar mit, daß meine Großmutter in früheren Zeiten, wenn auch nur der leiseste Gedanke an eine Heirat aufgekommen war, in einen Fieberzustand geriet und ganz aus dem Häuschen kam...

... Ich bin eigentlich doch recht froh über den Plan mit Paris; ich werde mir Mühe geben, meine Kollegen nicht allzu sehr zu verabscheuen. Auf jeden Fall dürfte ich von dort ergötzliche Briefe schreiben können. Kritisiere meine Schilderungen nur ganz literarisch, damit ich sie so lebendig darstelle wie möglich. Es ist bedauerlich, daß Dir das Gerede Deiner Freundin so auf die Nerven geht; aber es ist schwer, sich in die kleinlichen Sorgen anderer Leute zu vertiefen, wenn einen die eigenen stark beschäftigen und beanspruchen. Es tut mir dagegen nicht leid, daß Du nachgerade begriffen hast, warum es mir mehr ausgemacht hätte, wenn Du gleich nach Amerika gefahren wärst, als wenn sich die Trennung von Dir noch in London ergeben hätte. Du hast das seinerzeit für sehr albern gehalten, das ist es auch zweifellos, aber es ist doch natürlich.

Ich hoffe, dieser Brief ist lang genug, um Dich zufriedenzustellen; ihn zu schreiben war mir eine große Befriedigung, und ich erwarte einen *sehr* langen dagegen. Wenn Du von Edith Thomas hörst, so schicke mir bitte ihren Brief. Sobald ich weiß, wann ich nach Paris gehe, telegraphiere ich.

Lebwohl, mein Herz. Es war viel besser, sich nicht mehr zu treffen, als den Schmerz des tatsächlichen Abschieds zu leiden.

In Hingebung der Deine
Bertie

Pembroke Lodge
Richmond, Surrey
3. Sept. 94, 10 Vm.

Liebste Alys

Mit der ersten Post erhielt ich heute früh drei Briefe von Dir; einer, ein ganz besonders reizender, abgesandt in Ramsbury. Die mitgeschickten Schriftstücke, die mir viel Spaß machten, anbei zurück.

Ich bin also (durch Dein Drängen dazu bestimmt) ganz entschlossen, das Pariser Angebot anzunehmen; ich denke, Lord Kimberleys Bestätigung ist nur eine reine Formsache. Ich warte hier nur noch auf einen weiteren Brief von Lord Dufferin, um dann sofort abzufahren. Ich bedaure jedoch einigermaßen, daß Du die Gefahren und Nachteile der Aristokratie auf die leichte Schulter nimmst. Du wirst nie verstehen, warum ich solche Angst davor habe; es ist nicht bloßer Aberglaube. Du und Logan, ihr konntet (jedenfalls vor Deiner Verlobung) soviel ihr wolltet, mit Aristokraten verkehren, ohne auf die Hindernisse zu stoßen, die sie jedem aus der eigenen Klasse in den Weg legen, der »ausreißen« will. Amerikaner sind in der Gesellschaft wohlgelitten, weil sie meistenteils schnurrige Käuze sind und nicht das tun, was andere Leute tun, oder sich dessen nicht enthalten, wessen andere Leute sich enthalten; man erwartet irgendeine auffallende Belustigung von ihnen und sieht ihnen darum alles nach, wenn auch eine *sehr* kleine Minderheit sich dafür schadlos hält, daß sie hinter ihrem Rücken die übelsten Schimpfreden führen. So kommt es, daß ihr niemals Aristokraten so seht, wie sie sich unter ihresgleichen verhalten: streng, steif, konventionell und entsetzt bei der gerinbsten Abweichung von der Familientradition. Überdies sind sie größtenteils mit mir verwandt oder mit Großmutter befreundet; wenn ich mich in Paris nicht gar zu sehr blamiere, dann wird dieses Angebot weitere im Gefolge haben, und zwar daheim in England; jede Ablehnung wird meiner Großmutter (mit deren Tod keinesfalls zu rechnen ist) großen Schmerz bereiten und die ganze Sippe beleidigen und verärgern. Und da sie eben verwandt mit mir sind, halten sie sich für berechtigt, mir Rat zu erteilen; wenn ich still und unauffällig zu arbeiten versuche auf eine mir als rechtschaffen erscheinende Weise, die mir jedoch nicht den geringsten Ruhm oder Erfolg einbringen wird, zumindest nicht, ehe ich fünfzig bin, dann werden sie auf mich einreden und mich hetzen, auf möglichst baldigen Erfolg auszugehen; durch meine Beziehungen und das Wohlwollen, das mir doch so gut wie alle entgegenbrächten, wäre das leicht zu erreichen, und ich werde so durch ihr unablässiges Drängen geplagt und gequält, daß ich schier die Lust am Leben verlieren würde. Und (ich muß es gestehen) so schrecklich mir solch ein Gedanke ist, ich traue Dir nicht *ganz*, daß Du mir dann den Rücken stärkst. Ich habe eine Leidenschaft für Erlebnisse, doch wenn ich etwas machen soll aus den Talenten, die ich besitze, so muß ich auf einen großen Teil möglicher Erlebnisse verzichten, muß mich in mein Studierzimmer einschließen und ein ruhiges Leben führen, dabei nur mit Leuten verkehren, die ein solches Leben (so weit wie möglich) billigen; ich kenne mich selbst gut genug, um genau zu wissen (obwohl das ein Eingeständnis von Schwäche ist), wenn Du darauf bestehst, daß ich vielerlei erlebe, daß ich eine Gesellschaft grundverschiedener Art besuche, in die große Welt hinausgehe, um womöglich Erlebnisse eines völlig anderen, weltlichen Daseins durchzumachen, daß dann meine Nervenkräfte der Anstrengung nicht gewachsen sein würden, daß ich dann entweder die von meinem Gewissen gutgeheißene Arbeit würde aufgeben müssen oder ich mit dreißig Jahren verbraucht wäre und zusammenbräche. Kurz, ich kenne meine Bedürfnisse weit besser als Du, und es ist für mich von *großer* Wichtigkeit, daß Du mich dabei unterstützest, wenn ich auf ihnen bestehe. Beiläufige Lebenserfahrung ist für einen Spezialisten, wie ich es zu werden erstrebe, von sehr geringem Wert, und gute Manieren sind *absolut* wertlos. Dir ist eine Art unlogischer Güte (um es nicht Schwäche zu nennen) eigen, die Dich verhindert, die Anwendung einer allgemeinen Regel auf einen besonderen Fall zu sehen, wenn jemand von dem Verstoß dagegen ein kleines Vergnügen herleitet; während Du also verkündest, daß ich ein ruhiges Gelehrtenleben führe, bist Du im Stande, mich in jedem besonderen Fall zu drängen, Angebote anzunehmen und mich auf praktische Tätigkeiten einzulassen, die in Tat und Wahrheit für mich Hindernisse bedeuten. Wir beide sind auch in Gefahr, uns durch billige Erfolge berauschen zu lassen, was der schlimmste Fluch auf Erden ist. Wenn ich diese Jahre vergeude, die so gut wie *ausschließlich* theoretischer Arbeit und Erwerbung von Erkenntnis durch das Denken (was zu kaum einer anderen Zeit als in der Jugend möglich ist) gewidmet sein müßten, dann wird mir mein Gewissen zeit meines ganzen künftigen Lebens Vorwürfe machen. Ein für allemal also: G. A. [Gott der Allmächtige] hat mich zum Theoretiker geschaffen, nicht zu einem Praktiker; Weltkenntnis ist daher für mich von geringem Wert. Eine zum Lesen von Wagners Statistiken verwandte Stunde ist wahrscheinlich von größerem Wert als ein Vierteljahr oberflächlichen Verkehrs in der Gesellschaft. Finde Dich unbedingt mit dieser Auffassung meiner Person ab und stelle Dich fest und bestimmt auf sie ein, andernfalls (wenn ich auch noch gegen Dich anzukämpfen habe wie gegen meine Familie und die Welt) wird mir sicher mißlingen, das zu schaffen, was, wie ich *hoffe,* in mir liegt. Du kannst Logan hiervon so viel vorlesen, wie Du willst, und merken, ob er mir zustimmt oder nicht. die Bedürfnisse eines Theoretikers sind so himmelweit verschieden von den Deinen, daß es Dir, so scheint es, unmöglich ist einzusehen, daß Dinge für Dich von größter Wichtigkeit sind, die für mich vollständig wertlos sein mögen. Der Fall von Beatrice Webb liegt ganz anders, da sie einen Mann geheiratet hat, den ihre ganze elegante Verwandtschaft verabscheute, während Du mit Deinem verflixt freundlichen Gehabe gar nicht anders kannst als Dich bei ihnen allen lieb Kind zu machen. Außerdem könnte ich mir vorstellen, daß sie ein Mensch war, dem es weniger nahe geht als mir, den Wünschen derer zuwider zu handeln, die sie lieb haben. Und zudem: ihre ganzen Jugendjahre waren vergeudet, so daß sie niemals etwas Erstrangiges oder mehr als der Schatten ihres Mannes werden kann[8]. – Entschuldige den Ton dieses Briefes; es ist eine Tatsache, daß ich lange Zeit Angst hatte, Du werdest meine Karriere zugrunde richten, indem Du mich zu sehr dem praktischen Leben zugewandt haben wolltest, und das ist schließlich nun zum Ausbruch gekommen...

Pembroke Lodge
Richmond, Surrey
3. Sept. 1894

Liebste Alys

...Es war kaum in meiner *frühen* Knabenzeit, daß ich das Wahre mit dem Schönen in Einklang bringen wollte, vielmehr als ich bereits 16 oder 17 war. Ich war eigenbrötlerisch hauptsächlich, weil ich dauernd allein war... wenn ich eine Zeitlang in Gesellschaft anderer Jungen war, glich ich mich ihnen bald mehr an. Mir scheint, ich war, als ich noch *ganz* Kind war, nachdenklicher als gerade später. Ich erinnere mich noch deutlich einer bestimmten Stelle auf dem Kiesweg vor dem Speisezimmer hier, wo einer meiner Großonkel mir an einem schönen Sommernachmittag um die Teestunde sagte, ich würde zukünftige schöne Nachmittage nie mehr ganz so sehr genießen. Halb im Scherz, halb im Ernst sagte er das und setzte mir danach weiter auseinander, daß mit zunehmendem Alter die Freuden immer weniger stark und ungetrübt würden. Ich war damals erst 5 Jahre alt, doch da es eine pessimistische Weltanschauung war, machte sie mir tiefen Eindruck. Ich erinnere mich, daß ich dagegen Widerspruch erhob und fast weinte, weil ich empfand, daß er wohl besser Bescheid wisse und wahrscheinlich recht habe; ich weiß jedoch heute, daß das bestimmt nicht der Fall war, und das ist ein Trost. Damals wie jetzt hätschelte ich meine Freuden mit etwas wie persönlicher Liebe, so als wenn sie außerhalb meiner Person wären. Wie wenig er davon merkte, welch einen tiefen Eindruck seine beiläufigen, sorglos hingesprochenen Worte auf mich gemacht hatten...

Pembroke Lodge
Richmond, Surrey
Sonntagmorgen
9. September 1894

Liebste Alys

... Es ist merkwürdig, aber ich bin wirklich in mancher Hinsicht glücklicher als während des Monats in Friday's Hill. Ich erkenne, daß wir beide, Du und ich, meine Liebe zu Großmutter auszumerzen versuchten und daß der Versuch fehlgeschlagen ist. Ich hatte ein schlechtes Gewissen, daher träumte ich jede Nacht von ihr und hatte stets das unbehagliche Bewußtsein ihrer Gegenwart im Hintergrund selbst meiner glücklichsten Augenblicke. Wenn sie nun stirbt, habe ich ihr gegenüber ein reines Gewissen: sonst würde ich wohl zeit meines Lebens die schlimmste Form von Reue verspürt haben, die Reue wegen der Grausamkeit gegenüber einem Menschen, dessen Tod einem die Möglichkeit abgeschnitten hat, frühere Unterlassungssünden gutzumachen. Meine Liebe für sie ist in jeder Hinsicht zu echt, um ungestraft vernachlässigt zu werden...

Victoria, 9 Vm.
10. September

Liebste Alys

Nun bin ich also doch noch heute abgefahren! Beim Frühstück erhielt ich Deine beiden Briefe: sie werden mir während der Reise eine Stärkung sein. Ich bin zu reisefiebrig, um sentimental zu werden oder überhaupt etwas sagen zu können. Ich bin natürlich sehr froh, weggekommen zu sein. Ich war jedoch etwas außer Fassung durch meinen gestrigen Besuch bei den d'Estournelles. Lauter Franzosen dort bis auf den spanischen Botschafter und die italienische Botschafterin; von dem Charme der Leute war ich nicht sehr begeistert, nicht einmal von ihren Manieren; außer dem Spanier waren sie alle so bedrückend und zu unablässig höflich für englischen Geschmack; ohne jede Gelassenheit und Unauffälligkeit, woraus doch für den britischen Sinn die gute Kinderstube besteht. Drei von ihnen werde ich, wenn ich Pech habe, in Paris wiedersehen. Es ist sehr schwer, mit ihren unaufhörlichen Komplimenten Schritt zu halten und selbst immer eines im Köcher zu haben bereit zum Gegenschuß...

Britische Botschaft, Paris
Freitag, 12. Oktober 1894
9,45 Vm.

Meine liebste Alys

...Ich verlebte gestern einen ganz entzückenden Abend – von 7 bis 12 – mit Miss Belloc[9]; da sie so lange aufblieb, nehme ich an, daß er ihr auch Vergnügen machte. Sie war ja wohl wirklich an sich sehr nett, aber für mich war sie umgeben vom Glorienschein von Friday's Hill, und ich würde sie wohl für bezaubernd gehalten haben, wenn sie der Teufel in eigener Person gewesen wäre oder sonstwie menschlicher Vollkommenheit ermangelt hätte. Wir trafen uns um 7 Uhr in Neal's Buchhandlung, Rue de Rivoli, dann spazierten wir eine Zeitlang im Tuileriengarten und drum herum und speisten in einem ulkigen ruhigen Lokal im Palais Royal zu Nacht. Darauf machten wir wieder einen langen Spaziergang, rauchten beide eine Unmenge Zigaretten, und schließlich verließ ich sie um Mitternacht an der Tür ihres Hotels mit der Hoffnung auf ein weiteres Zusammentreffen heute oder morgen. Wir sprachen von Dir und über Deine ganze Familie, über Franzosen und Engländer, über Grant Allen, Stead und Mrs. Amos, von der Botschaft und ihrer Trübseligkeit – von den verschiedenen französischen Dichtern, die in sie verliebt waren und in die sie verliebt war – wie sie mit ihren konventionellen französischen Verwandten zurechtkomme und mit deren moralischen Anschauungen (die mir immer unverständlich und daher interessant sind ...), vom Laster im allgemeinen und dem Unterschied zwischen dem Laster in Paris und London im besonderen, von ihren Erlebnissen, wenn sie angesprochen wurde, und vielem andern. Ihre Unterhaltung fand ich sehr interessant, es hat ihr, scheint es, auch Vergnügen gemacht – wenn auch natürlich nicht so sehr wie mir, denn sie war die erste geistesverwandte Person, die ich seit Vétheuil[10] gesehen hatte, und die erste, mit der ich über Dich sprechen konnte. Ihre französischen Gefühle wirken recht merkwürdig – es hält schwer, sie mit ihrer Liebe zu Stead zu vereinbaren. Alles in allem genommen ist ihr aus zwei Völkern zusammengesetztes Doppelwesen nicht zu der Einheitlichkeit gelangt, wie es eigentlich hätte sein sollen. Aber der Abend machte mir wirklich Vergnügen – weit mehr als alles, seit ich von Friday's Hill weg bin – zum ersten Mal konnte ich die Seine bei Nacht bewundern (ein *vollendet* schöner Anblick), ohne rührselig zu werden ...

Montag, den 15. Oktober 1894
12.30 nachts

Meine Geliebte

Sag doch nicht, nach meinen Briefen hieltest Du mich für einen »abstrakten Gehirnmenschen«, das klingt *so* kalt, trocken und leblos. Briefe *sind* schlimm, aber sie müssen doch mehr Wirklichkeit besitzen als das. Auch mir scheinen fünf Wochen heute lang – weil mein Bruder bei mir ist. Ach, werde ich froh sein, wenn er abreist. Halb hasse ich, halb fürchte ich ihn – er beherrscht mich, solange er bei mir ist, weil ich Angst vor seinen Randbemerkungen habe, wenn er mein wirkliches Wesen kennen würde. Du hast mich nicht weniger, sondern noch mehr empfindsam gemacht – weil ich ein bestimmtes Ergebnis meines wirklichen Ich in einer Form verkörpern mußte, daß alle Welt es sehen kann, was jedermann einen Anhaltspunkt gibt, gegen mich loszugehen – ich fürchte mich vor dem Augenblick, da die Leute von der Botschaft das entdecken. Selbst die Freude, von all den Menschen wegzukommen, die mich anöden, würde an sich als starke Quelle der Freude genügen...

Britische Botschaft, Paris
Mittwoch, den 17. Oktober 1894
10 Vm.

Meine geliebte Alys

... Ich möchte niemand einen Schreck einjagen – aber während des Abendessens gestern im »La Pérouse« sagte mein Bruder ganz von selbst, er könne sich gut vorstellen, daß *er* vor mir Angst habe, wenn auch kaum je vor einem andern Menschen, weil ich mich nie gehen lasse und man mich als innerlich kaltkritisch empfinde. – Eben *dies* empfinde ich natürlich gegenüber meinem Bruder, aber es täte mir leid, wenn ich auch so auf Menschen wie Miss Belloc wirkte. Er hält sich selbst für einen Menschen von Whitmanscher Weltfreundschaft; doch wenn man mit Gott und der Welt befreundet ist, so kommt das ziemlich auf dasselbe hinaus, als ob man mit niemand gut Freund ist, oder jedenfalls nicht mit denen, die man haßt!...

Mein Bruder wird nicht nach Deutschland kommen wollen – mir scheint, er mag Dich nicht, was ein Segen Gottes ist – er meint, Dir eigne die amerikanische Härte, worunter er versteht, daß Du Dich dem Ehemann nicht vollkommen fügst und nicht sinnlich bist. Er sagt: amerikanische Frauen lieben nur von der Taille an aufwärts. Du kannst Dir denken, daß ich ihm meine Seele nicht eröffne! Es scheint recht schlimm für Dich, Dir einen zweiten unerquicklichen Schwager namens Frank zu geben...

Britische Botschaft
20. Oktober 1894
3 Uhr Nm.

Meine liebste Alys

Mir scheint, der eigentliche Wert unserer Trennung liegt darin, mir ein gutes Gewissen zu verschaffen und unsere Heirat zu beschleunigen. Du glaubst zwar nicht, daß mein gutes Gewissen von langer Dauer sein wird; ich glaube das indes doch, wenn ich nicht zuviel mit meiner Großmutter zusammenkomme. Verpflichtungen verspüre ich keine, nur eine leichte Gereiztheit, wenn ich an sie oder Tante Agatha denke, und es wird gut sein, wenn diese Empfindung so bleibt. Und diese ganze Trennung lohnt sich gewiß, denn wir würden niemals glücklich miteinander geworden sein, wenn wir nicht das Bewußtsein gehabt hätten, etwas Ernstliches für meine Großmutter getan zu haben...
Ich lege Dir zwei Briefe Sangers bei – ich antwortete, ich würde wahrscheinlich zwei Dissertationen machen –, der zweite Brief ist weitaus ermutigender als der erste. Ich sagte, ich würde mit der in Geometrie als Hauptfach den ersten Streich tun und mit der in Nationalökonomie den zweiten...
Ich habe weiter Mill gelesen und einen Essay über Axiome für den Moral Science Club in Cambridge angefangen, dessen Sekretär der fleißige Schotte Trotter ist. Es wird eine riesige Freude sein, nach Cambridge zu kommen, dort einen Vortrag zu halten und wieder die »Gesellschaft« zu genießen. Die »Gesellschaft« ist eine richtige Leidenschaft bei mir – sie ist meine

größte Freude nach Dir. Ich werde dort einen Vortrag halten über die Beherrschung unserer Leidenschaften, worin ich ausführen werde, daß wir dazu nicht im Stande sind und daß wir es um so weniger versuchen sollten, je stärker sie sind, wenn wir dann auch um so leichter dazu im Stande wären. – Das klingt paradox, ist es jedoch nicht. Ich flüchte mich in intellektuelle Tätigkeit, die stets etwas von Ausschweifung und Betäubung für mich gewesen ist.
Lebwohl, mein Lieb, meine Freude. Ich schreibe morgen wieder.

Dein mit Herz und Seele
Bertie

Britische Botschaft, Paris
22. Oktober 1894 9 Vm.

Meine geliebte Alys

... Ich nehme nicht an, daß Du versucht sein könntest, zu abhängig von mir zu werden, weil Du merken wirst, daß es mich anödet, wenn Du stets mit mir einverstanden bist, und daß ich hin und wieder einen Streit brauche, um meinem Gehirn etwas Übung zu verschaffen. Es macht mir wirklich echte Freude, wenn mir jemand einen Irrtum in meinen Ansichten nachweist, denn es liegt mir weniger an meinen Anschauungen selbst als an ihrer Richtigkeit. Aber Du MUSST selbst denken, statt nur Brocken von Gedanken aller möglichen Leute aufzunehmen – das macht Deine Anschauungen so zusammenhanglos, daß Du verschiedene Meinungen von verschiedenen Leuten annimmst und meinst, die beiden Themen seien unabhängig voneinander – niemals sind zwei Themen jedoch unabhängig voneinander, so daß Leute mit zwei verschiedenen Päpsten für zwei verschiedene Dinge einen außerordentlichen Mischmasch von Ansichten aufweisen. Logan, Du und Mariechen, ihr alle frönt diesem Laster; L. am wenigsten, M. am meisten.
Logan erzählte mir einmal, Du habest einen viel besseren Geschmack für Bilder als M.; dennoch machst Du nur selten den

Mund auf, sondern überläßt alles Reden über derartige Gegenstände ihrer Doziererei. Das ist ein Beispiel dafür, wie Du Deinen Geist brachliegen läßt, nicht aus Bescheidenheit, sondern aus einer Verbindung von Faulheit und Hochmut, dem gleichen Hochmut, der Dich veranlaßte, Deine wahren Anschauungen so lange zu verschweigen. – Was M. darüber äußerte, Gedanken von irgendwoher zu beziehen, stimmt für sie, aber keineswegs für jedermann – zum Beispiel, in der Abhandlung über den Raum, die ich eben schreibe, steht ein Absatz strengster Beweisführung, die ich bisher nirgends gefunden habe und die, soviel ich weiß, durchaus originell sein dürfte. Es ist wie mit der Regel, nur zu sprechen, wenn man angesprochen wird – wenn jedermann sie befolgte, dann gäbe es keine Gedanken auf der Welt: sie müssen ursprünglich von jemand ausgehen. Und selbst wenn die Gedanken, die man hat, von andern herrühren, so haben sie ein verschiedenes Aussehen, wenn man sie erst bekämpft, mit ihnen gerungen und sich abgerackert hat, das Verfahren zu begreifen, durch das sie erworben wurden, als wenn man sie einfach faul übernimmt, weil man den Betreffenden für einen tüchtigen Mann hält. Jeden Zoll des Weges gegen den Idealismus in Metaphysik und Ethik habe ich erkämpft und war deshalb gezwungen, ihn von Grund auf zu begreifen, ehe ich ihn übernahm, und deshalb war Ward so begeistert über die Klarheit meiner Darstellung. Aber da ich jetzt in schiere Prahlerei entgleist bin, dürfte es richtiger sein, mit dieser Standpredigt Schluß zu machen! . . .

Britische Botschaft, Paris
Mittwoch, 31. Oktober 1894
9.30 Vm.

Meine geliebte Alys

. . . Mir soll es nichts ausmachen, in die unwichtigen Einzelheiten des praktischen Lebens – wo und was man essen soll und dergleichen – bei wichtigen praktischen Gelegenheiten »verwickelt« zu werden, wenn ich erst ein wenig Praxis darin gehabt habe, bin ich, so behaupte ich, keineswegs untauglich und ich werde Dir schon gehörig den Kopf waschen, wenn Du versuchen solltest, mir Vorschriften zu machen! Aber Evelyn Nordhoff hat ja Recht damit, daß Du dergleichen schwerlich tun würdest. Solange ich ein Gelehrter oder Theoretiker irgendwelcher Art bleibe, *will* ich keinerlei Pflichten gegenüber der Außenwelt haben. Ich erinnere mich, daß ich Dir im vorigen November am Chelsea Embankment gesagt habe, was Logan dauernd wiederholt, daß ein derartiger Mensch in den kleinen Dingen ein eigennütziges Leben führen *muß,* weil das seine Leistungsfähigkeit steigert und das Werk so *weitaus* wichtiger ist als alles Gute, das man durch kleine Artigkeiten und dergleichen bewirkt. Glücklicherweise sind meine Bedürfnisse einfacher natur: Tee und Ruhe ist alles, was ich verlange. Das Mittagessen bei den Dufferins war sehr erfreulich. Ich war mit Lord und Lady Dufferin allein; er war einfach bezaubernd, wenn es auch schien, als sei ihm meine Verlobung gänzlich entfallen, wenigstens wurde nicht darüber gesprochen. Er ist ein wirklich großartiger Mensch: so vollendet und in sich geschlossen. Er war sehr liebenswürdig – sagte, es sei ihm die größte Freude gewesen, meiner Großmutter einen Gefallen zu erweisen, indem er mir diesen Posten verschaffte – fragte, ob viel zu tun gewesen sei, worauf ich antwortete, in letzter Zeit nicht, da lächelte er und sagte, es sei immer weniger bei einem Botschafter zu tun als bei einem Minister. Ich erzählte ihnen, Phipps sei hingerissen von Sarahs neuem Stück, worauf die beiden wieder lächelten und sagten, sie hätten keine sehr hohe Meinung von Phipp's Geschmack. Sie scheinen die allgemeine Verachtung zu teilen. Er verhielt sich so herzlich zu mir, daß ich mich sehr zu ihm hingezogen fühlte, obschon ich das nicht mir selbst, sondern meinen Großeltern zu verdanken habe. Ich war nicht im mindesten schüchtern und sagte das genau Richtige. Es wird Dir Spaß machen zu hören, daß Lady Dufferin *greulich* angezogen war; in etwas wie grauem Serge. Lord Dufferin war gerade vom Fahrrad abgestiegen; er radelt stets bis zum Botschaftsportal und schiebt sein Rad selbst in den Hof. Zuerst waren die Franzosen entsetzt, aber jetzt ist, was wohl auf ihn zurückgeht, das Radfahren bei den jungen Stutzern mehr in Mode gekommen als

in England. Als er in Petersburg war, ergab sich ein recht hübscher Skandal, als er gelegentlich eines Gesellschaftsspiels als hopsendes und grunzendes Schwein aufgetreten war, was allerseits als höchst ungehörig für einen Botschafter erachtet wurde. Seine Frau behandelt er mit einer kuriosen, formell höflichen Zuneigung, die, wie ich glaube, durchaus echt ist, nur daß die gewohnheitsmäßige förmliche Höflichkeit bei ihm zur zweiten Natur geworden ist: aber es klingt immerhin sonderbar, wenn man die Worte »Meine Liebe« in einem Ton ausgesprochen hört, wie man sonst »Eure Majestät« oder »Euer Exzellenz« sagen würde. Es war ein herrlicher Tag, und ich radelte dann mit Dodson um das ganze Bois herum, was mir ebenfalls große Freude machte – alle herbstlichen Farbtöne präsentierten sich aufs Schönste; eine idealere Witterung kann ich mir nicht vorstellen. Bei der Rückkehr zeigte er sich stark beeindruckt von meinem Mut inmitten des Verkehrs. Es kommt wohl von der Mathematik oder dergleichen; aber ich weiß, daß ich durch überfüllte Straßen besonders gut fahre! Jedenfalls erwarb ich seine Achtung, denn er gehört zu den Leuten, die Mut in jeder Form hochschätzen. Er kam schwerfällig hinter mir drein gehumpelt. Er ist ein netter, schlichter, unschuldiger Jüngling, der jeden andern für ungeheuer gescheit hält. Harford und ich belächeln ihn, haben ihn aber beide gern, und ich glaube, er mag uns auch.
Ich wollte eigentlich keinen zweiten Bogen mehr schreiben, aber ich bin nicht schläfrig genug, um ins Bett zu gehen, wiewohl es halb elf ist, und ich vermag mich zu keiner andern Beschäftigung mehr zu sammeln als an Dich zu schreiben. Mit Dodson auszufahren ist nett, denn er wird toll vor Neid, wenn er mich fahren sieht, ohne daß ich die Hände auf der Lenkstange halte ...[11]

Cambridge[12]
3. November 1.30

Meine liebste Alys

. . . Den ganzen Morgen über war ich toll glücklich: seit der Abfahrt von King's Cross war es mir, als hätten wir uns eben getrennt und ich komme mit diesem Zug zurück wie letzten Winter so oft. Es ist schlechtweg herrlich, die Freunde wiederzusehen . . . Ich wußte bisher gar nicht, wie lieb sie mir und wie *unendlich* viel netter (und gescheiter!) sie sind als der allgemeine Durchschnitt der jungen Leute. Ich komme gerade von Ward, der sagt, in der Nationalökonomie gebe es für mich nichts Philosophisches zu tun, doch ich könnte immerhin wohl eine rein theoretische Aufgabe in der Mathematik übernehmen, nur müßte ich dann so gut wie sofort mit der Spezialarbeit beginnen. Er riet mir, auch Zeit und Bewegung in meine andere Dissertation aufzunehmen und Newtons 3 Gesetze zu erörtern, was interessant wäre. Es ist wunderschönes Wetter, die gelben Ulmen sehen himmlisch aus, die Leute sind lieb und nett, kurz: ein vollkommenes Paradies nach der Pariser Hölle. Ich hatte ein großartiges, langes Gespräch mit Sanger und genoß seinen leidenschaftlichen Verstand. . . . Ich schreibe morgen wieder, durch Lion[13], einen längeren Brief mit allem, was sich ereignet. Ward soll meine Abhandlung über den Raum gezeigt bekommen; ich bin toll begierig zu hören, was er darüber sagt. Die Liebe ausgenommen, ist mir sein Lob die größte Freude auf Erden. Heute bekam ich zwar keines, hatte jedoch die Freude, mit ihm zusammenzusein; er ist ein so bezaubernder Mensch. Jetzt muß ich aber jemand zum Mittagessen auftreiben. Weniger als vierzehn Tage noch, Gott sei gedankt! Leb inzwischen wohl, meine Heißgeliebte.

Der Deine
in steter höchster Hingebung
Bertie

Im Zug – Cambridge
Sonntag, 4. November 1894
5.15 Nm.

Meine liebste Alys

Es ist jammerschade, daß alle meine Briefe auf einen Haufen eintreffen; ich bedaure sehr, daß ich sie nach Friday's Hill adressiert habe. Hoffentlich kommt es nicht mehr vor. Ich bin ja *so* froh, daß Du glücklich bist und zu tun hast – wenn ich mir vorstellen müßte, Du seiest unglücklich, dann wäre es mir unerträglich, Dich heute abend nicht sehen zu können – so aber macht es mir Freude, Dich nahe zu wissen. Es war wirklich ganz herrlich, wieder einmal in Cambridge zu sein und so schön, Moore und Sanger wiederzusehen. Sie sind mir alle viel lieber, als ich geglaubt habe. Am gestrigen Abend ergab sich eine große Zusammenkunft. McT., Dickinson und Wedd kamen; ich kann nicht umhin, mich darüber geschmeichelt zu fühlen. Es wird Dich zu hören freuen, daß einige von ihnen meine Abhandlung zu theoretisch fanden, obschon McT. und ich gemeinschaftlich sie mit der Zeit überzeugten, daß sich über praktisches Verhalten nichts Bestimmtes sagen lasse. Ich habe mein Manuskript dort gelassen, weil Marsh und Sanger es noch einmal durchlesen wollen. McT. sprach zuerst, und zwar außerordentlich geschickt, wie ich gehofft hatte. Ich sagte in meiner Abhandlung, daß ich vermutlich alles annehmen werde, was er sage, und das tat ich denn auch. Mir zuliebe ließ er die Unsterblichkeit aus und schlichtete mein Dilemma am Ende ohne sie. Was er sagte, kann ich in einem Brief nicht ausführen, aber ich dürfte eines Tages darauf zu sprechen kommen. Vor der Zusammenkunft aßen wir bei Marsh ausgezeichnet zu Abend, und ich war *so* froh darüber, wieder einmal mit ihnen zusammenzusein, daß ich kein bißchen zuviel redete. Obschon er nicht viel sprach, war und wirkte Moore prachtvoll wie immer – ich verehre ihn geradezu, als wenn er ein Gott wäre. Niemals je habe ich eine so übermäßige Bewunderung für einen Menschen gehegt. Marsh sage ich immer die Wahrheit, und so erzählte ich ihm, daß wir, um meiner Großmutter gefällig zu sein, uns auf ein Vierteljahr getrennt hätten; die Übrigen stellten keine unliebsamen Fragen. Den meisten von ihnen gefiel meine Abhandlung; sie waren erfreut darüber, daß ich Gut und weniger Gut zu meinen Grundbegriffen gemacht hatte statt Recht und Unrecht. Der Anfang belustigte sie auch ziemlich. Mich mit Marsh unterhaltend blieb ich auch bis zwei Uhr und schlief dann bis halb elf, worauf ich zum Frühstück bei Sanger ging. Zu Mittag aß ich mit Marsh, fachsimpelte mit Amos und besichtigte dann meine Zimmer. Wie er sie ausgestattet hat, wirken sie heller, aber nicht annähernd so hübsch. Sanger bezeichnete meine kühne Idee in der Abhandlung über den Raum als »kolossal« – hoffentlich ist Ward derselben Ansicht. Amos berichtet mir, Ward habe gesagt, eine Fellowship sei mir so sicher, daß es gleichgültig sei, worüber ich schriebe – das muß jedoch *cum grano salis* genommen werden – es ist durch Amos' Respekt etwas gefärbt. *Alle* drangen in mich, das zu tun, was mir am besten liege, statt auf Nationalökonomie umzusatteln, obschon sie alle die Nationalökonomie hochschätzen und begeistert wären, wenn ich mich schließlich doch dafür entschiede. Ich respektiere ihre Urteile durchaus, denn sie sind ehrlich und sie kennen mich. Ich werde also nächstes Jahr zwei Dissertationen machen und in diesem nur die über den Raum oder »Raum und Bewegung«, wie Ward vorschlägt. Aber natürlich werde ich zunächst gleich in der Nationalökonomie ans Werk gehen. Sanger ist mit Statistik beschäftigt; er erklärte einige scheußliche Schwierigkeiten in der Theorie, die aber auch für die Praxis wichtig sind, da die ganze Frage des Bimetallismus und manche andere Fragen davon abhängen. Ich hatte derartige Schwierigkeiten bisher nicht geahnt; das heftige Lustgefühl, das der Verstand vor Hindernissen empfindet, die überwunden werden müssen, eiferte mich an. Meine intellektuellen Lustgefühle sind in den letzten Jahren sehr rasch immer heftiger geworden, und mir schwant, daß ich noch viel aus ihnen herausschlagen kann, wenn wir erst verheiratet und alle Schwierigkeiten beigelegt sind. Seitdem ich Bradley gelesen habe, bin ich überzeugt, daß alles Wissen gut ist, und daß ich mir darum nicht den Kopf zu zerbrechen brauche über seinen unmittelbaren praktischen Nutzen – wenn natürlich, sobald ich zur Wirtschaftslehre kommen werde, dergleichen auch vorhanden sein dürfte. Ich bemerke zu meiner großen Freude, daß sich diese Leidenschaft entwickelt, denn ohne sie *kann* man keine gute Gedankenarbeit über abstrakte Gegenstände leisten – aus reinem Pflichtgefühl kann man schwieriges Denken nicht bewältigen. Nur brauche ich kleine Erfolge von Zeit zu Zeit, um mir eine Energiequelle zu erhalten. Die Reise nach Cambridge hat mir eine sehr gute Meinung über mich selbst beigebracht, und der Gedanke macht mich sehr glücklich, daß wir nur noch vierzehn Tage getrennt sind und daß Mariechen sie im Fluge vergehen lassen wird. Ich habe mehr gelacht als in der ganzen Zeit, seit ich von Friday's Hill wegfuhr, habe gut gesprochen und andere Leute ebenfalls vielfach zum Lachen gebracht . . .

Trinity College
Cambridge
9. Dezember 1894 2 Uhr nachts

Liebste Alys

Obwohl es wirklich schon arg spät ist, will ich Dir diese Nacht noch ein paar Zeilen schreiben. Sanger holte mich am Bahnhof ab und brachte mich tum Tee bei Marsh, wo ich Crompton vorfand, der bezaubernd wie immer und besser aufgelegt war, als ich ihn je erlebt habe, begeistert von der Jurisprudenz und sehr zufrieden damit, sich fürs Leben versorgt zu wissen. Moore las über Sinnenlust und legte genau Dein früheres Ideal dar, das er von mir gehört hatte, als wir seinerzeit auf der Fußtour dem Durchschnittsmenschen begegnet waren. Eine gute Beweisführung enthielt seine Abhandlung nicht; sie war jedoch zum Teil wunderschön geschrieben und machte mir ihn sehr lieb. Vor einem Jahr noch hätte ich jedem Wort zugestimmt – doch nun sprach ich völlig offen aus, es bedürfe keiner sinnlichen Lust bei der Paarung, in der eine geistige Liebe vorherrsche, sondern die geistige Liebe vermöge sie vielleicht als den höchsten Ausdruck der Vereinigung erstreben. Alle andern stimmten mir bei außer McT., der erst eintrat, als die Diskussion schon zu Ende war. Crompton hielt sich wirklich ganz vortrefflich und schlug Moore aus dem Felde, was dieser aber nicht zugeben wollte. Morgen werde ich die ganze Lehrerschaft besuchen. Ich habe mich mit Amos herumgestritten, der höchst erbost ist wegen meines Eintretens für den Über-Raum; er kommt nicht zur Hochzeit (aber nicht infolge unserer Meinungsverschiedenheiten) . . .

Stets Dein hingebungsvoller
Bertie

Ich war in dieser Zeit sehr gut befreundet mit Eddie Marsh (dem späteren Sir Edward Marsh); ich erzählte ihm daher auch von Alys und erreichte es, daß er sie besuchte. Sie war gerade in einem Feldzug begriffen, der die Aufwiegelung der Töchter gegen ihre Eltern bezweckte. Hierauf wird in Marshs Brief angespielt.

Cold Ash, Newbury
25. März 94

Mein lieber Russell

Ich möchte Dir danken für zwei sehr erfreuliche Anlässe der letzten Woche. Ich ging am Sonntag hin und fand das Zimmer besetzt mit zwei jungen Amerikanerinnen, von denen die eine wegging, um nach Hause zu schreiben, und die andere, um Nationalökonomie zu lernen. Danach unterhielten wir uns eine oder zwei Stunden lang großartig, sprachen von Dir und anderem. Es scheint, wir werden uns sehr anfreunden. Ich bin sehr glücklich für Dich, jetzt noch mehr als bisher.
Sie wollte meine Schwester aufputschen und bat mich deswegen, sie letzten Mittwoch zum Mittagessen mitzubringen, was außerordentlich lieb von ihr war. Meine Schwester schien auch gute Freundschaft geschlossen zu haben und war höchst begeistert, als wir weggingen. Ob sie sich nun auflehnen wird oder nicht, das weiß ich nicht. Mr. Pearsall Smith ist ein lieber alter Knabe. Mir kommt vor, er trieb ziemlich seinen Spott mit mir, aber ganz sicher bin ich dessen nicht. Unter anderem sagte er,

ich rede genau wie der alte Jowett, was ich nicht glaube. In was für einer grotesken Grammatik sie dort reden.
Es lohnt sich nicht sehr, Dir zu erzählen, was Du schon weißt; ich meine nicht über die Grammatik; darum müßte dieser Brief jetzt eigentlich beendet werden, aber dann wäre er recht kurz, und deshalb will ich Dir noch von meinen eigenen Angelegenheiten berichten. Das Interessanteste ist, daß ich viel mit Robert Bridges zusammengewesen bin; er ist ein bezaubernder Mensch, hat dichtes schwarzes Haar, das wie Dachstroh wuchert, und einen sehr anziehenden Sprachfehler. Er erinnerte mich merkwürdig an Verrall, obschon er im Ganzen viel robuster ist und sein Gesicht komische Höcker hat wie das von Furness. Am Freitag machte ich mit ihm einen Spaziergang; er sprach sehr interessant, wenn auch nicht gerade so wie Coleridge mit Hazlitt sprach; nach Tisch bekam er Kopfweh oder dergleichen; er wirkte auf einmal viel älter (er ist neunundvierzig) und redete eine Menge über seine Stücke. Dazu war er durchaus berechtigt, da ich mich dafür interessierte, aber es war doch ulkig, wie offen er sie selbst lobte. Er sagte: »Ich denke, ich habe dem Blankvers die ganze Geschmeidigkeit verliehen, der er für die ›Humours of the Court‹ bedarf, meinen Sie nicht auch? ... *The Feast of Bacchus* ist von Anfang bis Ende lustig: es wird bestimmt seinen Weg zur Bühne machen, und wenn es erst einmal dort ist, wird es sich darauf halten.«
Das ist keineswegs Eitelkeit; davon ist er ganz frei. Ich gehe jetzt gleich hinüber zur Kirche. Ich höre, er hat den Chor sehr erfolgreich ausgebildet.
Ich nehme an, Du hast in Rom ein furchtbar vergnügtes Leben. Mach Dir nicht die Mühe zu schreiben, bis Du wieder zurück bist. Ich dachte mir, Du würdest gern etwas über den Sonntag hören. Ich sollte eigentlich noch weiter schreiben, aber ich weiß nicht genau, wieviel für zweieinhalb Pence Porto geht. Bitte grüße Miss Stanley von mir.

D. Dir zugetaner Freund
Edward Marsh

Heidelberg
Neuenheimer Landstr. 52
15. Sept.

Mein lieber Russell

Ich war gerade im Begriff, über meiner »Grammatik« gemütlich einzuschlafen, als mich unglücklicherweise die Frage überfiel, ob das Gegenteil von »icicle« »isinglass« oder »bicicle« heiße[14], und als mich dann schlagartig die Erinnerung traf, daß ich an Stalaktiten und Stalagmiten[15] gedacht hatte, wurde ich vollkommen wach; doch ich werde mich nicht mehr an die »Grammatik« machen; somit hier die Antwort auf Deinen Brief, wenn er auch so weit vom Schicklichen abwich, daß er geradezu anstößig war.

Ich hätte doch gedacht, Paris sei ein sehr guter Tausch gegen Dresden, da die Trennung sich auf jeden Fall ergeben hätte, nicht wahr? Ich bedaure sehr, Dich nicht besuchen zu können, wenn es auch in gewisser Hinsicht gut ist, da ich in gar keiner Weise ernsthaft oder verträglich bin; es genügt durchaus, daß Sanger mich gesehen hat. Ich will Dir nicht alle meine Schlechtigkeiten aufzählen, da ich das satt habe. Ich habe beschlossen, allen meinen Freunden zu schreiben und zu sehen, wer zuerst entsetzt ist, angefangen beim höchstwahrscheinlichen Bruch mit Barran, G. Trevy, Conybeare; zu meinem größten Erstaunen begnügte sich einer nach dem andern damit, mir einzuschärfen, ich solle nicht dick werden, und der erste Mensch, den Schauder erfaßte, war Moore.

Mit dem Deutschen komme ich ganz hübsch voran, obschon ich noch nicht in dem Stadium bin, es als vernünftiges Ausdrucksmittel von Gedanken anzuerkennen. Meines Erachtens muß das erste Menschenpaar, das Deutsch gesprochen hat, ziemlich bald nach dem Turmbau zu Babel gestorben sein und nur ein recht pedantisch gesinntes Kind zurückgelassen haben, das alle einsilbigen Wörter gelernt hat und die langen mit ihnen zusammensetzen mußte – wie anders soll man sich Wörter wie »Handschuhe« und »be-ab-sicht-igen« erklären? Ich kenne keine Sprache, die so wenig beziehungsreich ist – vergleiche die

Grobschlächtigkeit von »sich kleiden« mit der Eleganz von »se mettre« – das Englische gewinnt durch seinen großen Bestand an lateinischen Wörtern – ihr buchstäblicher Sinn ist verborgen – zum Beispiel »independence« ist genau dasselbe wie »Unabhängigkeit«, doch das eine wirkt ganz anständig, während das andere unsäglich grob ist. Ich vermag jetzt schon ganz gut zu lesen, kann auch einigermaßen ausdrücken, was ich meine, ich verstehe die Leute jedoch nicht, wenn sie in ihrem normalen Tempo sprechen. Leider sind alle Theaterstücke, die bisher in Mannheim gespielt wurden, zu wenig verlockend, um hinzufahren; ich habe indes, seit ich hier bin, mehr Opern gehört als bisher in meinem ganzen Leben, was allerdings nicht viel besagt. Die Aufführungen waren nicht sehr zufriedenstellend, da die Darsteller so scheußlich anzusehen sind. Gestern war ich in *Fidelio*. Die Heldin wurde von einer Dame gespielt, die ich zuerst für Corney Grain hielt – Du weißt, sie tritt als Page verkleidet auf. Dicke Weiber sind in einem tristen Dilemma: entweder müssen sie Mieder ganz im gleichen Stoff haben, dann sehen sie aus, als ob sie im nächsten Augenblick platzen wollten, oder sie müssen solche mit Einsätzen aus anderem Stoff haben, dann sehen sie aus, als seien sie bereits geplatzt. Dieser Fidelio zum Beispiel hatte ein braunes Wams an – jedenfalls entsprach es meiner Vorstellung von einem Wams –, das vorne offen war, worunter etwas Weißes sichtbar wurde; dazu mit Weiß durchsetzte Puffärmel, die ähnlich wirkten. Seit ich hier bin, habe ich unzählige Sehenswürdigkeiten genossen (in Deutschland gilt alles mögliche als Sehenswürdigkeit). Letzthin erregte ich allgemeine Entrüstung, als ich während einer langsamen Rundfahrt durch Frankfurt in der Droschke mittendrin einschlief. Ich glaube, selbst die Franzosen finden diese Besichtigungen nicht ganz so komisch wie ich – die sind aber meistenteils ziemlich jung. (Ich muß zur Erklärung sagen, daß ich als einziger Engländer in einer großen Pension voller Franzosen bin, die Deutsch bei Deutschen lernen.) Es sind auch meist sehr ergötzliche Leute da – mit einem Deutschen habe ich mich sehr angefreundet, der ganz reizend und gar nicht apostolisch ist, sowie mit einem Franzosen, der es sogar sehr ist; ich habe kaum je einen Franzosen erlebt, der nicht seinen eigenen Charme gehabt hätte, ganz abgesehen von seinen sonstigen Vorzügen... Hier kam »Mittagessen« [dieses und die folgenden deutschen Wörter so im englischen Text], nach dem ich, um mich gebildet auszudrücken, zu weiterer Anstrengung unfähig bin (nebenbei: die »Frau Professor« sagt, ich sei in dieser Beziehung »viel angenehmer« als die meisten Engländer, das heißt, weil ich durchwegs »das esse, was mir vorgesetzt wird«, wie es in der Kinderstubenregel heißt). Ich habe jetzt noch einmal durchgelesen, was ich bisher geschrieben habe. Ich fürchte, es liest sich ziemlich »leichtsinnig« – aber bedenke: es ist ein ausgesucht schöner Tag, und ich habe den Rest des Vormittags damit verbracht, daß ich zu mir selbst sagte: »Sieh doch, wie schön und wie erfreulich es ist, wenn Menschen verschiedener Nationalitäten zusammensitzen« – mit einer Unterbrechung für meine deutsche Stunde, die, wie gewöhnlich, höchst komisch war, da der Professor, der sehr schlecht Englisch spricht, als Beispiele zum Übersetzen Sätze aufgibt wie »He posted off all his wretches« [Er schickte alle seine armen Schlucker weg], welch letztes sich, als er es dann Deutsch sagte, herausstellte als »He boasted of all his riches« [Er rühmte sich all seiner Schätze]. Schreib mir doch hin und wieder eine Postkarte, wenn Dein Gehirn mal einen Augenblick lang nicht in Siedehitze ist – ich bleibe bis Ende des Monats hier – ich würde sehr gern über Paris heimfahren, was mir aber durch zwei unüberwindliche Bedenken verwehrt wird: 1. habe ich kein Geld mehr, und 2. keinen Anzug, in dem ich einer Botschaft auch nur auf eine Meile nahekommen oder mich mit einem ihrer Angehörigen zeigen kann. Ich hoffe, es geht Dir gut.

Der D. brüderlich
E. H. M.

Heidelberg (1894)

Mein lieber Russell

Gerade habe ich noch eine halbe Stunde vor »Abendessen«

[deutsch im englischen Text], und da fallen mir gleich 7 Leute ein, denen ich eher schreiben müßte als Dir – Du jedoch scheinst es »mehr zu empfinden«, wie Mrs. Gummidge sagt. Es tut mir furchtbar leid, daß Du Dich in Paris nicht wohler fühlst. Ich hätte doch gedacht, daß schon das bloße Erleben der Stadt genüge – aber was Du von den Briefen Deiner Familie berichtest, ist höchst betrüblich – sich mit einem blöden Kirchenlied trösten zu wollen, wenn man sich mit dem *Walroß und dem Zimmermann* trösten könnte; tja . . . doch bis zum 10. Dezember ist's nicht mehr sehr lang.
Ich begreife nicht recht, warum Du Franzosen nicht magst – bloß wegen ihrer Unkeuschheit? Die ist allerdings widerwärtig – alle hiesigen Franzosen, beispielsweise, betreiben vom 16. Lebensjahr ab ziemlich regelmäßigen Geschlechtsverkehr und reden darüber in einer Art, daß mir in England übel würde – aber das ist lediglich eine Frage der Erziehung, und man kann dem einzelnen keine Vorwürfe machen, wenn er sich seiner Erziehung entsprechend benimmt . . .

Der Deine brüderlich
E. H. M.

Heidelberg
Lieber Russell 1. Okt. (1894)

Barran hat mir heute den einliegenden Brief für Dich gesandt, und ich füge ihm den größten aller Schätze bei, den ich im *Zion's Herald* gefunden habe. Wenn man der Anähnelung bis in die Einzelheiten nachgeht, dann wird sie gar zu reizend, insbesondere beim Taktgefühl, mit dem Gott die kleine Unzuträglichkeit überwunden hat, die durch die »Große Überlegenheit Seiner Sozialen Stellung« entstand. »Wie bei Liebesleuten üblich«, ist auch ein hübscher Zug, ebenso die Schamhaftigkeit, mit der die Menschheit dargestellt wird als »sich den Kopf darüber zerbrechend, was Gott in uns sehen kann«. Das Ganze ist ein »Leitartikel«.

Deinen Brief habe ich heute früh erhalten; ich freue mich, daß Du ein wenig zufriedener bist. Ich habe lange überlegt, ob ich nicht doch auf meiner Rückreise für einen Tag nach Paris kommen könnte, aber Zeit, Geld und Kleidung sind unerbittlich dagegen.
Die Franzosen, die ich hier kennengelernt habe, sind alle zu jung, um abstoßend gemein zu sein; einige von ihnen werden es zweifellos werden, andere hingegen wohl nicht. Mein Hauptfreund, zum Beispiel, besuchte ein Bordell nur, um einmal zu sehen, wie es dort zugeht, und es wurde ihm so übel, daß er kaum *baiser* konnte, wie die Franzosen das nennen.
Eines schönen Tages werde ich Dir, schon um meinen Charakter von der guten Seite zu zeigen, einen höchst ernsthaften Brief schreiben, aber bis dahin möchte ich, wenn es Dir recht ist, mit der Leichtfertigkeit fortfahren.
Mein letztes großes Erlebnis war ein zufälliges Zusammentreffen mit O. B.[16] am Bahnhof – er war auf dem Weg zu Elfiel, um deutschen Champagner (!) zu kaufen und hergekommen war er wegen deutscher Zigarren. Ich nahm ihn zum Übernachten in meine Pension mit – er machte auf alle einen großen Eindruck, er war sehr lustig; gleich zu Anfang erzählte er, daß die Herzoginnen von York und Teck ihm im Lauf des nächsten Trimesters in Cambridge einen Besuch abstatten wollten –, was, wie er hinzufügte, viel zu reden geben würde, woran aber nicht er die Schuld trage, da die Damen sich eigentlich selbst eingeladen hätten.
Was hörst Du von Deinem Bruder?

Der Deine brüderlich
E. H. March

40 Dover Street, W
11. Mai 1894

Liebster Bertrand

Ich bin seit drei Wochen zurück[17], bin jedoch mit rückständigen Arbeiten überhäuft gewesen und schreibe Dir heute, weil ich gehört habe, es gehe das Gerücht um, Du würdest Dich wahrscheinlich mit Miss Pearsall Smith verloben. Ich hoffe, das trifft nicht zu, denn wenn Du meintest, Du wärst vor 29 zu jung, um ins Parlament einzutreten, so darf ich wohl der Meinung sein, daß es sehr schade um Dich wäre, wenn Du mit 21 oder 22 – ich hab vergessen, wie alt Du bist – einen so schwerwiegenden Schritt tätest, Dich zu verloben. Es würde Dich in vielem hemmen, und Du hast sehr wenig erlebt in der »Welt der Jungen Frauen«, wie Lady Russell sich ausdrückt, daß es mir leid täte, wenn Du Dich so frühzeitig gebunden hättest. Aber das mag alles eitel Klatsch sein, den ich nicht verbreiten werde, darauf kannst Du dich verlassen, aber ich konnte nicht umhin Dir zu schreiben, wie schade es meiner Ansicht nach wäre, gleich beim Aufbruch ins Leben ein Verlöbnis einzugehen und überdies mit einem Mädchen, das ein schönes Stück älter ist als Du. Du brauchst meinen Brief nicht zu beantworten, wenn Du nicht willst, doch ich hoffe, daß das, was mir zu Ohren gekommen, nur Klatsch ist, der sich lediglich darauf gründet, daß Du mit der jungen Dame in der *Wildente* gesehen worden bist.

D. Dne. hzl.
Maude Stanley

Clandeboye
Co. Down
5. Sept. 94

Mein lieber Bertie

Lady Russell wird Ihnen mitgeteilt haben, daß alles für Ihre Übersiedelung nach Paris angeordnet ist. Ich bin überzeugt, es wird Ihnen zusagen; das Klima ist bezaubernd in dieser Jahreszeit, und obwohl vielleicht eine gewisse Menge Arbeit zu leisten sein wird, so hoffe ich doch, daß es nicht zuviel sein wird und Sie daran hindert, sich Ihren Aufenthalt zunutze zu machen und alles zu sehen, was es in Paris zu sehen gibt; denn der Herbst ist die beste Zeit dafür.
Von unserm amtlichen Gesichtspunkt gesehen, wäre es sehr er-

wünscht, wenn Sie es einrichten könnten, mindestens ein Vierteljahr zu bleiben, wenn ich mich auch der Hoffnung hingebe, daß wir Sie zu längerem Bleiben verführen können und dazu, ein wenig in der Pariser Gesellschaft zu verkehren, was Ihnen großes Vergnügen machen dürfte.
Ich habe allen einschlägigen Amtsstellen in Paris Ihre Ankunft schriftlich gemeldet und gebeten, alles zu tun, damit Sie sich heimisch fühlen.

Die Ihren aufrichtigst
Dufferin und Ava

Hôtel Prince de Galles
Paris
11. Sept. 1894

Lieber Lord Dufferin

Ich wartete, bis ich mich hier eingerichtet hatte, um Ihnen herzlich für Ihre beiden liebenswürdigen Briefe zu danken. Es ist sehr gütig von Ihnen, sich so um meinetwillen zu bemühen; ich bin tatsächlich von jedermann aufs Herzlichste empfangen worden. In Paris kam ich gestern abend an und verbrachte den heutigen Vormittag auf der Botschaft. Ich bin überzeugt, daß die Arbeit mir zusagen und das Leben im allgemeinen sehr angenehm sein wird.
Ich werde selbstverständlich die drei Monate, von denen Sie als von Amts wegen wünschenswert sprechen, bleiben, ja, unter gewöhnlichen Umständen würde ich mit Freuden auf unbestimmte Dauer geblieben sein; ich bin jedoch verlobt und hatte gehofft, die Hochzeit könne im Dezember stattfinden. Sie werden also, bin ich überzeugt, verstehen, daß ich gern frei wäre, wenn es ohne Schwierigkeiten tunlich ist. Ich hoffe, Sie werden diesen Wunsch von meiner Seite nicht als unliebsam erachten – kein geringerer Beweggrund könnte mich dazu veranlassen, meinen hiesigen Aufenthalt abzukürzen, und ich bin Ihnen tief verpflichtet, mir diesen Posten verschafft zu haben – da ich jedoch nicht beabsichtige, die diplomatische Karriere zu ergrei-

fen, schien es wohl unnötig, meine Heirat zu verschieben, die ich mit natürlicher Ungeduld herbeisehne.

Der Ihre in Dankbarkeit und Ergebenheit
Bertrand Russell

Die folgenden Briefe beziehen sich zum Teil auf mein eine kurze Zeit gehegtes Vorhaben, von der Philosophie der Mathematik auf Nationalökonomie umzusatteln sowie auf Angelegenheiten der »Gesellschaft«. Dort war es üblich, daß die Mitglieder umschichtig ein Referat hielten, dessen Thema unter vier vorgeschlagenen am Samstag zuvor von den übrigen Mitgliedern ausgewählt wurde. Es war Vorschrift, daß in der nachfolgenden Diskussion jeder Anwesende sich zu äußern hatte.

Trinity College, Cambridge
Lieber Russell 18. Okt. 94

Beim ersten Lesen Deines Briefes meinte ich, Du seist glattweg verrückt geworden. Ich ging damit zu Marsh, aber er sah den Fall nicht als so ernst an. Ich will natürlich Ward deswegen direkt fragen. Ich weiß nicht, wie weit es Dir möglich sein würde, auf diesem Gebiet etwas zu leisten, aber ich bin ziemlich sicher, daß das Pensum an Nationalökonomie, das Du studieren müßtest, von Dir leicht zu bewältigen wäre. Ich nehme jedoch an, daß Du, ebenso wie Psychologie und Ethik, auch etwas Politik und Jurisprudenz treiben müßtest. Ich bezweifle, daß Du viel Wesentliches finden wirst bei dem Versuch herauszufinden, ob das Wort »Nützlichkeit« überhaupt einen Sinn haben kann und was mit dem »Verlangen nach Tabak«, das der Mensch hat, gemeint ist. Sicherlich hast Du eine ganz ausgezeichnete Gelegenheit, dem Weltall einen Dienst zu erweisen, indem Du über den Raum schreibst,während ich bezweifle, daß Du zum baldigen Glück der Menschheit beiträgst, indem Du die Grundlagen der Wirtschaftslehre studierst. Denn einerseits wird ihr, hauptsächlich dank der Ausbreitung der Demokratie, Mißtrauen und Verachtung entgegengebracht, andererseits ist es den paar

Leuten, die wie ich meinen, sie sei oder müsse eine Wissenschaft sein, natürlich gleichgültig, ob sie einen Sinn hat oder nicht. Wahrscheinlich trifft McTaggart der Schlag, wenn ich ihm mitteile, was Du schreibst. Trotter möchte von Dir (wenn möglich) ein Referat für den Moral Science Club. Vorigen Samstag suchten wir Themen aus; Marsh wird diesen Samstag wohl über »Warum wir die Natur lieben« lesen. Bitte laß irgendeinen von uns wissen, und zwar baldmöglichst, wann Du herkommst. Es ist herrlich, daß Du kommst. Wir überlegen wegen George Trevy, haben aber noch nicht endgültig entschieden. Ich höre, Edward Carpenter hat wieder eine Broschüre über die »Ehe« veröffentlicht. Ich schicke Dir ein Exemplar, sobald ich eines bekomme.

Hast Du Erdmanns Buch *Die Axiome der Geometrie* bekommen oder weißt Du jemanden hier oben, der es besitzt? Ich möchte es gern lesen und kann es in der Universitäts-Bibliothek nicht finden. Liest Du englische Zeitungen? Ein paar Weiber haben einen Heidenlärm geschlagen über die Prostituierten im »Empire«, das deshalb wahrscheinlich geschlossen wird. Sie sollten doch lieber gegen die auf den Straßen protestieren.

Über Nationalökonomie finde ich nichts zu schreiben und Jurisprudenz finde ich recht stumpfsinnig, und so wäre mir jämmerlich zumute, wenn ich nicht übermorgen zur Aufführung der Neunten Symphonie ginge.

Der Deine brüd.
Charles Percy Sanger

Trinity College, Cambridge
19. Okt. 94

Lieber Russell

Ich war bei Ward, um ihn wegen Deiner zu befragen. Er sagte auf der Stelle, Du solltest lieber Nationalökonomie machen, wenn Du das vorzögest. Die Hauptsache sei, auf dem Gebiet zu arbeiten, das Du gern hättest, und daß die Dissertation zwar im August abgeliefert werden müsse, Du ja aber rasch arbeitetest und daher vermutlich Zeit genug haben würdest. Er sagte auch, es sei nicht das Geringste dagegen einzuwenden, daß Du zwei oder noch mehr Dissertationen einreichst, oder daß, wenn Du einen Artikel über den Raum in *Mind* oder sonstwo schreibst, Du das für Deine nationalökonomische Dissertation in Anschlag bringen könntest. Daß aber immerhin anzunehmen sei, daß zwei mäßige Dissertationen nicht als eine gute gerechnet würden. Er sagte, er würde Dich über Nationalökonomie nicht beraten und schlug vor, Du sollest an Marshall schreiben. Hast Du Keynes'[18] Buch *Scope and Method of Economics* gelesen? Es dürfte Dich interessieren. Frank sagt mir, McTaggart sei geradezu entsetzt.

Dein Freund
Charles Percy Sanger

Trinity College, Cambridge
23. Okt. 94

Lieber Russell

Ich freue mich auf Dein baldiges Kommen, aber es ist Blödsinn, daß Du sagst, Du willst keine Abhandlung schreiben.
Dein erster Brief an Sanger war höchst umstürzlerisch; seine Wirkung auf uns läßt sich nur (in bescheidener Art) mit der vergleichen, die der Kabinettsrat vorigen Monat auf Europa ausübte – Sanger kam spornstreichs zu mir gelaufen, um zu sagen, Du seist vollkommen verrückt, und da ich mir noch keine Meinung gebildet hatte, verkündete er seine. Da er mit meiner Einstellung nicht zufrieden war, ging er dazu über, McTaggart den Appetit zu verderben, indem er ihm, als er sich zum Tisch der Fellows begab, die gräßliche Neuigkeit mitteilte. Er ist inzwischen von Ward einigermaßen beschwichtigt worden – über Für und Wider in der ganzen Sache weiß ich überhaupt nicht Bescheid; ich kann mich jedoch nicht enthalten, an Deine bessere Natur zu appellieren, indem Du bedenkst, was die Uhr geschlagen hat, indem Du bedenkst, welch einen langen Weg Du noch bis zum Juli zu gehen hast, kurz, indem Du über alles nachdenkst, bevor Du dich auf ein überstürztes Vorhaben einlässest. Ich war furchtbar erfreut, Deinen Brief (am Tag vor meiner

Abreise von Heidelberg) zu erhalten und zu hören, daß Du Dich in Paris glücklich fühlst; ich weiß nicht, wie oft ich seitdem beinahe geantwortet hätte – es scheint, ich arbeite in diesem Trimester sehr angestrengt, da ich am Tage nichts sonst tue, als höchstens eine Partie Wandball zu spielen, dreißig Seiten Zola zu lesen und natürlich die Mahlzeiten einzunehmen, dies jedoch sehr mäßig und »unheidelbergisch«. Das Leben bietet wenig Zerstreuung. Ich kenne jämmerlich wenig Menschen, doch der Versuchung, »Füchse« aufzusuchen, läßt sich leicht widerstehen. Die Sache ist die, daß ich alt und gesetzt werde, ja sogar rheumatisch und geradezu respektabel; Teile dieses Briefes sind in meinem neuen Mary-Bennet-Stil gehalten. Z. B. der Gedanke, daß das Leben wenig Zerstreuung bietet – ist vielleicht nicht ganz neu, aber gut ausgedrückt.
Miss Pearsall Smith traf ich Samstag beim Richter-Konzert; wir zogen eingehende Vergleiche über die Begeisterung für die Raum- und die Wirtschaftswissenschaft. Sie sah sehr gut aus; sie hatte einen sehr hübschen grünen Umhang mit Pelzbesatz an. Sanger sagte, er werde Dich nächste Woche wissen lassen, was sich in der »Gesellschaft« ereignet hat. Der letzte Samstag war ziemlich mißglückt, da ich am Freitag entdeckt hatte, daß mein Referat lauter dummes Zeug enthielt; übrigens waren Sanger und ich nach dem Konzert so völlig fertig, daß wir keinen Gedanken mehr in unsern Schädeln hatten. Ich bekam jedesmal »Gedankenverstopfung«, wenn ich etwas gefragt wurde. Wir denken an den kleinen Trevy[19], doch Moore, der ihn am besten kennt, hat Bedenken. Ich hoffe eher, daß sich ein Knäblein aus King's College als embryonisch entpuppt. Er ist bei weitem der Gescheiteste und Anziehendste der ganzen Familie. Ich habe heute eine so fabelhafte Unmenge von Arbeit geleistet, daß ich gescheiter jetzt aufhöre, insbesondere da ich Dich ja bald sehe und Sprechen besser ist als Schreiben (bes. mein Geschreibsel, das auf dieser Seite ein bißchen blöd geworden ist).

Der D. brüderlich
E. M.
(Edward Marsh)

Trinity College, Cambridge
22. Okt. 94.

Lieber Russell

Ich freue mich sehr, daß Du es einrichten kannst, hierherzukommen. Für Zimmer werde ich sorgen. Wir würden uns sehr freuen, wenn Du ein Referat halten würdest, da wir zur Zeit nur unserer vier sind.
Maggie Tulliver oder Cleopatra scheint ein so gutes Thema zu sein, daß Du einfach darüber lesen solltest, ohne Dir noch die Mühe zu machen, uns Themen zur Auswahl zu senden. Letzte Woche hielt Marsh ein ausgezeichnetes Referat über das Thema »Lieben wir die Natur?«, aber leider war die Diskussion nicht ebensogut, denn Marsh und ich waren ganz blöd (wir hatten vorher am Nachmittag die Neunte Symphonie gehört) und außerdem waren nur noch Dickinson und Moore da. Dickinson sprach gut, und, wie ich annehme, Moore auch, aber ich verstand ihn nicht. Ich weiß nicht, ob ich in dem Brief, worin ich Dir schrieb, was Ward gesagt hat, genügend hervorgehoben habe, daß sein Hauptpunkt war, Du sollest arbeiten, was Du magst (zum Unterschied wohl davon, was Du vielleicht arbeiten zu müssen glaubst). Mit allem Nachdruck hielt er an dem Punkt fest, daß Du, wenn Dich die Metageometrie anöde, eben lieber etwas anderes studieren solltest. Über George Trevey gehen unsere Ansichten ganz auseinander – will sagen: Marsh und Wedgewood sind für ihn, ich bin alles in allem neutral, aber Moore meint, die meisten unserer Debatten würden ihn nicht interessieren. Die spukologische (parapsychologische) Vereinbarung hat sich ein Medium gesichert, das unerklärliche Dinge tut. Natürlich schreit Myers Triumph, und Sidgwick sieht sich gezwungen, zuzugeben, daß er seinerzeit überzeugt war, es aber jetzt kaum mehr sei.

Der Deine brüd.
Charles Percy Sanger

Trinity College, Cambridge
Mittwoch (1894)

Lieber Russell

Ich schicke die Abhandlung morgen; der Schlußteil ist für ungebildete Leute ziemlich verwirrend; aber ich war doch froh, sie wieder einmal gelesen zu haben.
Ich komme gerade aus einem Konzert; neben mir saß eine alte Dame, die genau aussah wie die Hammelkeule in *Alice im Wunderland;* die Gesichtszüge waren fast genau gleich, und sie hatte eine passende rosa Papierkrause auf dem Kopf, die sich bei näherer Besichtigung als eine gefärbte Feder erwies. Das Bild dürfte sie kaum gekannt haben.
MacT.'s Referat am Sonntag war sehr interessant. Mackenzie bemerkte danach, mit Hegels Theorie der Strafe verhalte es sich ganz anders, doch MacT. fuhr nur fort zu lächeln – wer im Recht war, weiß ich nicht, aber ich habe MacT. noch nie so rasch den Mund halten sehen. Es war sehr komisch anzusehen, wie Trotter, demütig und ihn kopierend, hinter ihm den Saal betrat – er wirkte auch »völlig verrückt und in weißer Baumwolle« (Du erinnerst Dich an den Confidante in Sheridans *Kritiker*).
Am Abend Deiner Abfahrt hatte ich noch einen höchst komischen Auftritt mit meiner »Bettmacherin«. Ich war in meinem Schlafzimmer, als ich eine schwache Stimme meinen Namen rufen hörte. »Nun?«, sagte ich. »Ist das nicht eine traurige Geschichte, junger Herr?«, ließ sich die klägliche Stimme vernehmen. »Was denn?«, fragte ich. (Ich dachte mindestens Mrs. Appleton sei mit Zwillingen niedergekommen.) – »Mit Ihrem Tisch, junger Herr.« – »Nun, was ist mit dem?« – »Waren Sie nicht erstaunt, die Einlegeplatte noch drin zu finden?« – »Ja, sehr, wie kam das?« – »Hat Ihnen der Herr nichts gesagt?« – »Was für ein Herr? Was ist denn passiert?« Es kam heraus, sie habe ein Stück von dem Holz abgebrochen, gerade als Tommy Booth mit einer meiner Pfeifen hereinkam. Ist das nicht ungeheuerlich, daß sie mir das nicht glatt heraussagen konnte? Ich hoffe, wenn meine Frau einmal stirbt oder sonst etwas dergleichen passiert, daß sich dann stets jemand findet, der meine

Kümmernisse ins Lächerliche zieht durch übertriebene Teilnahme. Mir liegt gar nichts dran, wenn in meinem Zimmer etwas schiefgeht. Mrs. Ropers Mitgefühl kann ich nicht widerstehen.
Oswald Sickerts Buch ist endlich herausgekommen; ich erhielt heute früh ein Exemplar von ihm. Es ist mir gewidmet, was mich sehr stolz macht – es liest sich weit besser als im Ms. Ich halte es für glänzend.
Nächsten Samstag soll wieder eine riesige Versammlung veranstaltet werden. Mayor, Trevy, Theo, alle kommen zu Moores Referat. Ich werde Dir wohl darüber schreiben. Jetzt aber bin ich für heute mit meinen Neuigkeiten zu Ende; es geht auf zwölf.

Gute Nacht
E. H. M. (Marsh)

Trinity College, Cambridge
21. Nov. 94

Mein lieber Russell

Ich komme gerade aus einem komischen Konzert – nicht daß es an sich besonders komisch gewesen wäre, aber ich geriet in eine so durch und durch unmusikalische Gemütsverfassung durch die erste Programmnummer – eine Künstlerin vom zähen, geschäftsmäßigen Kaliber (der Affen, meine ich – sie ist eine Äffin) – sie spielt nicht ganz wie ein Menschenwesen, aber immerhin recht ähnlich. Natürlich war es, als Ergebnis einer so jungen Entwicklung, durchaus ehrenwert, daß sie ihre Sache so gut machte, aber es hinderte einen doch an der Würdigung der Musik. Das nächste Lebewesen war eine Sängerin – eine von jenen Damen reiferen Alters, die wie Karikaturen ihres früheren Selbst wirken – sie gab eines jener absonderlichen Geständnisse zum Besten, wie man sie nur in Konzertsälen zu hören bekommt, nämlich über ihr Verhalten, als sie einmal angetrunken war und einen besseren Herrn mit ihren Armen umfing – *Te souviens-tu de notre ivresse, quand nos bras étaient enlacés?* Conybeare witzelte, wenn sie damals in »ivresse« gewesen, sie nunmehr in »evening dress« sei – ihre tiefen Verbeugungen zum Schluß waren sehenswert.

Wann schrieb ich Dir eigentlich zuletzt? Hast Du von Moores Abhandlung über die Freundschaft gehört? Es ist nicht viel darüber zu sagen; es war mehr oder weniger eine ausführliche Aufzählung dessen, was unser Ideal ist, ohne große praktische Tragweite. Natürlich kam unsere gute alte Freundin, die Paarung, aufs Tapet und wurde wie üblich heruntergemacht; danach, wie in der »Gesellschaft« darüber geredet wird, könnte man meinen, es drehe sich um etwas wie eine Homerule-Bill, von der jedermann irgendwie Notiz nehmen muß, die aber jedermann zum Halse herauswächst. Die Diskussion war interessant. Trevy, Theo und Mayor waren auch da. Mayor gab Theo Gelegenheit zu äußern, er habe nicht erwartet, in ihm eine Erscheinung bereits so reiferen Alters zu finden. Mayor breitete die Schwingen – Wedd war ebenfalls da, er und Theo sprachen gut[20]. Letzten Samstag las MacT. einen alten Aufsatz. Warum schrumpfen Rosenblätter? Über den Ursprung des Bösen. – Es war nicht ganz zufriedenstellend, denn einerseits hatte MacT. seinen Standpunkt gewechselt, seit er den Aufsatz schrieb, und andererseits war es ziemlich verstimmend, daß niemand außer ihm die Dialektik begriff – man kam sich vor wie in einer Volkshochschule. Sanger liest am Samstag über »Was ist Bildung?« Crompton wird herkommen.

Lady Trevy war heute hier. Ich kann sie immer gut leiden; sie hat ein so echtes heiteres Wesen. Am Sonntag lernte ich eine reizende Dame kennen, Miss Stawell[21], mit der Dickinson mich freundlicherweise bekannt machte. Ich halte sie für wirklich hochgebildet – sie scheint eine ganz seltene Empfindung für das Schöne zu haben; ich hoffe, wir bekommen sie noch öfter zu sehen. Mayors Schwester war ebenfalls da; im Vergleich wirkte sie recht gewöhnlich und oberflächlich. So oft, wie das jetzt der Fall ist, mit Verrall zusammenzusein, ist sehr spaßhaft (ich gehe wieder für Stilübungen zu ihm); letzthin fragte ich ihn wegen der Bedeutung einer Stelle bei Shelley, die wir zu übersetzen hatten, worauf er antwortete: »Das kann ich dir wahrhaftig nicht sagen, lieber Kleiner. Du zahlst D. Geld und machst, wozu du Lust hast.« Derlei macht mir viel Spaß. Der Tag naht jetzt sehr bald heran, wie? Ein wundervoller Gedanke! Denk daran, mir mitzuteilen, wie es Deiner Großmutter geht, wenn Du schreibst.

Der D. brüderlich
Edward M. (Marsh)

Übrigens noch Dank für die Photographie; sie ist alles in allem gut, obwohl Du recht aufgeblasen aussiehst.

Pembroke Lodge
Richmond, Surrey
16. Sept. 94

Liebster Bertie

Ich kann nicht sagen, daß ich sehr enttäuscht bin über Deinen zweiten Brief – denn »ich beabsichtige«, das und das zu tun und D. erster Brief ließ ja schon wenig Hoffnung, daß Du irgendeinen andern Weg in Betracht ziehen würdest. Natürlich bin ich sehr traurig, ebenso wie O. R. [Onkel Rollo] und die Tante sein werden – sie schreibt, als könne sie sich nicht vorstellen, daß Du den Wunsch haben könntest, diesen Winter im Ausland zu verbringen, aber das besagt nichts[22]. Du mußt tun, was Du für das Richtigste hältst, und ich muß daran denken

Da Stück für Stück Dein Hoffen schwindet
Entschlossen sei und still ...

Ja, die Hoffnungen *sind* neuerdings in rascher Folge geschwunden – doch wenn ich mein Denken dem guten und glücklichen Dunrozel, der menschlichen Vollkommenheit Agathas, der Güte und ständigen Liebe meiner *alten* Kinder und *deren* Kinder, übrigen Verwandten und den vielen treuen Freunden zuwende, so erkenne ich, wieviel Schönes das Leben noch enthält, wofür ich in meinem hohen Alter Gott danken muß. Und für Dich, mein sehr geliebter Junge, kann ich nur versuchen zu hoffen, wenn auch der Weg nicht leicht zu finden ist. Hast Du die Leute besucht, für die die Baronne Dir Briefe mitgab? Sie

fragte mich gestern danach. Die Warburtons sind abgereist, und Lotty[23], die liebe, herrliche Lotty, kommt. Du weißt, was es für sie und mich bedeutet, zusammenzusein. Ich freue mich, daß Du Mr. Dodson magst (kein J) – Mr. Hardinge scheint über alles zu verfügen, was einen beliebt macht, sonst wd. Lord Dufferin ihn nicht als seinen »sehr guten Freund« bezeichnen – Ld. Terence stellte ich mir nicht als sehr nett vor – Ld. D's Kinder scheinen eher Enttäuschungen zu sein. Natürlich kann man nicht von jedem, mit dem man verkehrt, verlangen, daß er die gleichen Interessen hat wie man selber, aber man kann oft die Oberhand gewinnen, wenn man auf anderer Leute Interessen eingeht – Ich hoffe bestimmt, daß Du mit der Zeit und wenn Du erst mehr Leute kennengelernt hast, Paris durchaus genießen wirst – es gibt dort ja so viel zu genießen. Sehr gute Nachrichten von Tante, was Du gerne hören wirst, aber heute ist der scheußliche Sonntag ohne Post. Rollo hat vor, am 20ten herzukommen, wenn Lotty abreist – für 10 Tage – bringt Arthur und Lisa mit – welche Vorfreude!
Lebwohl und Gott segne Dich, mein liebstes Kind

D. Dich stets liebende
Granny

Meine Briefe sind nur für Dich bestimmt . . . Denke daran, daß ich nur zu gern glauben möchte, daß Du aus D. deutschen Erlebnis für d. Studien entsprechenden Nutzen ziehst.

Pembroke Lodge
Richmond, Surrey
9. Okt. 94

Liebster Bertie

Ich freue mich, daß Du in der Botschaft mehr zu tun hattest; ich dachte mir das schon, wegen der »Spannung«, das ist doch wohl der Diplomatenausdruck – zwischen England und Frankreich – die Arbeit muß ja wohl auch interessanter gewesen sein, nicht? Ich hoffe und vertraue darauf, daß die beiden Länder

sich vernünftig verhalten, in wch. Fall Friede und gutes Einvernehmen bewahrt bleiben. Die beiden Regrgn. dürften wohl entsprechend handeln. Ich bin auch froh, daß Mr. Austin Lee wieder zurück ist – das ist ein Mann, dessen Bekanntschaft sich lohnt. Lt. den d'E. (d'Estournelles) kommen jetzt viele ihrer Freunde heim nach Paris, und ich bin sehr gespannt zu hören, wie Du mit den wissenschaftlichen, den politischen, den musikalischen und bezaubernden unter denen, an die Du Empfehlungsbriefe hattest, auskommst. . .
Mein liebstes Kind, Du darfst nicht wünschen, die Zeit solle schneller vergehen, wie sie das an sich tut! Es ist uns wenig genug von ihr gegönnt, um den richtigen Gebrauch davon zu machen. Natürlich begreife ich, wie jeder andere auch, daß Du selbst diese kurze Trennung bedauerst – aber vielleicht weißt Du nicht, wie sehr Du in der Achtung der vielen Leute verloren hättest, die Dir im höchsten Sinn wohlwollen, uns schätzen und wissen, wie wir stets darüber gefühlt und gedacht haben, wenn Du in England geblieben wärst und das Leben, das Du führtest, weitergeführt hättest – gewiß hast Du bereits sehr gelitten und sie ebenfalls, und ich meinte, im Ausland zu arbeiten sei die einzige Möglichkeit gewesen, zunehmende Bekrittelung zu vermeiden, und wenn Du sie dann heiratest, ehe Du jemand anders kennengelernt hast, so ist es mein ernstlicher Wunsch, daß so wenig ungünstiger Eindruck entsteht wie möglich. Du hast mir einmal geschrieben, lieber Junge, Du träumest dauernd bei Nacht von mir und dächtest den Tag über an mich und zerbrächst Dir den Kopf, wie Du mich glücklicher über Dich machen könntest – und ich habe manchmal daran gedacht, zu Papier zu bringen, was mich, D. Onkel und Tante so unglücklich gemacht hat – in der richtigen Reihenfolge der Ereignisse und Zwischenfälle – um Dir, auch jetzt noch, zu helfen, uns glücklicher zu machen. Soll ich das tun? Es gibt nichts, was ich heißer ersehne, als triftige Gründe zu haben, die Frau, die Du heiratest, herzlich zu lieben, falls ich noch lebe, wenn Du verheiratet bist. Es geht mir recht gut – die Krankheit nimmt einen nur langsamen Verlauf bergab –, so daß ich ziemlich nach meiner Gewohnheit zu leben vermag, abgesehen vom Atemholen im

Bett – das macht mir Beschwerde, aber nicht so, daß man es als Schmerz bezeichnen könnte.
Wenn Du an die Tante schreibst, so sage, was mich betrifft, nur, Du hörtest, daß es mir sehr gut gehe.

D. D. herzlichst liebende
Granny

Pembroke Lodge
Richmond, Surrey
23. Okt. 94

Liebster Bertie

Mit Deinem Brief an Tat[24] haben wir uns gefreut, aber bedauert, daß bisher von Deinen Karten keine Notiz genommen wurde. Das Radeln im Bois muß viel Spaß machen. Du fährst doch wohl mit anderen? Du erwähnst nicht, daß Lord Dufferin angekommen ist, was nach den Zeitungen wohl der Fall sein muß. Wie schade, daß Franks Besuch kein Vergnügen war. Er hat ja wohl wirklich aus reiner Gutmütigkeit die Reise zu Dir unternommen, nachdem ich ihm gesagt hatte, wie einsam Du Dich fühltest; aber wir verstehen durchaus, was Du meinst. Mir geht es im Augenblick besser. Hoffentlich bleibt es so länger als nur für den Augenblick – hauptsächlich um Agathas willen. Dem armen lieben Ding geht es selbst gar nicht gut, sie muß bis zu sehr später Stunde im Bett bleiben. Die liebe, gute Isabel [Mrs. Warburton] fuhr gestern weg – ihr Besuch war ebenso rührend wie reizend, teilweise obwohl oder gerade weil ich mich die meiste Zeit über sehr unwohl fühlte – sie ist so »simpatica«, wir führten vielfach ernste Gespräche, auch über sehr dringende Angelegenheiten. – Auf meinen vorletzten Brief hast Du nicht geantwortet; ich hatte gedacht, er würde Dir gefallen, aber ich will nicht wieder auf das Thema von Dir und Miss P. S. kommen – Schreiben ist so unzulänglich , nur oben erwähnen, daß mir ihre Weigerung, mich zu besuchen, alles sehr erschwert. Es ist das erste Mal in meinem langen Leben, daß mir dergleichen widerfährt. Ich glaube nicht, daß ihr das irgendwie nützt, wenn ich mich auch um ihretwillen so zartfühlend wie möglich ausdrücke. Sie war so freundlich, mir zu danken, als ich ihr, aus Interesse an ihrer Person, verschiedentlich mitgeteilt habe, worin sie nach meiner Meinung im Unrecht war – und bei ihren mehrfachen Besuchen danach war sie alles in allem nett, und ich war beglückt und voll Hoffnung, wir würden sie der Liebe wert finden, die wir ihr zu schenken mehr als bereit waren. Dann aber kam die plötzliche, uns unerklärliche Wandlung – und ich kann es selbstverständlich nur beklagen, daß die Frau, die Du liebst, sich weigert, mich zu besuchen und die ich daher niemals besser kennenzulernen vermag, selbst wenn ich länger lebe, als es wahrscheinlich ist. Es kann mir jedoch hienieden nichts mehr Schmerz bereiten, und so bemühe ich mich inzwischen, es mir zur Pflicht zu machen, über all das nicht nachzudenken, da wie es scheint seelische Erregungen für meine Art Krankheit besonders schlecht sind. Gott segne Dich, mein Junge, und sie auch, das ist mein ernsthaftestes Gebet.

D. D. stets liebende
Granny

Pembroke Lodge
Richmond, Surrey
30. Okt. 1894

Liebster Bertie

Großmama geht es wieder viel weniger gut – schlechte Nächte, Schmerzen und Schwäche. Sie mußte heute im Bett bleiben – gestern auch. Natürlich kann sie D. Briefe nicht lesen. Ich habe ihr darüber berichtet. Vor langer Zeit las sie Alys' Brief an sie; ich nehme an, Du erinnerst Dich, daß sie in ihrem an Alys sagte, sie wolle sich *einmal* darüber äußern, was sie über D. Vorhaben denke – und dann nie wieder. Ich nehme an, Du kommst auf dem Weg nach Cambridge hierher? Laß es mich sofort wissen. Ich glaube bestimmt, daß Großmama ärztlicherseits untersagt wird, sich mit schmerzlichen Dingen zu befassen, und das werde ich natürlich einhalten, und sie hat ja ein für allemal geäußert, wie sie denkt und was sie aus Besorgnis für Dich und Alys zu sagen für ihre Pflicht hielt. Liebster Bertie, ich kann nicht weiterschreiben, es bricht mir das Herz, Großmama leiden zu sehen. Es schmerzt mich namenlos, daß Du meinst, ich sei »hartherzig« und lieblos. Wenn meine Worte jemals so gewirkt haben, so wirst Du Dich daran erinnern und eines Tages verstehen, daß in meinem Herzen nur Liebe war, und nichts als Liebe mich vor vollständigem Schweigen bewahrte, denn mich auszusprechen war für mich weit schmerzlicher als Du jetzt begreifst.

Deine Dich liebende
Tante

Pembroke Lodge
Richmond, Surrey
19. Nov. 1894

Meine liebe Alys

Rollo hat uns daran erinnert, daß der 14. Dez. der Todestag von Prinz Albert und von Prinzessin Alice ist; in Ansehung unseres Verhältnisses zur Königin wäre es daher keinem von uns lieb, wenn die Hochzeit an diesem Tag stattfände. Du nimmst uns gewiß nicht übel, daß wir dies zur Sprache bringen. Ginge es nicht am 15ten? Die Gründe gegen diesen Tag waren uns nicht ganz verständlich. Ich hoffe, Dein und Berties Besuch in Dover Street verlief angenehm.

Die Deine herzlich
Agatha Russell

Pembroke Lodge
Richmond, Surrey
10. Dez. 1894

Mein liebstes Kind

Da mir die Stimme zu versagen pflegt, sobald ich von Künftigem spreche, wiewohl dies ein so von Glück erfülltes Ereignis

für Dich ist, ist es doch natürlich, daß ich Dir ein paar Abschiedsworte schreibe. Ganz besonders an diesem Tag, der einst einer der frohesten und geliebtesten des Jahres war[25] und der für mich jetzt ebenso kummer- wie weihevoll ist. Durch die Erinnerungen, die er heraufbeschwört an meinen lieben, vornehmen, ebenso tief liebenden wie liebenswerten und so schwergeprüften Johnny wenden sich meine Gedanken natürlicherweise Dir zu, bei dem wir immer die Empfindung hatten, daß uns damit noch etwas von ihm geblieben ist – Meine Erinnerungen an ihn sind solche unaussprechlicher Freude gemischt mit Sorge und Kummer, die selbst heute, da *er* aller Leiden enthoben ist, schwer zu tragen sind.
Als er und Deine Mutter in der Blüte ihrer Jugend und Gesundheit mich baten, im Falle ihres Todes, Dich als mein eigen Kind zu betrachten, ahnte ich kaum, daß ich einmal dazu berufen würde, das ihnen gegebene Versprechen einzulösen. Doch bald kam der Tag, und Dein Vaterhaus war leer geworden. Als ein unschuldiger, unbewußter kleiner Tröster kamst Du in unser verdüstertes Haus und warst für uns alle drei wie unser eigenes Kind. Du warst verflochen in unser eigenstes Dasein, unser Leben gestaltete und ordnete sich im Hinblick auf Dein Wohlergehen; und als Du wuchsest an Herz und Hirn, wurdest Du unser Gefährte, wie Du unser Kind gewesen warst. Wie dankbar erinnere ich mich daran, daß Du im Laufe Deiner ganzen Kindheit und Knabenzeit stets freudig auf Deine eignen Wünsche zugunsten der Wünsche anderer Menschen verzichtet, niemals eine Ausrede gebraucht, wenn Du Unrecht getan hattest, und es niemals hast mangeln lassen daran, Ermahnung oder Rüge so dankbar hinzunehmen wie Lob. Wir vertrauten Dir, und Du hast unser Vertrauen gerechtfertigt, und alles war Glück und Liebe.
Das Mannesalter kam und brachte neuerliche Ursache zu Dankbarkeit durch Deine tadellose, ehrenvolle Universitätslaufbahn. Doch Mannestum bringt auch Trennung und Wandlung. Du verläßt uns nun für ein neues Leben, ein neues Heim, neue Bindungen und neue Neigungen. Doch Dein Glück und Wohlergehen muß immer noch unseres sein, und unser Gott

wird immer der Deine sein. Mögest Du nur das mitnehmen, was das Beste gewesen und Seine Vergebung erbitten für das, was böse war in der unwiderruflichen Vergangenheit. Möge er Dir eingeben, fromme Gedanken und edle Ziele zu hegen. Mögest Du daran denken, daß nur demütige, liebende Herzen allein Ihm teuer sind. Möge solch ein Herz Dir immerdar gegeben sein und auch ihr, die die Lebensreise an Deiner Seite zu bestehen haben wird.
Gott segne Euch beide und leuchte Euch voran, auf daß Ihr den zum Himmel führenden Pfad findet und befolget.

Immer, mein liebes, liebes Kind,
Deine Dich herzlichst liebende
Granny

Der nun folgende Brief bezeichnet meinen letzten Kontakt mit Edward FitzGerald. Er zeichnete sich als Bergsteiger in Neuseeland und den Anden aus, nachdem er auf diese Weise die Zeit der Verzweiflung über den Tod seiner Frau nach nur wenigen Ehemonaten überwunden hatte. Schließlich ging er mit einer verheirateten Dame durch und machte keinen Versuch mehr, mit alten Freunden in Verbindung zu bleiben.

Colombo, Ceylon
18. Nov. 94

Mein lieber Russell

Schreib mir doch gelegentlich eine Zeile, wie es Dir geht und wann Deine Hochzeit stattfindet.
Ich habe hier für eine Zeitlang haltgemacht, um mich umzusehen. Kürzlich bin ich ins Oberland hinaufgegangen, nach Anuradhapura und Vauakarayankulam (gib Dir keine Mühe, diesen Namen auszusprechen; ich finde ihn schlimmer als Schlangen) auf Großwildjagd, der ich mit Vergnügen oblag. Die ganze Gegend stand jedoch unter Wasser und soll, wie es hieß, höchst fiebergefährlich sein; ich merkte davon jedoch nichts, obschon ich einige Nächte im Bodennebel verbrachte und völlig durch-

näßt wurde. Ich breche jetzt zu einem sozusagen regelrechten Bummel auf und werde frühestens in drei Jahren heimkommen. Ich plane Japan und ein paar Klettertouren in Südamerika, bevor ich mich auf die Rückreise mache.
Schreib mir doch eine Zeile, wenn Dir danach zumute ist, damit ich etwas über Deine Wanderfahrten zu hören kriege. Wenn mir danach ist, was allerdings nicht oft der Fall sein dürfte, schreibe ich Dir auch gelegentlich. Austins neue Wohnung in der Avenue Hoche hast Du wohl gesehen?
Ich werde jetzt mal Schluß machen mit diesem (Brief?).

Stets der Deine
Edw. A. FitzGerald

1 Diese Ordensregeln sind auf Seite 126 ff. nebst einigen Briefen Pearsall Smiths aus meiner Cambridger Zeit abgedruckt.

2 In einem Brief an Alys vom 2. September 1894 schrieb ich: »Tante Georgy [Lady Georgiana Peel, die Stieftochter meiner Großmutter] war gestern sehr lieb zu mir, aber allzu neugierig (wie ja die meisten Frauen sind). Sie erzählte mir, daß selbst in früheren Zeiten Großmutter bei der leisesten Andeutung einer Heirat in eine Art Fieberzustand geriet und sich höchst aufgeregt und besorgt gebärdete.«

3 Logan war das boshafteste Klatschmaul, das ich je erlebt habe.

4 Ich weiß nicht, wer der »Erztugendbold« war oder ob er überhaupt nur in der Phantasie Logans bestand.

5 Ein kleines Landhaus in der Nähe von Friday's Hill, das die Familie von Logans verheirateter Schwester, Mrs. Costelloe (die spätere Mrs. Berenson) bewohnte.

6 Eine hochliterarische Studentenzeitschrift, deren vornehmlichster Gründer und Förderer Oswald Sickert (der Bruder des Malers), ein guter Freund von mir, war.

7 Zur Unterstützung der streikenden Bergleute.

8 Welch ein falsches Urteil!

9 Die Schwester des Schriftstellers Hilaire Belloc. Später Mrs. Lowndes.

10 Ich war über ein Wochenende in Vétheuil bei drei Schwestern namens Kinsella gewesen, Freundinnen der Pearsall Smiths. Ich lernte dort den Maler Condor kennen, der nur einen einzigen Satz äußerte, nämlich: »Wäre das nicht sonderbar, wenn ein Mensch so arm wäre, daß er einem Rasierseife statt Sahne zum Tee geben müßte?« Dort machte ich auch die Bekanntschaft von Jonathan Sturges, der in eine der Schwestern verliebt war.

11 Ich bin jetzt entsetzt über die Eingebildetheit und Selbstgefälligkeit dieses Briefes, wie auch anderer aus der gleichen Zeit. Es nimmt mich wunder, daß Alys sie ertragen hat.

12 Ich fuhr übers Wochenende nach Cambridge, besuchte Alys jedoch nicht, da das Vierteljahr noch nicht um war.

13 Lion FitzPatrick, später Mrs. Phillimore.

14 Unübersetzbares Wortspiel: *icicle* ist ein Eiszapfen, *isinglass* eine Hausenblase und *bicicle* (eigentlich bicycle) ein Zweirad (Anm. d. Übers.).

15 Stalaktiten und Stalagmiten, auch deutsch als termini technici der Geologie gebraucht, sind die von oben beziehungsweise von unten wachsenden Sintersäulen der Tropfsteinhöhlen (Anm. d. Übers.).

16 Oscar Browning.

17 Von Rom, wohin ich sie begleitet hatte.

18 Der hier erwähnte Keynes ist der Vater von Lord Keynes.

19 George Trevelyan, Master von Trinity, Ritter des Verdienstordens, und so weiter.

20 Mayor und Theodore Davies waren genau gleichaltrig; Mayor war der beste und Theodore der zweitbeste klassische Schüler seines Jahrgangs. »Schwingenbreiten« bedeutete, die regelmäßige Anwesenheit bei den Versammlungen der »Gesellschaft« aufgeben, was gewöhnlich im fünften oder sechsten Jahr der Mitgliedschaft geschah.

21 Miss Stawell wurde eine ganz hervorragende Altphilologin.

22 Weil sie wahrscheinlich im Laufe des Winters sterben würde.

23 Ihre Schwester, Lady Charlotte Portal.

24 Tante Agatha.

25 Der Geburtstag meines Vaters.

Erste Ehe

Alys und ich heirateten am 13. Dezember 1894. Seit über zweihundert Jahren hatte ihre Familie den Quäkern von Philadelphia angehört, und Alys war noch immer gläubiges Mitglied der »Gesellschaft der Freunde«. Wir wurden also bei einer Versammlung der Quäker in deren Betsaal an St. Martin's Lane getraut. Es ist mir, als könne ich mich erinnern, daß einer der anwesenden Quäker, vom Geist überkommen, über das Wunder auf der Hochzeit zu Kana predigte, was Alys' Temperenzlergefühle verletzte. Während unserer Verlobungszeit hatten wir uns oft über das Christentum gestritten, aber zur Änderung ihrer Anschauungen brachte ich sie erst einige Monate nach unserer Eheschließung.

Auch in manch sonstiger Hinsicht wurde sie danach anderer Meinung. Wie die amerikanischen Frauen jener Zeit durchwegs war sie dazu erzogen worden, Geschlechtsleben als etwas Tierisches, das alle Frauen verabscheuten, und die rohe Sinnenlust des Mannes als das Haupthindernis für Eheglück zu betrachten. Sie war daher der Ansicht, Geschlechtsverkehr habe nur stattzufinden, wenn der Wunsch nach Kindern bestehe. Da wir uns dafür entschieden hatten, kinderlos zu bleiben, mußte sie in diesem Punkt ihre Stellungnahme ändern, wobei sie jedoch immer noch voraussetzte, daß sie nur sehr selten das Verlangen nach Verkehr haben werde. Ich widersprach nicht, hielt es auch nicht für nötig.

Weder sie noch ich hatten irgendwelche vorehelichen Erfahrungen auf diesem Gebiet. Wie offenbar bei Paaren dieser Art üblich, hatten wir zu Anfang mancherlei Schwierigkeiten. Ich habe von vielen Leuten gehört, dies habe ihre Flitterwochen recht beschwerlich gestaltet; wir machten jedoch diese Erfahrungen nicht. Die Schwierigkeiten erschienen uns lediglich komisch und wurden rasch überwunden. Ich entsinne mich freilich, daß ich eines Tages nach dreiwöchiger Ehe, wohl unter dem Einfluß geschlechtlicher Ermüdung, Alys haßte und mir nicht erklären konnte, weshalb ich sie hatte heiraten wollen. Diese Gemütsverfassung dauerte genauso lange wie die Reise von Amsterdam nach Berlin; später habe ich ähnliche Anwandlungen nie mehr erlebt.

Wir hatten uns vorgenommen, während unserer ersten Ehejahre eine Menge fremder Länder zu besuchen, und so verbrachten wir das erste Vierteljahr 1895 in Berlin. Ich ging auf die Universität, wo ich hauptsächlich Nationalökonomie hörte. Ich arbeitete dabei an meiner Fellowship-Dissertation weiter. Dreimal in der Woche besuchten wir Konzerte und begannen mit Sozialdemokraten Bekanntschaft zu machen, die damals als höchst verruchte Leute galten. Lady Ermyntrude Malet, die Frau des Botschafters, war meine Cousine, und so wurden wir zum Essen in die Botschaft eingeladen. Alle waren freundlich zu uns, und sämtliche Attachés versprachen, uns zu besuchen. Es kam jedoch nicht ein einziger, und als wir wieder einmal einen Besuch auf der Botschaft machen wollten, war niemand zu Hause. Eine Zeitlang beachteten wir all das nicht weiter, schließlich aber bekamen wir heraus, der Grund dafür sei, daß Alys dem Botschafter gegenüber erwähnt hatte, wir seien bei einer sozialistischen Versammlung gewesen. Wir erfuhren das aus einem Brief von Lady Ermyntrude an meine Großmutter. Trotz Großmutters Vorurteil gegen Alys nahm sie bei dieser Gelegenheit durchaus Partei für sie. Handelte es sich doch um eine Frage des öffentlichen Lebens, und bei solchen konnte man sich stets darauf verlassen, daß sowohl Großmutter wie Tante Agatha nicht engherzig waren.

Während dieser Zeit begannen meine intellektuellen Ambitionen Gestalt anzunehmen. Ich entschloß mich, keinen bestimmten Beruf zu ergreifen, sondern mich der Schriftstellerei zu widmen. Ich entsinne mich eines kalten hellen Vorfrühlingstags, an dem ich im Tiergarten allein spazierenging und Pläne für meine künftige Arbeit machte. Ich gedachte, eine Reihe von Büchern über die Philosophie der einzelnen Wissenschaften, von der reinen Mathematik bis zur Physiologie, sowie eine weitere Reihe über soziale Fragen zu schreiben. Ich gab mich der Hoffnung hin, die beiden Reihen würden dann zu einer zugleich wissenschaftlichen und praktischen Synthese verschmelzen. Der Plan war weitgehend von Hegelschen Ideen beeinflußt. Nichtsdestoweniger habe ich ihn in späteren Jahren bis zu einem gewissen Ausmaß befolgt, jedenfalls so weit, wie es erwartet werden konnte. Es war dies ein bedeutsamer, formbildender Augenblick für meine Vorsätze.

Zu Frühlingsanfang fuhren wir nach Fiesole und hielten uns bei Alys' Schwester auf, die in einer kleinen Villa wohnte, während Berenson in einer andern kleinen Villa nebenan hauste. Nach der Abreise von dort fuhren wir der Adriaküste entlang und machten in Pesaro, Urbino, Ravenna, Rimini und an verschiedenen andern Orten Station. Diese Wochen blieben mir als eine der glücklichsten Perioden meines Lebens im Gedächtnis. Italien, Frühling, erste Liebe – das alles in einem, müßte wohl genügen, den schlimmsten Griesgram glücklich zu machen. Wir badeten nackt im Meer und legten uns dann zum Trockenwerden auf den Sand; es war das jedoch ein etwas gefährlicher Sport, denn über kurz oder lang kam immer ein Polizist daher, um festzustellen, ob nicht jemand unter Zuwiderhandlung gegen das Salzsteuergesetz dem Meere Salz entnahm. Glücklicherweise wurden wir nie richtig erwischt.

Es wurde nun allmählich Zeit, an die Abfassung meiner Dissertation zu denken, die bis zum August fertiggestellt sein mußte. Wir ließen uns also in Fernhurst nieder, und ich erlebte es zum ersten Mal, was es heißt, ernstliche eigene Gedankenarbeit zu leisten. Hoffnungsvolle Tage wechselten ab mit verzweiflungsvollen, doch als zuguterletzt die Dissertation doch fertig war, glaubte ich unbedingt, alle mit den Grundbegriffen der Geometrie zusammenhängenden Fragen philosophischer Natur gelöst zu haben. Ich wußte damals noch nicht, daß Hoffnungen und Verzweiflungen, die im Gefolge eigenster Gedankenarbeit auftreten, gleicherweise trügerisch sind, daß das von einem geschaffene Werk weder so schlecht ist, wie es an schlechten Tagen wirkt, noch so gut, wie es an guten Tagen erscheint.

Meine Dissertation wurde von Whitehead und James Ward gelesen, weil sie teils mathematisch, teils philosophisch war. Bevor das Ergebnis verkündet wurde, übte Whitehead ziemlich strenge, doch durchaus gerechte Kritik an meiner Arbeit, so daß ich zu dem Schluß kam, sie sei wertlos; ich wollte darum die Bekanntgabe gar nicht erst abwarten. Aus reinen Höflichkeitsgründen machte ich indes noch einen Besuch bei James Ward, der das genaue Gegenteil äußerte und alles über den grünen Klee lobte. Am Tage darauf erfuhr ich, daß ich zum Fellow gewählt sei, und Whitehead berichtete mir lächelnd, daß er angenommen habe, es sei diesmal die letzte Gelegenheit für denjenigen, der an meinen Arbeiten etwas Ernstliches auszusetzen finden wolle.

Mit meiner ersten Eheschließung begann für mich eine Zeit großen Glücks und fruchtbarer Arbeit. Frei von Störungen des Gefühlslebens konnte ich meine ganze Energie intellektuellen Aufgaben zuwenden. Während der ersten Ehejahre las ich sehr viel sowohl auf dem Gebiet der Mathematik wie der Philosophie. In bestimmtem Umfang vollendete ich eigene Arbeiten und legte den Grundstein für spätere. Ich machte Reisen ins Ausland und verwandte meine freie Zeit größtenteils auf gediegene Lektüre, vornehmlich historischer Werke. Nach dem Abendessen pflegten meine Frau und ich abwechselnd vorzulesen, und so ackerten wir zahlreiche Bände klassischer Geschichtsschreibung durch. Das letzte Buch, das wir auf diese Weise lasen, war, wenn ich mich recht erinnere, Gregorovius' *Geschichte der Stadt Rom im Mittelalter*. Es war dies die intellektuell fruchtbarste Periode meines Lebens, und ich schulde meiner ersten Frau Dank dafür, daß sie dies ermöglichte. Anfangs war es ihr gar nicht recht, ein ruhiges Leben auf dem Lande zu führen, wozu ich jedoch um meiner Arbeit willen fest entschlossen war. Sie selbst und meine Arbeit erfüllten mich genügend mit Glück, daß ich sonst nichts brauchte, wiewohl wir in der Regel eigentlich nur etwa ein halbes Jahr still auf dem Lande verbrachten. Selbst während dieser Zeit war sie öfter von daheim abwesend und hielt Vorträge über Frauenstimmrecht oder Antialkoholismus. Ich selbst war ihr zuliebe Temperenzler geworden, was ich rein gewohnheitsmäßig dann auch geblieben bin, als der ursprüngliche Beweggrund dafür weggefallen war. Ich nahm das Trinken erst wieder auf, als der König Abstinenzler wurde. Es war das im Ersten Weltkrieg, und er begründete seinen Vorsatz damit, daß die Enthaltsamkeit der Vertilgung von Deutschen förderlich sei, was darauf zu deuten schien, daß zwischen Pazifismus und Alkoholismus ein Zusammenhang bestehe.

Nach meiner Wahl zum Fellow im Herbst 1895 fuhren wir wieder nach Berlin, um Studien über die deutsche Sozialdemokratie zu treiben. So kamen wir während dieses Aufenthalts in Berlin fast ausschließlich mit Sozialisten zusammen. Wir lernten Bebel und den älteren Liebknecht kennen. Der jüngere Liebknecht, der dann nach dem Ersten Weltkrieg umgebracht wurde, war damals noch ein Knabe. Wir müssen ihn, als wir in seinem Vaterhaus zu Tisch waren, gesehen haben, wenn ich mich auch nicht mehr an ihn erinnern kann. In jenen Jahren waren die Sozialdemokraten glühende Revolutionäre, und ich war zu jung, um mir vorzustellen, was aus ihnen werden würde, wenn sie an die Macht kämen. Anfangs 1896 hielt ich Vorlesungen über sie an der London School of Economics, die damals an der John Street lag. Ich war, glaube ich, ihr erster Dozent. Ich lernte dort W. A. S. Hewins kennen, unter dessen starkem Einfluß ich von da an bis etwa 1901 stand. Er entstammte einer katholischen Familie und hatte das Britische Weltreich an Stelle der Kirche zum Gegenstand seiner Verehrung gemacht.

Ich war in jener Zeit sehr viel reizbarer als späterhin. Während ich an der School of Economics las, lebte ich mit meiner Frau in einer Wohnung Ashley Gardens 90, wo ich aber nicht arbeiten konnte, weil das Geräusch des Fahrstuhls mich dauernd störte. Ich ging deshalb jeden Tag zu Fuß nach Alys' Elternhaus an Grosvenor Road, wo ich Stunden damit hinbrachte, Georg Cantor zu lesen und die Hauptpunkte in ein Notizbuch aufzuschreiben. Damals nahm ich fälschlicherweise an, alle seine Beweise seien Trugschlüsse, trotzdem jedoch arbeitete ich sie alle bis in die kleinsten Einzelheiten durch. Das kam mir später gut zustatten, als ich entdeckte, daß alle Trugschlüsse meine eigenen waren.

Im Frühjahr erwarben wir dann ein Arbeiterhäuschen in Fernhurst – »The Millhanger« genannt –, das wir durch ein ziemlich großes Wohn- und Schlafzimmer ergänzten. Hier verbrachte ich viele der glücklichsten Stunden meines Lebens. Ich eignete mir einen guten Teil des mich interessierenden Wissensstoffs an, und meine eigenen Arbeiten wurden von Sachverständigen höher gepriesen, als ich erwartet hatte. Solange ich Student war, hielt ich meine Begabung nicht für so bedeutend, als sie sich späterhin erweisen sollte. Ich entsinne mich, daß ich mir die Frage vorlegte, ob ich – schier unerreichbares Ideal – je so gute Arbeit zustande bringen würde wie McTaggart. Während der Frühzeit meiner ersten Ehe wurde Whitehead nach und nach aus einem Lehrer zu einem Freund. Im Jahre 1890 hatte ich als Fuchs in Cambridge seine Vorlesungen über Statik gehört. Er forderte die Klasse auf, Absatz 35 des Lehrbuchs gründlich durchzugehen, zu mir jedoch sagte er: »Sie haben das nicht nötig, Sie kennen ihn ja bereits.« Ich hatte den Absatz nämlich vor einigen Monaten bei der Stipendiatenprüfung unter Angabe der Nummer zitiert. Daß Whitehead sich daran erinnerte, gewann ihm mein Herz.

In England wurde er nur als Mathematiker betrachtet; es blieb Amerika überlassen, ihn als Philosophen zu entdecken. In unsern philosophischen Anschauungen stimmten wir allerdings nicht überein, so daß eine Zusammenarbeit nicht länger möglich war, und seit er dann nach Amerika übersiedelt war, bekam ich ihn sowieso viel weniger zu sehen. Ganz auseinander kamen wir jedoch dann während des Ersten Weltkriegs, da er ein abgesagter Gegner meiner pazifistischen Stellungnahme war. Bei den Auseinandersetzungen über dieses Thema war er indes viel duldsamer als ich, und es war weit mehr meine Schuld als die seine, daß diese Differenzen eine Trübung unserer engen Freundschaft herbeiführten.

In den letzten Kriegsmonaten fiel sein erst achtzehnjähriger jüngerer Sohn. Es war das ein entsetzlicher Gram für ihn, und es gelang ihm nur unter Aufbietung eines Höchstmaßes an sittlicher Disziplin, seine Arbeit fortzusetzen. Der Schmerz über diesen Verlust hat sehr viel dazu beigetragen, daß sein Denken sich der Philosophie zuwandte und ihn Wege suchen ließ, die eine Abwendung vom Glauben an ein rein mechanistisches

Weltbild erlaubten. Seine Philosophie war sehr dunkel, und sie enthielt vieles, was mir niemals zu verstehen gelang. Er hatte stets eine Neigung zu Kant, für den ich nicht viel übrig hatte, und als er dann seine eigene Philosophie zu entwickeln begann, ließ er sich stark von Bergson beeinflussen. Er war beeindruckt von dem Begriff der Einheitlichkeit im Weltall und war der Ansicht, daß wissenschaftliche Folgerungen nur auf Grund dieser Erscheinung gerechtfertigt werden könnten. Mein Naturell führte mich in die entgegengesetzte Richtung, aber ich bezweifle, ob reine Vernunft hätte entscheiden können, wer von uns beiden hier mehr im Rechte war. Diejenigen, die seine Weltanschauung vorziehen, mögen sagen, daß, während er darauf abziele, dem Durchschnittsmenschen Trost zu bringen, es mein Ziel sei, den Philosophen Trostlosigkeit beizubringen; wer meiner Meinung zugeneigt war, mochte wohl erwidern, während er den Philosophen Freude mache, bereite ich den Durchschnittsmenschen Vergnügen. Wie dem auch sein mag, unsere Wege trennten sich, obschon unsere gegenseitige Zuneigung anhielt.

Whitehead war ein Mann mit außerordentlich weitgespannten Interessen, und sein historisches Wissen erstaunte mich immer wieder. Gelegentlich entdeckte ich, daß er das höchst ernsthafte und ziemlich abseitige Werk Paolo Sarpis *Die Geschichte des Tridentiner Konzils* als Nachttischlektüre benutzte. Welch historisches Thema auch immer aufs Tapet kam, er wußte stets erleuchtende Tatsachen dazu anzuführen, zum Beispiel den Zusammenhang von Burkes politischen Anschauungen mit seinen Interessen in der City oder die Beziehung des hussitischen Ketzertums zu den böhmischen Silberbergwerken. Er besaß einen bezaubernden Humor und große Liebenswürdigkeit. In meiner Studentenzeit hatte er den Spitznamen »Der Cherub«, den Leute, die ihn aus seinem späteren Leben kannten, als unangemessen und respektlos erachten dürften, der aber damals auf ihn paßte. Seine Familie stammte aus Kent und hatte geistliche Herren hervorgebracht, seit St. Augustin an der Küste der Grafschaft gelandet war. Er pflegte voller Belustigung zu erzählen, daß mein Großvater [der Premierminister], der sehr beunruhigt war über die Verbreitung des Katholizismus in England, Whiteheads Schwester beschworen hatte, die englische Hochkirche nicht zu verlassen. Was ihn daran belustigte, war die völlige Unwahrscheinlichkeit eines solchen Falles. Whiteheads theologische Ansichten waren keineswegs orthodox, doch etwas von Pfarrhausatmosphäre war in seiner Geistesverfassung haften geblieben und trat in seinen späteren Schriften zutage.

Er war höchst bescheiden; die stärkste Prahlerei, zu der er sich verstieg war, er bemühe sich, die Vorzüge seiner Mängel zu bekommen. Er scheute sich nie, abfällige Geschichten gegen sich selbst zu erzählen. In Cambridge gab es zwei alte Damen, Schwestern, deren Gebaren einem die Annahme nahelegte, sie kämen geradewegs aus *Cranford.* In Tat und Wahrheit aber waren sie fortschrittlich, ja verwegen in ihren Anschauungen und marschierten bei jeder Reformbewegung in der vordersten Reihe. Ein bißchen kleinlaut pflegte Whitehead nun zu berichten, wie er bei der ersten Bekanntschaft mit diesen Damen, von ihrem Äußeren irregeführt, meinte, es wäre spaßhaft, ihnen einen kleinen Schreck einzujagen. Als er jedoch mit einer etwas radikalen Ansicht herausrückte, sagten sie: »Ach, Mr. Whitehead, das freut uns aber, daß *Sie* das sagen«, woraus hervorging, daß sie ihn bisher für eine Säule der Reaktion gehalten hatten.

Whiteheads Konzentrationsfähigkeit auf seine Arbeit war ganz außerordentlich. Als ich einmal an einem heißen Sommertag draußen in Grantchester bei ihm war, kam unser Freund Crompton Davies an, und ich nahm ihn mit in den Garten, damit er dem Hausherrn Guten Tag sage. Whitehead saß da und schrieb irgend etwas Mathematisches. Davies und ich blieben im Abstand von höchstens einem Meter vor ihm stehen und sahen zu, wie er Seite um Seite mit Formeln bedeckte. Er gewahrte uns überhaupt nicht, und so gingen wir, von ehrfürchtiger Scheu erfüllt, nach einiger Zeit weg.

Wer ihn näher kannte, bemerkte vielerlei an ihm, was bei oberflächlicherer Bekanntschaft nicht zutage trat. In Gesellschaft wirkte er liebenswürdig, vernünftig, unerschütterlich. Unerschütterlich war er jedoch keineswegs und bestimmt nicht eines

von jenen erbarmungslosen Ungeheuern, die man »Vernunftmenschen« nennt. Seine Hingebung an Frau und Kinder war tief und leidenschaftlich. Der Bedeutung der Religion war er sich jederzeit durchaus bewußt. Als Jüngling hätte er sich, von Kardinal Newman beeinflußt, beinahe zum Katholizismus bekehren lassen. Seine spätere Philosophie verschaffte ihm einen Teil dessen, was er von der Religion begehrte. Gleich andern Menschen von höchst disziplinierter Lebensführung neigte er zu qualvollen Selbstgesprächen; wenn er sich allein glaubte, murmelte er Beschimpfungen gegen sich selbst wegen seiner vermeintlichen Unzulänglichkeiten. Seine ersten Ehejahre waren verdüstert durch materielle Sorgen, die ihn jedoch, so schwer er daran trug, nie von seiner Arbeit ablenkten, die hochbedeutsam war, doch wenig einbrachte.
Er besaß praktische Talente, die allerdings in der Zeit, da ich ihm am nächsten stand, nicht viel Auswirkung fanden. Es eignete ihm eine überraschende Gewitztheit, die ihn befähigte, sich bei Ausschußsitzungen durchzusetzen, was Leute, die ihn für durch und durch abstrakt und weltunkundig hielten, immer wieder erstaunte. Er wäre wohl ein tüchtiger Verwaltungsbeamter geworden, hätte er nicht den einen Fehler gehabt, daß er völlig außerstande war, Briefe zu beantworten. Ich befragte ihn einmal brieflich über einen mathematischen Punkt, über den ich, zu einem gegen Poincaré gerichteten Aufsatz, dringend Bescheid haben mußte. Da er nicht antwortete, schrieb ich noch einmal. Als wieder keine Antwort erfolgte, schickte ich ihm ein Telegramm mit bezahlter Rückantwort. Ich mußte jedoch schließlich die Reise nach Broadstairs zu ihm unternehmen, um mir die Antwort persönlich zu holen. Seine Freunde gewöhnten sich allmählich an dieses eigenartige Verhalten, und wenn die seltene Gelegenheit eintrat, daß einer von ihnen einen Brief von ihm erhielt, dann kamen sie alle zusammen, um dem Empfänger zu gratulieren. Er rechtfertigte sich damit, daß er sagte, wenn er Briefe beantworten wolle, dann bliebe ihm keine Zeit mehr für seine Arbeit, eine Rechtfertigung, die Hand und Fuß hatte und nicht zu widerlegen war.
Er war zudem ein geradezu vollendeter Lehrer. An den Men-

schen, mit denen er zu tun hatte, nahm er persönliches Interesse; er kannte genau ihre starken und ihre schwachen Seiten. Er holte aus einem Schüler das Höchste heraus, dessen er fähig war. Er übte keinerlei Zwang aus; er benahm sich nicht spöttisch oder von oben herab oder wie sich minderwertige Lehrer sonst verhalten. Meines Erachtens weckte er in allen begabten jungen Menschen, mit denen er in Berührung kam, so wie bei mir, eine echte, dauerhafte Zuneigung.

Whitehead und seine Frau pflegten auf dem Lande bei uns zu wohnen und wir in Cambridge bei ihnen. Einmal wohnten wir bei dem alter Master, Montagu Butler, in der Lodge und schliefen im Bett der Königin Anna, aber glücklicherweise wurde dieses Erlebnis nicht wiederholt.

Meine Vorlesungen über den deutschen Sozialismus erschienen im Jahre 1896. Es war dies mein erstes Buch, doch ich nahm kein großes Interesse daran, da ich entschlossen war, mich der Philosophie der Mathematik zu widmen. Ich schrieb meine Fellowship-Dissertation um; sie wurde von der Cambridge University Press angenommen, bei der sie im Jahre 1897 unter dem Titel *An Essay on the Foundations of Geometry* herauskam. Späterhin kam mir dieses Buch gar zu kantianisch vor; es war jedoch ein Glück für meinen wissenschaftlichen Ruf, daß mein erstes philosophisches Werk nicht gegen die Rechtgläubigkeit der Zeit Stellung bezog. Es war damals nämlich Brauch in akademischen Kreisen, alle Kritiker Kants als Leute abzutun, die ihn nicht verstanden hatten, und so war es, wenn man diese Kritik zu widerlegen unternahm, vorteilhaft, daß man einmal mit ihm einverstanden gewesen war. Das Buch wurde sehr gelobt, viel mehr als es tatsächlich verdiente. Seit damals haben dann die akademischen Rezensenten durchwegs von jedem meiner folgenden Bücher behauptet, es zeige einen Niedergang.

Im Herbst 1896 fuhren Alys und ich auf ein Vierteljahr nach Amerika, vornehmlich damit ich die Bekanntschaft ihrer Familie machen solle[1]. Zuallererst jedoch besuchten wir Walt Whitmans Haus in Camden, N. J. Von dort aus begaben wir uns nach dem Fabrikstädtchen Millville, wo ein Vetter von Alys namens Bond Thomas, Direktor einer Glasfabrik, eines langjährigen

Familienbesitzes, war. Dessen Frau Edith war eine Busenfreundin von Alys. Laut Volkszählung hatte das Städtchen 10 002 Einwohner; die überschüssigen zwei seien sie, erklärten die Thomas. Er war eine einfache, schlichte Seele, sie jedoch hatte literarische Rosinen im Kopf. Sie schrieb schlechte Theaterstücke im Stil von Scribe und bildete sich ein, wenn sie bloß von Millville fortkäme und mit den Literaturgrößen Europas in Verbindung treten könne, würde ihr Talent die gebührende Anerkennung finden. Er war ihr völlig ergeben, sie jedoch hatte allerhand Techtelmechtel mit Männern, die ihrer Meinung nach aus feinerem Holz geschnitzt waren als ihr Ehemann. Damals bestand die ganze Umgegend noch aus Waldung, und sie nahm mich in ihrem Buggy [dem landesüblichen vierrädrigen Einspänner] auf lange Fahrten über ungepflasterte Straßen mit. Stets hatte sie einen Revolver bei sich: man könne nie wissen, ob man ihn nicht brauchen könne. Spätere Vorkommnisse führten mich zum Verdacht, daß sie *Hedda Gabler* gelesen hatte. Zwei Jahre später besuchten die beiden uns in einem Palazzo in Venedig und blieben eine Zeitlang. Wir stellten sie allerhand Schriftstellern vor. Es ergab sich dann, daß das Werk, an das sie während ihrer zehnjährigen Einsamkeit in Millville soviel Mühe und Fleiß gewandt hatte, vollkommen wertlos war. Tief entmutigt kehrte sie nach Amerika zurück, und die nächste Nachricht über sie, die wir bekamen, lautete, daß sie sich die Liebesbriefe ihres Mannes aufs Herz gelegt und sich durch diese hindurch mittels des Revolvers erschossen hatte. Der Mann heiratete später wieder, und zwar eine Frau, die angeblich der verstorbenen aufs Haar glich.

Vorerst begaben wir uns von dort nach Bryn Mawr zu der Schwester von Bond Thomas, Carey Thomas, die dort Präsidentin war und daher von der ganzen Familie geradezu mit Ehrfurcht angesehen wurde. Sie besaß eine riesige Energie, einen Glauben an die Kultur, den sie mit der Tüchtigkeit eines Geschäftsmannes durchsetzte sowie eine abgründige Verachtung für das männliche Geschlecht. Als ich auf Friday's Hill ihre Bekanntschaft machte, hatte mir Logan vorher gesagt: »Bereite dich darauf vor, *deine* Carey kennenzulernen.« So war die Einstellung der Familie. Ich für meinen Teil jedoch vermochte nie, sie ganz ernst zu nehmen, weil sie sich so leicht ins Bockshorn jagen ließ. Sie war der durchaus bewundernswerten Ansicht, daß, wer über einen wissenschaftlichen Gegenstand schreiben wolle, zuerst die Literatur darüber durchgearbeitet haben müsse; ich teilte ihr daher allen Ernstes mit, daß die gesamten Fortschritte in der nicht-euklidischen Geometrie ohne Kenntnis der vorhergegangenen Literatur, ja gerade infolge dieser Unkenntnis zustande gekommen seien. Deshalb betrachtete sie mich späterhin als einen bloßen *farceur*. Meine Ansicht über sie wurde jedoch durch verschiedene Vorkommnisse bestätigt. So gingen wir zum Beispiel in Paris einmal mit ihr ins Theater zu *L' Aiglon;* ihren Äußerungen über das Stück entnahm ich, daß sie nichts wußte von der Revolution, die 1830 in Frankreich stattgefunden hatte. Ich gab ihr einen kurzen Abriß der französischen Geschichte, worauf sie ein paar Tage später zu mir sagte, ihre Sekretärin hätte gern ein Handbuch der französischen Geschichte und ob ich ihr eines empfehlen könne. Im übrigen war sie der Jupiter tonans von Bryn Mawr, und alle zitterten vor ihr. Sie lebte zusammen mit einer Freundin, einer Miss Gwinn, die in so gut wie jeder Hinsicht das genaue Gegenteil von ihr war. Miss Gwinn verfügte über nur höchst geringe Willenskraft, war ein sanftes, träges Wesen, besaß aber ein zwar enges, aber echtes Gefühl für Literatur. Die beiden waren von frühester Jugend an befreundet, waren auch zusammen nach Deutschland gegangen, um dort zu studieren und den philosophischen Doktor zu machen, was freilich nur Carey gelang. Zu der Zeit, da wir bei ihnen waren, schien ihre Freundschaft etwas in die Brüche gegangen zu sein. Miss Gwinn fuhr gewöhnlich alle vierzehn Tage auf drei Tage zu ihrer Familie heim; genau im Augenblick ihrer Abreise traf dann eine andere Dame ein, eine Miss Garrett, die dann im gleichen Augenblick wieder abreiste, in dem Miss Gwinn zurückkam. Miss Gwinn hatte sich derweilen in einen hochbegabten jungen Mann, einen Lehrer in Bryn Mawr namens Hodder, verliebt. Darüber geriet Carey in fürchterliche Wut, und jede Nacht, wenn wir zu Bett gingen, hörten wir, wie Carey im Zimmer nebenan Miss Gwinn laut und zornig die Leviten las. Hodder hatte Frau und Kind und sollte außerdem noch Verhältnisse mit College-Schülerinnen haben. Trotz alledem heiratete Miss Gwinn ihn schließlich. Sie legte großen Wert darauf, einen streng hochkirchlichen Geistlichen für die Trauung zu bekommen; da der betreffende geistliche Herr sich weigerte, geschiedene Leute zu trauen, behauptete sie steif und fest, die Frau, mit der Hodder bisher in Bryn Mawr gelebt hatte, sei nicht seine rechtmäßige Ehefrau gewesen. Hodder hatte angegeben, es habe eine Scheidung stattgefunden, doch Miss Gwinn wies nach, daß das nicht stimmte. Hodder starb bald nach ihrer Verehelichung an den Folgen seines ausschweifenden Lebens. Er war hochbegabt und vermochte sehr interessant zu sprechen, solange keine Frauen dabei waren.

Während unseres Aufenthalts in Bryn Mawr hielt ich Vorlesungen über nicht-euklidische Geometrie, und Alys hielt Vorträge zur Förderung von Stiftungen für Mutterschaftshilfe, nebenher führte sie aber auch Privatgespräche mit Frauen zwecks Propagierung der freien Liebe. Daraus entstand ein Skandal, in dessen Folge wir glattweg aus dem College hinausgeworfen wurden. Wir begaben uns darauf nach Baltimore, wo ich an der Johns-Hopkins-Universität Vorlesungen über dasselbe Thema wie in Bryn Mawr hielt. Wir wohnten dort bei Alys' Onkel, dem Vater von Carey, Dr. Thomas. Diese Thomas' waren eine absonderliche Familie: ein Sohn war ein hervorragender Gehirnchirurg an der Johns-Hopkins-Universität; eine Tochter, Helen, die das Mißgeschick hatte, taub zu sein, war in Bryn Mawr. Sie war eine liebenswürdige, gütige Person mit wunderschönem rotem Haar. Ich hatte sie ein paar Jahre lang sehr lieb; der Höhepunkt dieses Gefühls fiel in das Jahr 1900. Meine mehrmaligen Bitten, mir einen Kuß zu geben, schlug sie stets ab. Schließlich heiratete sie Simon Flexner, den Leiter des Rockefeller-Instituts für prophylaktische Medizin. Obwohl ich sie in ihren letzten Lebensjahren nur mehr selten sah, blieb ich ihr immer in bester Freundschaft verbunden. In der Familie Thomas gab es noch eine Tochter, die eine fromme, höchst rechtgläubige Quäkerin geblieben war. Von den Nichtquäkern sprach sie im-

mer als den »Weltmenschen«. Alle gebrauchten sie das altertümliche Du [»thou«, »thee«] als Anrede, wie Alys und ich das übrigens auch im Umgang miteinander taten. Manche Lehrmeinungen der Quäker wirkten recht absonderlich auf Leute, die nicht daran gewöhnt waren. Ich erinnere mich, daß meine Schwiegermutter einmal erklärte, sie sei gelehrt worden, das Vaterunser sei »gay« [eine Nuance zwischen lustig und liederlich]. Als dieser Ausspruch zunächst Staunen hervorrief, erklärte sie, daß alles, was von Nicht-Quäkern, aber nicht von Quäkern getan werde, als »gay« bezeichnet würde, und dazu gehöre auch der Gebrauch aller festgelegten Formeln, weil das Gebet vom Heiligen Geist eingegeben sein müsse. Da das Vaterunser aus festgelegten Formeln bestehe, so sei es eben »gay«. Bei anderer Gelegenheit verkündete sie einmal der Tischgesellschaft, sie sei dazu erzogen worden, die Zehn Gebote nicht zu beachten. Die seien ebenfalls »gay«. Ich weiß nicht, ob es heute noch Quäker gibt, die die Lehre von der Leitung durch den Heiligen Geist so ernst nehmen, daß sie den Zehn Geboten die Achtung versagen. Jedenfalls habe ich in letzter Zeit keine mehr getroffen. Es muß daraus natürlich nicht geschlossen werden, daß die tugendhaften Leute, die jeweils dieser Anschauung huldigten, gegen die Gebote verstoßen hätten; der Heilige Geist sorgte schon dafür, daß dergleichen nicht vorkam. Außerhalb der Reihe der Quäker selbst haben derartige Lehren zuweilen fragwürdigere Folgen gehabt. Ich erinnere mich an einen Bericht aus der Feder meiner Schwiegermutter über verschiedene sonderbare Käuze, die sie gekannt hatte; ein Kapitel hatte den Titel »Göttliche Führung«. Wenn man es las, merkte man, daß dieser Ausdruck ein Synonym für Unzucht war.
Von den alten Familien der Quäker von Philadelphia hatte ich den Eindruck, daß sie den ganzen Niedergang einer kleinen Aristokratie aufwiesen. Uralte Geizkragen von neunzig Jahren hockten stumpfsinnig auf ihren Geldsäcken, während ihre sechzig-, ja siebzigjährigen Kinder mit soviel Geduld, wie sie aufbringen konnten, auf den Tod der Greise warteten. Geisteskrankheiten aller Arten waren an der Tagesordnung. Diejenigen, die man als körperlich gesund gelten lassen mußte, waren

meist ganz blöd und ungebildet. Alys hatte eine Tante, die Schwester ihres Vaters, eine alte Jungfer, die ebenso steinreich wie strohdumm war. Sie hatte mich recht gern, nur hegte sie den dunklen Argwohn, ich glaube nicht *buchstäblich* an das heilbringende Blut Jesu. Wie sie zu dieser Vermutung kam, weiß ich nicht, denn ich habe nie etwas geäußert, was sie dazu hätte veranlassen können. Am Thanksgiving-Day waren wir bei ihr zu Tisch. Die alte Dame war sehr gefräßig und ließ einen Schmaus auftischen, zu dem es des Magens eines Gargantua bedurft hätte. Im Augenblick, als wir den ersten Bissen zum Munde führen wollten, sagte sie: »Halten wir inne, um der Armen zu gedenken.« Offenbar reizte dieser Gedanke ihren Appetit. Zwei Neffen von ihr wohnten in der Nähe und besuchten sie jeden Abend. Die zwei hielten es für eine Ungerechtigkeit, wenn der Neffe und die Nichten in Europa bei ihrem Tode zu gleichen Teilen bedacht würden. Sie jedoch prahlte gern mit diesen und hatte mehr Achtung für sie übrig, als für die am Platze, mit denen sie umspringen konnte, wie sie wollte. Infolgedessen verloren sie nichts, wenn sie wegblieben.

Amerika war zu jener Zeit ein absonderlich unschuldiges Land. Unzählige Männer fragten mich, was Oscar Wilde eigentlich verbrochen habe. In Boston wohnten wir bei zwei alten Quäkerinnen, die eine Pension führten. Die eine fragte mich einmal laut am Frühstückstisch: »Oscar Wilde ist lange nicht mehr in der Öffentlichkeit aufgetreten. Was hat er denn getan?« – »Er sitzt im Gefängnis«, sagte ich. Glücklicherweise wurde ich bei dieser Gelegenheit nicht gefragt, was er verbrochen habe. Auf Amerika sah ich damals mit der ganzen Einbildung und Überheblichkeit des Inselbriten herab. Trotzdem führte mich der Umgang mit amerikanischen Gelehrten, insbesondere mit Mathematikern, dazu, die Überlegenheit der Deutschen über die Engländer in fast allen wissenschaftlichen Belangen festzustellen. Unwillkürlich verflüchtigte sich im Verlauf meiner Reisen nach und nach die Überzeugung, daß man in Cambridge alles Wissenswerte wisse, und insofern waren mir diese Reisen von großem Nutzen.

Meine Erinnerungen an das Jahr 1897 sind sehr dürftig, nur daß meine *Foundations of Geometry* in diesem Jahre herauskamen, weiß ich noch. Ich entsinne mich auch der großen Freude, die mir ein sehr lobender Brief von Louis Couturat über das Buch machte. Ich meinerseits hatte sein Buch *L' Infini mathématique* besprochen, kannte ihn aber persönlich nicht. Ich hatte davon geträumt, lobende Briefe von mir persönlich unbekannten Ausländern zu erhalten, damit hatte es sich nun zum ersten Mal ereignet. Couturat berichtete, daß er sich, da er nicht Englisch könne, »armé d'un dictionnaire« durch mein Buch durchgearbeitet habe. Kurz danach besuchte ich ihn in Caën, wo er damals Professor war. Er war erstaunt, mich so jung zu finden, trotzdem entwickelte sich eine Freundschaft, die andauerte, bis er in den Mobilisierungstagen des Jahres 1914 von einem Lastwagen überfahren wurde und starb. In den letzten Jahren davor hatte sich allerdings die Verbindung mit ihm gelockert, da er völlig in Anspruch genommen war vom Problem einer Weltsprache. Er setzte sich mehr für Ido ein als für Esperanto. Wenn man ihn hörte, gab es in der ganzen bisherigen Menschheitsgeschichte keine so verworfenen Leute wie die Esperantoanhänger. Er beklagte sehr, daß das Wort »Ido« die Bildung eines Wortes wie »Esperantist« nicht gestatte, worauf ich ihm »Idiot« vorschlug, was ihm aber auch nicht recht gefiel. Ich entsinne mich eines Mittagessens mit ihm in Paris in der drückenden Julihitze des Jahres 1900. Mrs. Whitehead, die an Herzschwäche litt, wurde ohnmächtig; während er das Riechsalz holen ging, machte irgend jemand das Fenster auf. Als er wiederkam, machte er es von neuem fest zu und sagte: »De l'air, oui, mais pas de courant d'air.« Ich erinnere mich auch noch, wie er mich 1905 in einem Pariser Hotel besuchte. Mr. Davies und seine Tochter Margaret (Vater und Schwester von Crompton und Theodore) waren ebenfalls da und hörten seine Reden mit an, die sich eine halbe Stunde lang ohne Punkt und Komma ergossen, worauf er zum Abschluß bemerkte: »Die Klugen sind die, die den Mund halten.« Da konnte sich Mr. Davies trotz seinen achtzig Jahren nicht mehr halten; er stürzte aus dem Zimmer, und ich konnte ihn draußen lachen hören. Eine Zeitlang war Couturat ein glühender Verfechter meiner Gedanken über

mathematische Logik, er war jedoch nicht immer vorsichtig genug, so daß ich es während meines langen Zweikampfs mit Poincaré als ziemliche Belastung empfand, nicht nur mich selbst, sondern auch noch Couturat verteidigen zu müssen. Sein wertvollstes Werk war das über die Logik Leibniz'. Leibniz wollte es sich mit niemand verderben, deshalb veröffentlichte er nur seine zweitrangigen Werke. Seine besten blieben in der Schublade. Spätere Verleger, die nur das herausbrachten, was *sie* für die besten Werke hielten, ließen eben diese weiterhin ungedruckt. Couturat grub sie als Erster wieder aus. Ich war darüber natürlich hocherfreut, da damit der dokumentarische Nachweis geliefert wurde für die Deutung von Leibniz, die ich in meinem Buch über ihn verfochten hatte, und zwar aus Gründen, die ohne Couturats Zutun unzureichend geblieben wären. Als ich Couturat kennenlernte, erklärte er mir gleich, daß er keinerlei Art dessen ausübe, was er »le sport« nannte. Als ich ihn später einmal fragte, ob er nicht Rad fahre, erwiderte er: »Nein, da ich ja kein Sportsmann bin.« Ich korrespondierte jahrelang mit ihm und schrieb ihm während der ersten Phasen des Burenkriegs imperialistische Briefe, die ich heute höchlichst bedaure.
Im Jahre 1898 fingen Alys und ich an – eine Gewohnheit, die wir bis 1902 beibehielten –, einen Teil des Jahres in Cambridge zu verbringen. Ich begann damals wieder aufzutauchen aus den Fluten des deutschen Idealismus, in die mich McTaggart und Stout kopfüber gestürzt hatten. Ich genoß dabei die kräftige Unterstützung von Moore, mit dem ich in diesen Jahren viel verkehrte. Es war eine weidlich aufregende Sache, wieder an die Realität von Dingen wie Tische und Stühle zu glauben, wenn man vorher die ganze Sinnenwelt für irreal gehalten hatte. Was mich jedoch an der Sache am meisten interessierte, war das logische Moment. Es machte mir Freude zu denken, daß Beziehungen wirklich seien, und ich war bestrebt, die schauerliche Wirkung jenes Glaubens an die Metaphysik, daß alle Behauptungen in der Subjekt-Prädikatform geschehen, zu entlarven. Rein zufällig geriet ich auf Leibniz, über den Vorlesungen gehalten werden mußten; da McTaggart aber nach Neuseeland wollte, bat mich das College, diesen einen Kurs an seiner Stelle

zu übernehmen. Beim kritischen Studium von Leibniz fand ich Gelegenheit, die neuen Anschauungen über Logik, zu denen ich größtenteils unter Moores Anleitung gelangt war, zu überprüfen.
Zweimal nacheinander verlebten wir den Herbst in Venedig, so daß ich gewissermaßen mit jedem Stein der Stadt vertraut wurde. Vom Tag meiner ersten Heirat an bis zum Ausbruch des Ersten Weltkriegs verging wohl kein Jahr ohne eine Reise nach Italien, einmal zu Fuß, ein andermal zu Rad; wieder einmal fuhr ich mit einem Trampdampfer, der an jedem kleinen Hafen zwischen Venedig und Genua anlegte. Ich liebte vor allem die kleinen, von der großen Heerstraße abgelegenen Städte und die Berglandschaften der Apenninen. Nach dem Ausbruch des Ersten Weltkriegs kam ich erst 1949 wieder nach Italien. Im Jahre 1922 hatte ich zu einem Kongreß hinfahren wollen, aber Mussolini – der damals noch nicht seinen Staatsstreich durchgeführt hatte – ließ die Organisatoren des Kongresses wissen, daß mir zwar kein Haar gekrümmt, jedoch jeder Italiener, der mit mir reden werde, umgebracht würde. Da ich keine Blutspuren hinter mir lassen wollte, mied ich fortan das von ihm geschändete Land, so sehr ich es liebte.
Vom Sommer 1899 ist mir im Gedächtnis geblieben, daß es die letzte Zeitspanne war, in der ich Sally Fairchild bis zu jenem Nachmittag im Jahre 1940 sah, da wir uns als alte Leute wiedertrafen und uns wunderten, was wir seinerzeit aneinander gefunden hatten. Als ich sie im Jahre 1896 während unseres Aufenthalts in Boston kennenlernte, war sie eine dortige Aristokratin mit etwas zusammengeschmolzenem Vermögen. Ihre Züge waren nicht auffallend schön, aber ihre Bewegungen waren die graziösesten, die ich je gesehen habe. Unzählige Männer waren in sie verliebt. Sie pflegte zu sagen, man merke jedesmal genau, wenn ein Engländer um einen anhalten wolle, dann leite er das mit den Worten ein: »Ist zwar ein komischer Kauz, der alte Knabe da, aber mir scheint, Sie könnten mit ihm auskommen.«
Die nächste Gelegenheit eines Zusammentreffens ergab sich, als sie mit ihrer Mutter in Rushmore, dem Landhaus meines Onkels, General Pitt-Rivers, weilte. Außer dem General selbst

waren die meisten Angehörigen dieser Familie mehr oder weniger übergeschnappt. Mrs. Pitt-Rivers, eine Stanley, war ein krankhafter Geizkragen geworden. Wenn ein Gast ein bißchen Ei mit Speck übrig ließ, tat sie es wieder in die Schüssel zurück. Der älteste Sohn war ein sehr eleganter und korrekter Gardeoffizier. Er kam immer zu spät zum Frühstück und klingelte, um frisch bedient zu werden. Sobald er den Auftrag dazu gab, schrie meine Tante dem Diener zu, es sei nicht nötig, es seien noch genug Überreste von den Tellern der andern Gäste da. Der Diener kehrte sich jedoch nicht daran, sondern kam stillschweigend dem Befehl des Offiziers nach. Ein anderer Sohn, ein verdrehter, böser, aber nicht unlustiger Bursche, war Maler. Der dritte Sohn war ein netter Kerl, aber zu nichts zu gebrauchen. Er hatte das Glück, die Damenschneiderin Elspeth Phelps zur Frau zu bekommen, so daß er nie Not zu leiden hatte. Dann war noch St. George vorhanden, das interessanteste Mitglied der Familie. Er war einer der ersten Erfinder des elektrischen Lichts, warf jedoch alles hin, um sich einem esoterischen Buddhismus zu verschreiben und seine Zeit darauf zu verwenden, Reisen nach Tibet und Besuche bei Mahatmas zu machen. Als er schließlich heimkehrte, fand er, daß Edison und Swann elektrisches Licht produzierten, was er als eine Verletzung seiner Patentrechte betrachtete. Er ließ sich daher auf eine lange Reihe von Prozessen ein, die er stets verlor und die ihn zuletzt Bankrott machten. Dies bestärkte ihn in dem buddhistischen Glauben, daß man weltlichen Gelüsten entsagen müsse. Meine Großmutter Stanley pflegte mit ihm Whist zu spielen; wenn er dabei zu mischen und auszuteilen hatte, sagte sie: »Ich bin froh, daß du jetzt Karten geben mußt, denn dann hörst du mit deinem heiligmäßigen Getue auf.« Frömmigkeit und Geschäftemacherei hielten sich bei ihm ungefähr die Waage. Er war in Sally Fairchild verliebt und hatte sie deshalb mit ihrer Mutter nach Rushmore eingeladen. Wie dort üblich, war nicht genug Essen vorhanden, und bei einer Gelegenheit ergab sich zwischen Sally und dem Maler ein regelrechtes Tauziehen um den letzten Teller Reispudding, bei dem, wie ich leider sagen muß, der Maler Sieger blieb. Am Tag ihrer Abfahrt wollte sie einen bestimmten

Zug erreichen, doch Mrs. Pitt-Rivers bestand darauf, sie müsse auf dem Weg zur Station noch eine Ruine besichtigen und solle deshalb einen späteren Zug nehmen. Sie forderte St. George auf ihr beizustehen, was er zuerst auch zusagte, aber als es dann zum Klappen kam, hub er statt dessen an, über die Eitelkeit der menschlichen Gelüste zu predigen. Das war der Anlaß, daß sie seinen Heiratsantrag abwies. (Seine spätere Ehe – mit Lady Edith Douglas, der Schwester des durch Oscar Wilde berühmten Lord Alfred Douglas – wurde wegen seiner Impotenz geschieden.) Im Sommer 1899 kam Sally für längere Zeit zu Besuch nach Friday's Hill, und ich gewann sie sehr gern. Ich hielt mich nicht für verliebt in sie, habe ihr nicht einmal je auch nur die Hand geküßt, aber im Lauf der Jahre merkte ich doch, daß sie einen tiefen Eindruck auf mich gemacht hatte, und ich erinnere mich, als wenn es gestern gewesen wäre, unserer Abendspaziergänge im sommerlichen Dämmerlicht, wobei wir durch den strengen Sittenkodex der damaligen Zeit zurückgehalten wurden, unsern Gefühlen auch nur den geringsten Ausdruck zu geben.

Im Herbst 1899 brach der Burenkrieg aus. Ich war damals ein imperialistisch gesinnter Liberaler und anfänglich keineswegs proburisch eingestellt. Die britischen Niederlagen machten mir große Sorgen; ich konnte an nichts anderes denken als an die Kriegsnachrichten. Wir wohnten damals in »The Millhanger«, von wo ich fast jeden Nachmittag vier Meilen Fußmarsch zur Bahnstation machte, um eine Abendzeitung zu kaufen. Alys als Amerikanerin ging die Sache natürlich nicht so nahe; sie ärgerte sich sogar eher über meine völlige Benommenheit davon. Als die Buren dann anfingen, Niederlagen zu erleiden, verringerte sich mein Interesse, und im Frühjahr 1901 wurde ich proburisch.

Im Jahr 1900 wurde mein Buch *The Philosophy of Leibniz* veröffentlicht. Im Juli eben dieses Jahres ging ich dann nach Paris, wo ein neues Kapitel meines Lebens seinen Anfang nahm.

Pembroke Lodge
Richmond, Surrey
30. Mai 95

Liebster Bertie

Ich hoffe, D. Cambridger Tage waren nutzbringend für Dich, wenn ich auch nicht genau weiß, inwiefern – ich fragte Dich schon früher danach, habe aber D. Antwort vergessen, wie der Titel D. Dissertation lautet – welchen Erfolg, meinst Du, wirst Du damit haben? Wie lebhaft erinnere ich mich noch an die ersten Nachrichten von D. Erfolg, ehe Du nach Cambridge gingst – als Du heraufgestürzt kamst, um Tante und mir zu berichten – der liebe, liebe Bertie an jenem Tag – und dann der letzte – ach, die Glückstränen, die einem in die Augen treten, in solchen Momenten inmitten eines alten welken Lebens, d. das junge frische Leben Freude bringt. Dennoch, wie fühlte ich immer »all dies würde mir auch nicht eines Augenblickes Glück schenken, wenn er nicht liebevoll, gut und wahrhaft wäre«.
Etwas von dieser Art entdeckte ich gest. zufällig in einem Buch, das ich las – ich stoße immer in allen möglichen Büchern auf Stellen, die wie dafür geschrieben scheinen, auf bestimmte Ereignisse meines Lebens Antwort zu geben – wahrscheinlich ist das etwas Natürliches, wenn man lange lebt. Nebenbei: Du hast Tante bisher noch kein Wort gesagt über ihr Geburtstagsbriefchen – *sie* hat deswegen nichts gesagt, und sie erzählte mir, es seien nur ein paar Zeilen gewesen, aber deshalb hat sie sich doch trotz ihrer Krankheit die Mühe gemacht zu schreiben – es ist doch tatsächlich so, daß Du nur das letzte Restchen des Bruchteils des Splitters einer Minute oder zwei für D. Briefe an uns verwendest – und wenn es auch Freude macht, hin und wieder einen Blick zu werfen auf die ausführlichen, redseligen, die Du in früheren Tagen schriebst, so sind sie nicht gerade ein Ersatz für die, wie sie jetzt sein könnten! Doch solange Du nicht den *Wunsch* hast, Dich auf Papier auszusprechen, w. an sich bestenfalls eine armselige Sache ist, so mache nur weiter mit D.

Fetzen. Ich vergesse nicht, wie sehr beschäftigt Du bist, aber gerade die meistbeschäftigten Leute sind die, die am meisten Zeit finden für alles, meinst Du nicht auch? (Was für ein häßliches Geschmier!) Was das Nichtschriftliche angeht, so hattest Du, soweit ich daraus klug werden kte, als Du weggingst, nicht jemals die Absicht, dies in meßbarer Entfernung möglich zu machen . . . Ach du meine Güte, was habe ich alles sagen wollen und habe es nicht gesagt – über die Quäker, von deren eigenartigen Glaubenssätzen und Vorschriften wir Richtiges und Unrichtiges gehört haben – und noch vieles außerdem. Aber das muß alles warten. Welch wunderschöner Himmel und Erdboden! Und wie froh mußt Du gewesen sein zurückzukehren. Gruß und Dank an Alys.

D. Dich stets liebende
Granny

Hoffentlich hast Du meine unordentlichen, mit Bleistift geschriebenen Anmerkungen gefunden, die lose im Buch lagen. Ich dachte, sie würden Dir mehr Vergnügen machen im Buch, wenn Du es liest. Ach, wenn wir es doch zusammen lesen könnten!

Pembroke Lodge
Richmond, Surrey
(1896)

Liebster Bertie

Du sagst, Du habest D. Pläne »festgelegt« – bitte erwähne sie, falls P. L. [Pembroke Lodge] in Frage kommt – Gertrude[2] und ihre Sprößlinge sollen vom 1. bis 16. Sept. hier sein, zu meiner Freude. O. R. [Onkel Rollo] in Schottland oder sonstwo – das wäre also nicht die richtige Zeit – die »tiefere Philosophie«, ja sogar »L 'Infini Mathématique« stelle ich mir höchst interessant vor. Es ist recht schmerzlich, lieber Bertie, daß Du, wo Du doch über unsere Liebe zu ihr Bescheid weißt, noch immer den Tod von Miss Walker nicht erwähnst. Auch äußerst Du keine Silbe über den der Dir doch so nahestehenden lieben Lady Tennyson – Sir Henry Taylor nannte sie den »Inbegriff der Weiblichkeit«

– noch so viele weitere Worte vermögen nichts zum Preis jener drei hinzuzufügen. Ich habe den Green für Alys bestellt – eine entzückende Geschichte, aber nicht ganz das, was mir als Geschenk für sie gefallen hätte.

Deine D. liebende
Granny

Tante hat einen *wunderschönen* Brief vom armen Hallam bekommen.

Pembroke Lodge
Richmond, Surrey
11. Aug. 1896

Liebste Alys

Wir sind entzückt über Berties Photo. Es ist tadellos, das Lächeln so natürlich, gar nicht photographisch. Was Dich angeht, so mögen wir Dich nicht, und ich hoffe, auch Bertie nicht, weder die Stellung, noch das düstere Gesicht, noch den weißen buckligen Kragen – es ist das vielleicht undankbar von Agatha, aber sie kann nicht anders und ich auch nicht. Wann ist oder war Dein Geburtstag? Ich hab's vergessen und erinnere mich nur noch daran, daß ich sagte, ich wolle Dir ein Buch schenken. Ich werde versuchen, mir eines auszudenken und Dich dann fragen, ob Du es schon hast, aber nicht Green meine ich – etwas weniger Gediegenes und Belehrendes – hast Du Henriette Renans Briefe? Agatha hat sie gerade gelesen und sagt, sie seien schön. Selbstverständlich, mein liebes Kind, denke ich nicht daran, meine Gesundheit oder den Mangel daran als Einwand gegen Eure Reise nach Amerika zu benutzen. Meines Erachtens habt Ihr allein darüber zu entscheiden, ob »gehn oder nicht gehn«. Ich gebe mich der Hoffnung hin, daß es zum Besten Berties ausgeht. Es ist traurig, daß die letzten von der Gruppe hervorragender Schriftsteller, Holmes und Lowell, nicht mehr da sind – zweifellos gibt es aber dort noch Männer, deren Bekanntschaft zu machen sich lohnt, ob sie nun Schriftsteller sind oder nicht. Es ist durchaus richtig, daß es mein ernstlicher Wunsch war, er möge in einen weiteren und mannigfaltigeren Kreis von Männern und Frauen geraten, als dies bisher der Fall war – aber am wünschenswertesten wäre es doch im eigenen Vaterland gewesen. Harold und Vita[3] kamen letzte Woche heraus –, habe ich das schon mitgeteilt? –, sie ist eine so nette, natürliche, angenehme junge Frau. Danke für Dein nettes Briefchen. Ein Jammer mit Deiner Erkältung! Liegt das an dem Häuschen? Welch entsetzliche Jahreszeit für Überfahrt und Heimfahrt! Wird die Seeluft gut sein für Deine Magenbeschwerden?

Stets deine Dir zugetane
Granny

Pembroke Lodge
Richmond, Surrey
17. Mai 98

Mein liebster Bertie

Morgen werde ich sehr viel an Dich und an glückliche frühere Geburtstage denken, da sie noch unter uns weilte[4], uns zu beraten, zu führen und anzufeuern zu allem Guten, und als Du noch das Kind warst, das unser Haus licht machte und uns mit Hoffnung darauf erfüllte, was Du einmal werden würdest, lieber, lieber Bertie, war es ein Wachstum nach oben seit jenen Tagen? Hat das, was jetzt Deine Lebensfreuden sind, dazu beigetragen, daß Du nicht weniger, sondern mehr liebevoll bist, rücksichtsvoller, hilfsbereiter für diejenigen, deren Leben voll Sorge, Krankheit, Not und Einsamkeit ist. Wir alle, die wir gewußt haben, was Grannys Liebe, Gebete und Wünsche uns bedeuteten – und die das gesegnete Andenken ihres wunderbaren Beispiels bewahren, müssen zuweilen geradezu verzweiflungsvoll empfinden, wie furchtbar furchtbar weit fern wir sind von ihrem Lebensideal und -stil, aber wir müssen ihr nachstreben und mehr von ihrem Geiste erhoffen. Du kannst Dir nicht denken, wie wunderschön gerade jetzt hier alles ist und obgleich das schmerzliche Verlangen nach ihr entsetzlich ist, blicke ich doch

gern all dies an und erinnere mich daran, wie sie es geliebt hat. Onkel Rollo geht es seit längerer Zeit gar nicht gut. Ich war schon seit langem seinetwegen besorgt, wenn er viel zu viel arbeitete, jetzt wurde ihm vollständige Ruhe verordnet; vielleicht warst Du einmal in Dunrozel. Hier ist unmäßig viel zu tun und ich habe mich mehrmals überanstrengt. Gwennie (Gwendoline Villiers) hat mich vor einem Zusammenbruch bewahrt, indem sie unablässig mitarbeitete und auf jede Weise Hilfe leistete. Sehr schmerzlich war es anzusehen, wie die schönen Bilder fortkamen und das Haus immer leerer wurde, und ich werde dankbar sein, wenn es vorüber ist. Ich bin *sehr* froh, daß Onkel Rollo einige von den guten Bildern hat. Es gehört sich, daß er sie bekommt und ich bin Herbrand (der Herzog von Bedfort) dankbar, daß er das Bildnis Deines Großvaters von Grant der National Portrait Gallery geschenkt hat. Es tut mir leid, daß ich gerade jetzt kein Geschenk für Dich habe, aber es war mir einfach unmöglich während der unaufhörlichen Geschäfte. Liebste Grüße an Alys.
Gott segne Dich, liebster Bertie.

Deine Dich sehr liebende
Tante

The Deanery
Bryn Mawr, Pa.
13. Nov. 1896

Lieber Wallas

Die ganze Zeit über seit der Präsidentenwahl habe ich Dir schreiben wollen betreffend des Stimmzettelmusters, das ich Dir als Drucksache schicke. Dieses Dokument ist komplizierter als in jedem andern der Bundesstaaten: sicher ist es eine Gipfelleistung. Sie scheint mir die ganze Theorie des 18. Jahrhunderts vom freien, vernünftigen Demos oder die ganze Praxis des Parteibonzentums des 19. Jahrhunderts zu enthalten. Stelle Dir vor, daß auf einem Abstimmungszettel der Ausdruck »straight ticket«[5] gebraucht wird, und stelle Dir den staunenswerten

Verstand eines Mannes vor, der auf diesem Zettel etwas anderes wählt. Ich habe niemals ein Schriftstück gesehen, das von politischer Theoretik voller gewesen wäre oder das treffender den kurzen Weg von schlechter Metaphysik zu politischer Korruption aufgezeigt hätte. Die ganze Angelegenheit drehte sich, in Philadelphia, um die Wahl des Sheriffs – der unabhängige Republikaner Crow widersetzte sich dem Parteibonzentum und, so merkwürdig es ist, er kam durch, wenn auch mit sehr knapper Mehrheit.
Ich übersende Dir auch einige ziemlich durchsichtige Anleitungen seitens des Oberbonzen zur Stimmabgabe nicht vorhandener Wähler. Die hier beigelegten Scheine ermöglichen es, wie Du siehst, einem Mann, seine Stimme abzugeben, ohne daß er in die Wahllisten eingetragen ist. Ich wurde in Philadelphia zu einer Wahlzelle mitgenommen, dicht vor welcher ein Unterbonze namens Flanagan stand, der die unwissenden Wähler instruierte, wie sie zu wählen hätten, und dabei widerrechtlich zusah, wie die Leute den Wahlzettel ankreuzten, und, wenn erforderlich, die Bürgschaft für die Wahlberechtigung des Betreffenden übernahm. Im Lokal befanden sich sowohl ein Republikaner wie ein Demokrat, um aufzupassen, daß alles mit rechten Dingen zugehe; wobei natürlich vorausgesetzt war, daß die beiden gegeneinander arbeiten würden, was sie aber keineswegs taten, sondern einen Kuhhandel abschlossen, durch den sie sich dahin einigten, ihre gemeinsamen Freunde, die Bonzen, aufrechtzuerhalten, selbst wenn sie Wahlbetrug für die Gegenpartei zugeben mußten. Die Amerikaner scheinen zu fatalistisch und pessimistisch zu sein, um etwas dagegen zu unternehmen. Der Mann, der mich mitgenommen hatte, war von den Prohibitionisten als offizieller Beobachter angestellt, aber obschon er die Unregelmäßigkeiten bemerkte und beanstandete, zuckte er nur die Achseln, als ich ihn fragte, warum er nicht dazwischenfahre und Krach schlage. In Tat und Wahrheit liegt die Sache so: die Amerikaner sind unsagbar faul in allem, was nicht ihr Geschäft betrifft; um ihre Faulheit zu verdecken, erfinden sie einen Zweckpessimismus und behaupten, die Sachlage sei nicht zu ändern, eine Besserung sei nicht möglich. Wenn ich ih-

nen jedoch auf den Leib rückte und fragte, welche einzelne Reformbewegung denn mißlungen sei, dann wußten sie nichts zu sagen, außer einem, der den Konsulardienst erwähnte, wahrlich kein sehr herzbewegendes Beispiel. Einer von ihnen, der sich auf seine Tugend etwas zugute tut, sagte mir offen, er habe gefunden, daß er im Geschäft mehr Geld verdienen könne, als er an Gemeindesteuern spare, wenn er die Korruption bekämpfe; es kam ihm überhaupt nicht in den Sinn, man könne das für eine recht lahme Ausrede halten. Dennoch scheint alles ziemlich rasch besser zu werden, wenn auch die faulen, heuchlerischen Puritaner nichts so wütend macht, als wenn man das äußert. Sie sind geradezu stolz darauf, der korrupteste Landesteil der Union zu sein; wo immer man hinkommt, brüsten sie sich mit der besonderen Hoffnungslosigkeit ihres Lokalgebiets. Der Sturz von Altgeld und die Niederlage von Tammany scheint sie zu verärgern: es hätte so leicht anders kommen können, sagen sie, und bei der nächsten Wahl werde es auch anders kommen. Alles in allem sehe ich nicht, daß sie es besser verdienen, als sie es bekommen haben. Die Quäker und Puritaner sind, soweit sie mir bekannt geworden sind, die größten Lügner und Heuchler, die ich erlebt habe und in der Regel jeglicher Tatkraft bar. Hier eine Geschichte aus Philadelphia. Wanamaker ist der dortige Whiteley, ebenso steinreich wie fromm. Der Schutzzoll ist seinem Herzen teuer. Als es bei der Wahl des Jahres 1888 um den Staat New York wackelig stand, wurde an das Republikanische Komitee von Philadelphia telegraphiert, mit 80 000 Dollar sei die Wahl zu gewinnen. Wanamaker hinterlegte den Betrag, die Wahl im Staat New York wurde mit 500 Stimmen Mehrheit gewonnen, und Wanamaker wurde Generalpostmeister. Hier noch eine New Yorker Geschichte. Im Jahre 1884 bot Jay Gould den Republikanern einen hohen Betrag an. Die Demokraten bekamen Wind davon, worauf am nächsten Tag ein Menschenzug stundenlang an seinem Hause vorbeimarschierte und schrie: »Blut! Blut! Jay Goulds Blut!« Gould erbleichte und bot den Demokraten telegraphisch jede gewünschte Summe an. Und Cleveland wurde gewählt. – Trotz alledem sind die einzelnen Amerikaner reizende Leute, doch, sei es aus

Mangel an Mut, sei es infolge der Dezentralisierung, bilden sie keine Gesellschaft freier Menschen, und einer um den andern klagt, er würde von aller Welt geschnitten werden, wenn er jemals seine Meinung frei heraussagte. Schuld daran ist, meines Erachtens, vor allem der Mangel an einer Landeshauptstadt. Ähnliche Ursachen hat auch meiner Meinung nach die Frömmigkeit und Ängstlichkeit der Universitäten. Professor Ely wurde von der Johns-Hopkins-Universität entlassen, weil er christlich-sozial war. Es gibt jedoch andererseits auch Möglichkeiten: alle Leute sind weit mehr auf Bildung erpicht als in England; das Intelligenzniveau ist hoch, und nachdenkliche Leute geben – wenn auch erst in den letzten Jahren offensichtlich seit Bryce – wie ich höre, zu, daß ihre Regierungsform nicht vollkommen ist. Du wirst hier wohl, gleich uns, viel Vergnügen erleben. Wir fahren wahrscheinlich am 30. Dezember ab und dringen sehr in Dich, vor diesem Datum anzukommen. Wir werden in New York sein und möchten Dich sehr gern treffen, Dich auch einigen netten Leuten vorstellen, die dort sein werden. Wenn Du noch nicht über Dein Ankunftsdatum geschrieben hast, so tue das bald. Das College ist ausgezeichnet, unvergleichlich höherstehend als Girton und Newnham; der Professor d. Nat.Ök. ist groteskerweise Sozialist und Silberwährungsanhänger und hat auch alle seine Schüler in sein Schlepptau zu ziehen gewußt, obwohl viele von ihnen reiche New Yorker sind. Diejenigen, die ich kennengelernt habe, sind gescheit und aufgeschlossen in ihren Ansichten über soziale Fragen.

Der Deine
Bertrand Russell

Mein einziges Bindeglied zwischen Cambridge und Friday's Hill war Maurice Sheldon (später Sir) Amos. Sein in den Achtzigerjahren verstorbener Vater, ein recht hervorragender gelehrter Jurist, war der Hauptverfasser der ägyptischen Verfassung, die Ägypten nach Besetzung des Landes durch die Engländer auf-

oktroyiert wurde. Seine Mutter widmete sich, seit sie Witwe geworden war, der Sozialfürsorge, insbesondere der Sittenreinigung. Es wurde ihr nachgesagt, sie habe einmal geäußert: »Seit meines Mannes Tod habe ich mein Leben der Prostitution gewidmet.« Es wurde auch erzählt, daß ihr Ehemann, der von Hause aus einen starken Haarwuchs hatte, nach sechswöchiger Ehe so kahl geworden sei wie ein Ei; ich kann mich jedoch für diese Geschichten nicht verbürgen. Durch ihre Tätigkeit kam sie mit Mrs. Pearsall Smith zusammen, und die beiden wurden Freundinnen. Infolgedessen nahm mich Logan, als er mich in Cambridge besuchte, zu Maurice mit, der damals im ersten Semester Moralphilosophie studierte. Er war ein hübscher, großgewachsener, ebenso begeisterungsfähiger wie unbeholfener Jüngling. Er sagte immer: »Die Welt ist eine vertrackte Örtlichkeit; sobald ich eine Bewegung mache, stoße ich mich an etwas.« Er wurde Anwalt und ging später nach Ägypten, wo man sich noch an seinen Vater erinnerte. Er kam dort gut vorwärts, zog sich nach langer Tätigkeit als Richter zurück und ließ sich als Liberaler für Cambridge aufstellen. Er war der einzige Mensch, den ich je kannte, der Mathematik zu seinem Vergnügen trieb, wie andere Leute die Lektüre von Detektivgeschichten.

Er hatte eine Schwester namens Bonté, mit der Alys und ich gleich gut befreundet waren. Bonté litt sehr unter der fanatischen Religiosität ihrer Mutter. Sie wurde Ärztin; doch ein paar Wochen vor ihrem Schlußexamen weckte die Mutter sie gewohnheitsmäßig jede Nacht aus dem Schlaf, um für sie zu beten; schließlich mußten wir ihr Geld schicken, damit sie sich ein eigenes Zimmer mieten konnte. Im Jahr 1896 nahmen Alys und ich sie mit nach Amerika.

Bonté ging dann ebenfalls nach Ägypten, wo sie eine Zeitlang in Suez die Stelle eines Sanitätsoffiziers für die Quarantäne innehatte, zu dessen Obliegenheiten es (unter anderem) gehörte, Ratten auf Schiffen zu fangen, deren Kapitäne ihr Fahrzeug als frei von diesen Tieren erklärt hatten. Schließlich heiratete sie einen Offizier, dem die Polizei Ägyptens unterstand. Er war ein Mann, der alles Mögliche mitgemacht hatte: Schiffsuntergänge, Meutereien und immer wieder Rettungen »um Haaresbreite«. Doch als

ich einmal zu ihm sagte: »Sie scheinen ja ein recht abenteuerliches Leben geführt zu haben«, erwiderte er: »Ach nein, ich habe nie meinen Morgentee ausgelassen.«
Weder Bruder noch Schwester wollten mich mehr kennen, als ich nicht mehr gesellschaftsfähig war. Der Bruder wurde mit der Zeit nachgiebiger, die Schwester jedoch blieb hartherzig.

c/o Miss Frigell
Kairo
6. November 1898

Mein lieber Bertie

Es ist eine große Freude, von Dir zu hören und dadurch daran erinnert zu werden, daß es noch die richtiggehenden Leute gibt. Weißt Du, daß *Brunyate* hierher auf einen Juristenposten mit zwölfhundert Pfund im Jahr gekommen ist? Er ist ein liebenswürdiger, aber ein bißchen wilder Kerl. Er scheint sich einzubilden, für einen wirklich bedeutenden Kopf könne nur die Mathematik Schwierigkeiten bieten. Er verspottete die Nationalökonomie in der Person Sangers und die Mathematik in der Person von McT.; er hat, wie ich fürchte, auch Dich nicht verschont, denn er teilte mir mit, Forsythe halte nichts von Deinen Theorien. Ich stellte Forsythes Kompetenz in Frage; da entgegnete er, F. sei imstande, jegliche *logische* Behauptung zu beurteilen. Ich konnte also nur sagen, es habe eines halben oder eines ganzen Jahres bedurft, um eine metaphysische Behauptung aufzustellen für Leute, die nichts davon verstünden. Der Kerl scheint zu meinen, Trinity sei in die Hände von Trotteln gefallen, die aus zweideutigen Gründen Nationalökonomen und Metaphysikern Fellowships verschaffen. Jedenfalls sollte man bedenken, daß bestimmte Leute zur Verdammnis ausersehen sind, und daß man, statt sich darum Sorge zu machen, wie man sie auf den richtigen Weg bringt, besser daran täte, den Herrgott für seine unerforschlichen Ratschlüsse zu preisen, zumal im Hinblick auf die eigene Erwählung. Ich gestehe, daß ich zuweilen auch Anwandlungen habe, zu den Verworfenen zu gehören. Was Moore beispielsweise damit meint, die Welt bestehe nur aus Begriffen, das weiß ich nicht.

Sehr gern würde ich mit Dir über meine eigenen und Deine Angelegenheiten sprechen. Mir scheint jedenfalls, daß ich mich mit der Zeit immer weiter von dem Zustand entferne, bestimmte und ehrenwerte Bestrebungen zu verfolgen. Das Allerschlimmste ist, daß man Feuer und Flamme für etwas ist – wie das gelegentlich vorkommt – und dann keine Möglichkeit sieht, es einzuüben, geschweige es auszuüben.
Was ich von meinem jetzigen Aufenthaltsort wirklich halten soll, das werde ich erst wissen, wenn Du, Alys und Bonté herkommen und ein unparteiisches Urteil fällen. Inzwischen lerne ich wohl allerhand Nützliches. Im Ministerium bin ich nur an den Vormittagen beschäftigt, und ich habe gerade vereinbart, die Nachmittage in der Kanzlei eines führenden hiesigen Anwalts, eines Belgiers, zuzubringen, wo ich vielerlei aufzuschnappen hoffe. Inzwischen ist es Nacht, hübsch kühl und erfreulich geworden; ich habe genug zu leben und komme im Sommer heim. Zu tun habe ich auch eine Menge.
Der Plan Deines Buches klingt großartig. Vielleicht vermag ich es zu verstehen, wenn es heraus ist, wahrscheinlich jedoch nicht. Ich halte es für möglich, daß ich hier draußen meine Mathematik wieder aufnehme – ich wollte, ich hätte das zu dem obgemeldeten Brunyate gesagt; zweifellos strengt die Mathematik die Aufmerksamkeit weniger an als jeder andere Wissenszweig; man wird vom Zahlensystem hoch- und fortgetragen wie vom Golfstrom. Andererseits ist es zwecklose Arbeit, ein Thema aufzugreifen, ohne damit ein ganz bestimmtes Ziel zu verfolgen.
Ich höre gern, daß Du ein Jingo bist. Ich halte es jedoch für richtig, daß wir den Sieg auf diplomatischem Weg erringen, wenn möglich ohne Krieg – wenn der alte Adam auch einen möchte.
Das scheint uns jetzt, und zwar auf glanzvollste Weise, gelungen zu sein. Der Faschoda-Zwischenfall gibt uns eine neue Stellung in Ägypten; wir sind dort jetzt mit dem Recht des Eroberers, da wir den Franzosen den Kampf angeboten, sie ihn aber abgelehnt haben.
Ich wollte, ich leistete eine ähnliche Arbeit wie Du, damit ich

Dir darüber schreiben könnte. Ich frage mich, ob es etwas gibt wie geistige Lähmung oder ob man sich schließlich doch wieder aufraffen kann.

Dein Dir zugetaner Freund
M. S. Amos

Kairo
5. Mai 1899

Lieber Bertie

Ich habe gerade dreieinhalb Monate Urlaub ab 9. Juni bekommen. Am 10. werde ich also zu Hause sein und freue mich sehr auf das Wiedersehen mit Dir und Alys. Leider muß ich dann im Juli wegen eines Examens nach Paris; ich werde jedoch alles in allem lang genug in England bleiben, denke ich, um meinen Freunden auf die Nerven zu gehen. Ich hoffe auch, Du verschaffst mir anständige Möglichkeit dazu.
Von Deinem poetischen Brief über Moore war ich stark beeindruckt. Ich habe ihn mehrfach zur Vorlage von Auseinandersetzungen mit Franzosen und andern Barbaren über den wirklichen Geisteszustand in England benutzt. Ich erkläre ihnen, daß unsere Betätigung im Handel und im Kolonialwesen nur ein schwacher Abglanz von dem heftigen Feuerschein jener wesenhaften Flamme sei, die unsere literarischen und philosophischen Kreise verzehrt. Daß in der Tat der wahre Charakter der jetzigen Zeit in England der einer großen Epoche sei, in der, unter einem vollkommenen politischen System, verwaltet von einer freisinnigen, geachteten und neidlos anerkannten Adelskaste, das Millionengewimmel einer glücklichen Klasse von Werktätigen mit den wohlhabenden, gebildeten Ständen der Mittelschicht wetteifern in Begeisterung für das Weltreich, der Treue zum Thron und der Achtung vor dem Wissen – in derselben freizügigen und anfeuernden Atmosphäre, die Handel und Gewerbe neues Leben eingehaucht, eine noch erstaunlichere, unerhörtere Wirkung auf das Geistesleben der Nation ausgeübt hat; was sich namentlich an den großen Universitäten erkennen

läßt, die nicht nur wie bis anhin die Pflanzschulen von Prokonsuln, Staatsmännern und eines Landadels von unvergleichlicher Liberalität des Denkens und Eleganz des Auftretens sind, sondern während der letzten Generation alle andern Wissensstätten Europas und Amerikas als Zentren der reinen wissenschaftlichen Forschung eingeholt, ja sogar überflügelt haben. Du müßtest nur sehen, wie die Franzosen sich da krümmen und winden. Flottenrevuen in Spithead können sie aushalten, Faschoda können sie gerade noch ertragen, schon weil sie gar nicht wissen, wo das liegt. Aber wenn es sich um Systeme platonischer Philosophie handelt, dann raufen sie sich die Haare. Das ist unentschuldbare Frivolität. Doch es wird wunderschön sein, Dich und Alys wiederzusehen und mit euch über alles Mögliche in allen möglichen Stimmungen sprechen zu können. Hast Du *Les Déracinés* von Barrès gelesen?

Der Deine herzlich
M. Sheldon Amos

1 Wir nahmen die Schwester von Maurice Sheldon Amos, Bonté, mit (vergleiche S. 217 f.).
2 Onkel Rollos zweite Frau.
3 Mein Vetter Harold Russell und seine Frau.
4 Meine Großmutter war vor kurzem gestorben.
5 Einparteienliste (Anm. d. Übersetzers).

Principia Mathematica

Im Juli 1900 fand in Paris, in Verbindung mit der damaligen Weltausstellung, ein Internationaler Philosophenkongreß statt. Whitehead und ich beschlossen, daran teilzunehmen, und ich nahm eine Einladung an, dort ein Referat zu halten. Unsere Ankunft in Paris war charakterisiert durch eine etwas stürmische Auseinandersetzung mit dem hervorragenden Mathematiker Borel. Carey Thomas hatte nämlich Alys gebeten, zwölf ihrer leeren Koffer, die sie in England stehengelassen hatte, mitzubringen. Borel seinerseits hatte die Whiteheads gebeten, eine Nichte von ihm, die eine Lehrerinnenstelle in England hatte, mitzubringen. An der Gare du Nord herrschte starkes Menschengewimmel, und wir hatten nur einen einzigen Gepäckschein für die ganze Reisegesellschaft. Das Gepäck von Borels Nichte war sofort da, auch unser Gepäck tauchte recht bald auf, aber von Careys leeren Koffern erschienen nur deren elf. Während wir auf den zwölften warteten, verlor Borel die Geduld, riß mir den Gepäckschein aus der Hand und machte sich mit seiner Nichte und deren einzigem Koffer aus dem Staube, so daß wir zurückblieben, ohne die Möglichkeit zu haben, Careys Koffer und unser eigenes Gepäck zu reklamieren. Da nahmen Whitehead und ich je eines der Gepäckstücke und benutzten sie als Sturmböcke, um uns durch den Ring von Beamten durchzuschlagen, ein Handstreich, von dem diese so überrumpelt wurden, daß wir damit Erfolg hatten.

Der Kongreß bedeutete einen Wendepunkt in meinem intellektuellen Leben, da ich dort Peano kennenlernte. Ich kannte ihn bereits dem Namen nach, hatte mir aber noch nicht die Mühe gemacht, sein Zahlensystem zu bewältigen. Bei den Diskussionen auf dem Kongreß merkte ich, daß er stets am allerpräzisesten war, und daß er bei jedem Meinungsstreit, auf den er sich einließ, unweigerlich die Oberhand gewann. Nach und nach kam ich zu der Ansicht, daß dies auf seiner mathematischen Logik beruhe. Ich bewog ihn daher, mir Exemplare aller seiner Werke zu überlassen, zog mich damit sofort nach dem Kongreß nach Fernhurst zurück, wo ich in Ruhe seine und seiner Schüler Arbeiten Wort für Wort durchackerte. Es wurde mir klar, daß sein Zahlensystem ein Instrument für logische Analyse lieferte, wie ich es seit Jahren gesucht hatte und durch dessen Studium ich eine neue, höchst leistungsfähige Technik für das Werk gewann, das ich seit langem zu schaffen im Sinn hatte. Gegen Ende August war ich mit dem gesamten Œuvre seiner Schule vertraut. Den September brachte ich mit der Ausdehnung seiner Methoden auf die Logik der Beziehungen zu. In der Rückschau kommt es mir vor, als ob jeder Tag jenes Monats warm und sonnig gewesen sei. Die Whiteheads wohnten bei uns in Fernhurst, und ich setzte ihm meine neuen Ideen auseinander. Die Diskussion endete jeden Abend mit einer Schwierigkeit, und jeden Morgen fand ich, daß sich die Schwierigkeit vom vorigen Abend sozusagen im Schlaf gelöst hatte. Es war eine Zeit intellektueller Berauschtheit. Meine Empfindungen ähnelten denen, die einen überkommen, wenn man im Nebel einen Berg erklettert, bei Erreichung des Gipfels den Nebel plötzlich weichen und das Land auf fünfzig Kilometer im Umkreis klar vor sich liegen sieht. Jahrelang war es mein Bestreben gewesen, die Grundbegriffe der Mathematik wie Grund- und Ordnungszahlen zu analysieren. Auf einmal nun, im Zeitraum von ein paar Wochen, entdeckte ich die anscheinend endgültigen Antworten auf die Fragen, die mich jahrelang genasführt hatten. Und im Verlauf der Entdeckung dieser Antworten stellte ich eine neue mathematische Technik auf, durch die Gebiete, die bisher der Verschwommenheit von Philosophen überlassen geblieben waren, für die Schärfe genauester Formulierung gewonnen wurden. Intellektuell war der September 1900 der Höhepunkt meines Lebens. Ich sagte mir dauernd selbst vor, jetzt endlich hätte ich etwas geleistet, was der Mühe wert war, und auf der Straße meinte ich, ich müsse jetzt ganz besonders aufpassen, nicht überfahren zu werden, ehe ich das zu Papier gebracht habe. Eine Abhandlung, die meine neuen Gedanken enthielt, schickte ich Peano für seine Zeitschrift. Anfangs Oktober machte ich mich daran, *The Principles of*

Mathematics niederzuschreiben, wozu ich schon mehrfach erfolglose Versuche unternommen hatte. Die Abschnitte III, IV, V und VI des Buches, wie es dann zur Veröffentlichung kam, wurden in jenem Herbst geschrieben. Die Abschnitte I, II und VII wurden ebenfalls zu dieser Zeit geschrieben, mußten jedoch später umgearbeitet werden, so daß das ganze Buch in seiner endgültigen Fassung erst im Mai 1902 vorlag. Während der Monate Oktober, November und Dezember schrieb ich jeden Tag meine zehn Seiten, so daß das Manuskript am letzten Tag des Jahrhunderts beendet war, eben rechtzeitig, um Helen Thomas einen prahlerischen Brief über die rund 200 000 Worte zu schreiben, mit denen ich gerade zu Rande gekommen war. Merkwürdigerweise bezeichnete das Ende des Jahrhunderts auch das Ende dieses Triumphgefühls, und von diesem Augenblick an begann ich von Verstandes- und Gefühlsproblemen zugleich bestürmt zu werden, die mich in die düsterste je erlebte Verzweiflung stürzten.

Während des ersten Trimesters 1901 bezogen wir zusammen mit den Whiteheads das Haus von Professor Maitland im Downing College, der wegen seines Gesundheitszustandes nach Madeira übersiedeln mußte. Seine Haushälterin erzählte uns, der Professor habe sich »austrocknen lassen, indem er nur trokkenen Toast aß«, was mir als ärztliche Diagnose nicht ganz einleuchtete. Mrs. Whitehead wurde um diese Zeit immer kränker und litt schwere, von Herzschwäche herrührende Schmerzen. Wir alle, nicht nur Whitehead, sondern auch Alys und ich, machten uns große Sorgen um sie. Whitehead liebte seine Frau nicht nur innig, sondern war auch völlig auf sie angewiesen; man mochte wohl Zweifel darüber hegen, ob er jemals noch eine vollkommene Leistung vollbringen würde, wenn sie sterben sollte. Eines Tages kam Gilbert Murray nach Newnham, um Teile aus seiner Übersetzung des *Hippolytus* vorzulegen, die bisher noch nicht erschienen war. Alys und ich wohnten der Vorlesung bei, und ich war tief ergriffen von der Schönheit der Dichtung[1]. Als wir heimkamen, fanden wir Mrs. Whitehead unter einem ungewöhnlich schweren Anfall von Schmerzen leidend. Sie schien wie durch eine Mauer von Qual geschieden zu sein von allen und allem. Das Bewußtsein der Einsamkeit einer jeden Menschenseele übermannte mich plötzlich. Seit meiner Heirat war mein Gefühlsleben ruhig und oberflächlich verlaufen. Ich hatte alle tieferen Momente vergessen und mich mit leichtfertiger Lebenskunst zufriedengegeben. Jetzt schien plötzlich der Boden unter meinen Füßen nachzugeben, und ich befand mich in einer ganz andern Sphäre. Innerhalb von fünf Minuten durchlief ich Gedankengänge wie diese: die Einsamkeit der Menschenseele ist unerträglich; nur die allerstärkste Liebe, wie sie die Lehrer der Religionen gepredigt haben, vermag sie zu durchdringen; was nicht diesem Beweggrund entspricht, ist schädlich, bestenfalls nutzlos; daraus folgt, daß Krieg unrecht, die [englische] Public-School-Erziehung abscheulich, daß die Anwendung von Gewalt verwerflich ist, daß man bei Beziehungen von Menschen untereinander zum Kern der Einsamkeit eines jeden vordringen und ihn ansprechen soll. Das jüngste Kind der Whiteheads, ein dreijähriger Knabe, befand sich im Zimmer. Ich hatte ihm bisher keinerlei Beachtung geschenkt, und er mir ebensowenig. Es mußte verhindert werden, daß er die Mutter, die die entsetzlichsten Schmerzen litt, störe. Ich nahm ihn bei der Hand und ging mit ihm aus dem Hause. Er kam willig mit und faßte Vertrauen zu mir. Von diesem Tag an bis zu seinem Tode im Ersten Weltkrieg blieben wir eng befreundet.

Nach diesen fünf Minuten war ich ein vollkommen veränderter Mensch geworden. Etwas wie eine mystische Erleuchtung hielt mich eine Zeitlang im Bann. Mir war, als kenne ich die innersten Gedanken eines jeden Menschen, der mir auf der Straße begegnete, und wenn das zweifellos eine Selbsttäuschung war, so empfand ich mich doch tatsächlich all meinen Freunden und vielen meiner Bekannten weit näher als bisher. Ich war Imperialist gewesen bisher; binnen fünf Minuten wurde ich nun Burenanhänger und Pazifist. Nachdem ich jahrelang für nichts Sinn gehabt hatte als für exakte Wissenschaft und Analyse, war ich jetzt auf einmal erfüllt von halbmystischen Gefühlen über Schönheit, einem heftigen Interesse für Kinder, von einem Verlangen, fast so tief wie das des Buddha, eine Weltanschauung zu finden, die das menschliche Leben erträglich machen würde. Eine sonderbare Erregung bemächtigte sich meiner, die heftigen Schmerz enthielt, aber auch ein Element des Triumphes darüber, daß ich den Schmerz zu bezwingen und ihn, wie ich vermeinte, in einen Zugang zur Weisheit verwandeln könne. Die mystische Schaukraft, die ich mir damals zu besitzen einbildete, ist größtenteils geschwunden, und die Gewohnheit der analytischen Untersuchung hat sich wieder geltend gemacht. Allein etwas von dem, was ich damals zu erkennen gemeint habe, ist mir seitdem stets geblieben, hat meine Haltung während des Ersten Weltkriegs verursacht, mein Interesse an Kindern, meine Gleichgültigkeit gegen kleines Mißgeschick und einen gewissen gefühlsbetonten Beiklang in all meinen Beziehungen zu Menschen hervorgerufen.

Nach dem Ende des ersten Trimesters – dem sogenannten Fastentrimester – begaben sich Alys und ich wieder nach Fernhurst, wo ich mit der Niederschrift der logischen Deduktion der Mathematik begann, die später das Buch *Principia Mathematica* ausmachte. Ich hielt das Werk für so gut wie fertig, als ich im Mai einen intellektuellen Rückschlag erlitt, der fast ebenso einschneidend war wie der emotionelle vom Februar. Cantor hatte einen Beweis dafür, daß es keine größte Zahl gibt, während mir schien, daß die Anzahl der Dinge auf der Welt die größtmögliche sein müsse. Demzufolge prüfte ich seinen Beweis so genau wie möglich und bemühte mich, ihn auf die Gattung aller vorhandenen Dinge anzuwenden. Dies führte mich dazu, diejenigen Gattungen, welche nicht Glieder ihrer selbst sind, in Betracht zu ziehen und zu fragen, ob die Gattung solcher Gattungen ein Glied ihrer selbst ist oder nicht. Ich fand, daß jede der beiden Lösungen einen Widerspruch enthält. Zuerst nahm ich an, dieser Widerspruch werde leicht zu überwinden sein und es handle sich nur um einen belanglosen Denkfehler. Allmählich aber wurde mir klar, daß das nicht der Fall war. Burali-Forti hatte bereits einen ähnlichen Widerspruch entdeckt, und bei logischer Analyse ergab sich, daß hier eine Verwandtschaft vorlag mit dem berühmten »Kreterschluß« des Epimenides, alle Kreter seien Lügner. Eine wesensgleiche Widersprüchlichkeit kann man schaffen, wenn man jemandem einen Zettel gibt, auf dem geschrieben steht: »Die Behauptung auf der andern Seite des Zettels ist falsch.« Wenn man den Zettel umdreht, steht auf der andern Seite wieder: »Die Behauptung auf der andern Seite des Zettels ist richtig.« – Es schien eines erwachsenen Menschen unwürdig, seine Zeit mit solchen Plattheiten zu vergeuden, aber was sollte ich tun? Irgend etwas stimmte nicht, wenn solche Widersprüche bei ordnungsgemäßen Voraussetzungen unvermeidlich waren. Plattheit hin oder her, die Sache ließ mich nicht los. Das ganze zweite Halbjahr 1901 nahm ich an, die Lösung werde einfach sein; doch nach Ablauf dieser Zeit war ich zu dem Schluß gekommen, daß es sich um eine schwere Aufgabe handle. Ich entschied mich deshalb dafür, zunächst das Buch *The Principles of Mathematics* fertigzustellen und die Lösung der Frage in der Schwebe zu lassen. Im Herbst gingen Alys und ich wieder nach Cambridge, da ich zu Vorlesungen über mathematische Logik für zwei Semester aufgefordert worden war. Diese Vorlesungen begriffen die Umrisse der *Principia Mathematica* in sich, ohne jedoch ein Verfahren zur Beseitigung der Widersprüche anzugeben.

Ungefähr um die Zeit, da diese Vorlesungen zu Ende waren, ging, während wir mit den Whiteheads im Millhouse zu Grantchester wohnten, ein viel ernsterer Schlag nieder als alle bisherigen. Ich machte eines Nachmittags einen kleinen Radausflug, als mich bei der Fahrt auf der Landstraße plötzlich der Gedanke überfiel, daß ich Alys nicht mehr liebe. Ich hatte bis zu diesem Augenblick auch nicht die leiseste Ahnung gehabt, daß meine Liebe zu ihr auch nur nachgelassen habe. Diese Entdeckung nun warf die schwierigsten Fragen auf. Wir hatten seit der Hochzeit in allerengster Vertrautheit miteinander gelebt. Wir schliefen zusammen in einem Bett und hatten nie getrennte Ankleidezimmer gehabt. Wir besprachen zusammen alles, was einem jeden von uns zustieß. Sie war fünf Jahre älter als ich, und ich war daran gewöhnt, sie als die weitaus praktischere und weltkundigere Person von uns beiden zu erachten, so daß ich ihr in vielen Dingen des Alltagslebens die Führung überließ. Ich wußte, daß sie mir noch immer zugetan war. Ich wollte keineswegs rücksichtslos sein, aber ich meinte damals (was spätere Erfahrung mir doch als anzweifelbar erscheinen ließ), daß man, was die intimen Beziehungen anging, unbedingt die Wahrheit aussprechen solle. Jedenfalls wußte ich nicht, wie ich, wenn auch nur eine noch so kurze Zeit, tun solle, als ob ich sie noch liebe, wenn es nicht mehr der Fall war. Kein natürlicher Drang zu geschlechtlichen Beziehungen zwischen uns trat mehr bei mir auf, und schon dies würde für die Geheimhaltung meiner Gefühle eine unüberwindliche Schranke gebildet haben. In dieser Krise kam bei mir der Tugenddünkel meines Vaters zum Ausbruch, und ich fing an, mich vor mir selbst zu rechtfertigen, indem ich an Alys moralische Kritik übte. Ich sagte ihr nicht auf den Kopf zu, daß ich sie nicht mehr liebe, aber natürlich merkte sie, daß etwas nicht stimmte. Sie zog sich für einige Monate zu einer Erholungskur zurück. Als sie wiederkam, eröffnete ich ihr, daß ich das Zimmer nicht mehr mit ihr teilen wolle und gestand ihr schließlich, daß meine Liebe erstorben war. Sowohl ihr wie mir selbst gegenüber rechtfertigte ich diese Haltung, indem ich ihren Charakter bekrittelte.

Wenn mir auch nun in der Rückschau meine Selbstgerechtigkeit als widerwärtig erscheint, so lagen doch schwerwiegende Gründe für meine Einstellung vor. Sie versuchte stets, so untadelig tugendhaft zu sein, wie es Menschen nicht gegeben ist, und ließ sich dadurch zu Unaufrichtigkeit verleiten. Wie ihr Bruder Logan war sie boshaft, gab den Leuten gern schlechte Gedanken über ihre Nebenmenschen ein, und das alles eigentlich ganz unbewußt, aus angeborener Heimtücke. Sie lobte etwa irgend jemand so sehr, daß man ihre Großzügigkeit bewunderte, aber zugleich von dem so Gelobten eine schlechtere Meinung bekam, als wenn sie ihn bekrittelt hätte. Aus Bosheit nahm sie es oft mit der Wahrheit nicht sehr genau. Sie erzählte Mrs. Whitehead, ich könne Kinder nicht ausstehen, und die Kinder der Whiteheads müßten mir deswegen soviel wie möglich vom Leibe gehalten werden. Gleichzeitig erzählte sie mir, Mrs. Whithehead sei eine schlechte Mutter, die sich zu wenig um ihre Kinder kümmere.

Während jener Radtour fielen mir eine Menge solcher Mo-

mente ein, so daß mir aufging, sie sei keineswegs die Heilige, die ich immer in ihr gesehen hatte. Mein plötzlicher Umschwung ging jedoch zu weit; ich ließ die großen Tugenden außer acht, die sie tatsächlich besaß.
Die Wandlung meiner Gefühle für Alys schrieb sich zum Teil daher, daß ich an ihr Züge entdeckte, wenn auch in milderer Form, die mir bei ihrer Mutter und ihrem Bruder gegen den Strich gingen. Alys hegte eine grenzenlose Bewunderung für ihre Mutter; sie sah in ihr sowohl eine Heilige wie eine Weise. Es war das so ziemlich die allgemeine Ansicht, zum Beispiel auch die von William James. Ich hingegen gelangte mit der Zeit dahin, sie für eines der niederträchtigsten Weibsbilder zu halten, die ich je erlebt habe. Sie verachtete ihren Ehemann und behandelte ihn auf die demütigendste Art und Weise. Sie sprach nur im Ton offenkundigster Herabsetzung mit oder von ihm. Es läßt sich nicht abstreiten, daß er ein verblödeter Greis war, aber das, was sie ihm antat, verdiente er nicht, und kein Mensch, der auch nur einen Funken Mitgefühl besessen hätte, würde ihm derartig zugesetzt haben. Er hatte eine Geliebte und bildete sich steif und fest ein, seine Frau wisse nichts davon. Die Briefe der Geliebten warf er zerrissen in den Papierkorb. Seine Frau holte die Stücke heraus, klebte sie zusammen und las die Briefe Alys und Logan unter schallendem Gelächter vor. Als der Alte starb, verkaufte sie sein falsches Gebiß und setzte sich über die letzte Bitte des Sterbenden – dem Gärtner fünf Pfund zu geben – hinweg. (Wir andern brachten dann den Betrag für den Gärtner ohne einen Penny von ihr auf.) Dieses eine Mal hatte Logan Tadelsworte für die Mutter übrig und vergoß Tränen wegen ihrer Hartherzigkeit. Doch bald fiel er wieder in die alte Verehrung der Mutter zurück. In einem Brief hatte sie einmal über ihren damals dreieinhalb Monate alten Sohn geschrieben:

»Logan und ich hatten heute unseren ersten regelrechten Kampf, aus dem er als Sieger hervorging, wenn ich auch nicht annehme, daß er es weiß. Ich verhaute ihn, bis er grün und blau war und ich selbst einfach nicht mehr konnte; aber er gab nicht einen Zoll nach. Immerhin hoffe ich, daß es eine Lehre für ihn war[2].«

Das war es allerdings. Sie brauchte ihn nie mehr grün und blau zu schlagen. Sie brachte ihrer Familie bei, Männer seien Rohlinge und Dummköpfe, Frauen aber Heilige, die Geschlechtsleben verabscheuten. Daher wurde, wie es nicht anders zu erwarten war, Logan homosexuell. Sie trieb ihre Weibervergötzung so weit, daß es ihr schwerfiel, die Achtung vor dem Herrgott zu bewahren, weil Er ein Mann war. Wenn sie an einem Wirtshaus vorbeikam, pflegte sie auszurufen: »Das ist Deine Wirtschaft, o Herr!« Wäre der Schöpfer weiblichen Geschlechts gewesen, dann gäbe es etwas wie Alkohol nicht auf der Welt.

Daß Alys immer ihrer Mutter die Stange hielt, war schwer zu ertragen. Als Friday's Hill vermietet werden sollte, fragten die künftigen Mieter an, ob die Kanalisationsanlage von einem Sanitätsinspektor überprüft worden sei. Beim Teetisch erzählte sie uns nun, das sei nicht der Fall, sie werde jedoch behaupten, daß es geschehen sei. Ich erhob dagegen Widerspruch, da machten sowohl Logan wie Alys »Psst!«, als wenn ich ein ungezogenes Kind wäre, das den Herrn Lehrer unterbrochen hatte. Mit Alys hin und wieder über ihre Mutter zu sprechen, erwies sich als unmöglich. Schließlich aber verbreitete sich mein Abscheu vor der alten Dame auf alle, die sie verehrten, Alys nicht ausgeschlossen.

Die unglücklichsten Augenblicke meines Lebens habe ich in Grantchester durchgemacht. Mein Schlafzimmer ging auf die Mühle hinaus, und das Geräusch des Mühlbachs vermengte sich unentwirrbar mit meiner Verzweiflung. Ich lag viele Nächte lang wach, hörte erst die Nachtigall schlagen, dann in der Dämmerung den Chor der Vögel, blickte hinaus auf den Sonnenaufgang und versuchte, in der Schönheit der Außenwelt Trost zu finden. Ich litt in einer sehr heftigen Form unter jener Einsamkeit, die ich im Jahr vorher als das eigentliche Los des Menschen erkannt hatte. Allein wanderte ich auf den Feldern um Grantchester dahin mit dem unklaren Empfinden, die grauweißen, windbewegten Weiden brächten eine Botschaft aus einem Land des Friedens. Ich las religiöse Bücher wie Taylors *Holy Dying* in der Hoffnung, es lasse sich vielleicht etwas vom Dogma Unabhängiges in dem Trost finden, den ihre Verfasser aus ihrem Glauben ableiteten. Ich suchte Zuflucht in reiner Betrachtung; ich fing mit der Niederschrift von *The Free Man's Worship* an. Die Formung rhythmischer Prosa war das Einzige, worin ich wirklich Tröstung fand.

Während der ganzen Zeit der Abfassung von *Principia Mathematica* waren die Beziehungen zu den Whiteheads schwierig und verwickelt. Whitehead wirkte nach außen hin als ein ruhiger, vernünftiger, besonnener Mann, doch wenn man ihn genauer kennenlernte, merkte man, daß das nur Fassade war. Wie viele Menschen mit großer Selbstbeherrschung litt er unter Anwandlungen, die kaum noch als normal gelten konnten. Bevor er seine spätere Frau kennenlernte, war er entschlossen gewesen, zum Katholizismus überzutreten und erst in der letzten Minute davon abgekommen, als er sich in die künftige Mrs. Whitehead verliebt hatte. Er war besessen von einer wahnsinnigen Angst vor Geldmangel, bekämpfte diese Angst jedoch nicht auf vernünftige Art, sondern indem er leichtsinnig mit dem Geld um sich warf, um sich selbst vorzumachen, er könne es sich leisten. Er machte Mrs. Whitehead und den Dienstboten dauernd Angst, indem er allerhand Selbstbeschimpfungen vor sich hinmurmelte. Dann blieb er wieder einmal tagelang stumm, ohne auch nur ein Wort an irgend jemand im Haus zu richten. Mrs. Whitehead lebte in ständiger Angst davor, daß er irrsinnig werde. Wenn ich jetzt daran zurückdenke, kommt es mir vor, als ob diese Angst von ihr übertrieben war, denn sie selbst neigte in ihren ganzen Anschauungen zu Melodramatik. Dennoch war die Gefahr vorhanden, wenn auch nicht in dem Maße, wie sie glaubte. Sie sprach ganz offen mit mir darüber, und ich wurde zu ihrem Bundesgenossen in dem Bestreben, ihn bei Verstand zu halten. Was aber immer geschah, in seiner Arbeit erlahmte er nie, wenn man auch spürte, daß er sich mehr Selbstbeherrschung abrang, als ein Mensch natürlicherweise auszuhalten imstande ist, und daß jeden Augenblick ein Zusammenbruch erfolgen konnte. Mrs. Whitehead entdeckte dauernd, daß er große Rechnungen bei Lieferanten von Cambridge hatte auflaufen lassen und wagte nicht, ihm zu sagen, daß kein Geld zu deren Bezahlung vorhanden war, um ihn nicht zum Äußersten zu treiben. Ich pflegte ihr das Nötigste heimlich zuzustekken. Es war mir furchtbar, Whitehead so zu hintergehen, der, hätte er davon erfahren, es als unerträgliche Demütigung erachtet haben würde. Aber seine Familie mußte erhalten und die *Principia Mathematica* mußten geschrieben werden, und es schien keinen andern Weg zu geben, um diese Ziele zu erreichen. Ich steuerte all mein verfügbares Kapital und sogar noch entliehenes bei. Ich hoffe, der Zweck hat die Mittel geheiligt. Bis heute (1952) habe ich dies noch zu niemandem erwähnt.

Mittlerweile war Alys unglücklicher als ich, und ihre unglückselige Stimmung wirkte wieder zurück auf meine und verstärkte sie. Wir hatten bisher immer längere Zeit bei ihrer Familie verbracht, nun aber teilte ich Alys mit, daß ich ihre Mutter nicht mehr ertragen könne und wir daher Fernhurst verlassen müßten. So verbrachten wir also den Sommer in der Nähe von Broadway in Worcestershire. Das Leid machte mich sentimental, und ich erging mich in Phrasen wie »Unsere Herzen bauen kostbare Tempel für die Asche unserer gestorbenen Hoffnungen«. Ich kam so weit herab, daß ich sogar Maeterlinck las. Vorher, noch in Grantchester, auf dem Gipfel des Jammers, beendete ich die *Principles of Mathematics*. Den Schlußpunkt hinter dieses Manuskript setzte ich am 23. Mai. In Broadway nun widmete ich mich der mathematischen Ausarbeitung des Werks, das die *Principia Mathematica* werden sollte. Ich hatte mir damals bereits die Mitarbeit Whiteheads an dieser Aufgabe gesichert, aber die unklare, unechte, gefühlsbetonte Geistesverfassung, in die ich mich hatte abgleiten lassen, beeinflußte sogar meine mathematische Arbeit. Ich erinnere mich der Antwort, die Whitehead mir auf einen ihm übersandten Entwurf für den Anfang des Werkes gab: »Alles, selbst der Gegenstand des Buchs, ist geopfert worden, um die Beweise kurz und klar herauszubringen.« Dieser Mangel in meiner Arbeit ging auf eine

moralische Mangelerscheinung in meinem Geisteszustand zurück.
Im Herbst mieteten wir dann für ein halbes Jahr ein Haus am Cheyne Walk, und das Leben begann wieder erträglicher zu werden. Wir hatten viel Besuch, darunter ergötzlichen oder doch erfreulichen, und wir beide begannen ein mehr nach außen gewandtes Leben zu führen, das jedoch stets wieder zusammenbrach. Solange ich im selben Haus mit Alys wohnte, kam sie immer wieder von Zeit zu Zeit, nachdem sie zu Bett gegangen war, im Schlafrock zu mir herunter und flehte mich an, die Nacht mit ihr zu verbringen. Hin und wieder tat ich ihr den Gefallen, aber was sich ergab, war höchst unersprießlich. Neun Jahre lang dauerte dieser Zustand zwischen uns beiden. Diese ganze Zeit über gab sie sich der Hoffnung hin, mich zurückgewinnen zu können und zeigte sie keinerlei Interesse für andere Männer. Auch ich hatte in dieser ganzen Zeit keine anderweitigen geschlechtlichen Beziehungen. Ein-, zweimal im Jahr versuchte ich, welche mit ihr aufzunehmen, in der Hoffnung, ihren Kummer zu lindern, aber sie hatte keinen Reiz mehr für mich, und so blieben diese Versuche vergeblich. Wenn ich auf diese Jahre zurückblicke, erkenne ich, daß ich das Zusammenwohnen unter einem Dache viel früher hätte aufgeben sollen; aber sie wollte immer, daß ich bleibe und drohte mit Selbstmord, falls ich sie verlasse. Da keine andere Frau vorhanden war, zu der ich hätte übergehen wollen, bestand eigentlich kein triftiger Grund, ihrem Wunsch nicht nachzukommen.
Die Sommermonate der Jahre 1903 und 1904 verbrachten wir in Churt und Tilford. Ich nahm die Gewohnheit an, jede Nacht von elf bis eins auf der Gemeindewiese umherzuwandern, was mir Gelegenheit gab, die drei verschiedenen Laute kennenzulernen, die die Ziegenmelker von sich geben (die meisten Leute kennen nur einen). Ich gab mir die größte Mühe, die oben erwähnten Widersprüche zu lösen. Jeden Morgen setzte ich mich vor ein unbeschriebenes Blatt Papier. Den ganzen Tag über, nur kurz durch das Mittagessen unterbrochen, stierte ich auf den leeren Bogen. Oft war er am Abend noch ebenso leer. Die Winter dieser Jahre verbrachten wir in London, wo ich keinen

Versuch zu arbeiten unternahm; die beiden Sommer 1903 und 1904 haften jedoch in meinem Gedächtnis als Zeitspannen vollkommenen geistigen Stillstands. Es war mir durchaus klar, daß ich ohne Lösung der Widersprüche nicht fortfahren könne, aber ich war fest entschlossen, mich durch kein Hindernis von der Vollendung der *Principia Mathematica* ablenken zu lassen, und doch sah es ganz so aus, als ob der Rest meines Lebens mit dem Starren auf den leeren Papierbogen ausgefüllt sein würde. Was die Sache noch ärgerlicher machte, war, daß die Widersprüche im Grunde ganz unerheblich waren und daß ich meine Zeit damit vergeudete, über Dinge nachzugrübeln, deren so ernste Betrachtung sich nicht verlohnte.

Nun muß man aber nicht annehmen, daß meine ganze Zeit mit Verzweiflung und intellektueller Mühsal in Anspruch genommen gewesen wäre. Ich entsinne mich beispielsweise der – bereits oben erwähnten – Gelegenheit, als Maynard Keynes ein Wochenende bei uns in Tilford zubrachte.

Im Jahre 1905 begann sich dann alles zum Bessern zu wenden. Alys und ich faßten den Entschluß, in die Nähe von Oxford überzusiedeln und uns in Bagley Wood (wo damals noch kein einziges Haus stand) ein Haus zu bauen. Wir übersiedelten dorthin im Frühjahr 1905. Kurz nach dem Einzug entdeckte ich meine »Theorie der Beschreibung«, die der erste Schritt zur Überwindung der Schwierigkeiten war, die mich so lange gehemmt hatten. Unmittelbar darauf starb Theodore Davies, von dem ich in einem früheren Kapitel gesprochen habe. Im Jahre 1906 entdeckte ich die »Theorie der Typen«. Danach war nur noch das Buch niederzuschreiben. Für diese mechanische Aufgabe blieb Whitehead wegen seiner Lehrtätigkeit nicht genügend Freizeit. So machte ich mich also daran und arbeitete rund acht Monate lang zehn bis zwölf Stunden täglich in jedem der Jahre 1907 bis 1910. Das Manuskript wurde immer umfangreicher; wenn ich ausging, um einen Spaziergang zu machen, befiel mich immer die Angst, das Haus könne in Brand geraten und das Manuskript in Flammen aufgehen. Es handelte sich ja um ein Manuskript, das man weder tippen noch durchschlagen konnte. Als wir es schließlich zur University Press bringen wollten, mußte ich dazu eine altmodische, vierrädrige Droschke mieten, so groß und schwer war es. Aber damit waren die Schwierigkeiten noch nicht zu Ende. Die University Press schätzte, an dem Buch würden 600 Pfund Sterling verloren werden; die Hälfte dieses Verlusts waren die Finanzberater zu tragen bereit, wollten jedoch darüber hinaus keine Zusage machen. Großzügigerweise steuerte die Royal Society 200 Pfund bei; die noch verbleibenden 100 Pfund mußten wir selbst aufbringen. Wir hatten also mit einem Werk, das zehn Jahre Arbeit gekostet hatte, jeder fünfzig Pfund *minus* verdient. Was Miltons Rekord beim *Verlorenen Paradies* in den Schatten stellt.

Das Zusammentreffen eines unglücklichen Seelenzustands mit äußerst aufreibender Verstandesarbeit erzeugte in den Jahren 1902 bis 1910 eine starke Überanstrengung. (Siehe meine Briefe an Lucy, Seiten 254 ff.) Ich fragte mich damals oft, ob ich aus dem Tunnel, in dem ich zu stecken schien, jemals wieder herauskommen würde. Ich pflegte mich auf den Fußgängersteg, der bei Kennington nächst Oxford über die Bahngeleise führte, zu stellen, die Züge vorüberfahren zu sehen und mir vorzunehmen, mich am nächsten Tag unter einen von ihnen zu werfen. Doch am andern Tag stellte sich stets wieder die Hoffnung ein, die *Principia Mathematica* würden eines Tages doch vielleicht fertig werden. Außerdem wirkten die Schwierigkeiten auf mich als eine Art Herausforderung, der nicht entgegenzutreten, um sie zu überwinden, Feigheit bedeutet hätte. Ich harrte also aus, und schließlich wurde das Werk denn doch beendet, aber von der damit verbundenen Überanstrengung erholte sich mein Verstand nie mehr ganz. Ich bin seitdem bestimmt weniger fähig, mit schwierigen Abstraktionen fertig zu werden als vorher. Zum Teil, wenn auch keineswegs allein, ist dies der Grund für den Wechsel in der Art meiner Tätigkeit.

Während dieses ganzen Lebensabschnitts beschäftigten mich in den Wintermonaten politische Fragen in starkem Maße. Als Joseph Chamberlain anfing für den Schutzzoll einzutreten, wurde ich leidenschaftlicher Freihändler. Der Einfluß, den Hewins in Richtung auf Imperialismus und einen imperialen »Zollverein« [deutsch im englischen Text] auf mich ausgeübt hatte, verflüchtigte sich während der kritischen Umstände des Jahres 1901, die mich zum Pazifisten werden ließen. Trotzdem wurde ich 1902 Mitglied eines Dinnerclubs, genannt »Die Koëffizienten«, den Sidney Webb zum Zweck der Erörterung politischer Fragen von einem mehr oder weniger imperialistischen Standpunkt ins Leben gerufen hatte. In diesem Club wurde ich zuerst mit H. G. Wells bekannt, von dem ich bisher nie gehört hatte. Sein Standpunkt war dem meinen verwandter als der aller andern Mitglieder. Die meisten andern Mitglieder erschreckten mich tief. Ich erinnere mich, wie Amerys Augen vor Blutdurst funkelten beim Gedanken eines Krieges gegen Amerika, zu dem wir, wie er mit jubilierender Stimme ausrief, die gesamte erwachsene männliche Bevölkerung bewaffnen müßten. Eines Abends hielt Sir Edward Grey (damals noch nicht Minister) eine Rede, in der er für die Politik der Entente – die damals noch nicht die der Regierung war – eintrat. Ich äußerte sehr energische Einwendungen dagegen, da eine solche Politik wahrscheinlich zum Kriege führen würde, doch niemand war mit mir eines Sinnes, und ich trat deshalb aus dem Club aus. Wie man sieht, begann ich mit einer Opposition gegen den Ersten Weltkrieg bereits im frühestmöglichen Moment. Danach verlegte ich mich darauf, zur Verteidigung des Freihandels im Sinne der Free Trade Union [des Freihandels-Verbands] zu sprechen. Ich hatte vorher niemals versucht, öffentlich zu reden, war daher so schüchtern und nervös, daß ich anfänglich keinerlei Wirkung erzielte. Mit der Zeit ließ jedoch meine Nervosität nach. Nach der Wahl von 1906 – als die Freihandelsfrage für den Augenblick nicht mehr so brennend war – begann ich für das Frauenstimmrecht zu wirken. Aus pazifistischen Gründen mochte ich die »Militanten« nicht, sondern arbeitete stets mit den »Konstitutionellen« zusammen. Im Jahre 1907 kandidierte ich sogar im Interesse des Frauenstimmrechts bei einer Nachwahl zum Unterhaus. Die Wahlkampagne in Wimbledon war kurz und aufreibend. Die jüngere Generation kann sich nicht vorstellen, wie erbittert die Opposition gegen die Gleichstellung der Frau damals war. Als ich später den Kampf gegen den Ersten Weltkrieg aufnahm, war die Opposition der

Allgemeinheit, auf die ich stieß, nicht vergleichbar mit der gegen die Frauenrechtler im Jahre 1907. Die ganze Frage wurde vom überwiegenden Teil der Bevölkerung nur als Anlaß zu Späßen behandelt. Die Volksmenge erging sich in spöttischen Zurufen wie: »Geh heim und paß auf deine Kinder auf«, zu Frauen, und zu Männern etwa: »Weiß deine Mutter, daß du nicht daheim bist?«, wie alt der Betreffende auch sein mochte. Ich wurde mit faulen Eiern beworfen, die auch meine Frau nicht verschonten. Bei meiner ersten Versammlung wurden Ratten losgelassen, um die Damen zu erschrecken, und Damen, die mit den Gegnern verbunden waren, stießen fingierte Schreckensschreie aus, um ihr eigenes Geschlecht zu blamieren. In einer Zeitung wurde darüber berichtet wie folgt:

Wahltumult
Ratten losgelassen, um Frauenrechtlerinnen Angst einzujagen.
Kampf in Wimbledon

Der Hon. Bertrand Russell, Kandidat der Frauenrechtler für den Wahlkreis Wimbledon, eröffnete am Samstagabend seine Kampagne durch eine Ansprache vor einer stark besuchten und recht lärmhaften Versammlung in der Warple Hall. Dem Vorsitzenden, Mr. O. H. Beatty, Mitglied des Vollzugsausschusses der Liberalen Vereinigung des Wahlkreises, und den Herrschaften auf dem Podium, worunter der Kandidat, seine Frau, Mr. St. George Lane Fox-Pitt, der bei den allgemeinen Wahlen durchgefallene Kandidat der Liberalen, Mrs. Philip Snowden, Miss Alison Garland und mehreren anderen der National Union of Women's Suffrage Societies nahestehenden Damen und Herren wurde ein gemischter Empfang zuteil.
Von allem Anfang war es offensichtlich, daß ein Teil der Zuhörerschaft von rund zweitausend Menschen gegen die Einberufer feindselig eingestellt waren. Der Vorsitzende bat des öfteren vergeblich um Ruhe.
Kaum zehn Minuten nach Eröffnung der Versammlung brach in einer Ecke des Saals eine Keilerei aus, und es dauerte fünf Minuten, bis die Ordnung wiederhergestellt war. Leute spran-

gen auf die Bänke und Stühle und feuerten die Störenfriede zum Kampf an.
Danach wurden zwei Riesenratten aus einem Sack losgelassen, die auf dem Boden zwischen den Füßen der Damen auf den vordersten Reihen herumliefen. Einen Augenblick lang herrschte große Aufregung; die Damen sprangen auf die Sitze und einige Herren machten zwischen den Bankreihen Jagd auf die Ratten, die sie schließlich auch erlegten. Nach der Versammlung wurde eine der Rattenleichen nach Victoria Crescent gebracht und dort ins Komiteezimmer des Kandidaten geschleudert.
Der ganze Radau war eigentlich nur von einer Horde verantwortungsloser Jünglinge und Buben ausgegangen, die nicht hätten eingelassen werden dürfen, und es wäre daher unbillig, die Wählerschaft von Wimbledon für das lümmelhafte Benehmen dieses politischen Lausbubengesindels zu tadeln.
Mr. Russell wurde mit lautem Beifall und allerhand Zurufen begrüßt; da diese nicht aufhören wollten, ließ der Vorsitzende die Bemerkung fallen: »Es ist das gewiß nicht die Art und Weise, mit der die Männer und Frauen von Wimbledon einen Fremden empfangen« (Zwischenruf: »Sollen wir Angst vor ihm haben?« und Geschrei: »Nein! Nein!«). Gleich darauf mußte der Versammlungsleiter aber die Radaubrüder wieder zur Ordnung rufen; auf seine Bitte, den guten Namen Wimbledons nicht zu verschimpfieren, sicherte er für eine Zeitlang Ruhe.
Mr. Russell erklärte, in allererster Linie trete er für das Frauenstimmrecht ein, und zwar unter Gewährung der gleichen Rechte für die Frauen wie für die Männer, und dies auch, falls den Männern späterhin weitere Rechte zugestanden würden. (Zwischenruf: »Brauchen wir die Unterröcke?«, worauf die Versammlung brüllte: »Nein, nein!«)
Weiterhin erklärte der Kandidat, er unterstütze die gegenwärtige Regierung (Beifall und Tumult). Die wichtigste Frage, die die Liberalen und die Konservativen trenne, sei die des Freihandels, mit der die der Besteuerung des Grundbesitzes in engem Zusammenhang stehe. Darauf erhob sich breit schmunzelnden Gesichts Mr. Fox-Pitt. Er wollte etwas über die

Lebensgeschichte Mr. Chaplins vorbringen, was der Versammlung jedoch nicht paßte, so daß er den Versuch aufgab.
Als energischer erwies sich indes Mrs. Philip Snowden. Sie wurde zwar mit Geheul und Gelächter empfangen, setzte sich aber durch und wurde einigermaßen angehört. Das Wort ergriffen nach ihr auch Mrs. Arthur Webb, Miss Alison Garland und Mr. Walter MacLaren, und zuletzt ging mit großer Mehrheit eine Entschließung im Sinne der Unterstützung von Mr. Russell durch.
Die Wut der Männer, die ihre Vorherrschaft bedroht sahen, war verständlich. Der Wille überaus zahlreicher Frauen jedoch, bei der verächtlichen Stellung des weiblichen Geschlechts zu beharren, war merkwürdig. Ich kann mich nicht entsinnen, daß Negersklaven oder russische Leibeigene gegen ihre Emanzipation heftig agitiert hätten. Die prominenteste Gegnerin der politischen Gleichberechtigung der Frauen war Königin Victoria. Ich meinerseits war, seit ich in jungen Jahren Stuart Mills Ausführungen darüber gelesen hatte, ein leidenschaftlicher Verfechter der Gleichberechtigung der Frauen gewesen. Es war dies noch mehrere Jahre, bevor ich davon Kenntnis bekam, daß meine Mutter in den Sechzigerjahren für das Frauenstimmrecht gekämpft hatte. Der rasche und vollständige Sieg auf diesem Gebiet in allen Teilen der Kulturwelt ist eine höchst erstaunliche Erscheinung. Ich freue mich, daß ich zu diesem so großen Erfolg mein Scherflein beigetragen habe.
Allmählich gewann ich jedoch die Überzeugung, daß die Verleihung des beschränkten Wahlrechts an die Frauen, das gefordert wurde, schwerer durchzusetzen sein würde als die weitergehende Maßnahme, da diese für die Liberalen, die gerade an der Macht waren, vorteilhafter war. Die berufsmäßigen Frauenrechtler widersetzten sich der weitergehenden Maßnahme, da sie zwar mehr Frauen das Stimmrecht verlieh, aber nicht mit den genau gleichen Rechten, die für die Männer galten, und daher ihrer Meinung nach den Grundsatz der Gleichberechtigung mit den Männern nicht aufrechterhielt. Über diesen Streitpunkt trennte ich mich schließlich von den orthodoxen Frauenrechtlern und trat einer Körperschaft bei, die das Erwachsenen-

stimmrecht propagierte. Diese Vereinigung war ins Leben gerufen worden von Margaret Davies (der Schwester von Crompton und Theodore Davies); der Vorsitzende war Arthur Henderson. Ich war damals noch Liberaler und versuchte mir einzureden, Arthur Henderson sei etwas wie ein Hitzkopf und Aufwiegler. Aber damit hatte ich wenig Glück.
Trotz manchen ergötzlichen und erfreulichen Zwischenspielen waren die Jahre 1902 bis 1910 für mich recht schmerzlich. Was meine Arbeit angeht, erwiesen sie sich zwar als höchst fruchtbar, doch die Freude, die mir die Abfassung von *Principia Mathematica* machte, war in die letzten Monate von 1900 zusammengedrängt. Schwierigkeiten und Mühen wurden danach so groß, daß von Freude keine Rede mehr sein konnte. Die letzten Jahre waren besser als die früheren, weil sie fruchtbarer waren, doch die einzig wirklich lebhafte Freude im Zusammenhang mit dem Ganzen empfand ich, als ich das Manuskript der Cambridge University Press übergab.

Briefe

An und von Gilbert Murray:

Downing College
Cambridge
26. Februar 1901

Lieber Gilbert

Ich habe jetzt den *Hippolytus* gelesen und fühle mich gedrängt, Dir zu sagen, wie er mich ergriffen hat. Wer von uns Dichtung liebt, liest ja die großen Meisterwerke der modernen Literatur, ehe er die Leidenschaften, von denen sie handeln, erlebt hat. Mit reiferem Geist einem neuen Meisterwerk zu begegnen, ist ein wundervolles Erlebnis, eines, das mich geradezu überwältigt hat.

Es war mir das noch nie geschehen, und ich hätte nicht geglaubt, daß es mich so ergreifen würde. Dein Trauerspiel erfüllt auf vollkommene Weise – scheint es mir – den Vorsatz, das, was edel und schön am Leid des Menschen ist, zu gestalten; und für uns Religionslose ist dies die einzige Tröstung, deren uns das Schauspiel der Welt nicht berauben kann.
Das Stück selbst war mir vollkommen neu, und ich habe seine Gewalt aufs heftigste gespürt. Doch bin ich der Ansicht, daß Deine Dichtung des Vorwurfs durchaus würdig ist und zu der sehr kleinen Reihe wahrhaft großer englischer Gedichte gerechnet werden muß. Am besten gefielen mir die Strophen, mit denen Du Deine Vorlesung in Newnham abschlossest. Ich habe sie sofort auswendig gelernt und sie seitdem ständig im Kopf. Ein einziges Wort darin gefällt mir nicht recht, nämlich: *bird-droves* [Vogelauftrieb]. Metrisch ist es ausgezeichnet; aber Trieb, Auftrieb wirkt eben, wie mir scheint, immer als etwas Getriebenes, was für meine Begriffe die Friedlichkeit des Gedankens stört.

Stets der Deine
Bertrand Russell

Barford, Churt,
Farnham, Surrey
2. März 1901

Mein lieber Bertie

Ich möchte nicht sagen, daß ich erfreut oder entzückt gewesen bin, daß Dir mein *Hippolytus* so viel Genuß bereitet hat, denn meine Empfindungen sind davon ganz verschieden. Es ist eher an dem, daß Dein starkes Lob in meinem Leben und in der Betrachtungsweise meines Werkes sozusagen Epoche gemacht hat. Selbstverständlich habe ich eine große Gemütsbewegung erlebt, während ich am *Hippolytus* arbeitete; ich geriet dadurch in einen Zustand der Verzückung. Und dann ist mir immer der Gedanke gekommen, daß in allen Antiquariaten Dutzende von

Übersetzungen der griechischen Tragiker liegen und daß ich keine davon auch nur mit dem geringsten Interesse zu lesen vermochte, und daß die Verfasser von so gut wie allen vermutlich genau dasselbe empfunden hatten wie ich angesichts der außerordentlichen Schönheit und Gewalt dessen, was sie niederschrieben. Ein ernsthaft bemühter Übersetzer kommt natürlich dem Verständnis seines Autors viel näher als ein gewöhnlicher Leser; ja, hin und wieder gewinnt das Gedicht für ihn die Bedeutung, die sich der, die es für den Dichter gebildet hat, annähert.

Natürlich mißlingt es allen Schriftstellern – in verschiedenem Grade, aber stets ganz ungeheuerlich –, die von ihnen gemeinte Bedeutung zu übertragen. Und den Übersetzern, die weniger gute Schriftsteller sind und eine schwierigere Aufgabe haben, mißglückt es noch viel kläglicher. Das ist der Normalzustand. Doch was sich in unserm Fall begeben zu haben scheint, ist, daß Du das Gesamtbild, das ich zu übermitteln beabsichtigte, erfühlt hast.

Ich will damit nicht sagen, daß ich etwas Geheimnisvolles oder Außergewöhnliches zu äußern gehabt hätte, sondern nur, daß selbst im Falle eines schlechten Dichters oder des Durchschnittsmenschen in gewissen Stimmungen, wenn man wirklich verstehen könnte, was er im Sinn hatte, etwas erstaunlich Schönes herauskäme im Vergleich mit dem, was man für gewöhnlich davon hat, wenn man ein sehr gutes Gedicht liest. Wenn mich Dichtung langweilt, dann habe ich dauernd die Empfindung, daß ich den Mann einfach nicht verstehe oder daß er sich nicht ausdrücken kann, daß aber wahrscheinlich etwas sehr Schönes in ihm vorgeht. Und daß man in einem Augenblick besonderer Einsicht vielleicht in sein Inneres blicken und das Schöne darin erfassen kann.

Ich verstehe, was Du mit dem »Vogelauftrieb« meinst. Ich werde versuchen, die Stelle zu ändern, aber einstweilen fällt mir nichts Besseres ein. Das Ms. ist richtig angekommen.

Stets der Deine
Gilbert Murray

Friday's Hill
3. April 1902

Lieber Gilbert

Bei allen unseren Diskussionen über ethische Themen bemerke ich eine Differenz hinsichtlich der Prämissen, eine ausgesprochene Divergenz in Bezug auf die Axiome. Da mir sehr viel daran liegt, über das Thema der unmittelbaren moralischen Intuitionen (auf denen, ganz offensichtlich, alle Moral gründen muß) ins Reine zu kommen, und da eine Divergenz über die Grundbegriffe Zweifel weckt, möchte ich den Versuch machen, genau festzustellen, worin eigentlich unsere Differenzen bestehen und ob wir beide zu gleicher Zeit miteinander unvereinbare Axiome hochhalten.
Unsere Differenzen dürften daher rühren, daß Du Utilitarier bist, während ich Lust und Schmerz als von geringerer Bedeutung erachte als Erkenntnis, als Bewertung und Betrachtung von Schönheit und als eine bestimmte wesentliche Überlegenheit des Geistes, die mir, von ihren praktischen Wirkungen abgesehen, den Namen der Tugend zu verdienen scheint. Was ich herausbekommen möchte, ist, ob auch Du keine moralischen Prinzipien hochhältst, die sich nicht vom Utilitarismus ableiten und sich daher nicht mit ihm vereinbaren lassen. (Es ist von Wichtigkeit, anzumerken, daß die Methode von Sidgwicks *Ethik*, in der eine Anzahl allgemein aufgenommener Moralaxiome oberflächlich als solche ausgewiesen werden, die der Utilitarismus als »*mittlere* Axiome« ableiten würde, trügerisch ist, wenn wir mit Sidgwick die allgemeine Grundlage des Intuitionismus annehmen, d. h. die Doktrin, daß unmittelbare Intuitionen – für uns – die einzige Quelle von moralischen Prämissen seien. Denn wenn solche Axiome unmittelbare Äußerungen des moralischen Bewußtseins sind, so müssen sie selbst in jenen Ausnahmefällen angenommen werden, in denen sie mit dem Utilitarismus unvereinbar sind; somit ist jedes nicht streng vom Utilitarismus abzuleitende Axiom unvereinbar mit ihm.)
Ich kann also mit dem Geständnis beginnen, daß es mir viele

Jahre lang vollkommen selbstverständlich erschien, Lust als das einzige Gute und Schmerz als das einzige Üble zu betrachten. Jetzt jedoch scheint mir das Gegenteil als selbstverständlich. Diese Wandlung ist herbeigeführt worden durch etwas, was ich moralische Erfahrung nennen möchte. Der gewöhnliche *a priori*-Philosoph wird einwenden, daß Erfahrung mit Moral nichts zu tun habe, da sie uns nur sagt, was ist, und nicht, was sein soll. Diese Anschauung scheint mir philosophisch wie praktisch irrig; sie geht zurück auf die sensualistische Erkenntnistheorie, die leider in dieser oder jener Form von vielen Möchte-gern-Philosophen des *a priori* noch immer hochgehalten wird. Wenn wir erkannt haben, daß unsere Erkenntnis bei der Wahrnehmung nicht durch den wahrgenommenen Gegenstand verursacht wird, so ist es klar, daß, wenn Wahrnehmung Erfahrung ist, jedes andere Entstehen von Erkenntnis in der Zeit (was immer die Ursache sein mag), das nicht als Folge anderer Erkenntnis erreicht wurde, ebenfalls Erfahrung ist. Nun gibt es Umstände, unter denen vollkommen konkrete moralische Überzeugungen entstehen können: dies oder jenes, was mir gerade gegenwärtig ist, ist gut oder schlecht, und infolge eines Mangels an Einbildungskraft ist es häufig unmöglich, von vornherein zu beurteilen, wie unsere moralische Meinung über eine bestimmte Tatsache sein wird. Mir scheint, echte moralische Intuitionen gehören zu dieser durchaus konkreten Art; tatsächlich sehen wir ja das Gute und das Schlechte an Dingen, wie wir ihre Farben und Formen sehen. Die Ansicht, daß allgemeingültige Grundsätze im Gewissen zu finden seien, scheint mir ein vom Dekalog gehegter und gepflegter Irrtum zu sein. Ich möchte die richtige Methode der Ethik eher als eine Folgerung aus empirisch erhärteten Tatsachen betrachten, die in jenem Laboratorium der Moral erlangt werden können, welche das Leben denen bietet, die offene Augen dafür haben. Die Grundsätze, für die ich somit jetzt eintreten würde, sind samt und sonders Folgerungen aus solchen unmittelbaren, konkreten, moralischen Erfahrungen.

Was mich zuerst zur Abkehr vom Utilitarismus veranlaßt hat, war die Überzeugung, daß ich meine eigene Philosophie betreiben müsse, wiewohl ich nicht darüber im Zweifel war (und noch immer nicht bin), daß ich durch das Studium der Nationalökonomie und der Staatswissenschaften dem Glück der Menschheit besser dienen könne. Es schien mir, die Würde, deren das menschliche Dasein fähig ist, sei nicht zu erlangen, indem man sich dem Mechanismus des Lebens unterwirft, und daß ohne Beibehaltung des Nachsinnens über die ewigen Dinge aus der Menschheit nichts werden würde als eine Herde wohlgenährter Schweine. Ich bin jedoch nicht der Meinung, daß dieses Nachsinnen im Ganzen nur auf Glückseligkeit ausgehen soll. Diese schenkt wohl Augenblicke des Entzückens, die indes durch Jahre der Mühsal und Niedergeschlagenheit aufgewogen werden. Ich habe auch darüber nachgedacht, daß der Wert eines Kunstwerks in keinem Verhältnis steht zu der Freude, die es schenkt; ja, je länger ich bei dem Thema verweilte, desto mehr kam ich dazu, nüchterne Strenge über schwelgerische Üppigkeit zu stellen. Mir scheint jetzt, daß die Mathematik eines künstlerischen Aufschwungs fähig ist, so stark wie eine jede Musik, vielleicht sogar stärker; nicht weil die (noch so reine) Freude, die sie schenkt, der der Musik vergleichbar wäre, sei es hinsichtlich des Stärkegrades, sei es hinsichtlich der Zahl der Menschen, die sie empfinden, sondern weil sie in unbedingtester Vollkommenheit jene für große Kunst charakteristische Kombination von gottähnlicher Freiheit und der Empfindung unausweichlicher Schicksalhaftigkeit darstellt; weil sie in der Tat eine Idealwelt errichtet, worin alles vollkommen und doch wahr ist. In Ansehung des tatsächlichen Daseins des Menschen fühle ich mich wiederum gedrungen, denen meine Reverenz zu erweisen, die seine Tragik empfinden, die ehrlich über den Tod denken, die das Gemeine bedrückt, auch wenn es unvermeidbar ist. Doch diese Eigenschaften, so scheint es mir, wirken dem Glück entgegen, nicht nur bei ihren Trägern, sondern auch bei allen, die davon in Mitleidenschaft gezogen werden. Und, ganz allgemein, scheint mir das beste Leben das zu sein, das über die menschlichen Dinge ehrliche Gedanken und starke Gefühle hegt und außerdem die Welt der Schönheit und der abstrakten Tatsachen in den Kreis seiner Betrachtung zieht. Dies letzte ist wohl meine anti-utilitaristischste Ansicht: ich erachte alle Erkenntnis, die sich mit den tatsächlich existierenden Dingen befaßt – all das, was gemeinhin als Wissenschaft bezeichnet wird – für recht geringwertig im Vergleich zu der Erkenntnis, die, wie Philosophie und Mathematik, sich mit den geistigen, ewigen Objekten befaßt und sich gelöst hat von der jämmerlichen Welt, die Gott geschaffen hat.

Der springende Punkt bei all dem ist für mich, daß meine Anschauungen von jenen höchsten Geistern geteilt werden, die nicht durch eine Theorie voreingenommen sind. Archimedes wurde wohl deshalb von den Geometrikern seiner Zeit verachtet, weil er die Geometrie dazu verwandte, nützliche Erfindungen zu machen. Und die Nützlichkeitsphilosophen – die Utilitarier – waren sonderbar beflissen, nachzuweisen, daß das Leben des Schweines nicht glücklicher sei als das des Philosophen – eine höchst fragwürdige Behauptung, die, wenn sie sie vorurteilsfreier betrachtet hätten, schwerlich von ihnen allen auf die gleiche Weise hätte entschieden werden können. Auch was die Kunst betrifft, habe ich sicher den gebildeten Menschenverstand auf meiner Seite; ein jeder wird es wohl als widersinnig erachten, »Home Sweet Home« für schöner als Bach zu halten. Auch in diesem Zusammenhang muß der Utilitarier behaupten, ein schöner Gegenstand sei nicht so gut *per se,* sondern nur als Mittel; es hält daher schwer zu erkennen, warum die Betrachtung der Schönheit besonders gut sein soll, da es ja kaum zu leugnen ist, daß die gleiche Gemütsbewegung, die ein geschmackbegabter Mensch durch einen schönen Gegenstand erfährt, bei einem andern Menschen durch einen häßlichen hervorgerufen wird. Als ein Mensch von Geschmack kann eben nur derjenige bezeichnet werden, dessen Gemütsbewegung von Schönem und nicht von Häßlichem ausgeht. Dennoch schätzen wir alle einen Menschen höher, weil er Geschmack besitzt, nur ein blindwütiger Theoretiker könnte jedoch behaupten, Geschmack vermehre das Glücksgefühl. Hier liegt eine harte Nuß für den Utilitarier!

All diese Streitfragen sind mindestens so alt wie Plato; aber ich möchte gern hören – wenn Du Muße dazu hast – wie ein Utilitarier sie beantworten könnte. Die Bücher enthalten nur Sophistereien und Lügen – Anschauungen allenfalls für Leute, die nur im Studierzimmer hausen und keinerlei Kenntnis vom Leben haben, aber unhaltbar für jeden, der dieser schauderhaften Welt der Niedertracht und Würdelosigkeit Aug' in Auge gegenübertritt, in der nur die Tugend bestraft wird, das Laster aber fröhlich und hochgeachtet lebt und stirbt.

Stets der Deine
Bertrand Russell

14 Cheyne Walk
Chelsea, S. W.
27. November 1902

Lieber Gilbert

Ich habe die *Bacchen* noch einmal gelesen, und sie scheinen mir ein viel bedeutenderes Stück zu sein als der *Hippolytus*, ja wunderbarer als alles, was ich bisher an Theaterstücken gelesen habe, außer vielleicht *Hamlet* und *Lear*. Seit dem ersten Male, daß ich es las, ist es mir langsam immer mehr ans Herz gewachsen; wie bei allen großen Dingen kann man unmöglich das Ganze überschauen, aber fortwährend stößt man auf neue Stellen, die einen erschüttern.
Die seltsam mystische Verzückung des Chors läßt einen nicht los, und wie die Welt der Raserei und Schönheit sich bis zum Schluß gegen die Alltagswelt aufrechterhält, ist von außerordentlicher Gewalt. Im Ganzen, muß ich gestehen, wirkt das Stück auf mich keineswegs verwirrend; es ist verständlich genug, daß die, die der göttliche Rausch überkommen hat, wütend sind auf die Skeptiker, die sie in das Alltagsleben zurückreißen wollen. Und es ist ein Gemeinplatz, daß die Verehrung der Schönheit zur Anarchie führt. Es wäre widersinnig gewesen, Pentheus zu einer sympathischen Figur zu machen. Er soll ja wohl der Vertreter der öffentlichen und bürgerlichen Achtbarkeit Englands sein, und obwohl die achtbaren Bürger sicher

moralisch höher stehen als die Vertreter des Bacchus, so sind sie selbstverständlich in dem von ihnen entfachten Konflikt unliebsamer.

Nachdem ich mit ihnen zu Rande gekommen bin, halte ich Deine Versmaße für außerordentlich schön und den Gefühlen, die sie auszudrücken haben, wunderbar angemessen; wenn auch vielleicht kein einziger Chorgesang so gut ist wie manche im *Hippolytus,* hast Du meines Erachtens hier mehr Können bewiesen als dort; alles in allem darf man Dich höchlichst beglückwünschen. Meinst Du nicht, Du solltest noch mehr Übersetzungen machen? Diese beiden waren mir in schweren Stunden ein Labsal; sie halfen mir, den Glauben an die Welt der Schönheit und die letztliche Würde des Lebens hochzuhalten, als ich in Gefahr war, ihn zu verlieren; ohne ihn wäre ich häufig viel schwerer über den Tag hinübergekommen. Sicherlich gibt es viele Menschen, die das Gleiche empfinden würden, und da Du die Macht dazu hast, so hast Du auch die Pflicht, meinst Du nicht? Ein jeder von uns trägt die Last eines Atlas für die Welt der eigenen Ideale, und der Dichter – er mehr denn jeder andere – macht die Last leichter für die müden Schultern.

Wenn ich nur verstünde, die Welt der Schönheit mit der Welt der Sittlichkeit zu versöhnen; manche Tugenden sind zwar schön, aber viele erscheinen nicht so.

Ich habe jetzt den *Staat* gelesen, und ich stimme Plato bei, daß die tragischen Dichter uns die Tugend als schön empfinden lassen und (durchwegs) das Lob des Lasters vermeiden sollten. Seine ernste Strenge in Sachen der Kunst sagt mir zu, denn sie scheint nicht die leichtfertige Verurteilung zu sein, wie sie von den Spießern geübt wird.

Dankbar der Deine
Bertrand Russell

14 Cheyne Walk
Chelsea, S. W.
4. Dezember 1902

Lieber Gilbert

Ich freue mich, daß meine Wertschätzung Deines Werkes Dich anspornt. Jawohl, eine »mit Übersetzung von Klassikern ausgefüllte elegante Muße« nimmt sich als Grabschrift nicht sehr hübsch aus! Aber man muß, um die eigene Tätigkeit vor sich selbst zu erläutern, stärker befeuernde Redensarten wählen. Ich habe mir noch einmal den mit »O blindwütige Bluthunde« beginnenden Chortext angesehen und kann noch immer keine Schwierigkeit darin finden. Es scheint durchaus plausibel, daß der »Suff« tatsächlich die Erklärung für das wüste Tun ist; aber es ist ja recht leicht, eine psychologische Erklärung zu finden, wenn man derlei braucht. Ist es Dir nie passiert, daß Du aus der Bewunderung des Sonnenuntergangs plötzlich unsanft herausgerissen wurdest durch ein »Himmelherrgottsakrament, da kommen die Soundso zu Besuch«!? Unter solchen Umständen mag ein Gutsnachbar leicht für einen »Spion gegen die vom Gott Besessenen« gehalten werden. Und kennst Du nicht das Geschaukel zwischen Hochstimmung, die man um keinen Preis einbüßen möchte, und der Wut auf den elenden Spießer, der in eine zarte zerbrechliche Phantasiewelt hineintappt und einem das Allerheiligste entweiht? Kennst Du Blakes »Defiled Sanctuary«, das mit den Worten beginnt: »Ich sah eine Kirche ganz aus Gold« und endet: »So betrat ich einen Koben/Und legte mich nieder zu den Schweinen«? Das ist von einem Anbeter des Bacchus, der seinen Pentheus nicht zu bekämpfen vermochte. Aber ich hege keinen Zweifel daran, daß die Klärung, die Du in Deiner Übersetzung vollbracht hast, mir die Bacchen verständlich gemacht hat.
Ja, ich weiß, wer die Storrs sind, und ich kann mir vorstellen, daß es Dir zur Zeit sehr schwerfällt, dort loszukommen; es dürfte für Mary eine schwerere Belastung bedeuten, wenn Du fort bist. Daß Du an Schlaflosigkeit und Geistesverwirrung lei-

dest, ist bedauerlich. Schlaflose Nächte sind bisweilen die gegebene Zeit für Gedanken, die einem dann am Tag als Trost dienen: mir verhilft die Dunkelheit dazu, das Wesentliche an den Dingen freizulegen und die ganze Aufmerksamkeit darauf zu sammeln. Aber ich merke, daß Du diesen Ausgleich nicht findest.
Alys geht es gut. Unter der frostigen Sonne glänzt der Fluß wie polierte Bronze, und die Schleppkähne schweben schattenhaft durch die Helle wie Erinnerungsträume aus der Kindheit.
Grüße Mary herzlich und schreibe wieder, sobald Du Zeit findest. Ich wüßte gern, wie es im Hause steht – wie es Rosalind geht und so weiter.

Stets der Deine
Bertrand Russell

14 Cheyne Walk
Chelsea, S. W.
12. Dezember 1902

Lieber Gilbert

Es paßt uns sehr gut, wenn Du Montagmittag zu Tisch kommst, und zwar so früh wie Du es ermöglichen kannst. Ich erwarte Dich gegen dreiviertel zwölf. Wahrscheinlich wird aber Miss Harrison schon fort sein; wir haben sie gedrängt, noch zu bleiben, doch sie behauptet (jetzt), es sei unmöglich. Sie bittet Dich, sie dafür später zu besuchen, sobald Du es nach dem Mittagessen ermöglichen könntest; und zwar an einer Adresse, die mir bisher nicht bekannt ist, die sie jedoch sicher rechtzeitig verraten wird. Dich wiederzusehen ist wirklich ganz herrlich, und ich freue mich sehr darauf; ich bedauere nur, daß Du Miss Harrison nicht antreffen wirst. Sie hat den Spieß umgedreht, indem sie mir Dein Gedicht gedruckt vorwies; bringe mir Montag doch ein Exemplar mit. Könntest Du nicht hier übernachten? Wir werden Dich mit Freuden beherbergen, falls meine Tante Rosalind nicht in die Stadt kommt; aber wir werden auswärts zu Nacht essen. London ist ein ermüdender Ort, wo man nichts,

was eines Menschenwesens würdig ist, fühlen oder denken kann – ich fühle mich hier entsetzlich verlassen. Nur der Fluß und die Möwen sind meine Freunde; die wollen kein Geld verdienen und keine Macht erobern. Am gestrigen Abend machten wir die Bekanntschaft der MacCails, worüber wir sehr erfreut sind. Sie – welch schöne Frau! Und über seine Ausgeglichenheit und Urteilsfähigkeit hatte ich so viel gehört, daß ich erstaunt war, in ihm einen Fanatiker zu finden. Aber er ist mir gar zu demokratisch – er sagte, seine Putzfrau habe mehr Berührung mit der Wirklichkeit als jede andere Person, die er kenne. Aber was kann eine Putzfrau verstehen vom Geist großer Menschen oder von den Berichten über untergegangene Reiche oder von den quälenden Gesichten, die den Künstler und den Denker heimsuchen? Dies alles und noch mehr hätte ich sagen mögen, aber die Worte blieben mir in der Kehle stecken. Wir wollen uns doch nicht selbst die Hoffnung vorgaukeln, das Beste sei für alle und jeden mit den Händen zu greifen oder die vom Denken nicht gesteuerte Gemütsbewegung könne auf die höchste Stufe gelangen. All diese Optimismen scheinen mir für die Kultur gefährlich und der Ausdruck noch nicht genügend gedemütigter Herzen. »Töte dein Ich ab« ist ein alter Lehrsatz; »Liebe deinen Nächsten wie dich selbst«, in diesem Zusammenhang ein neuer; es eignet ihm jedoch ein Element des Wahren. Wir könnten vom Himmel zu unsern Mitmenschen zurückkehren, aber nicht versuchen, unsern Himmel hier unter ihnen zu schaffen; wir sollten unsere Nächsten durch die Liebe zu Gott lieben, sonst ist unsere Liebe zu weltlich. Zumindest scheint es mir so. Doch die Kälte meiner eigenen Lehre stößt mich ab, außer in Augenblicken, da die Liebe zu Gott hell aufflammt.
Das moderne Leben ist sehr schwierig; ich wollte, ich lebte in einem Kloster, angetan mit einem härenen Hemd und auf einem Kruzifix schlafend. Doch heutzutage muß jede Regung in den Grenzen der schwarzberockten Ehrbarkeit gehalten werden, die der lebendige Gott ist.

Stets der Deine
Bertrand Russell

I Tatti, Settignano
Florenz
28. Dezember 1902

Lieber Gilbert

Überfahrt und Reise gingen ereignislos und glücklich vonstatten, und die Schönheit hier ist überwältigend. Hättest Du doch mitkommen können. Tag für Tag hatten wir glanzvollen Sonnenschein – Rauhreif am Morgen, Wärme am Tag, die das Sitzen im Freien angenehm machte. Dicht hinter dem Hause ist eine Berglehne voller Zypressen, Pinien und kleinen Eichen, die noch ihr Herbstlaub haben, und die Luft ist erfüllt von den tiefen Tönen der italienischen Glocken. Das Haus ist von Berenson mit erlesenem Geschmack ausgestattet; es enthält einige sehr gute Bilder und eine außerordentlich fesselnde Bibliothek. Das mit dem Leben in Schönheit, außer wenn es geerbt ist, versetzt meiner puritanischen Seele immer einen leichten Stich, ich muß immer an das [Londoner] Eastend denken, an gescheite Frauen, die ihr Leben opfern müssen, um Pfennige zu sparen, an junge Männer, die sich auf den Journalismus oder die Schulmeisterei werfen müssen, statt sich der Forschung widmen zu können; aber dafür, daß einer unbedingt sein Ideal eines schönen Hauses hochhalten muß, dafür habe ich kein Verständnis. Doch meines Erachtens stellt man da große Ansprüche an die geistige Ausstattung, wo die äußere so vollendet ist, und man ist empört über Entgleisungen, die man anderswo durchgehen ließe ... Ich bin froh, daß Du Dein Vorhaben, ein mathematisches Buch zu lesen, aufgegeben hast, denn jedes Buch über die Differentialrechnung würde Dir Lügen erzählt haben, und auch mein Buch zu lesen lohnt sich (wie ich fürchte) nicht der Mühe, bis auf ein paar kleine Stellen. Was es an allgemeinem Wert enthalten mag, das ist so begraben unter technischen Einzelheiten und strittigen Fragen, daß es sich wirklich nur eignet für Leute, die sich berufsmäßig damit befassen. Der spätere, rein mathematische Band, der frühestens in zwei Jahren fertig sein dürfte, wird, wie ich hoffe, ein Kunstwerk werden; aber auch der ist nur für Mathematiker. Und dieser Band ist mir alles in allem zuwider. Obschon ich widersprach, als Leonard Hobhouse das behauptete, scheint mir Philosophie aufs Ganze gesehen eine recht hoffnungslose Angelegenheit. Ich weiß nicht, wie ich es erklären soll, daß ich ihr zeitweise Wert beizulegen geneigt bin. Wenn man nur in der Zeit Spinozas gelebt hätte, als Systeme noch möglich waren...

Stets der Deine
Bertrand Russell

14 Cheyne Walk
Chelsea, S. W.
21. März 1903

Lieber Gilbert

Deine Schönheitslehre geht mir keineswegs gegen den Strich; im Gegenteil stimme ich ihr durchaus zu, außer was die leise Spöttelei gegen die Spezialisten betrifft. Spezialisierung ist notwendig zu Leistungsfähigkeit, die eine Form von Altruismus ist, und wie kleinlich der Spezialist auch werden mag, wir müssen es ihm nachsehen, wenn er gute Arbeit leistet. Mir geht das sehr nahe, weil immer die Versuchung droht, interessant statt technisch einwandfrei zu sein.

Ich freue mich mehr als ich sagen kann auf Deine Rückkehr, obschon ich Dir an Gesprächen nichts bieten kann. Ich bin in der letzten Zeit lediglich bedrückt gewesen durch den Überdruß an den Dingen, ihre Ödheit und Eitelkeit; nichts erregt mich, nichts, was man tut oder getan hat, scheint der Mühe wert; das Einzige, was ich durchaus als der Mühe wert *empfände,* wäre, so viele Menschen wie möglich umzubringen, um den Bestand an Bewußtsein in der Welt zu vermindern. Solche Zeiten müssen durchgestanden werden; anfangen kann man nichts mit ihnen.

Stets der Deine
B. Russell

An Lucy Martin Donnelly:

The Mill House
Grantchester, Cambridge
Telegrams, Trumpington
23. März 1902

Liebe Lucy

...Du wirst Dich wundern, daß ich Dir schreibe: die Sache ist die, daß ich heute mein magnum opus über die Grundlagen der Mathematik, an dem ich seit 1897 arbeitete, beendet habe. Das hat mir freie Zeit und freien Kopf verschafft für die Erinnerung daran, daß es Menschenwesen auf der Welt gibt, die zu vergessen ich eifrig bsstrebt gewesen bin. Ich weiß nicht, ob Du ermessen kannst, was es an Selbstaufopferung (allzuoft auch der Aufopferung von Mitmenschen), an schierer Willenskraft, an Ernst und Strenge erfordert, selbst das auszuschalten, was einem als Bestes zu eigen ist, um ein Buch von einiger Bedeutung zu schreiben. Jahraus, jahrein fand ich Fehler in dem was ich gemacht hatte, und mußte den ganzen Text von Anfang bis zu Ende umschreiben; denn bei einem logischen System verpfuscht ein einziger Fehler gewöhnlich alles. Den schwersten Teil ließ ich für den Schluß übrig: vorigen Sommer ging ich nun frisch-fröhlich daran und hoffte, ihn bald beenden zu können, als plötzlich eine Schwierigkeit auftrat, die noch größer war als alle bisherigen. So groß war sie, daß überhaupt daran zu denken eine übermenschliche Anstrengung erforderte. Zudem hing mir schon lange vorher das ganze Thema so zum Halse heraus, daß mich verlangte, an irgend etwas anderes unter der Sonne zu denken; vor lauter Übermüdung wurde ich völlig denkunfähig. Nun aber ist schließlich doch alles fertig geworden, und ich fühle mich, kannst Du Dir denken, wie neugeboren; denn ich hatte schon die Hoffnung aufgegeben, jemals mit dieser Schwerarbeit zu Ende zu kommen. Wenn man bei abstrakter Arbeit etwas Gutes zustande bringen will, dann muß man sich damit abfinden, daß das menschliche Gefühl in einem ertötet wird. Man errichtet ein Denkmal, das zugleich ein Grabmal ist,

worin man sich willentlich selbst einscharrt. Aber die undankbare Muse teilt ihre Gunst nicht – sie ist eine eifersüchtige Geliebte. – Falls Du zu schreiben Lust hast, glaube nicht, daß an der landläufigen Erlebnislehre etwas Wahres ist; im Schmerz liegt tausendmal mehr Erlebnis beschlossen als im Vergnügen. Künstler müssen starke Leidenschaften besitzen, aber sie unterliegen einer Selbsttäuschung, wenn sie sich einbilden, es fruchte etwas, wenn man einfach seinen Gelüsten frönt. Auch die ganze Lehre, daß das Schreiben von der Technik ausgeht, ist völlig falsch; Schreiben heißt, Gefühlen, die einen beherrschen und deren man noch nicht Herr geworden ist, Luft zu machen. Auf zweierlei ist dabei Wert zu legen: Aufschwung des Gefühls und Herrschaft über das Gefühl und alles andere vermittels des Willens. Dies beides versteht man in Amerika nicht wie in den alten Ländern, ja es scheint, als ob erhabenes Fühlen wesentlich abhängt von einem schwelenden Bewußtsein der Vergangenheit und ihrer furchtbaren Macht, einem tiefen Sinn für den Unterschied zwischen den ewigen Tatsachen und dem vergänglichen Abfall lediglich persönlichen Fühlens. Wenn Du das Deiner schönschreibenden Klasse mitteilst, wird sie weniger wissen, als wenn Du Deinen Mund hältst.
Grüße Helen herzlich. Mein Rat an alle, die schreiben wollen, ist, alles was es an *wirklich* bester Literatur gibt, auswendig zu lernen und den Rest möglichst vollkommen zu ignorieren.

Stets der Deine
Bertrand Russell

NB. Dieser Brief ist nicht für Carey!

Trinity College, Cambridge
6. Juli 1902

Liebe Lucy

Vielen Dank für Deinen sehr interessanten Brief und den ausgezeichneten Bericht über Harvard und Barrett Wendell. Wie scheußlich, daß eine Universität Journalismus lehren soll! Ich

meinte, so was gäbe es nur in Oxford. Diese Rücksichtnahme auf den Pöbel bringt die Kultur auf den Hund. Ein gewisser Herr hatte die Unverschämtheit, in meiner Gegenwart zu verfechten, jeder Akademiker müsse dazu gebracht werden, einem aus allen Volksschichten gemischten Publikum seine Anschauungen zu erläutern, da legte ich aber los und sagte ihm eine Viertelstunde lang meine Meinung, worauf der Mann mich mit dem Respekt behandelte, den man für wilde Tiere übrig hat. – Ich nehme an, Wendell ist gescheiter als seine Bücher; von seiner »Amerikanischen Literatur« war ich enttäuscht. Denn wenn ich auch darin mit ihm einig gehe, daß Amerika ein interessantes Überbleibsel aus einem vergangenen Zeitalter ist wie das australische Beuteltier, so habe ich doch wenig übrig für die großartige Feststellung, die amerikanischen Schriftsteller seien alle aus guter Familie gewesen und Harvard überrage Yale bei weitem. Und sein Unvermögen, Walt Whitman zu würdigen, ist für meine Begriffe sehr blamabel. Er redet von der Brooklyner Fähre und so weiter und vergißt »die endlos schaukelnde Wiege« und »wenn zuletzt im Vorgarten der Flieder blühte«. Das scheint mir ein bedauerliches Festhalten am Herkömmlichen zu beweisen, sowohl hinsichtlich des Geschmacks im allgemeinen wie der Beurteilung Whitmans im besonderen.
Nach Fertigstellung meines Buches machte ich zehn Tage Ferien. Seitdem habe ich dann wieder gearbeitet wie gewöhnlich, abgesehen von vier Tagen, die ich bei meiner Tante Agatha in Pembroke Lodge verbrachte. Es war eine seltsame, schwermütige, gespenstische Zeit: wir sprachen von Lustbarkeit, aus der längst Traurigkeit geworden, von Tragödien, deren sämtliche Darsteller dahingegangen waren, von Leid und Gram, die nichts als verblassende Erinnerung zurückgelassen haben. Das ganze gegenwärtige Leben wurde mir traumhaft, unwirklich, während die erhabene Vergangenheit, von Alter gebeugt und erfüllt mit unaussprechlicher Weisheit, vor mir aufstieg und mein ganzes Wesen beherrschte. Die Vergangenheit ist eine grauenerregende Göttin, wiewohl sie dem Leben so gut wie alles verleiht, was ihm an zauberischer Schönheit eignet. Meines Erachtens können Menschen, die ihre Kindheit in Amerika

verbracht haben, kaum begreifen, welche Macht die Vergangenheit auf uns Kinder der Alten Welt ausübt: der ununterbrochene Fluß des Lebens, das Schwergewicht der Überlieferung, der große ewige Aufmarsch von Jugend, Alter und Tod – all dies scheint verlorengegangen zu sein in dem geschäftig hastenden, auf die Zukunft eingestellten Betrieb, der das amerikanische Leben beherrscht. Und das ist eine der Ursachen, wieso von Deinen Landsleuten keine große Literatur produziert wird. Zur Zeit hause ich ganz allein hier im College; keiner meiner Freunde ist da, und wenn meine Arbeit getan ist, habe ich viel Muße für Betrachtungen. Ich habe Maeterlincks Werke in einem Zug durchgelesen; leider bin ich damit bereits fast ganz zu Ende. *Le Temple Enseveli* scheint mir sowohl in literarischer wie in moralischer Hinsicht bewundernswert. Ich bin genügend schlichten Gemüts, um trotz Miss Gwinn und Mr. Hodders Welt des gesetzten Mannes (was ich, wie ich annehme, nicht bin), es für überflüssig zu halten, daß die Literatur unsittliche Zwecke verfolgt. Ich verabscheue diesen Begriff der Lebenswahrheit! Gott sei Dank ist das Leben in der Hauptsache das, was wir aus ihm machen, und Ideale sind nur für diejenigen unwirklich, die sie nicht anders haben wollen. Richte Miss Gwinn mit meinen Komplimenten aus, daß jedes Wort der *Confessiones* des heiligen Augustinus lebenswahr und daß Dantes Liebe zu Beatrice ein Stück unverfälschter Wirklichkeit ist. Wer das nicht einsehen will, der wird bestimmt der schönsten, seltensten, köstlichsten Erlebnisse des Daseins verlustig gehen. Aber das ist ein zu weites Feld! ...

Der Deine sehr herzlich
Bertrand Russell

Friday's Hill
Haslemere
1. September 1902

Liebe Lucy

Eitelkeit hinsichtlich Briefschreiben gehört nicht zu den Gemütsbewegungen, denen man Vorschub leisten soll! Unsere

Freunde freuen sich sicher mit unsern Nachrichten, auch wenn sie nicht im glanzvollsten Stil geschrieben sind. Deinen Brief fand ich indes höchst interessant. Ja, die Angehörigen sind eine große Plage: schon deshalb, weil sie lebende Karikaturen von einem selbst sind und die gleiche erniedrigende Wirkung ausüben, wie sie von den Affen im Zoo hervorgerufen wird; man spürt: hier hat man endlich die ungeschminkte Wahrheit vor sich. Für die meisten Menschen ist die eigene Familie in einem höheren Sinn wirklich als alle späteren Bekanntschaften, selbst Ehemann und Ehefrau. Man kann das bei Carlyle feststellen: seine Angehörigen in Annandale waren für ihn in einer Weise existent, wie das mit seiner Frau nie der Fall war – bis zu ihrem Tode. Menschen sind als Kinder weniger in ihrem Ich gefangen, und wer mit der Kindheit verbunden bleibt, hat eine Lebendigkeit, die später unmöglich wird – er lebt in seiner eigenen triebhaften Vergangenheit weiter. Es ist das nur allzu häufig eine Quelle von Unzuträglichkeiten in der Ehe. – Die Elisabethaner habe ich seit meiner Studentenzeit nicht mehr gelesen; soweit ich mich erinnern kann, ist ihr Hauptvorzug die sehr üppige, prachtstrotzende Diktion. Das alte Drama ist kein Evangelium, das einen neu belebt, dazu ist seine Welt zu hoffnungslos unwirklich. Dein eigenes Leben ist natürlich, wie Du selbst sagst, ein Papierleben, ein Leben, dessen Erfahrung Dir nicht unmittelbar zukommt, sondern aus Büchern stammt. Immer noch mehr Bücher sind für diese Krankheit kein Heilmittel. Heilmittel dafür ist nur das wirkliche Leben – aber das ist schwer zu kriegen. Wirkliches Leben bedeutet ein Leben in vertrauter Beziehung irgendeiner Art zu andern Menschenwesen – Hodders Leben der Leidenschaft besitzt überhaupt keine Wirklichkeit. Oder abermals: wirkliches Leben bedeutet persönliches Erleben jener Gemütsbewegungen, die den Stoff für Religion und Poesie bilden. Der Weg dazu ist der nämliche, den der Mensch einschlagen mußte, als er eine neue Religion gründen wollte: Sich kreuzigen lassen und am dritten Tag auferstehen. Wenn Du für die beiden Teile dieses Verfahrens gerüstet bist, so halte Dich unter allen Umständen an das wirkliche Leben. Aber in der heutigen Welt erlegt man sich das Kreuz selbst freiwillig auf, und die Auferstehung, in der Hoffnung auf neuerliche Kreuzigungen, erfordert eine bedeutende Willensanstrengung. Mir scheint, Deine schwierige Lage kommt daher, daß Du in Deiner Umgebung nicht genügend wirkliche Menschen hast. Die Jungen sind niemals wirklichkeitsnah, die Unverheirateten sehr selten. Es scheint mir auch, daß, wenn ich so sagen darf, die Maßstäbe für das Gefühlsleben in Amerika leichtfertiger, oberflächlicher, kleinmütiger sind als in Europa; es herrscht dort eine mittelmäßige Plattheit des Gefühlslebens, die wahrhafte Menschen zu einer Seltenheit macht – ich stelle fest, daß in England die meisten Frauen von fünfzig Jahren und darüber durch eine vieljährige Erfahrung freiwillig auf sich genommener Dauerqual hindurchgegangen sind, die ihrem Charakter eine Tiefe und Fülle gegeben hat, wie sie sich eure bequemen, vergnügungssüchtigen Frauen nicht vorstellen können. Alles in allem besteht wirkliches Leben nicht, wie Hodder euch weismachen möchte, in Wühlerei gegen die bereits Verheirateten. Wenn man ungewöhnliche Erlebnisse haben will, so gibt einem ein kleiner Verzicht, eine kleine Pflichtleistung weit weniger alltägliche Empfindungen als all die noch so schönen, freizügigen Leidenschaften der Welt. Ein Leben mit Büchern verleiht freilich tiefe Ruhe und Frieden; es überkommt einen zwar ein furchtbarer Hunger nach etwas nicht so Dünnblütigem, aber Gewissensbisse, Schauder, Folter und das zum Wahnsinn führende Gift der Reue bleiben einem erspart. Ich für meinen Teil errichte mir ein geistiges Kloster, darin meine innerste Seele in Frieden weilen kann, während ich der Welt ein äußerliches Scheinbild darbiete. In dieser Zufluchtsstätte sitze ich und webe an meinen Gedankengespinsten. Während ich mich gestern auf der Terrasse unterhielt, stiegen die Geister aller früheren, dort verlebten Stunden auf und schritten in feierlichem Zug vorbei an mir – alle tot, samt ihrem Hoffen und Fürchten, ihren Freuden und Leiden, ihren Erwartungen und ihrer goldenen Jugend – dahin, dahin in die große Rumpelkammer der menschlichen Torheit. Und während ich sprach, fühlte ich mich selbst und die andern bereits hingeschwunden in die Vergangenheit, und alles schien winzig: Kämpfe, Schmerzen, alles, nur albernes Zeug,

»Lärm und Wut, die nichts bedeuten«. So ist die Ruhe erlangt, und die »Donner des Geschicks« werden zu Ammenmärchen, um Kindern das Fürchten zu lehren. – Im Sommer ist das Leben hier immer eine seltsame Phantasmagorie; gestern waren zu Besuch: Grace, die Kinsellas, die Amos', Miss Creighton, die Robinsons sowie J. M. Robertson, der Mann, der den Mantel Bradlaughs geerbt hat. An Miss Creighton mußten Wiederbelebungsversuche gemacht werden, weil Robertson die Streitfrage aufwarf, ob Gott aus grünem Käse geschaffen sei oder einen Backenbart habe – zu beliebiger Wahl – ad infinitum. Alle haben wir James' Buch über das religiöse Erlebnis gelesen, und zwar mit großem Vergnügen, denn es ist nur Gutes darüber zu sagen, bis auf seine Schlußfolgerungen. Ich habe wieder eine der köstlichsten historischen Episoden gelesen, die Halsbandgeschichte in der Darstellung von Carlyle. Er ist der einzige Autor, der darüber Bescheid weiß, wo unter den Schönen Künsten der Platz der Geschichte ist.
Liebe Grüße an Helen.

Der Deine herzlichst
Bertrand Russell

14 Cheyne Walk
Chelsea, S. W.
25. November 1902

Liebe Lucy

Vielen Dank für Deinen Brief, besonders dafür, daß Du etwas über Dich selbst schreibst. Letzten Endes können einem die Leute ja nichts Interessanteres mitteilen, als was sie dem Leben gegenüber empfinden. Es ist sehr tröstlich, daß es Dir wieder so viel besser geht und Du wieder Freude am Leben haben kannst. Alles, was Du darüber schreibst, wie wenig die meisten Menschen aus der Erfahrung gewinnen, ist sehr richtig; doch als ich darüber schrieb, dachte ich nicht an »Erfahrungen«, sondern an das innere Wissen von Gefühlen. Wenn man richtig

veranlagt ist, so bedarf es dazu nur eines Minimums an äußeren Umständen als Anlaß, und zwar ist das erforderlich zur Charakterentwicklung und für gewisse Arten der Schriftstellerei. Aber das Fühlen trägt nichts ein, wenn man es nicht zu beherrschen und zu entpersönlichen lernt. – Für Menschen wie Du und ich, deren Hauptanliegen notgedrungenerweise mit Büchern zu tun hat, sollte meines Erachtens Lebenserfahrung möglichst das Gegengewicht sein. Wenn man zu natürlicher Anteilnahme fähig ist, so lernt man die Lebensgeschichte einer gewissen Anzahl von Menschen kennen und kann sich daraus mehr oder weniger seine eigene Welt schaffen. Doch sich selbst ins Leben zu stürzen, erfordert viel Zeit und Kraft, und die meisten Menschen können damit ihre eigene Einstellung als Zuschauer nicht vereinbaren. Als Schlüssel zur Deutung fremder Erfahrung bedarf man des persönlichen Wissens um großes Leid; aber darum braucht man sich nicht selbst zu bemühen, das kommt unaufgefordert. Besitzt man einmal diesen Schlüssel, dann beginnt einem das seltsame, tragische Trugbild hoffender, leidender und schließlich sterbender Menschen zu genügen, ohne daß man daran teilzunehmen wünscht, es sei denn, daß man gelegentlich ein ermutigendes Wort äußert.
Gelesen habe ich in der letzten Zeit nicht viel: Fitzgeralds Briefe haben mich interessiert, auch die Cambridger *Modern History,* aus der man eine zusammenhängende Übersicht von Dingen gewinnt, die man bisher nur ganz bruchstückweise gelesen hatte. Gilbert Murrays Übersetzungen des Euripides sind herausgekommen, und ich empfehle sie Dir (erschienen bei George Allen). Ich habe auch den Versuch gemacht, Interesse an der Politik zu gewinnen; es war jedoch umsonst: das Britische Weltreich ist für mich etwas Unwirkliches. Das Mutterland und die Kolonien kommen mir vor wie eine alte Gluckhenne mit ihren Küken, und das Ganze reizt mich zum Lachen. Ich weiß, daß gewichtige Leute es sehr ernst nehmen, aber mir erscheint das alles so unbedeutend im Vergleich zu den ewigen Tatsachen. Und die Londoner, für die das Ewige durch die Monatsschriften repräsentiert wird, zu denen sie sich mit Müh und Not von ihren Tageszeitungen aufschwingen, kommen mir vor

wie lauter Marionetten, blinde Verkörperungen von Naturkräften, denen niemals die Befreiung gelingt, die dem Menschen zuteil wird, wenn er wunschlos wird und schließlich lernt, sich der Betrachtung hinzugeben. Nur im Denken ist der Mensch ein Gott; in Tun und Wünschen sind wir Sklaven der Umstände.

Sehr herzlich der Deine
Bertrand Russell

Der Mittelpunkt von Lucy Donnellys Leben war jahrelang die Freundschaft mit Helen Thomas gewesen. Als Helen sich mit Dr. Simon Flexner verlobte, litt Lucy tief. Der folgende Brief stellt den Versuch dar, ihr Trost zuzusprechen.

14 Cheyne Walk
Chelsea, S. W.
7. Februar 1903

Liebe Lucy

Soeben höre ich von Helens Verlobung, was mich für sie freut: ich war immer der Ansicht, sie solle heiraten und das Collegeleben komme eigentlich für sie nur in zweiter Linie in Betracht. Für Dich aber, das begreife ich, muß es schwer sein, sehr schwer. Es ist immer bedenklich, seine Liebesgefühle auf eine einzige Person zu konzentrieren, denn jede Liebe ist stets plötzlichen Gefährdungen ausgesetzt, und das Leben selbst ist zerbrechlich. Jahr um Jahr wird der Last des Lebens etwas zugelegt, und da lernt man mancherlei; die Hauptsache ist meines Erachtens, daß man die Kraft besitzt, jegliche Liebe in reine Betrachtung zu verwandeln. Kennst Du Walt Whitmans »Aus dem wogenden Weltmeer der Menge«? Man lernt, alles, was gut ist, mit der gleichen Liebe zu lieben, einer Liebe, die um ihr Dasein weiß und durch dieses Wissen ein warmes Gefühl für die Welt gewinnt, doch keinen Besitz begehrt, keinen persönlichen Gewinn als den der Betrachtung an sich. Zweifellos sind im Verlust wahrhafte Vorteile enthalten: die Liebe wächst in die

Breite und man erhält Einsicht in das Leben von Nebenmenschen. Jeder, der überhaupt begreift, was Menschenleben ist, muß irgendwann einmal die befremdende Einsamkeit jeder Einzelseele spüren; Einsamkeit schafft eine neue befremdliche Bindung und steigert das Mitgefühl zu solcher Wärme, daß es fast einen Ausgleich für das Verlorene bietet.
Ich weiß, mit schönen Phrasen heilt man keine Wunden; doch sich zu sagen, daß etwas Gutes daraus entstehen mag, macht das Leid um vieles erträglicher; wahrlich, der Welt allein gegenüberzutreten, ohne auf die gewohnte Zuflucht rechnen zu können, ist der Anfang von Weisheit und Mut.
Verzeih, daß ich so vertraulich schreibe; aber die Welt ist manchmal eine zu ernsthafte Stätte, um sich an die Schranken der Zurückhaltung und der guten Manieren zu halten.
Wir hoffen, Dich häufig zu sehen, wenn Du nach England kommst, wie es hoffentlich der Fall ist. Und ich würde mich sehr freuen von Dir zu hören, wann immer Dir nach Schreiben zumute ist.

Sehr herzlich der Deine
Bertrand Russell

Churt, Farnham
13. April 03

Liebe Lucy

Ich kann Dir nicht sagen, wie beglückend es für mich war, zu hören, daß mein Brief Dir etwas Trost gebracht hat. Doch, ach!, das Gute zu erkennen ist leichter als es auszuüben, und so alt diese Beobachtung ist, ich bin noch immer nicht an sie gewöhnt oder ich kann mich immer noch nicht entschließen, an ihre Richtigkeit zu glauben. Ich habe jedoch zeitweise ein Leben auf weit höherer Ebene als mein jetziges gekannt und durchgemacht, und meine Lebensregeln zielen viel höher als das, was mir zu leisten gelungen ist.
Jawohl, die Logik des Lebens ist eine wunderbare Sache; manchmal denke ich daran, eine Sammlung von Aphorismen

abzufassen, die den Titel »Satansfreuden« bekommen soll; etwa wie: Geben führt zu Liebe, Empfangen zu Verdruß; Belohnung für Dienste ist unerwiderte Liebe. (Das ist die Lebensgeschichte aller tugendhaften Mütter und vieler Ehefrauen.) Leidenschaften werden besudelt, wenn man sich ihnen hingibt, und abgetötet, wenn man sich ihrer enthält. Verlust ist in jedem Fall unvermeidlich. Und so weiter. Diese bitteren Wahrheiten verdienten es zwar – soweit sie richtig sind –, allseitig anerkannt zu werden, aber man soll sich nicht auf sie berufen. Wo immer man sich zu Verbitterung aufgelegt findet, ist das ein Zeichen von Mangel an Gefühl; ein großzügigeres Herz und eine stärkere Selbstbeschränkung würden eine ruhevolle herbstliche Traurigkeit an die Stelle des triebhaften Schmerzensschreis setzen. Eines der Momente, die die Literatur zu einer solchen Trösterin machen, besteht darin, daß ihre Tragödien sich alle in der Vergangenheit abspielen und jene Vollkommenheit und Abgeklärtheit aufweisen, die davon herrühren, daß sie sich außerhalb des Bereichs unserer Bestrebungen befinden. Es ist sehr heilsam, das Leid, sobald es an Schärfe zunimmt, zu betrachten, als sei alles vor langer, langer Zeit geschehen, um sich in der Phantasie zu der verblichenen Seele zu gesellen, deren Leben den Mühlsteinen der nie stillstehenden Maschine zum Opfer gefallen ist. Ich sehe die Vergangenheit als eine besonnte Landschaft, darin die Hinterbliebenen der Welt nicht mehr trauern. Der trübselige Zug der Menschengeschlechter wandert an den Ufern des Stroms der Zeit langsam dahin zum Grabe; doch im stillen Land der Vergangenheit rasten die müden Wanderer und werden ihre Tränen gestillt.

Was mich betrifft, so habe ich seit geraumer Zeit, bis auf seltene Gelegenheiten, keinerlei Gemütsbewegungen verspürt, ein Zustand, der zwar recht stumpfsinnig, aber der Arbeit höchst zuträglich ist. Wir leben ein ruhiges Landleben: Alys' Befinden ist, bis auf den einen oder andern Tag, gut. Wir lesen einander Montaigne vor: er ist gefällig und wohltuend, doch ganz unaufregend. Für mich allein lese ich Gregorovius' Geschichte Roms im Mittelalter, ein hinreißendes Buch. Gilbert Murray, der unser nächster Nachbar ist, hat mir von orphischen Grabtäfelchen erzählt, die Anweisungen für die Seele nach dem Tode enthalten etwa: »Du wirst zu einer Zypresse kommen, bei der Zypresse eine Quelle und bei der Quelle zwei Wächter finden, die dich fragen werden: ›Wer bist du?‹ und ›Woher kommst du?‹ Darauf wirst du antworten: ›Ich bin das Kind der Erde und des Sternhimmels; ich bin ausgedörrt von Durst; ich vergehe.‹« Dann sagen sie ihm, er solle an der Quelle trinken, und zuweilen spricht auch die Quelle selbst. Gewiß eine wunderschöne Mystik.

Herzlichst der Deine
Bertrand Russell

Friday's Hill
Haslemere
29. Juli 1903

Liebe Lucy

Ich kann Dir gar nicht sagen, wie froh ich darüber bin, daß Dir meine Briefe eine Hilfe sind. Es ist die große Entschädigung für den Verlust der Jugend, daß man sich zu etwas nütze findet, und ich kann nicht ausdrücken – ohne heuchlerisch zu wirken –, wie hoch belohnt ich mich fühle. Du brauchst Dich nicht zu scheuen, einen ganzen Sack voll Problemen mitzubringen; ich freue mich darauf, sie anzuhören und darüber nachzudenken. Jawohl, es ist ganz scheußlich, wie die Menschen den vertrauten Umgang miteinander als gute Gelegenheit zur Zerstörung des Lebensglücks betrachten. Mitanzusehen, wie sie in den meisten Ehen einander zu übertrumpfen suchen, wer der Peiniger und wer der Gepeinigte sein wird, ist gräßlich; in ein paar Jahren, spätestens, ist das alles beigelegt, und wenn es erst beigelegt ist, hat der eine das Glück und der andere die Tugend auf seiner Seite. Und der Peiniger schmunzelt und redet vom Segen der Ehe; und das Opfer pflichtet ihm, aus Angst vor Schlimmerem, mit einem jammervollen Lächeln bei. Die Ehe und alle derartigen engen Beziehungen bieten geradezu unendliche Möglichkeiten, einander Schmerz anzutun. Trotzdem ist es meiner An-

sicht nach gut, wenn man in nahe Berührung mit Nebenmenschen gerät. Sonst bleibt man ohne das Wissen um Dinge, die zu wissen nützlich ist; schon auch weil es die menschliche Kameradschaft verstärkt, wenn man leidet, was andere leiden. Doch es ist schwer, sich in schwachen Augenblicken nicht nach einem schlichten Leben, einem Leben mit Büchern und dergleichen, fern vom Menschenleid, zu sehnen. Ich staune immer wieder über die Anzahl von Menschen, die fast über das erträgliche Maß unglücklich sind. »Wahrlich, die Speise, mit der der Mensch genährt wird, ist der Schmerz.« Man muß lernen, das Glück – das der andern wie das eigene – als mehr oder minder unwichtig zu betrachten, doch obwohl ich mir das immer wieder sage, glaube ich nicht völlig und unwillkürlich daran.
Ich freue mich zu hören, daß Helen sich etwas erholt hat. Daß ich nichts von ihr hörte, überraschte mich nicht; sage ihr aber doch, sie möge mich nicht vergessen und mir wieder einmal schreiben, wenn sie dazu imstande ist. Letzthin sah ich Grace kurz vor ihrer Abfahrt; das schien mir Amerika näherzubringen. Wenn ich an Dich oder Helen schreibe, so ist mir in der Regel, als schriebe ich an Tote, über die ich in Büchern gelesen hätte, so fern scheint das ganze Land, so untergegangen in Erinnerungen eines völlig anderen Menschen, der vor sieben Jahren in meinem Leib gehaust hat, daß ich kaum glauben kann, es sei wirklich oder von wirklichen Menschen bewohnt. Doch wenn Du im Herbst herüberkommst, werden mich Zweifel befallen, ob Du wirklich die ganze Zeit über in Amerika gewesen bist.
Die letzten vier Monate habe ich geschuftet wie ein Pferd, aber so gut wie nichts vor mich gebracht. Hintereinander entdeckte ich sieben funkelnagelneue Schwierigkeiten, von denen ich die ersten sechs gelöst habe. Als die siebente auftauchte, verlor ich den Mut und beschloß, Ferien zu machen, ehe ich weiterarbeitete. Umschichtig erforderte jede von ihnen eine Rekonstruktion meines ganzen Gebäudes. Jetzt wohne ich bei Dickinson; in einigen Tagen werde ich nach London fahren und mich in die Freihandelsfrage stürzen (nur als Forscher). Über den Freihandel befinden wir uns alle in wilder Aufregung: er stellt das letzte

noch übrige Stück von gesundem Internationalismus dar, und wenn er auch verschwinden sollte, so werde ich wohl Lust bekommen, mir den Hals abzuschneiden. Es scheint jedoch keine Aussicht dafür zu bestehen, daß Chamberlain sich durchsetzt... alle gescheiten Köpfe in allen Schichten der Gesellschaft sind gegen ihn...

Herzlichst der Deine
B. Russell

14 Cheyne Walk, Chelsea S. W.
28. Februar 1904

Meine liebe Lucy

... Wahrlich, das Gefühl von der Wertlosigkeit des eigenen Werkes, wo es nicht gerechtfertigt ist, ist die letzte Zuflucht der Eigenliebe. Es kommt teilweise davon, daß man sich ein zu hohes Ziel gesteckt hat, was eine Form von Hochmut ist, und teilweise von der Auflehnung gegen persönliche Leiden, von denen man die Empfindung hat, daß sie nur durch einen starken Einsatz für das allgemeine Wohl aufgewogen werden können. Ich weiß freilich, daß es schwierig bis zur Unerträglichkeit ist, die Eigenliebe aus ihrer Verschanzung herauszutreiben; mir ist es sicher bisher nicht gelungen. Ich wäre so gern bei Dir, nicht nur um der Schönheit Siziliens willen, als der großen Freude wegen, Dich zu sehen, und weil es um so vieles leichter wäre, Dir all das zu sagen, was zur Herausbildung der Selbstachtung, die Du zu haben verdienst, nötig wäre. Du bist wirklich, alles in allem genommen, zu bescheiden; die Zuneigung Deiner Freunde jedoch sollte Dich davon überzeugen, daß Du den Menschen Wertvolles zu geben hast. Allerdings habe ich selbst noch keinen andern Weg gefunden, das Ich auszuschalten als die Arbeit; und solange man unfähig ist, zu arbeiten, ist das sehr schwierig...
Ich freue mich, daß Helen Dir nette Briefe schreibt. Deinen Mitteilungen entnehme ich jedoch, daß sie noch immer nicht das Glück hat, von Schmerzen frei zu sein. Es ist ein Jammer;

aber es mag das vielleicht eine Sicherung gegen künftige noch größere Schmerzen sein. Das klingt nach Gemeinplatz, aber ich gestehe, mir liegt es mehr, Schmerz wie Lust im höchsten Grade zu empfinden als beides in durchschnittlicher Nüchternheit. Jedenfalls sollten Tröstungen nicht zurückgewiesen werden, auch wenn sie auf Gemeinplätzen beruhen ...

Hier gibt es nicht viel Neues. Ich war sehr fleißig, aber jetzt bin ich so gut wie am Ende meiner Mühen. Wir fahren diese Woche auf zwei Tage nach Cambridge; Alys will Logan besuchen und sich in Oxford nach Grundstücken umsehen. Ich habe ein paar Romane gelesen: zuletzt *Diana* und *Beauchamps Career*. Merediths Psychologie scheint mir durchwegs vortrefflich, wenn ich auch Dianas Betrug nicht überzeugend geschildert finde. Ich verliebte mich auf dem Ball in sie und blieb dieser Verliebtheit über all ihre Launen hinweg treu.

Gestern begab ich mich am Abend in einen abgelegenen Stadtteil Londons, um bei der dortigen Sektion der »Amalgamated Society of Engineers« einen Vortrag zu halten. Ihre Versammlungen finden in einem Wirtshaus statt; Getränke dürfen jedoch während der Sitzung nicht serviert werden. Es schienen mir vortreffliche Leute zu sein, von sehr großer Ehrbarkeit ..., daß sie Werktätige seien, hätte ich wahrhaftig nicht erraten. Ansichten aller Schattierungen waren unter ihnen vertreten: von Torytum bis zum Sozialismus. Als ich mit meinem Vortrag zu Ende war, bat der Vorsitzende die Zuhörer, dem Vortragenden nicht die üblichen Schmeicheleien zu sagen; aber trotzdem erntete ich nicht viel Kritik. Auf dem Heimweg erklärte mir der Sekretär das damit, meine Ausführungen hätten den Leuten »die Rede verschlagen«. Sie waren mir alle lieb und wert, und meine Achtung für den gelernten Arbeiter, den man ja durchwegs bewundern muß, stieg sehr.

In vierzehn Tagen dürfte ich mit den Finanzangelegenheiten zu Rande sein, und dann mache ich eine Fußtour durch Devonshire und Cornwall, bevor ich mich wieder mit Philosophie befasse. MacCarthy wird mich begleiten.

Schreibe mir, sobald Du irgend kannst. Auf Deinen Brief wäre eigentlich weit mehr zu antworten, aber die Politik hat meine

Gedanken sozusagen in alle Winde geweht. Versuche, guten Muts zu bleiben, und *bitte* rede Dir nicht ein, Dein Leben sei wertlos.

Der Deine in herzlicher Zuneigung
Bertrand Russell

St. Catherine's House
First-Class Private Hotel
Fowey, Cornwall
29. März 1904

Meine liebe Lucy

... Was die Arbeit angeht, so habe ich überhaupt nicht, weder mit Genugtuung noch mit dem Gegenteil, an meine nun glücklich beendete Laufbahn als Finanzbeamter gedacht – diese ganze Episode scheint sich nun gerade verflüchtigt zu haben. Ich habe mich auch nicht viel mit Philosophie abgegeben; aber wenn ich das tue, ist es recht erfreulich. MacCarthy, der ein idealer Reisegefährte war, hat mich vor etwa 5 Tagen verlassen. Seitdem war ich dauernd allein; die Zeit erwies sich als sehr wertvoll. Ein tiefer Friede kommt über mich, wenn ich über die grünen Hügel am Meer wandere, ohne daß ich nach jemandem zu fragen oder auf jemand Rücksicht zu nehmen brauche. Still und triebmäßig (was bei mir ganz ungewöhnlich ist) denke ich praktische Schwierigkeiten durch, die unlösbar geschienen hatten und speichere mir einen Vorrat an Seelenfrieden auf, der für die kommenden Aufregungen und Mühen des Alltagslebens vorhalten soll. Wenn mein Denken nicht auf den Weg oder auf die Landschaft gerichtet ist, denke ich meistens über Angelegenheiten von Mitmenschen nach; ich versuche die Tatsachen in vernünftige Ordnung zu bringen, und überlege, wieviel ich zu ihrer Besserung beitragen kann. Es erfordert viel Zeit und Nachdenken, sich in eine bestimmte Lage zu versetzen und sich klar darüber zu werden, ob man genügend Überzeugungskraft besitzt, um ein bedeutendes Ergebnis zu erzielen. Mein Ich mischt sich ein, von meinem Wissen um menschliche Angele-

genheiten geschmeichelt und begierig, ins Vertrauen gezogen zu werden; doch ich gebe mir die größte Mühe, mein Ich in dieser Form den guten Zwecken dienstbar zu machen.
Wenn ich dann bei einem Gasthaus anlange, sind mir, dank der Einsamkeit meiner Wanderungen, alle Menschen interessant; ich beobachte ihre kleinen Eigenheiten, vergleiche die Wirtinnen, höre mir den Lokalklatsch und die Klagen des Gastwirts über sein schweres Leben an. Ich könnte darüber lang und breit schreiben; aber es käme dabei etwas im Stil der *Pickwickier* heraus. Im Hotel hier geht es zu wie bei einer fröhlichen Familiengesellschaft; alles speist zusammen. Als ich von meinem Zimmer herunterkam, sah ich, wie eine Frau in mittleren Jahren noch rasch vor dem Spiegel in der Diele ihre Schönheit vervollständigte; sie blickte sich schnell nach mir um, doch als sie in mir anscheinend nicht den Mann erkannte, für den sie sich schön machte, fuhr sie wieder damit fort. Eine andere Frau in mittleren Jahren mit einer sehr schmalen Taille und zurückhaltendem Wesen war in großer Form, weil *der* junge Mann ihr ein Sträußchen weißer Veilchen verehrt hatte, das sie nun trug. Es war da ferner die unvermeidliche alte Dame, die für sich allein an einem Tisch speiste und sich nur hin und wieder an der Unterhaltung beteiligte, indem sie eine Bemerkung über die reizenden Frühlingsblumen einwarf; dann noch ein Wichtigmacher, der äußerte: »Nun, meiner Meinung nach haben die Direktoren zwölftausend Pfund Aktionärsgelder einfach zum Fenster hinausgeworfen.« Nun, und außerdem war ich da, höchst beschämt darüber, daß ich nichts zum Umziehen dabei hatte vor all diesen respektablen Leuten, die mich deshalb gründlich verachteten, und so ging es mir wie dem Mann am Steuerruder der *Snark:* ich sprach mit niemandem und niemand sprach mit mir; aber das Ganze machte mir viel Spaß. Gestern war ich in einer Ortschaft namens Mevagissey, wo eine Wahl zum Gemeinderat stattfand. Als die Wirtstochter mir den Tisch deckte, fragte ich sie, ob es sich um eine Auseinandersetzung zwischen Liberalen und Konservativen handle.
»Ach nein«, sagte sie, »es geht nur darum, daß einige hier einen Doktor aufstellen wollten, aber andere sagten, er sei kein rich-

tiger Mevagisseyer, weil er erst seit sechs oder sieben Jahren hier wohne.«
»Eine Schande!«, sagte ich.
»Ja, nicht wahr? Es wurde durch Handaufheben abgestimmt, dabei zog er den kürzeren und da verlangte er eine richtige Abstimmung, und jetzt hoffen die Fischer, daß er hinausgeworfen wird.«
»Tja«, sagte ich, »es scheint, er hat nicht viel Glück.«
»Sehn Sie, die Leute, die ihn unterstützen, sind mächtig; das sind die Fischaufkäufer, und manche Fischer bekommen ihre Netze von ihnen. Und dann wird er auch noch unterstützt, von denen, die man die Christen nennt, das sind die, die gegen uns arme Gastwirte sind.«
Aha, dachte ich, jetzt verstehe ich. »Er ist wohl ein Nonkonformist?«
»Jawohl ... er ist kein Kirchlicher ...«, in stark verächtlichem Ton.
Ich stellte darauf fest, daß auch seine Hintermänner Nonkonformisten waren, daß sie mit ihrer Hände Arbeit ihr Geld verdient hatten, sehr freundlich zu nüchternen Menschen, aber sehr streng gegen Trinker waren, und daß verschiedene Kneipen durch sie Anstände gehabt hatten. Interessant war mir dabei auch, daß im allgemeinen Sprachgebrauch des Kirchenvolks das Wort »Christ« der Gegensatz von »Kirchlicher« ist.
Ich erfuhr weiterhin durch die Gastwirtsfrau, daß diese Scheusäler in Menschengestalt tatsächlich doch einen Antrag auf Erneuerung der Kanalisation und der Wasserleitung gestellt hatten, obschon die Tarife bereits erschreckend hoch seien.
»Wie hoch?«, fragte ich.
»Das kann ich nicht sagen, ich weiß nur, daß sie entsetzlich hoch sind.«
Der Doktor wurde nicht gewählt; zu meinem Trost erfuhr ich jedoch, daß auch der Pfarrer durchgefallen war. – Solch kleine Zerstreuungen bewahren mich vor der Langeweile.

Der Deine herzlichst
Bertrand Russell

Castle Howard
York
15. August 1904

Meine liebe Lucy

... Schloß Howard ist eine Baulichkeit aus dem 18. Jahrhundert, worin sich in gleichem Maße Familienstolz und Vernunftanbetung verkörpern. Hier findet eine Familienzusammenkunft statt: die Murrays, die Du kennst; Cecilia und Roberts – sie, sich aufopfernd für die ganze Familie, zumal für ihre Mutter, die, gewöhnlich eine friedliche Person, zu plötzlichen Wutanfällen fähig ist, bei denen sie herrliche Schimpfwörter von sich gibt, doch sonst eine wohlbeleibte und wohlgelaunte Heilige sowie (merkwürdig genug) eine gute Christin; Roberts (ihr Mann), lang, dünn, nervös, zitternd wie eine Pappel im Wind, ein enttäuschter Idealist, der Opportunist geworden ist; Oliver Howard, jüngst aus Nigeria zurückgekehrt, wo er ein in letzter Zeit erobertes Gebiet mit einer Stadt von einer halben Million Einwohnern, und ihm als ungefähr einzigem Weißen, glänzend verwaltete. Er ist elegant, schmal, heikel, konventionell und hat ein sanftes Auftreten, hinter dem sich orientalische Grausamkeit und die Fähigkeit zu Wutausbrüchen verbirgt, deren Anlaß seine Mutter und deren Opfer seine Frau bildet – zumindest ist das für künftighin wahrscheinlich. Er ist ein wunderschöner Mensch; auch seine Frau ist sehr hübsch; beide sind sie Christen. Sie ist ebenfalls sehr elegant und konventionell, aber sie hat einen wirklich guten Charakter und ist, alles in allem, eine liebenswürdige Person. Sie sind einander sehr zugetan, woraus sie kein Geheimnis machen; bei ihm spürt man dumpf im Hintergrund jene Art von Eifersucht lauern, die, wenn sie einen Grund findet, bis zum Mord gehen kann. Sein Charakter ist eben dem seiner Mutter sehr ähnlich, da er aber ganz andere Ansichten hat als sie, sind ihre Beziehungen peinlich gespannt. Ferner ist noch Dorothy da, die mich sehr an meine Großmutter Stanley erinnert: grob, manchmal bis zur Roheit, draufgängerisch, sehr ehrbar und voller Lebenstrieb und gesunder Sinnlichkeit, dabei mit einem komischen äußeren

Anstrich von Grundsätzen ihrer Mutter. Und schließlich noch Leif Jones (später Lord Rhayader), der Privatsekretär von Lady Carlisle, ein unendlich liebenswerter Mann: er ist immer für alle da, hat auf die eigene Karriere, die eigenen Wünsche, die Hoffnung, jemals ein persönliches Leben irgendwelcher Art führen zu können, verzichtet, und die ganze Familie betrachtet ihn als eine selbstverständliche Gegebenheit und nimmt so wenig an, daß er je Ansprüche stellen könnte, wie daß die Steine nach Nahrung schreien.
Lady Carlisle weiß die Unterhaltung so zu lenken, daß sie wie ein Geschicklichkeitsspiel wirkt, bei dem es um hohe Einsätze geht. Es kommt immer zu einer Auseinandersetzung, bei der sie mit vollendeter Kunst wichtige Einwürfe unbeachtet läßt und den Streitpunkt verschiebt, bis sie die Oberhand hat, und dann geht sie zum Angriff über und zersprengt den Feind wie Spreu im Wind. Die meisten ihrer Äußerungen zielen darauf ab, jemanden zu verletzen, der Selbständigkeit bewiesen oder Grund zu einer der tausend Formen von Eifersucht gegeben hat. Sie hat die Fehler der napoleonischen Frauen, wenn auch mit weniger Verlogenheit, dafür mit mehr bewußter Grausamkeit als in dem Dir wohlbekannten Fall, aber mit einer Begier, Zank und Streit hervorzurufen und Freunde zu entzweien, die wahrhaft furchtbar ist. Andererseits hat sie wirklich starken Gemeinsinn und widmet Zeit und Geld wirklich wichtigen Zwecken. Sie besitzt einen echten Sinn für Werte und eine bestimmte Art von Hochherzigkeit – kurz, ein höchst gemischter, aber fesselnder Charakter . . .

Herzlichst der Deine
Bertrand Russell

Audierne, Finistère
3. Oktober 1904

Meine liebe Lucy

Dies hier ist kein wirklicher Brief, sondern nur ein Gegenreizmittel zu meinem letzten. Sobald ich fort war, fing ich an, die Dinge in ihren richtigen Proportionen zu sehen und mich nicht mehr von ihrer Verwickeltheit bedrücken zu lassen. Doch alles in allem muß ich mich wohl davor hüten, mit Menschen, die ich nicht achte, vertraulich zu werden oder ihnen helfen zu wollen: das scheint eine Aufgabe zu sein, für die ich nicht geeignet bin. Die Bretagne ist ganz wunderbar: sie besitzt noch so viel echte ländliche Schönheit, Wälder und Bäche, endlose Obstgärten mit dicken roten Äpfeln, von denen die Luft duftet; und außerdem noch etwas wie eine Verbindung der Schönheiten von Devonshire und Cornwall. Letzthin sind wir um die Südküste herumgewandert, eine Gegend, wo der Atlantik als Gott herrscht. Jedes winzige Dörfchen hat seine hohe gotische Kirche, sehr schön meistenteils; viele Kirchen ragen in völliger Einsamkeit empor als Überbleibsel einstiger Tapferkeit dem Meer abgetrotzt. Anfänglich fragte ich mich, wie irgendein Mensch an Gott glauben könne angesichts von etwas so viel Größerem und Gewaltigerem, wie es das Meer ist; doch sehr bald begann die Unmenschlichkeit und Grausamkeit des Meeres auf mir zu lasten, schließlich so sehr, daß ich erkannte, Gott gehöre zur Welt der Menschen und sei in ihrer Vorstellung der Feldhauptmann eines Heeres, dessen Soldaten sie sind. Gott ist das stichhaltigste Beweismittel dafür, daß die Welt nicht nur allmächtige Materie ist. Und so wurden und blieben die Fischer die frömmsten Erdbewohner. Es ist eine merkwürdige, trostlose, windüberwehte Gegend, wo vor langer Zeit große Städte blühten, wo Isolde von Bretagne in einer Burg überm Meer wohnte und wo uralte Legenden mehr Wirklichkeit haben als irgend etwas, was zum heutigen Leben gehört. Selbst die Kinder sind alt: sie spielen nicht, sie schreien nicht wie andere Kinder; sie sitzen still da mit gefalteten Händen und Mienen müder Entsagung, auf die Sorgen wartend, die die Zeit ihnen unweiger-

lich bringen wird. Die Männer suchen Zuflucht vor ihrer Schwermut im Trunk. Nie hätte ich mir eine so dem Trunk verfallene Bevölkerung vorgestellt; in jedem Dorf sahen wir Männer, die sich in der Gosse wälzten. An gewöhnlichen Tagen geht es hier so schlimm zu, wie bei uns am Bank Holiday, höchstens daß die Frauen wohl nicht so viel trinken.
In seltsamem Widerspruch zu den Bretonen stand der Besitzer des Gasthofes, in dem wir zuletzt wohnten; es war in einer Ortschaft namens St. Guénolé bei der Pointe de Penmarc'h. Er war ein großgewachsener, straff aufgerichteter Mann mit einem prächtigen schwarzen Bart und ebenso behenden wie kraftvollen, etwas theatralischen Gebärden. Da wir durchnäßt waren, setzten wir uns in die Küche, wo der Wirt mit einer Tatkraft und Freude am Handwerk, wie ich es nie je erlebt hatte, das Essen zubereitete. Wir hatten bald heraus, daß er Pariser war, eine Schwester hatte, die angeblich mit einem Hotelier in Lancaster verheiratet und eine andere, die angeblich im Dienst von Lord Gerard (!) in Ägypten war; daß er Koch auf einem Fernost-Passagierdampfer gewesen war, nun aber so viel gespart hatte, daß er auf eigene Faust etwas unternehmen konnte. Eigentlich sei er überhaupt nicht Koch, erzählte er uns, sondern Bildhauer; im Winter, wo keine Gäste da sind, widme er seine Zeit der Bildhauerei. Mit seiner Stimme hätte er leicht die Albert Hall ausfüllen können; er gebrauchte sie auch als Gong zu den Mahlzeiten. Ja, aus überschäumender guter Laune brüllte er zu jeder Tages- und Nachtzeit irgendeinen Scherz oder einen Befehl durchs Hotel, daß es von den Wänden widerhallte. Ich brauche nicht zu erwähnen, daß seine Küche vollendet war. Wir sahen, wie ein armer Fischer kam, um ihm Sardinen für die Abendmahlzeit zu bringen; riesige Mengen bekam der Wirt um drei Pence, die der jämmerliche Fischer sofort in der Bar vertrank.

Herzlichst der Deine
Bertrand Russell

4 Ralston Street
Tite Street, S. W.
8. Februar 1905

Meine liebe Lucy

... Da wir jetzt wieder in Chelsea sind, wünsche ich mir oft, Du wärst ebenfalls wieder hier; ich vermisse Dich sehr, wenn ich im Battersea Park spazierengehe. Es ist viel zuviel Atlantik da. Dieses Jahr gehe ich meist mit MacCarthy spazieren, den ich wunderbar beruhigend und erholsam finde mit seinem liebenswürdigen Humor, der die Welt fröhlich erscheinen läßt. Manchmal gehe ich auch mit George Trevelyan; doch obschon er behauptet, die Welt sei besser, als sie meines Dafürhaltens ist, tut er das mit einem Gehaben so tiefverwurzelten Trübsinns, daß damit verglichen meine Scherze gegen den Optimismus als von Lebensfreude strotzend wirken! Übrigens ist seine Frau eine der schlechthin liebenswertesten Frauen, denen ich je begegnet bin. Sie hat nicht viel zu sagen, und, wenn ich mit ihr zusammen bin, so gerät das Gespräch mit ihr häufig ins Stocken; aber sie ist überreich an großzügigster Liebe und Freundschaft, und dazu in ganz seltenem Maße ehrlich und aufrichtig. Sie hat nicht die geringste Weltkenntnis, wie alle diejenigen, die im Leben nur Güte und Glück erfahren haben; sie ist von vornherein überzeugt, daß ein jeder Mensch, den sie kennenlernt, anständig ist. Das verleiht ihr das rührende Wesen ganz junger Menschenkinder, so daß man den Wunsch hat, ihr alles Leid fernzuhalten, so gut man auch weiß, daß das unmöglich ist. Ich habe andere Menschen lieber gehabt und mehr geachtet, aber so gut wie nie den Wunsch verspürt, sie vor Leid zu beschirmen; ihr gegenüber habe ich jedoch das gleiche Gefühl wie gegen Kinder.

Hier in der Stadt jetzt kommen wir mit einer Unmenge von Leuten zusammen. Gestern waren wir bei den Sidney Webbs zum Abendessen und trafen dort:

Lion Philimore,

Mackinder, an den Du Dich gewiß noch erinnerst, das höchste Tier an der School of Economics,

Granville Barker, den schönen jungen Schauspieler, der Shaws und Murrays Stücke auf die Bühne gebracht hat,
Sir Oliver Lodge, Gelehrter und Spiritist,
Arthur Balfour, den größten von allen,
Werner, von Werner, Beit & Co, der Häuptling aller südafrikanischen Millionäre, ein dicker, gutmütiger, mit guter Verdauung gesegneter Deutscher, mit einer entsprechend dicken goldenen Uhrkette und einem starken deutschen Akzent (wie er für die besten Vertreter des britischen Imperialismus charakteristisch ist), der im übrigen sehr leicht trägt an der Last von Blut, zugrunde gerichteten Völkern und hervorgerufenen Haßgefühlen, von Sklaverei in China und Korruption in England, eine Last, die den altüberkommenen Maßstäben nach, eigentlich wie eine Bleidecke auf ihn drücken müßte. Es ergab sich die Gelegenheit zu einem guten Spaß. Als nämlich sämtliche Gäste eingetroffen waren, außer Balfour und Werner, sagte Mrs. Webb, wir wollten doch mal sehen, wer von den beiden sich für die größere Nummer halte, indem er als letzter Gast komme. Selbstverständlich war das Werner, denn Balfour regiert zwar das Weltreich, aber Werner regiert Balfour. Balfour erwies sich als ein höchst angenehmer Mann, völlig frei auch von den kleinsten Anzeichen, sich als große Persönlichkeit aufzuspielen, einer, der lieber zuhört als selbst redet. Er hält den Finger an den Mund wie ein kleines Kind, das in tiefe Gedanken versunken ist. Ganz offensichtlich eine schwache Natur, offensichtlich starker Gefühle unfähig, anscheinend gutmütig, aber anscheinend auch nicht sehr begabt; wenigstens habe ich nichts bemerkt, was sich als Begabung ansprechen ließe, außer einem Taktgefühl, dem er wohl in der Hauptsache seinen Erfolg verdankt. Er erklärte, nicht zu wissen, ob sich die Regierung noch vierzehn Tage halten werde; sagte, er werde es nicht einrichten können, Shaws Stücke anzusehen, aus Angst, die Neuwahlen kämen dazwischen. All das kam mir als oberflächliches Gerede vor. Er seinerseits fragte mich über Moores Philosophie aus und lauschte dann den Ausführungen Mrs. Webbs über »Grundprinzipien der Regierung für Anfänger«; wenigstens wäre das der richtige Titel für ihre Tischrede gewesen.

Trotz meiner Voreingenommenheit gegen ihn wegen gewisser theologischer Meinungsverschiedenheiten machte mir Sir Oliver Lodge einen höchst erfreulichen Eindruck, den eines ruhigen, uneigennützigen, philosophisch veranlagten Mannes. Der arme Mackinder wollte schnurstracks auf Balfour losstürzen, landete aber zu meiner großen Belustigung lediglich bei mir. Es war eine peinliche Prüfung für seine Höflichkeit, die er jedoch leidlich bestand.
Ich arbeite eben nicht, sondern bin nur mit Leuten zusammen und mache mir einen guten Tag. Bisweilen habe ich Anfälle von Depression, die aber nicht lange dauern. Dafür hatte ich in letzter Zeit reichlich Anteil an anderer Leute Tragödien; darunter solche, bei denen gute Freunde sich schlecht benahmen, was immer peinlich ist. Von andern, die mich noch mehr verärgern, vermute ich das nur, muß aber die unheilvollen Folgen völlig machtlos mitansehen. Wer war doch der herzlose Trottel, der sagte, seine Mitmenschen zu lieben, mache einen glücklich? Immerhin trägt das, allen Kümmernissen zum Trotz, dazu bei, das Leben erträglich zu machen...

Herzlichst der Deine
Bertrand Russell

Lower Copse
Bagley Wood, Oxford
13. Juni 1905

Meine liebe Lucy

... Ich erinnere mich nicht (wenn ich es je gewußt habe), daß der *Spectator* über meine Schriftstellerei gesprochen hat. Deine Andeutung aber weckt jedenfalls meine Neugierde. Ich habe keinerlei Schreiberei dieser Art mehr gemacht, bin aber mit meiner Arbeit gut vorangekommen. Seit längerer Zeit beschäftige ich mich in zeitlichen Abständen mit dem folgenden Scherzrebus: wenn zwei Bezeichnungen oder Beschreibungen sich auf dasselbe Objekt anwenden lassen, so trifft auf die eine zu, was auf die andere zutrifft. Georg IV. wollte also wissen, ob

Scott der Verfasser von *Waverley* sei, und Scott war tatsächlich die gleiche Person wie der Verfasser von *Waverley*. Wenn wir daher »Scott« an Stelle »Verfasser von *Waverley*« setzen, dann müssen wir feststellen, daß Georg IV. wissen wollte, ob Scott Scott sei, was auf ein größeres Interesse an den Denkgesetzen schließen ließe, als man es dem »Ersten Gentleman Europas« zutrauen kann. Dieses kleine Rätsel war recht schwer zu lösen: die Lösung, die ich jetzt gefunden habe, wirft einen Strom von Licht auf die Grundlagen der Mathematik und auf das ganze Problem der Beziehung des Denkens zu den Dingen. Ein Rätsel festzustellen ist eine gewaltige Angelegenheit, denn solange man noch daran herumrätseln muß, weiß man, daß man nicht zum letzten Grund der Dinge gelangt ist. Ich gebe mich der Hoffnung hin, daß ich, solange ich lebe, nicht mehr so schwere Arbeit zu tun bekomme wie letztes und vorletztes Jahr, bisher wenigstens war dieses Jahr meine Arbeit nicht annähernd so schwierig, und ich habe die Ernte früherer Arbeit eingeheimst. Wir sind hier ausgezeichnet untergebracht. Das Haus ist hübsch und gemütlich: mein Arbeitszimmer ist so prächtig, daß ich mich fast schäme, und der Landschaft ringsum eignet der typische englische Reiz von Feldern, Wiesen und weitoffenen Sichten, mit Oxford und dem Fluß dabei. Alys scheint es hier durchaus zu gefallen; sie fühlt sich alles in allem viel besser als in der Stadt. Für mich ist es sehr vorteilhaft, in ständiger Berührung mit den Oxfordern zu sein: es hält mein Arbeitsinteresse wacher, wenn ich es mit menschlichen Interessen in Verbindung bringen kann. Ich mußte mich wirklich stärker an die Kandare nehmen, was der hiesige Aufenthalt sehr erleichtert hat...
Schreibe mir doch, sobald Du irgend kannst; berichte mir von Dir und auch über Helen. Deine Briefe machen mir immer große Freude. Ich bin eben gerade mitten in einer Periode guter Arbeitsstimmung; obschon ich mein Möglichstes tun werde, wird es damit wahrscheinlich bald zu Ende sein. Das Leben wäre hinreißend einfach, wenn man Genuß von all seinen Pflichten hätte, wie das manchen Leuten gelingt; jedenfalls wäre es einfacher, als wenn man die Pflichten erfüllen muß, die einem keine Freude machen. Wenn beides sich nicht ergibt,

dann ist es erschreckend verwickelt. Ich lebe jedoch in der Hoffnung, in die mittleren Jahre zu gelangen, in denen, wie man mir sagt, alles leichter wird.

Herzlichst der Deine
Bertrand Russell

1 Barton Street
Westminster
3. August 1905

Meine liebe Lucy

Wenn dieser Brief dich erreicht, wirst Du wohl schon von dem Unglück gehört haben, das uns alle betroffen hat. Theodore Davies ist in einem Teich bei Kirkby Lonsdale, wo er ganz allein badete, ertrunken; wahrscheinlich ist er beim Hineinspringen mit dem Kopf auf einen Stein geprallt, so daß er das Bewußtsein verlor. Für sehr viele Menschen ist das ein Verlust, den wir alle, so lange wir leben, empfinden werden; dabei ein Verlust für das Land, der sich gar nicht abschätzen läßt. Doch das bedeutet alles nichts im Vergleich zu dem, was Crompton verliert. Die beiden haben ja stets zusammen gelebt, hatten alles miteinander geteilt, und Theodore war so zärtlich besorgt um Crompton, wie es eine Mutter nur hätte sein können. Crompton trägt es mit bewundernswerter Tapferkeit; sein Geist hält stand, ob das auch sein Körper tun wird, daran zweifle ich. Ich bin hergekommen, um ihm zu helfen, wie immer ich kann – aber das ist wenig genug, außer schweigend bei ihm zu sitzen und sein Leid mitzuleiden. Sobald er hier abkommen kann, reise ich mit ihm ins Ausland. Ich bin hier in Miss Sheephanks' Haus; sie und ihre Mitbewohner sind alle abwesend, so war sie so gütig, mir das Haus leihweise zu überlassen. Alys war höchst bestürzt über die Nachricht, die eintraf, als wir gerade nach Irland aufbrechen wollten, wohin uns die Monteagles eingeladen hatten. Um Alys nicht allein zu lassen, fuhr ich mit ihr hin und kehrte dann hierher zurück. Sie wird dort wohl noch zehn oder mehr Tage bleiben. Es sind liebe, brave Menschen, die sich um sie kümmern

werden. Cromptons Gram ist erschütternd; ich weiß kaum, wie man das aushalten soll. Es ist immerhin ein Trost, daß man sich imstande fühlt, ihm beizustehen. Theodore hatte sehr viele ihm herzlich ergebene Freunde. Alle haben sie getan, was sie konnten; ihre Teilnahme hat Crompton über den ersten Schock hinübergeholfen, aber es wird nun noch eine lange bange Zeit für ihn kommen.
Ich habe einen langen Aufsatz über Georg IV. für *Mind* geschrieben, der in absehbarer Zeit erscheinen wird; darin wirst Du die »Antwort« finden...
Ich bin jetzt zu müde, um weiterzuschreiben. Ich wollte Dir nur über Theodore schreiben; für anderes habe ich keinen Sinn.

Herzlichst der Deine
Bertrand Russell

Rozeldene, Grayshott
Haslemere, Surrey
3. September 1905

Meine liebe Lucy

Danke sehr für Deinen lieben Brief. Crompton und ich fuhren auf vierzehn Tage nach Frankreich; mehr Ferien konnte er nicht bekommen. Ich glaube, es hat ihm gut getan. Wir wohnten erst bei den Frys, dann bei den Whiteheads. Seit wir vor vierzehn Tagen zurückgekehrt sind, habe ich ihn noch nicht wiedergesehen. Doch ich habe alle Hoffnung, daß es bei ihm ohne völligen Zusammenbruch abgehen wird.
Es war auch für mich, wenn auch gewiß in geringerem Maße, doch eine schreckliche Zeit. Es war alles so unsicher, so dem Zufall ausgesetzt, daß es einem schwerfiel, die Ruhe zu bewahren hinsichtlich der Güter, die man zu verlieren fürchtet. Und es brachte, wie das bei Mißgeschick immer der Fall ist, alle Erinnerungen an begrabenes Leid herauf, das man längst abgetan wähnte. Eines nach dem andern brachen sie aus ihren Grüften aus und jammerten in den verlassenen Räumen des Geistes. Es war doch auch ein Fall, der keinerlei philosophische Be-

trachtung zuließ: ich vermochte mir nichts auszudenken, was sich zur Linderung des Unglücks hätte sagen lassen. Ich habe mich jedoch aufgerafft und gehe morgen wieder an die Arbeit, nach einem ganz allein unternommenen Ausflug von einer Woche. Den heutigen Sonntag verbringe ich bei meiner Tante Agatha. Wir sprechen von längst vergangenen Dingen, von längst verstorbenen Leuten und Erinnerungen aus alter Zeit – das ist sehr beruhigend. Komisch, wie das Familiengefühl angeregt wird durch alles, was einen die Welt als feindselig empfinden läßt.

Herzlichst der Deine
Bertrand Russell

Lower Copse
Bagley Wood, Oxford
10. November 1905

Meine liebe Lucy

Es war eine große Freude, wieder einmal von Dir zu hören. Briefe sind meines Erachtens unbedingt wichtiger, als man anzunehmen geneigt ist. Wenn man sich nicht schreibt, dann bleibt das, was man tut und treibt und in welcher Geistesverfassung man sich befindet, unbekannt, und wenn man dann später dies und das erklären will, bedarf es so vieler vorgängiger Auseinandersetzungen, daß es geradezu unmöglich wird, sich dieser Aufgabe schriftlich zu entledigen. Ich hoffe also, Du wirst Dich nicht durch die Angst vor vielen Worten abschrecken lassen – es geht wirklich nicht an, zu warten bis Du *in extremis* bist. Was Du über Alys und meine »richtige Lebensführung« sagst, läßt mich fast glauben, daß etwas nicht stimmt – zuviel Beteuerung und Gerede von Tugend. Denn ich kenne natürlich viele Menschen, die ein ersprießlicheres Leben führen als ich und fähiger sind, langwierige, schwere Obliegenheiten ohne Augenblicke der Schwäche durchzuführen. Sie machen nur weniger davon her, und die Leute wissen nicht, wie schwer die Obliegenheiten sind, die sie stillschweigend erfüllen.

Danke für Deine Mitteilungen über Helen. Ich verstehe durchaus, daß der Schmerz wiederauflebt, sobald Du mit ihr zusammen bist, auch die Furcht vor dem Eintreten ins wirkliche Leben mit seinen Qualen nach der Abstumpfung durch den Alltagsbetrieb. Es tut mir leid, daß es damit immer noch so schlimm steht. Ich bezweifle jedoch, daß es irgendwem außer gewöhnlichen Alltagsmenschen anders ergehen würde. Das Leben ist nun einmal eine schwere Last, wenn diejenigen, die man am meisten liebt, andere Menschen haben, die für sie zuerst kommen, wenn es keinen Winkel in der Welt gibt, wo für einen die Einsamkeit aufhört. Ich weiß kaum, wie es anders sein könnte. Für Dich kommt es darauf an, dies tapfer ins Auge zu fassen und doch soviel wie möglich von dem zu bewahren, was für Dich ins Gewicht fällt. Es wäre leichter, ein für allemal auf alles zu verzichten und die vornehmlichste Liebe zu ertöten. Aber das führt zu Verhärtung und auf die Dauer zu Grausamkeit, der Grausamkeit des Asketen. Das andere Verfahren hat auch seine Nachteile: es ist körperlich und geistig aufreibend, untergräbt die Gemütsruhe, es beansprucht ständig das Denken für die Frage, wieviel man zu retten hoffen kann, von dem, was einem wertvoll ist, ohne ungehörige Übergriffe auf Gebiete von Mitmenschen. Es ist entsetzlich schwer. Man ist der Versuchung ausgesetzt, sein wirkliches Leben gänzlich auf Erinnerung und Einbildung zu stellen, wo keine Pflichten und Umstände einem Fesseln anlegen, und den derzeitigen Umgang zu bloßem Schattendasein und Unwirklichkeit werden zu lassen; das hat den Vorteil, daß es die Vergangenheit nicht besudelt. Doch um auf praktischere Dinge zu kommen. Ich bin der Ansicht, daß man, wenn man nicht der Erste im Leben eines andern Menschen ist, seine eigenen Gefühle diesem gegenüber, so schwer es auch fallen mag, rein rezeptiv und passiv gestalten muß. Ich will damit sagen, daß man nicht ungefragt eine Meinung darüber äußern solle, was der Betreffende zu tun habe; daß man des Andern Stimmungen beobachten und sich zum Echo dafür machen soll, indem man mit dem Maß von Liebe antwortet, das gegeben wurde, und alles darüber Hinausgehende unterläßt, im Bewußtsein, daß man keine Anrechte geltend machen kann und man sich zufriedengibt mit dem, was man erhält. So muß, zum Beispiel, die Einstellung einer guten Mutter zu einem verheirateten Sohn sein. Diese Situation, so schwierig sie im Einzelfall sein mag, ist im Leben der Gefühlsbeziehungen normal und involviert eine Pflicht, die man zu erfüllen lernen muß, ohne sich dem geistigen Tode auszuliefern...

Mit Crompton Davies war ich viel zusammen... Er ist immer noch tief unglücklich und wird es auch bleiben; daß eine Heirat oder sonst ein Erlebnis die Heilung der Wunde herbeiführen wird, glaube ich nicht. Er ist jedoch tapfer und benimmt sich nach außen hin sehr gut. Seinen Freunden gegenüber verhält er sich äußerst liebenswert.

Das Bündnis mit Japan scheint mir ausgezeichnet. Ich freue mich, daß England bereit ist, die Gelben als zivilisierte Wesen anzuerkennen, und ich mache mir nicht viel Sorge über den Streit mit Australien, den diese Anerkennung mit sich bringt. Balfours Regierung kann keinen Schaden mehr anrichten, da sie vollkommen machtlos geworden ist. Nach allgemeiner Ansicht wird Balfour im Februar zurücktreten, um die Liberalen zu zwingen, die Regierung vor der Parlamentsauflösung zu übernehmen. Wie es auch immer kommt, die Liberalen können einer überwältigenden Mehrheit im neuen Parlament sicher sein.

Mit Interesse höre ich, daß ich in Bryn Mawr eine Anhängerin habe. Zwei junge Männer, Huntington in Harvard und Veblen in Princeton, haben Arbeiten verfaßt, in denen sie meiner freundliche Erwähnung tun. Zumal der Letztgenannte ist hochbegabt...

Von Alys soll ich ausrichten, daß sie keine Zeit hat, mit der dieswöchigen Samstagpost zu schreiben: sie hat, abwechselnd mit Versammlungen und Besuchern, viel zu tun und ist recht abgespannt. Alles in allem war sie in der letzten Zeit recht wohlauf. Sie hat mich auch, Dir von E. M. Forsters Erzählung *Where angels fear to tread* zu berichten. Sie scheint wirklich sehr gut zu sein: vieles ist ganz vorzüglich, doch teilweise zu possenhaft und der Schluß zu sentimental. Forster gehörte zu unserm

Cambridger Kreis; er ist meines Wissens sechsundzwanzig. Er scheint bestimmt Talent zu haben.
Dickinsons neues Buch ist herausgekommen, *A Modern Symposium*. Es ist ganz ausgezeichnet. Er behandelt die Tories freundlicher als die Liberalen, doch alle, bis auf Gladstone und den Biologen, sind sehr freundlich behandelt. Außer Gladstone sind Disraeli, Henry Sidgwick sowie verschiedene persönliche Bekannte darin zu finden: Bob Trevelyan, Ferdinand Schiller (Audubon), eine Mischung aus Berenson und Santayana, Sidney Webb und einige andere Figuren, die niemand Bestimmtes bedeuten. Du mußt das Buch jedenfalls lesen.
Mit meiner Arbeit ist es in diesem Sommer gut vorangegangen trotz der langen Unterbrechung infolge von Theodores Tod. Ich habe gediegenere und dauerhaftere Fortschritte gemacht als gewöhnlich. Aber die Beendigung von Band II liegt noch immer in weiter Ferne: die Aufgabe wächst und wächst. Im übrigen war ich stark in Anspruch genommen durch anderer Leute Tragödien – ein paar ungewöhnlich schmerzliche sind mir in letzter Zeit in die Quere gekommen. Was die von ihnen ausgehende Beklemmung noch steigert, ist, daß man nicht darüber sprechen kann. Allein ich würde das Leben kaum ertragen, wenn ich mit andern Menschen nicht so stünde, daß ich unbedingt an ihren Nöten teilnehmen müßte, und wenn solche Nöte vorhanden sind, so ist es mir lieber, wenn ich darüber im Bilde bin. Ich stehe jedoch Mißgeschick immer hilfloser gegenüber. Früher war ich imstande, den Menschen Mut zuzusprechen; aber jetzt bin ich dessen müde; ich hege zu wenig Vertrauen auf alle Heilmittel außer geduldigem Ausharren.

Herzlichst der Deine
Bertrand Russell

Lower Copse
Bagley Wood, Oxford
1. Januar 1906

Meine liebe Lucy

Ich freue mich sehr, daß Dein Wertgefühl die Oberhand behalten hat über Deine puritanische Veranlagung, und ich bin überzeugt, daß dieses Wertgefühl im Recht war. Briefe sind wichtig; Deine Briefe sind mir ein Bedürfnis, und dadurch allein wird doch verhindert, daß man sich fremd gegenübersteht, wenn man sich erst nach mehrjähriger Unterbrechung wieder trifft. Und, allgemein gesprochen, tust Du sicher recht daran, Deine besten Stunden nicht an den Alltagsbetrieb zu wenden; wer das tut, verfällt unweigerlich der Schablonenarbeit, wobei beide nur verlieren, der Arbeiter und die Arbeit. In dieser Hinsicht zumindest setze ich in die Praxis um, was ich predige: die ersten anderthalb Stunden des neuen Jahres habe ich zu einer Auseinandersetzung über Ethik benutzt, und zwar mit dem jungen Arthur Dakyns, der hier sozusagen mein einziger Jünger ist, aber ein höchst unruhiger, der immer wieder den falschen Göttern der Hegelianer nachläuft. (Wir waren bei seiner Familie in Haslemere zu Gast.) Sein Vater ist ein entzückender Mensch mit einer Begabung für freundschaftliche Aufmerksamkeit und großzügiger Bewunderung, wie ich sie in diesem Maße nur selten erlebt habe; Arthur hat dieses anziehende Wesen großenteils von seinem Vater geerbt. Er ist der einzige Mensch hier (außer den Murrays), den ich als wahrhaften Freund betrachte. Alle übrigen sind mir, soweit ich sie kennengelernt habe, ziemlich fremd ...
Ich freue mich außerordentlich auf Deinen Besuch; ich hoffe doch, es kommt nichts dazwischen. Ich werde dann nicht sehr viel zu tun haben, da ich den ganzen Frühling über ununterbrochen gearbeitet haben werde. Ich fürchte, Du wirst mich mehr ins reifere Alter übergegangen und weniger imstande finden, den Gesichtspunkt der alltäglichen Tretmühle abzuschütteln. Die Strapazen des Lebens und des Werkes sind schwer; auf die Dauer führen sie dazu, den Geist durch schiere Übermüdung

kleinzukriegen. Ich komme immer mehr dahin, meinen Kopf mit den Gedanken an das zu füllen, was ich Tag für Tag zu tun habe; das führt zur Ausschaltung von Dingen, denen mehr wirkliche Bedeutung zukommt. Es ist das wohl unvermeidlich, es ist aber doch schade, und ich habe die Empfindung, daß es einen stumpfer macht. Freilich bekommt es der Arbeit erstaunlich gut. Im Jahre 1905 habe ich bestimmt sowohl quantitativ wie qualitativ mehr geleistet als in jedem der früheren Jahre außer vielleicht 1900. Die Schwierigkeit, auf die ich im Jahre 1901 stieß und die mir die ganze Zeit Deiner Anwesenheit in Europa Sorge machte, hat sich zuguterletzt, und zwar – soweit ich es beurteilen kann – vollständig und endgültig beheben lassen. Das Ganze drehte sich um des Kaisers Bart, eine Frage, die ich in der gleichen Abhandlung löste, in welcher ich Georgs IV. Interesse am Identitätsgesetz nachwies. Es hat sich daraus ergeben, daß Whitehead und ich uns jetzt Hoffnung auf eine verhältnismäßig leichtere Zeitspanne bis zur Veröffentlichung unseres Buches machen, die innerhalb der nächsten vier bis fünf Jahre erfolgen dürfte. In der letzten Zeit habe ich täglich zehn Stunden gearbeitet, wie in einem Traumzustand, während dessen ich die Welt nur wie durch einen dünnen Nebelschleier wahrnahm. Da ich zuerst zu meiner Tante Agatha nach Hindhead und dann zu den Dakyns gehen mußte, erwachte ich plötzlich aus dem Traum; jetzt aber muß ich mich wieder in ihn hineinstürzen, bis wir mit dem alten Mr. Ll. Davies und seiner Tochter – am 25. Januar – ins Ausland reisen...

Dein liebes Geschenk für Alys fand ich heute bei meiner Rückkehr vor, aber sie hat es noch nicht bekommen, weil sie nach West Ham gefahren ist, um für Masterman Stimmen zu werben. Er ist nicht gerade der Mann, den ich mir ausgesucht hätte, aber sie hat ihm schon vor langer Zeit versprochen, daß sie für ihn eintreten werde, sobald es zur Wahl komme. Die politischen Aussichten sind alles in allem gut. Die Liberalen haben sowohl klug wie richtig gehandelt, daß sie dem südafrikanischen Sklavenhandel mit Chinesen ein Ende bereiteten. Campbell-Bannerman hat etwas Aufregung hervorgerufen, indem er sich mehr oder weniger für Homerule erklärte; doch heute raten so-

wohl Redmond wie der Herzog von Devonshire den Wählern, liberal zu stimmen, so daß Campbell-Bannerman die Stimmen der Homerule-Anhänger bekommt, ohne die der Freihandels-Unionisten zu verlieren. Es hätte genau das Gegenteil eintreten können, und so ist das ein Glücksfall. Doch wenn Du diesen Brief erhältst, werden schon die Wahlergebnisse einlaufen. Das Kabinett ist hervorragend. Ich bin erfreut, daß John Burns ihm angehört. Es kann jedoch später über die irische Frage auseinanderfallen; ich hoffe, daß es nicht so kommt. Ich atme jeden Augenblick freier, seit ich weiß, daß die Spitzbuben nicht mehr im Amt sind; aber ich möchte doch wissen, was für eine Mehrheit wir zusammenkriegen werden. Die Frage ist: Werden sich die Liberalen von den Iren unabhängig machen können? So oder so geht es um ein Haar.
Hoffentlich macht Dir Dickinsons *Modern Symposium* Vergnügen. Du wirst Bob Trevelyan und Sidney Webb erkennen. Ich mag das Buch ganz außerordentlich.
Schreibe bald wieder. Deine Briefe sind immer eine große Freude für mich.

Herzlichst der Deine
Bertrand Russell

14 Barton Street
Westminster
18. Februar 1906

Meine liebe Lucy

... Ich bin selbst in letzter Zeit entsetzlich niedergeschlagen gewesen. Margaret Davies ist noch immer zutiefst unglücklich und bedarf viel stillschweigender Teilnahme, was sehr viel ermüdender ist, als wenn man sie laut werden lassen könnte. Es bedrücken mich außerdem wie gewöhnlich eine ganze Reihe von Befürchtungen, über die ich nicht sprechen kann. Ich freue mich auf die Arbeit, die eine Zuflucht bedeutet. Aber ich habe mich vor der Abreise ins Ausland überanstrengt und fühle mich recht schlapp, so daß ich wohl längere Ferien brauche. Zuweilen meine ich, ich würde niemals aufhören wollen zu arbeiten, wenn ich nur die Körperkraft dazu hätte. Mathematik ist eine Stätte des Friedens, ohne die ich nicht wüßte, wie ich weiterleben sollte. Ich bin also kaum der richtige Mann, um Dir zu sagen, Du solltest Depressionen vermeiden, denn ich könnte nur einen Ratschlag geben, der sich an mir selbst als unwirksam erwiesen hat. Zweierlei allerdings macht mich zufriedener: erstens, der Ausgang der großen Wahlen, der bedeutet, daß zumindest für die nächsten paar Jahre die Staatsgeschäfte in England so betrieben werden, wie es wünschenswert ist; und zweitens, etwas Persönlicheres, daß meine Arbeit erstaunlich gediehen ist und ich die schwierigsten Probleme, mit denen ich mich zu befassen hatte, gelöst habe, so daß die Aussicht auf einige Jahre leichten, raschen Fortschritts besteht.

Ich war ein paar Tage in Paris, wo man für mich ein Abendessen mit Philosophen und Mathematikern veranstaltete, das höchst erfreulich verlief. Es war interessant, die Leute kennenzulernen, und das Ganze war süßer Weihrauch für meine Selbsteinschätzung. Interessanterweise fand ich bei einer Musterung der Nasen, daß die Überzahl der Gäste aus Juden bestand. Sie schienen mir höchst kultivierte Leute zu sein, mit viel Gemeinsinn und starkem Wissensdrang. Einer von ihnen erzählte mir, er habe ein englisches Gedicht mit dem Titel »Le vieux matelot« gelesen; ich konnte mich nicht darauf besinnen, wer etwas mit dem Titel »The Old Sailor« geschrieben habe, und dachte zunächst, es könne etwas von Hood sein, bis die Lösung in mir aufblitzte. Ich traf zu meiner Freude in Paris auch Miss Minturn und Santayana.

Ende der Woche kehre ich nach Oxford zurück. Alys war bei sehr guter Gesundheit; die Strapazen in West Ham haben sie keineswegs erschöpft. Ich hoffe auf einen baldigen weiteren Brief von Dir.

Herzlichst der Deine
Bertrand Russell

Providence House
Clovelly, near Bideford
22. April 1906

Meine liebe Lucy

... Ich bin seit gut zwei Monaten hier unten in völliger Einsamkeit, was mir bisher sehr gut bekommen ist. Die Gegend ist unwahrscheinlich schön – verwachsene Dornröschenwälder, die steil zum Meer abfallen, und kleine Täler voller Farn, Moosen und wilden Blumen unzähliger Gattungen. Jeden Nachmittag mache ich einen langen Spaziergang, die ganzen übrigen Tages- und Abendstunden über arbeite ich, außer den Mahlzeiten, bei denen ich wieder *Krieg und Frieden* lese, was, wie ich annehme, noch für einige Zeit vorhalten wird. Während meiner Spaziergänge mache ich manchmal halt und lese kleine Teile von Waltons *Lives* oder irgend etwas anderes ausgezeichneter Art. Meine Arbeit geht in fabelhaftem Tempo vorwärts, und ich habe unmäßige Freude daran[3]. Da ich mutterseelenallein bin, entgehe ich dem Zwang, an mehr zu denken und mehr verwikkelte Entscheidungen zu treffen, als wozu meine Kräfte ausreichen; und so bin ich zufrieden und finde genügend Beschäftigung in der Arbeit und genügend Kraft, die Arbeit zum Vergnügen statt zur Qual zu machen.
Was den Ruhm betrifft, von dem Du sprichst, so ist es mir nicht bewußt, aaß ich solchen besitze – gewiß betrachtet man mich in Oxford als einen eingebildeten, seelenlosen Formelkrämer. Aber es liegt mir jetzt nicht mehr viel daran, was andere Leute über meine Arbeit denken. Es lag mir einmal daran, bevor ich genug Selbstvertrauen hatte, daß sie zu leisten sich lohnte, unabhängig von Lob. Daran habe ich jetzt weniger Freude als an einem schönen Tag. Ich bin, glaube ich, besser imstande zu beurteilen, was meine Arbeit wert ist, als jeder andere; nebenbei: Lob seitens der Gelehrtenwelt geht selbstverständlich auf längst erschienene Werke, die mir wahrscheinlich heute so unzulänglich vorkommen, daß ich mich kaum an sie erinnern mag. Arbeiten ist, wenn es gut damit vorangeht, an sich ein großes Vergnügen; und nach jeder ansehnlichen Leistung blicke ich

darauf mit der stillen Genugtuung zurück, die man nach dem Erklimmen eines Berggipfels hat. Unbedingt lebenswichtig ist für mich die Selbstachtung, die mir aus dem Werk erfließt – wenn ich (wie öfter schon) etwas getan habe, was ich bereue; dann stellt das Werk meinen Glauben daran wieder her, daß mein Dasein meinem Nichtdasein vorzuziehen ist. Auf etwas anderes noch lege ich großen Wert: auf das Gefühl der Gemeinschaft mit einstigen und künftigen Wegbereitern. Ich führe oft imaginäre Zwiegespräche mit Leibniz, in denen ich ihm berichte, wie befruchtend sich seine Gedanken erwiesen haben und wie sehr viel schöner ihr Ergebnis ist, als er hatte voraussehen können; und in Augenblicken großen Selbstvertrauens stelle ich mir Gelehrte vor, die später einmal ähnliche Gedanken über mich hegen werden. Es gibt eine »Gemeinschaft der Philosophen« wie es eine »Gemeinschaft der Heiligen« gibt, und dies bewahrt mich durchaus davor, mich einsam zu fühlen. Nun, diese Abhandlung zeigt, wie selbstversponnen man wird, wenn man allein ist!

Ich freue mich, daß Dein Landmädchen den Maler geheiratet hat. Ende gut, alles gut; das wäre die Inschrift, die ich auf meinem Grabstein haben wollte, wenn ich der letzte Mensch wäre, der am Leben bleibt.

Mit Birrell bin ich alles in allem zufrieden. Die Regierung hat einige schlimme Fehler gemacht, scheint jedoch in der Hauptsache zufriedenstellend.

Schreib wieder, sobald Du kannst, und zwar hierher.

Herzlichst der Deine
Bertrand Russell

An Lowes Dickinson: Little Buckland
Nr. Broadway, Wors.

Lieber Goldie 2. August 02

...Die mir bisher unbekannte Gegend hier ist ganz bezaubernd; sämtliche Dörfer sind aus gutem Stein gebaut, und die meisten stammen aus der Epoche König Jakobs oder aus noch früherer Zeit. Eine große, von Weiden dicht bestandene Ebene ist da, auf die die untergehende Sonne fällt; auf der andern Seite sind hohe Berge. Wir sind in einem alten, sehr malerischen Bauernhaus untergebracht. Es ist eine erfrischende Behausung, und ich habe durchwegs acht bis neun Stunden täglich gearbeitet, so daß ich hinterher ganz blöd war. Mein Buch, ebenso wie das Moores wahrscheinlich, wird im Laufe des Winters herauskommen. Die Fahnen, die ich ab und zu bekomme, scheinen mir ganz wertlos; ich halte recht wenig mehr von dem ganzen Zeug, wenn ich bedenke, wie es hätte sein sollen. Whitehead ist im College aufgetaucht; aber ich hatte wenig von ihm, da er furchtbar viel mit den Examensarbeiten zu tun hatte. Es ist ja wohl eine groteske Einrichtung, daß das Honorar der Professoren im umgekehrten Verhältnis zum Wert ihrer Arbeit steht. Hier müßte ja wohl einmal eine Änderung eintreten. – In Cambridge zu leben wäre sehr angenehm; ich werde das eines Tages denn wohl auch tun; einstweilen kommt es jedoch nicht in Frage. Auf alle Fälle werden wir nach dem 15. September für ein halbes Jahr nach London ziehen. Ich hoffe, Du wirst uns gelegentlich Deiner allwöchentlichen Ausflüge an diesem Sammelpunkt zweck- und sinnloser Betriebsamkeit einmal besuchen. Wenn ich mir die Leute ansehe, die nach Geld, Ruhm oder Macht gieren, dann kann ich mir nur mit großer Mühe vorstellen, wie leer an innerem Erleben ihr Dasein sein muß, wenn ihnen Zeit für derlei nichtssagende Dinge bleibt.

Stets der Deine
Bertrand Russell

Adresse: Friday's Hill
Haslemere

Little Buckland
Nr. Broadway, Wors.
26. August 1902

Lieber Goldie

Mit Deinem Brief habe ich mich sehr gefreut, und ich stimme mit allem überein, was Du über das *Paradiso* äußerst, obschon es viele Jahre her ist, daß ich es gelesen habe. Es hat mich auch sehr stark beeindruckt, was Du über Italien und den Norden sagst, wenn ich auch im tiefsten Grunde nicht mit Dir einverstanden bin. Erstens einmal bin ich der Meinung, daß man Dante nicht als Italiener betrachten darf; Italien beginnt mit der Renaissance; der Geist des Mittelalters dagegen ist international. Ich finde jedoch an Italien eine Eigenschaft, die das übrige Europa im achtzehnten Jahrhundert aufwies: die völlige Geheimnislosigkeit. Sonnenschein ist sehr angenehm, aber Nebel und Dunst zeitigen Wirkungen, die Sonnenschein nie hervorzurufen gelingt. Ganz im Ernst, die unmystische, rationalistische Lebensanschauung scheint mir all das, was das Bedeutendste und das Schönste ist, beiseite zu lassen. Bei den Nichtmystikern bleibt zwar keine Wahrheit unbemerkt, die der Mystiker enthüllen mag. Aber die Mystik schafft die Wahrheit, an die sie glaubt, durch die Art und Weise, wie sie die Grundtatsachen empfindet: die Hilflosigkeit des Menschen Zeit und Tod gegenüber und die merkwürdigen Tiefen des Gefühls, die im Schlafe liegen, bis einer der Götter des Lebens unsere Anbetung fordert. Sowohl Religion wie Kunst sind meiner Ansicht nach Versuche, die Welt zu vermenschlichen, was zweifellos damit beginnt, daß sie den Menschen menschenwürdiger machen. Wenn widerspenstige Tatbestände unser Bewußtsein nicht verlassen wollen, dann kann eine Religion oder eine Kunst nicht völlig auf einen einwirken, wenn sie diese Tatbestände nicht in Rechnung setzt. Und so wird jede Religion zu einer Errungenschaft, einem Sieg, einer Bürgschaft dafür, daß, so machtlos der Mensch sein mag, seine Ideale es nicht sind. Je mehr Tatsachen eine Religion in Rechnung zieht, desto größer ist ihr Sieg; deshalb sprechen dünnblütige Religionen puritanische Gemüter an. Ich für mein Teil würde eine Religion nach ihrem Gehalt an Strenge bewerten – wenn sie nicht streng ist, dann scheint sie nichts zu sein als ein Kinderspielzeug, das bei der ersten Berührung wirklicher Götter zerbirst. Ich fürchte jedoch, daß jede Religion, so streng sie sein mag, weniger streng sein muß als die Wahrheit. Und doch könnte ich es nicht ertragen, wenn die Welt eine gewisse ehrfurchtsvolle Feierlichkeit, eine bestimmte strenge Ernsthaftigkeit einbüßte – schon allein wegen der Tatbestände Leben und Tod, Begehren und Hoffen, Streben und Liebe in einer Welt der Materie, die nichts weiß von Gut und Böse, die achtlos die Dinge zerstört, die sie durch Zufall erzeugt hat, trotz dem noch so leidenschaftlichen Opfermut, den wir aufbringen mögen – all dies ist kein Sonnenschein oder friedliche, durch klare Luft gesehene Landschaft; doch das Leben hat die Macht, einem dies alles so brennend in die Seele zu prägen, daß alles andere daneben nichtssagendes Zeug und leeres Geschwätz scheint. Auch nur einen winzigen Teil des Alls mit Erkenntnis des Guten und die Liebe zu ihm ausgestattet und dieses Teilchen zum Spielball unendlicher, unwiderstehlicher, unvernünftiger Kräfte gemacht zu haben, ist ein grausamer Scherz Gottes oder des Schicksals. Die beste Heilslehre ist wohl die der Stoa; doch auch sie ist zu optimistisch, denn die Materie kann jederzeit unsere Liebe zur Tugend vernichten.

Nach all diesem Trübsalblasen wirst Du Dich in Deiner Liebe zum Süden bestätigt finden; und tatsächlich verspüre ich sie auch, doch als Verlangen, mit der Bürde eines ernsthaften Lebens Schluß zu machen. »Ihr Freunde wißt, mit welchem frohen Zechen ...«, und es läßt sich mancherlei zugunsten der »Tochter der Rebe« wie für jede von Satans vielerlei Gestalten vorbringen. Zum Teufel mit Einheitlichkeit und künstlerischer Klarheit und der Einsicht, die das Gute in anderer Menschen Leid wahrnimmt – es macht mir übel. (Dennoch weiß ich, daß Wahres daran ist.)

Ja, man muß lernen in der Vergangenheit zu leben und sie so zu beherrschen, daß sie kein ruhestörender Geist ist oder ein krächzendes Gespenst, das durch die weiten, leeren Säle stelzt, die einst voller Leben waren, sondern ein liebenswürdiger, besänftigender Gefährte, der einem die Möglichkeit des Guten und Schönen in Erinnerung ruft, Niederträchtigkeit und Grausamkeit in ihre Schranken weist – doch das sind Versuchungen, unter denen Du, wie ich mir denken kann, nicht leidest. Ich meinerseits habe nicht einmal mehr den Wunsch, mit ewigen Dingen umzugehen, wenn ich ihnen auch oftmals Lippendienst

leiste; im Grunde meines Herzens glaube ich jedoch, daß die schönsten Dinge die zerbrechlichen, der Zeit unterworfen sind, und ich finde eine Magie in der Vergangenheit, die die Ewigkeit nicht aufzuweisen vermag. Übrigens ist nichts unvergänglicher als die Vergangenheit: Gegenwart und Zukunft sind immer noch der Zeit unterworfen, die Vergangenheit aber ist in die Unsterblichkeit entkommen – die Zeit hat das Schlimmste, was sie konnte, angestellt, aber sie lebt dennoch.
Es überrascht mich nicht, daß Dir die Wiederaufnahme des Alltagsbetriebs zuwider ist. Wenn man einmal Geistesfreiheit genossen hat, wenn man seine Gedanken und Gefühle einmal hat wachsen und ausgreifen lassen können, dann ist es schrecklich, wieder ins Gefängnis zurück und alle seine Regungen in den jämmerlichen Bezirk des Vorsichtigen, Wünschbaren, Lebensnützlichen einschließen zu müssen... Pah! – doch alle guten Dinge müssen den Bösen überlassen werden – selbst die Tugend, die nur makellos bleibt, wenn sie, zum Schmuck aber nicht zum Gebrauch, unterm Glassturz gehalten wird.
Bis gestern habe ich täglich neun Stunden gearbeitet, wie in einem Traum dahinlebend und nur an den Raum denkend; heute fange ich an, die Dinge, die darin sind, wahrzunehmen, aber alles in allem genommen, scheint mir das keine Verbesserung. Ich hoffe jedoch, wir sehen Dich in London.

Stets der Deine
Bertrand Russell

Churt, Farnham
16. Juli 1903

Lieber Goldie

Ich lege die Übersetzung bei, aber eigentlich wäre es mir lieb, wenn Du jemand auftriebest, der besser Französisch kann, um sie zu überprüfen, denn mein Französisch ist keineswegs fehlerfrei. Nebenbei: ich nehme an *mémoire* wäre besser als *article,* aber ich bin nicht ganz sicher.
Es freut mich, daß Du über Religion schreibst. Es wird wirklich Zeit, das zu sagen, was wir alle wissen, was aber nicht allgemein

bekannt ist. Mir scheint, unsere Einstellung zu religiösen Gegenständen ist derart, daß wir sie so weit wie möglich verkünden sollten, aber auch, daß sie in keiner Weise der irgendeines der wohlbekannten Widersacher des Christentums gleicht. Da ist einmal die Voltairesche Tradition, die sich vom gemeinverständlichen, halb historischen, halb literarischen Standpunkt über das Ganze lustig macht; das ist natürlich hoffnungslos unsachgemäß, denn es hält sich nur an die Zufälle und Auswüchse der historischen Systeme. Dann ist da die wissenschaftliche Darwin-Huxleysche Auffassung, die mir vollkommen zutreffend und, wenn richtig angewendet, allen üblichen Argumenten für die Religion ziemlich verhängnisvoll zu sein scheint. Sie ist jedoch zu äußerlich, zu kalt kritisch, dem Gefühlsleben zu fern; überdies kann sie des Beistands der Philosophie nicht entraten, um zum Wurzelgrund der Sache vorzudringen. Dann sind da die Philosophen, wie Bradley, die einen Schatten von Religion beibehalten, der als Tröstung zu spärlich, aber gerade ausreichend ist, um ihre Systeme gedanklich zugrunde zu richten. Was jedoch wir tun müssen – und im Stillen bereits tun –, das ist, den Religionstrieb zwar mit tiefer Achtung zu behandeln, aber darauf zu bestehen, daß kein Teilchen und kein Tüttelchen Wahrheit auch nur an einem der Systeme ist, die sie angeregt hat: dies zu mildern durch die Bemühung, die Schönheit von Welt und Leben, soweit sie vorhanden sind, hervorzuheben und vor allem darauf zu bestehen, daß die Ernsthaftigkeit der religiösen Einstellung und der bei ihr üblichen Aufwerfung letzter Fragen gewahrt bleibt. Und wenn schönes Leben das Höchste ist, was wir kennen, so gibt der Verlust der Religion neuen Spielraum für Mut und Tatkraft und vermag so ein schönes Leben noch schöner zu machen, als jemals für eines Raum war, da die Religion ein Rauschgift für Mißgeschick lieferte.

Ich habe auch oft das Gefühl, daß die Religion, gleich der Sonne, die Sterne geringeren Glanzes, aber nicht minderer Schönheit, die aus dem Dunkel eines gottlosen Himmels auf uns herabstrahlen, ausgelöscht hat. Die Herrlichkeit des menschlichen Lebens, davon bin ich überzeugt, ist größer für die, die nicht geblendet sind vom Strahlenglanz göttlichen Wesens; und menschliche Kameradschaft scheint inniger und zärtlicher zu werden durch die Empfindung, daß wir alle Ausgesetzte an einem ungastlichen Strand sind.

Stets der Deine
B. Russell

Churt, Farnham
19. Juli 1903

Lieber Goldie

Vielen Dank für die mir gesandten drei Aufsätze über Religion: sie machen mir einen außerordentlich guten Eindruck und als sagten sie allerhand, das dringend gesagt werden muß. Die Stellen, wo Du beredt wirst, scheinen mir alle sehr gelungen; ganz ungemein gefällt mir auch das Gleichnis am Schluß. Anbei ein paar Anmerkungen zu ganz winzigen Punkten, die mir beim Lesen aufgefallen sind, meist Kleinigkeiten hinsichtlich der Wortwahl.

Der Angriff auf die Kirchengläubigkeit ist, meines Erachtens, dringend nötig; wenn Du etwas unterschätzest, so doch wohl die Gefahr der Kirchenfrömmigkeit hierzulande. Wann immer ich mit Beatrice Creighton zusammenkomme, werde ich mir dieser Gefahr tief bewußt; Beatrice veranschaulicht einen der schlimmsten Fälle vom praktischen Gesichtspunkt aus gesehen, nämlich, daß selbst ein einem kirchlichen System angehöriger Mensch, der für seine Person zufällig weitherzig und liberal gesinnt ist, sich bemüht, eine solche Geistesverfassung bei andern Menschen, die er zu beeinflussen vermag, auszuschalten.

Wie kommst Du zu der Annahme, ich halte es für töricht, mit Menschen zusammenzukommen, die man gern hat? Was sonst macht denn das Leben erträglich? Wir stehen am Ufer eines Ozeans und schreien in die leere Nacht hinaus; zuweilen antwortet eine Stimme aus dem Dunkel. Aber es ist die Stimme eines Ertrinkenden, und im nächsten Augenblick kehrt das Schweigen wieder. Die Welt erscheint mir ganz gräßlich; die Unglückseligkeit der meisten Menschen ist sehr groß; ich frage mich oft, wie sie alle das aushalten. Menschen gut kennen, heißt ihre Tragik kennen. Es ist das in der Regel der Mittelpunkt, um den ihr Leben sich aufbaut. Und wenn sie den größten Teil ihres Lebens hindurch nicht nur für den Augenblick lebten, vermöchten sie wohl überhaupt nicht weiterzuleben.

Stets der Deine
B. Russell

Ivy Lodge
Tilford, Farnham
20. Juli 1904

Lieber Goldie

Jawohl, meines Erachtens solltest Du Deine Aufsätze über Religion als Buch herausbringen. Schwer zu sagen, was ihnen an Konstruktivem zu entnehmen ist, das sie jedoch bestimmt enthalten. Zumal am Schluß gewinnt man, wie ich finde, die Überzeugung von der Richtigkeit der von Dir zitierten Stelle bei Maeterlinck: die Gemütsbewegung, mit der wir die Welt betrachten, könne religiös sein, auch wenn wir keine bestimmten theologischen Glaubensanschauungen haben. (Wohlgemerkt: wenn Maeterlinck nicht französisch schriebe, so sagte er genau das, wie es in *In Memoriam* heißt: »Es lebt mehr Glaube ...« usw. Aber das ist nur eine linguistische Anmerkung.) Du wirst wahrscheinlich eine gewisse Anzahl Menschen davon überzeugen, daß der Mangel an einem Glaubensbekenntnis kein Grund ist, nicht religiös zu denken, und daß dies von Nutzen ist sowohl für den Menschen, der an einem Glauben festhält, um sein religiöses Leben zu bewahren, wie für den, der ernstlich nachzudenken aufhört, weil er seinen Glauben verloren hat.
Mit seinem Aufsatz hat Schiller mir den Eindruck eines rührenden Toren gemacht, der nach dem Pragmatismus greift wie der Ertrinkende nach dem Strohhalm. Ich gehe darin mit Dir vollkommen einig, daß Philosophie keine Religion oder auch nur irgend etwas über den Verstandesbereich Hinausgehendes ge-

ben kann. Mir scheint immer mehr, daß, was einem die Anschauungen gibt, auf Grund deren man lebt, Sache der Erfahrung ist: eine plötzliche, oder auch eine allmähliche Erfassung der ethischen Werte, die man bisher angezweifelt oder auf Treu und Glauben hingenommen hatte; diese Erfassung scheint in der Regel hervorgerufen durch eine Situation, die die als gut oder böse erkannten Momente enthält. Und wiewohl ich nicht glaube, daß die Philosophie jemals etwas dem Menschen Nützliches zu bieten haben wird, so meine ich doch, daß eine philosophische Ausbildung einen zu reicherer Erfahrung und besserer Nutzbarmachung der einmal erworbenen Erfahrung befähigt. Alles in allem wäre ich nicht dafür, daß die Menschheit allzu fest davon überzeugt wird, von der Philosophie führe kein Weg zur Religion, weil ich das Bestreben, einen solchen zu finden, für sehr nützlich halte, solange das nicht auf Kosten der geistigen Redlichkeit geschieht.
Das Wertvolle an Tolstoj besteht für meine Begriffe in seinem Vermögen, richtige ethische Urteile zu fällen und konkrete Tatsachen wahrzunehmen; seine Theoretik ist natürlich ohne jeden Wert. Für das Menschengeschlecht ist es das größte Mißgeschick, daß er ein so schlechter Denker ist.
Lady Welbys Schriften habe ich nicht gelesen; sie hat mir aber einige Bemerkungen über mein Buch zukommen lassen, aus denen ich ersehe, daß sie an vielen Fragen, die mich interessieren, ebenfalls Interesse hat. Trotzdem bezweifle ich stark, daß sie viel von meinem Buch verstanden hat. Von ihr kenne ich zu wenig, um zu wissen, ob ich sie verstehen würde oder nicht.
Shaw ist alles in allem meiner Ansicht nach mehr ein Lausbub als ein Genie; wenn ich natürlich auch zugebe, daß er »zwingend« ist, so nicht, daß er »sittlich« ist. Meines Erachtens spielt in seiner Weltanschauung Neid eine große Rolle, und zwar in dem Sinn, daß, wenn er sich gestatten würde, die Vortrefflichkeit von Dingen zuzugeben, die andere Leute besitzen, er jedoch nicht, er dann einen so unerträglichen Neid verspüren würde, daß er das Leben nicht mehr aushielte. Selbstbeherrschung verabscheut er ebenfalls und stellt deshalb Theorien auf zum Beweis, daß Selbstbeherrschung verderblich ist. Mit

Mensch und Übermensch konnte ich nichts anfangen; es war mir zuwider. Er ist wohl keine Seele, die in der Hölle auf glühendem Eisen tanzt; mir scheint, seine Hölle ist nur krankhafte Eitelkeit und Angst, ausgelacht zu werden.
Berenson ist hier. Ich bin sehr gespannt, Deine Ansicht über Musik zu lesen. Ich konnte mich nie recht entscheiden, ob ich, wenn ich die Republik gründen würde, dort Wagner zuließe oder gar Beethoven; aber nicht deshalb, weil ich sie *nicht* mag. Ich arbeite angestrengt am zweiten Band. Wenn's damit gut vorwärtsgeht, ist es eine heftige Freude; aber eine ebenso heftige Qual, wenn es stockt.

Stets der Deine
Bertrand Russell

Ivy Lodge
Tilford, Farnham
22. Sept. 1904

Lieber Goldie

Danke für die Überraschung des Beiliegenden, das ich mit Interesse gelesen habe. Du legst Deine Stellungnahme sehr gut und klar dar. Ich meinerseits kann ihr jedoch nicht zustimmen. Ich gehe damit einig, daß »Glaube in einer oder der andern Form eine notwendige Voraussetzung, wenn nicht des Lebens überhaupt, so doch des fruchtbarsten und edelsten Lebens« ist. Womit ich jedoch nicht einverstanden bin, das ist die Behauptung, daß Glaube »so lange als gerechtfertigt gelten kann, als er ein Gebiet besetzt, das bisher von der Wissenschaft noch nicht erobert ist«. Du räumst ein, daß es falsch ist, wenn man sagt: »Ich glaube, obschon die Tatsachen nicht zu meinen Gunsten sprechen.« Ich möchte noch weitergehen, indem ich behaupte, es sei falsch, wenn man sagt: »Ich glaube, obschon die Tatsachen nicht für mich sprechen.« Für meine Begriffe erfordert die Wahrheitsliebe unbedingt, daß wir bezweifeln, was zweifelhaft, und daß wir nicht glauben, was falsch ist. Allein hier, wie in allen Auseinandersetzungen über Glaubenssätze, für die es keine Beweise gibt, muß man unterscheiden zwischen

Behauptungen, die man einigermaßen als selbstverständlich gelten lassen kann und die daher die Grundlage für indirekte Beweisführung bilden können, und solchen, die der Beweise bedürfen, um angenommen zu werden. Es ist das eine schwierige Aufgabe, die vermutlich nie ganz genau ausgeführt werden kann. Was den Glauben betrifft, so behaupte ich: a) daß es gewisse Lehrsätze gibt, an die ehrlich zu glauben – abgesehen von der Verwerflichkeit des Glaubens an Falsches – dem Gläubigen zu großer Besserung gereicht, b) daß viele dieser Lehrsätze falsch sind. Meines Erachtens hat der Glaube jedoch seine Berechtigung im Bereich der sittlichen Urteile, weil diese zu den als selbstverständlich geltenden gehören und keines Beweises bedürfen. Für das praktische Leben, so scheint es mir, kann ein sehr hoher Grad von Nützlichkeit des Glaubens dadurch erreicht werden, daß an die Vortrefflichkeit gewisser Dinge, die vortrefflich sind, leidenschaftlich geglaubt wird, Dinge, die in größerem oder geringerem Grade unsere Handlungen zu schaffen imstande sind. Ich gebe zu, daß die Liebe zu Gott, wenn es einen Gott gäbe, den Menschenwesen ermöglichen würde, besser zu sein, als es in einer gottlosen Welt möglich ist. Aber meines Erachtens gibt der Glaube an ein wirklich gewährleistetes Ethos den größten Teil dessen her, was notwendig ist für das höchste Leben, das denkbar, wie auch für das höchste Leben, das möglich ist. Wie jede Religion enthält es ethische Urteile und Urteile über Tatsachen, wobei diese letzten bekräftigen, daß unsere Handlungen einen, wenn auch kleinen, Unterschied zum ethischen Wert der Welt ausmachen. Mir genügt dieser Glauben zum Leben, und ich halte ihn gesichert durch Erkenntnis; alles, was darüber hinausgeht, scheint mir mehr oder weniger *unglaubwürdig,* wenn auch nicht beweisbar *unwahr.*

Laß mich wissen, was Du zu erwidern hast. Adressiere hierher, obschon ich nicht hier sein werde. Ich fahre morgen auf vierzehn Tage mit Theodore in die Bretagne. Deine Ischias hat sich hoffentlich gebessert.

Stets der Deine
B. Russell

I Tatti
Settignano, Florenz
22. März 1902

Lieber Bertie

Deinen Essay habe ich dreimal gelesen, und er gefiel mir jedesmal besser. Die schmeichelhafteste Bewertung, die man ihm zuteil werden lassen kann, ist wohl die, daß das Ganze weder im Mißverhältnis steht zu den zwei glänzenden Abschnitten, die Du hier geschrieben hast, noch ihrer unwürdig ist. Ich wüßte keinen Einwand gegen diese essayistische Form. Von mir aus habe ich nichts zu wünschen hinsichtlich der Gestaltung Deines künftigen Stils. Ich warte mit Spannung darauf, daß Du über kurz oder lang Deinen eigenen Ausdruck finden wirst, und inzwischen mußt Du immerzu schreiben, bis Du zu merken anfängst, daß Du das, was Du sagen willst, so sagst, wie Du willst, daß andere es verstehen.
Das wahrhaft große Ereignis der letzten Wochen war Gilbert Murray. Ich habe Angst, in die Schwärmerei eines Schulmädchens zu verfallen, wenn ich es wagen wollte, Dir zu erzählen, wie sehr er mir gefallen hat. Du wirst das beurteilen können, wenn ich Dir sage, daß keine Frau in meinen jungen Jahren mich je so zum Reden über mich selbst gebracht hat wie er jetzt. Die Unterhaltung dehnte sich vor uns aus wie etwas Unendliches oder besser: wie etwas, das sich mit jedem Gespräch höher und größer vor uns auftat. Ich fand ihn so liebenswürdig, so reizend vernünftig – als den geradezu idealen Kameraden. Ich konnte ihm sogar seine Vorliebe für Dickens und Tennyson verzeihen. – Er ist schuld an der Verzögerung dieses Gekritzels, denn er nahm meine Kräfte völlig in Anspruch. Was davon noch übrig blieb, ging für die Korrekturen drauf. Glücklicherweise sind sie fast ganz erledigt.
Ich freue mich sehr, daß Alys herkommt. Sehr lieb von ihr. Ihr Besuch wird mit viel Vergnügen verbunden sein und mir sehr gut tun. Dickinson wird, fürchte ich, unter dem Gegensatz zu Murray zu leiden haben.

Ich bin mitten in den *Gesprächen mit Goethe;* hochinteressant. – Was hast Du mit Deiner Abhandlung über die Mathematik angefangen?

Stets der Deine
B. B. (Berenson)

Grayshott
Haslemere, Surrey
10. Jan. 1904

Mein liebster Bertie

Zu meinem sehr, sehr großen Bedauern habe ich gehört, daß Du nicht bei der Beerdigung von Dora[4] gewesen bist. Ich war fest überzeugt, Du würdest zugegen sein, und ich kann mir nur denken, daß etwas ganz Bestimmtes Dich daran verhindert hat. – Ich weiß, Du bist vielleicht der Ansicht, solch letztes Zeichen von Achtung bedeute wenig und sei nutzlos – aber ich bin durchaus überzeugt, daß die Schwester und die Freunde der Verstorbenen, nach all dem, was sie in früheren Tagen für Dich getan und all der Liebe, die sie Dir geschenkt hat, von Deiner Abwesenheit schmerzlich berührt waren – wenn Du hättest hingehen können. Alys vielen Dank für ihren Brief und das Gedächtnisbüchlein, das sie geschickt hat – ich nehme an, Du hast eines. – Vielleicht hast Du dergleichen nie am Grab eines geliebten Menschen gehört – aber der Gottesdienst bei der Grablegung ist ungefähr das Eindrucksvollste und Feierlichste – und ist, zumal mit Musik, eine wahrhafte Hilfe zur Aufrichtung und Erbauung in Stunden furchtbaren Grams. – Ich bekam einen dritten Brief von Doras Schwester, der ich geschrieben hatte, weil ich so tiefes Mitgefühl für sie hege – es ist ein schrecklicher Verlust – sie ist ganz allein und hatte gehofft, Dora werde eines Tages zu ihr ziehen. Hoffentlich hast Du ihr geschrieben.
Miss Sedgfield[5] fährt wahrscheinlich am Dienstag auf eine Woche nach Highgate und hofft sehr, daß sie nächsten Freitag zu Deiner Vorlesung kommen kann. – Vielleicht wirst Du sie sehen, bitte jedenfalls Alys, sich nach ihr umzusehen. Wegen Eintrittskarten hat sie geschrieben. Sie bittet mich, Dir auszu-

richten, sie hoffe ganz besonders, daß Du den Vortrag auch für den schwächsten Verstand begreiflich halten wirst – ohne Winkel, Vierecke und Dreiecke –, keine Metaphysik oder Mathematik zugelassen!
Danke Alys sehr für die Beilagen, die ich zu meiner Freude höchst interessant fand und gern an einige Leute schicken möchte, die sich vielleicht dafür interessieren. Was mir jedoch nicht gefällt, ist der Satz über die Vergeltung. Schon das Wort an sich ist abgeschmackt; ich habe es gerade im Johnson nachgeschlagen. »Vergelten« ist keine Tolstojsche, geschweige eine christliche Maxime. – Ich hoffe, Deine Vorträge enthalten Gefühle und Ideale! – Selbst vom niederen Standpunkt des Erfolgs beurteilt, werden sie mehr Wirkung erzielen, wenn es der Fall ist. – Ach, ich möchte so gern hinkommen und Dich hören – ich werde über Dich in der *Edinburgh* lesen, aber es wäre doch interessanter Dich zu hören, und ich habe weder Dich noch Alys je gehört.
Alles Liebe Euch beiden und beste Wünsche für Eure Arbeit für die gute Sache[6].

Deine Dich liebende
Tante

Ivy Lodge
Tilford, Farnham
17. Mai 1904

Mein liebster Bertie

Ich hoffe, Du nimmst es nicht übel, wenn ich Dir einen richtigen Brief zu Deinem Geburtstag schreibe. Ich bemühe mich immer, an der Oberfläche zu bleiben, bin jedoch überzeugt, Du denkst daran, daß gewisse Gefühle zum Ausdruck drängen.
Ich will Dir nur sagen, wie sehr ich Dich liebe und wie froh ich über Dein Dasein bin. Solange ich Dein Leben teilen und glauben durfte, Dir von Nutzen zu sein, war dies das größte Glück, das je ein Mensch erlebt hat. Für die Erinnerung daran bin ich dankbar und dankbar auch, daß ich Dir noch nah sein und

Deine Entwicklung beobachten darf. Solange Du gesund und glücklich bist und gut arbeitest, bin ich durchaus zufrieden und wünschte nur, ich wäre besser veranlagt, vermöchte mehr Arbeit zu leisten und Deiner würdiger zu sein. Niemals wache ich des Nachts auf oder denke ich bei Tag an Dich, ohne Segen auf meinen Herzallerliebsten herabzuflehen, und ich werde Dich immerdar lieben, und immer selbstloser, wie ich hoffe.

In steter Hingebung Deine
Alys

Cambo
Northumberland
(Juli 1904)

Lieber Bertie

Ich möchte Dir nur sagen, wie ausgezeichnet der letzte Teil Deines Aufsatzes ist. Wenn ich ab und zu so schreiben könnte, hielte ich mich sicher für berechtigter, Schreiben zum Beruf zu machen.
Wenn ich Anfang August wieder nach Südengland komme, würde ich mich gern mit Dir unterhalten. Ich habe Dich jetzt viel zu fragen. Tolstojs Brief in den *Times* hat mir sehr beunruhigende Gedanken – oder vielmehr *Gefühle* eingegeben. Er erfüllt mich 1. mit einer neuen Empfindung des Zweifels und der Verantwortung hinsichtlich meiner Lebensführung und 2. hinsichtlich der Kriegführung. Es kommt mir vor, als lebten wir alle in der »Stadt der Vernichtung« [in Bunyans *Pilgrim's Progress*], aber ich bin mir nicht sicher, ob ich flüchten soll – und wohin. Es kommt vielleicht nichts Bestimmtes dabei heraus, aber es müßte zumindest ein anderer Geisteszustand zurückbleiben.
Ich bin lange Zeit zu glücklich und zufrieden mit allem gewesen, meine Arbeit eingeschlossen. Da haut einem auf einmal die starke sittliche Überlegenheit von Tolstojs widerspenstigen Rekruten die Luft aus der blöden liberalen Selbstgefälligkeitsblase.

1. Auf einer halben Seite: bist Du mit Tolstoj über den Krieg einverstanden?
2. Wo wirst Du im August sein?

Der Deine
George Trevelyan

Cambo
Northumberland
17. Juli 1904

Lieber Bertie

Innigsten Dank dafür, daß Du mir einen so langen und so reiflich erwogenen Brief geschrieben hast. Es war jedoch keine Zeitverschwendung. Er interessiert mich ungemein und ich stimme ihm wohl völlig zu.
Andererseits behaupte ich jedoch, daß – so recht Du damit hast, daß die Vorbereitung auf den Krieg eine der notwendigsten Funktionen der modernen Staaten in dem Geist und unter den Einschränkungen, die Du anführst, ist – eines der vornehmlichsten Mittel, durch die der Krieg schließlich abgeschafft werden könnte, die passive Resistenz der einberufenen Rekruten in Ländern mit Militärpflicht (zu denen wir uns rechnen müßten, wenn es hart auf hart geht) bleibt. Den Krieg abzuschaffen, dazu werden Hunderte von Jahren nötig sein, und es wird ein »Martyrologium des Scheiterhaufens« ergeben, auf dem oben-an die Namen von Tolstojs Dienstverweigerern stehen werden. Diese Menschen, deren Zahl in ganz Europa dauernd zunehmen wird, werden schließlich bei den Völkern Europas ein solches Gefühl der Scham erwecken, daß sie Krieg und Völkerhaß so beurteilen wie Du es tust und nicht, wie sie es jetzt tun. Allenthalben gehen in dieser Hinsicht große Wandlungen vor sich, und zwar auf zwiefachem Wege: allmähliche Wandlung im Gefühls- und im praktischen Leben, angeführt und wahrhaft angefeuert durch die zum Äußersten getriebenen Überzeugungen und Handlungen von Menschen, die von der Überzahl ihrer Mitmenschen verurteilt werden, aber gleichwohl auf sie einwirken.

Trotz alledem ein dreifaches »Hoch« für Tolstojs Brief. Meines Erachtens müßte auch jeder Gesetzesantrag zur Einführung der allgemeinen Wehrpflicht in England aus diesem Grund (neben anderen) bekämpft werden, daß die Regierung nicht das Recht hat, Gewissenszwang auszuüben, um Menschen dahin zu bringen, daß sie zum Kampf antreten oder sich dazu ausbilden lassen, wenn sie Krieg für ein Unrecht halten.
Ich bin wohl auch Deiner Ansicht darüber, daß man die Pflicht hat in der »Stadt der Vernichtung« zu leben und zu arbeiten, statt ihr zu entfliehen. Doch eine Pflicht, die gleichzeitig ein Vergnügen ist, bringt, wiewohl nichtsdestoweniger eine Pflicht, im Verlauf ihrer Durchführung, Gefahren mit sich. Wenn man über den Großteil seines Vermögens und seiner Freizeit nach eigenem Willen verfügen will, dann ist es schwer im Sinne des Grundsatzes zu leben: »Man hat nur das Recht auf soviel Eigentum, wie zur stärksten Förderung des Wohlergehens der Mitmenschen auf die Dauer notwendig ist.«
Ich lege Dir einen Brief und ein Rundschreiben ein. Wirst Du beitreten? Ich habe es getan und ich denke, wir werden wohl Goldie Dickinson wählen, der seine Bereitwilligkeit zum Beitritt kundgegeben hat. Es wird sicher vollkommene Diskussionsfreiheit bestehen, und die Teilnehmer kennenzulernen wird sich lohnen. Die Mitglieder haben keine Verpflichtungen auf sich zu nehmen, wie etwa Referate zu halten. Die verschiedenen Gesichtspunkte der wirklich Religiösen, die auch wirklich freimütige Wahrheitssucher sind (ein mageres Häuflein), kennenzulernen, dürfte sich lohnen. Man setzt große Hoffnungen darauf, daß Du beitreten wirst.

Stets der Deine
George Trevelyan

8 Cheyne Gardens
Dienstag 11. Oktober 04

Mein lieber Russell

Das Wiedersehen mit Dir hat mir sehr wohlgetan. Ich mußte einen Schwall von Weh und Ach über Dich ergießen – ver-

schwommen genug allerdings und doch wieder nicht genug, wie mir schien, als ich mir heute früh noch einmal alles durch den Kopf gehen ließ; aber als ich erst kurz bei Dir gewesen war, fühlte ich mich nicht ... nun, in so großem Stil elend, um eine verzweifelte Sprache zu führen. Ich wurde an so vieles gemahnt, was ich eigentlich besitzen müßte. Und mein Ungemach schien nicht derart, daß es nicht durch mutige Anwendung von Vernunft und ganz alltägliche Vorsätze, wenn man sie richtig befolgt, überwunden werden könnte.
Ich zähle gerade jetzt auf Deine Hilfe mehr als auf die jedes andern. Ich habe die Empfindung, daß all diese Feinheiten, die Du vermutest, oft halbe Schwachheiten sind, und ich auch, weiß Gott. Es bedeutet alles für mich, daß Du keine festgelegten Formeln dafür hast, was ein Mensch einem andern sagen soll oder nicht; freilich weiß ich, wie Du geistige Taktlosigkeit verabscheust.
Beantworte diesen Brief nicht, wenn Du nicht willst, es sei denn, Du wolltest etwas Bestimmtes sagen. Wir können ja so vieles von Grund auf besprechen, was ein wahrer Segen Gottes ist.
Ich möchte etwa vierzehn Tage in London bleiben und allerhand arbeiten. Dann werde ich eher imstande sein, Dir zu erzählen, wie es steht mit [sic!]. Ich muß erst ein bißchen zu hoffen anfangen, ehe ich über meine Verzweiflung sprechen kann.

Dein Dir sehr zugetaner
Desmond MacCarthy

41 Grosvenor Road
Westminster Embankment
16. Oktober 1904

Mein lieber Bertie

Es war lieb von Dir, mir Deine Ansicht über L. H.'s [Leonard Hobhouse] Broschüre zu schreiben, und ich bin erfreut, daß sie genau mit der meinen übereinstimmt. Ich gehe mit Dir durchaus einig darin, daß die Tatsache, eine »Gestimmtheit« (wie zum Beispiel der instinktive Glaube an ein »Gesetz der Gerechtigkeit« und mein instinktiver Glaube an das Gebet) werde als »zwingend und immer wiederkehrend« empfunden, als Beweis dafür, daß sie unserer »Ordnung der Dinge« entspricht, nicht in Betracht kommt.

Ich mache eine unbedingte Unterscheidung zwischen dem Bereich des Beweises (Erkenntnis der Vorgänge) und dem Bereich des Strebens oder Glaubens (Wahl der Zwecke). Alles, was ich für diese letztere Welt verlange, ist Duldsamkeit – eine Politik des »Lebenlassens«. Ich unterscheide mich vermutlich darin von Dir und L. H., daß ich jeder örtlichen Gemeinschaft erlauben würde, ihre besondere Art von »Streben« oder »Glauben« aus Gemeindemitteln lehren zu lassen. Es wäre das sogar mein Wunsch für meine eigenen Kinder – da ich gefunden habe, daß mein eigenes Dasein durch sein Fehlen herabgewürdigt worden wäre –, und da ich das »wünsche«, was wir den Adel des Zweckes nennen, so verlange ich die Mittel zu dessen Ausführung. Diese Mittel aufzutreiben kenne ich keine andere Methode als tatsächliches Erlebnis oder Experiment, und bisher haben mich meine eignen Erlebnisse und Experimente zu der Arbeitshypothese ständigen Gebets geführt. Ich habe nicht den geringsten Wunsch, andern Leuten dieses Verfahren aufzudrängen, und ich würde mit gleicher Freude eine Schule bezahlen, in der das Experiment völliger Säkularisierung (will sagen: nur die Kenntnis des Weltverlaufs) durchgeführt würde oder für eine Anstalt mit anglikanischer, katholischer oder Christian-Science-Verfassung. Alles was ich wünsche, besteht darin, daß jede Gemeinde oder Ortschaft, soweit irgend möglich, die Freiheit hat, ihre eigenen Bestrebungen oder Nichtbestrebungen zu lehren.

Kannst Du am Dienstag den 10. mit Alys zum Mittagessen kommen, um dabei die Bekanntschaft von Mr. Balfour zu machen? Ich nehme ihn zu Bernard Shaws Stück mit. Könntest Du nicht auch für diesen Nachmittag Billetts nehmen? Es wird für Dich von Vorteil sein, Mr. Balfour zu kennen – von wegen »königlichen« Professuren und dergleichen!

Stets
B. Webb

Rozeldene, Grayshott
Haslemere, Surrey
20. März 1905

Mein liebster Bertie

Ich schreibe Dir heute nur über eine einzige Sache, auf die ich gleich zu sprechen kommen werde. Seit Deines Großvaters Tode habe ich seine goldene Uhr und Kette aufbewahrt. Ich brauche Dir nicht zu sagen, wie *sehr sehr* kostbar sie mir ist, da ich mich natürlich so gut daran erinnere, wie er sie immer getragen hat.
Ich möchte sie Dir jedoch jetzt sehr gern geben – unter der einzigen Bedingung, daß Du sie Arthur hinterlässest – oder bei Ausfall von Arthur Johnny – da ich unbedingt will, daß sie im Besitz eines Russell bleibt. Ich weiß nicht, ob Du eine Uhr besitzest oder trägst, die für Dich einen Affektionswert hat – wenn ja, dann teile mir das ohne Zögern mit, dann behalte ich diese hier und hebe sie für Arthur auf. Wenn aber nicht, so könntest Du natürlich Deine jetzige Uhr verschenken (oder behalten, wenn Du das vorziehst) – da ich gern sehen würde, daß Du sie trägst und gebrauchst, aber nicht beiseite legst. – Jedenfalls wirst Du mir darüber Nachricht geben.
Lieber lieber Bertie es wäre mir lieb wenn ich die Empfindung haben könnte, daß Du Dich stets bemühst – ich weiß Du wirst Dich bemühen – Dich würdig zu erweisen sein Enkel zu sein denn er war wahrhaftig einer der besten Menschen die die Welt gekannt hat – tapfer – edelmütig – zuverlässig – und mit einer ganz wunderschönen kindlichen Einfalt und Gradheit des Charakters was äußerst selten ist – ich möchte gerne glauben Du erinnerst Dich an ihn – und daß die letzten Worte, die er zu Dir auf dem Totenbett sprach »Braver kleiner Junge« Dich als ein Ansporn Dein ganzes Leben lang begleiten; aber natürlich kannst Du Dich nicht erinnern und nicht wissen, was alles er war. – Aber wenn Du sie haben wirst, die Uhr, so möchte ich auch daß Du sie trägst und wert hältst im Gedenken an ihn –

und an die längstvergangenen Tage im lieben Vaterhaus unserer Kindheit[7].

Gott segne Dich *Deine Dich liebende Tante*

Ich habe die Uhr gerade in London nachsehen lassen. Sie ist in tadellosem Zustand. Ich könnte sie Dir am 28. geben. – Dank für Deinen willkommenen Brief von letzter Woche[8].

Vicarage
Kirkby Lonsdale
27. Juli 1905

Theodore ist tot, am Dienstag in einem Teich in den Fells, wo er badete, ertrunken, höchstwahrscheinlich beim Kopfsprung mit dem Schädel auf einen Stein geschlagen, dadurch betäubt und ertrunken.
Ich bin Montag wieder in London. Laß Dich bald bei mir sehen.

Crompton

(31. Okt. ? 05)

Lieber Bertie

Ich lege Photo bei, das wohl seinen Zweck erfüllt.
Ich habe noch mehr von Theo, die ich Dir gern zeigen würde. Wann kommst Du einmal über Nacht?
Bei ...[9] hatte ich kein Glück. Sie sagt, sie würde mir zuliebe wohl alles tun können, lehnt aber eine Heirat aufs Bestimmteste ab, so daß die Sache damit erledigt ist.
Harry und ich gehen nächsten Samstag nach Grantchester. Bedales habe ich bisher nicht besuchen können.
Dein Testament habe ich vorbereitet, möchte es aber hierbehalten, bis ich Dich sehe und es mit Dir durchgehen kann.
Der Verlust von Theodore erscheint mir noch immer unwirklich, und die sonderbare Mischung von Traum, wachem Denken, Erinnerung und Tatsache versetzt mich in Verstörtheit,

doch nach und nach machen sich die Folgen eines verstümmelten Daseins, wie es mir geblieben ist, geltend, wie bei einem Körper, der Gliedmaßen und Kraft verloren hat und sich nun mittels künstlicher Stützen, ärztlich vorgeschriebener Diät und resigniertem Verzicht auf jede Leistung und Hoffnungen auf sonnige Tage dahinschleppen muß.
Mit ganzem Herzen klammere ich mich an Dich und segne Dich für Deine Liebe und Hilfe.

Crompton

Stocks Cottage
Tring
23. Mai 1907

Lieber Bertie

Du hast also nun eine »umstrittene Wahl durchgefochten«, was Teufelsdröck zusammen mit dem Zustand der Verliebtheit als die beiden großen Erlebnisse im menschlichen Dasein bezeichnet. Ich bin ein ganz großer Feigling, daß ich dergleichen nie unternommen habe und auch wohl nie unternehmen werde. Ein so grotesk einander entgegengesetztes Kandidatenpaar wie Du und Chaplin wird wohl in den nächsten hundert Jahren nicht mehr auftreten.
Was für ein verwegener Kerl Du bist! Wenn die Österreicher wieder einmal Italien erobern, dann werden Du und ich mit ein paar Rothemden hingehen und uns auf einem Alpenpaß gemütlich abmurksen lassen. Ich hätte kaum gedacht, daß Du solch ein Abenteurer wärst und so viel vom braven alten Adam in Dir hättest, bis ich heimkam (wie die alte Mutter Hubbard im Kindervers) und hörte, Du führst einen Wahlkampf!
Danke Dir sehr für den Aufsatz in der *Edinburgh*[10]. Er hat dem Buch sehr genützt und zur Hebung des Verkaufs beigetragen, der sich schlecht anließ, aber jetzt gut geht. Wie ich von Elliot höre, war es eine Enttäuschung für Dich, daß Du das nicht mit mehr Muße machen konntest, und darum möchte ich Dir sagen, daß ich dieses Freundschaftsopfer sehr hoch schätze und daß es wahrhaft einen Dienst für mich bedeutete, daß die Besprechung im April erschien.

Verschiedenes, was Du sagtest, hat mich außerordentlich interessiert, insbesondere der Satz auf Seite 507 oben über die besondere Funktion der Revolutionäre. Ich ahnte nicht, wer es geschrieben hatte, bis Alys es uns mitteilte; immerhin hätte ich es aus Deiner Lieblingsanekdote von Jowetts Bemerkung über Mazzini erraten können.
Ich hoffe, Ihr seid beide wieder in Eurem akademischen Fasanen-Schutzpark, und die Stille Oxfords ist angenehm nach solchem Tumult.

Brüderlich der Deine
George Trevy

67 Belsize Park Gardens
Hampstead, N. W.
23. Oktober 1907

Lieber Russell

Ich habe gerade Deinen Aufsatz über Mathematik (im Bürstenabzug) gelesen und kann mich nicht enthalten, Dir zu sagen, wie hingerissen ich davon bin. Er ist wirklich großartig – man wird davon in die erhabensten Höhen getragen – ja geradezu in die allererhabenste! Deine Darstellung dessen, was groß daran ist, scheint mir durchaus klar und überzeugend; es gibt einem einen neuen Begriff von den Herrlichkeiten des Menschengeistes! Als ganz besonders schön empfand ich das Gleichnis vom italienischen Schloß; die Schlichtheit des Stils trug noch gewaltig zur Wirkung bei. Was für Schufte die »*Unabhängigen* Verleger« waren! Und was für Dummköpfe[11]! Seitenlang könnte ich so weiterschreiben – so erregt und begeistert bin ich. Es ist fabelhaft zu denken, daß ich Dich kenne, mit Dir sprechen, ja Dir widersprechen kann. Ach ja ... ich werde auf meinen Grabstein setzen lassen:

ER KANNTE MOORE UND RUSSELL

und weiter nichts.

Stets der Deine
G. L. Strachey

57 Gordon Square
London W. C.
3. März 1908

Mein lieber Bertie

Ich ersehe aus den Zeitungen, daß Du F. R. S.[12] werden sollst! Welch eine Ehre! Noch dazu in Deinem Alter! Seit ich es gelesen habe, stolziere ich herum, die Brust vom Widerschein des Ruhms geschwellt. Es ist das die erste vernünftige Leistung, die ich je von der Philosophie gehört habe. Man kann es verstehen, wenn man das von Deinen Büchern auch nicht sagen kann. Doch Scherz beiseite: ich beglückwünsche Dich aufs herzlichste. Zu Mitgliedern der Königlichen Gesellschaft habe ich immer aufgeschaut wie auf Wesen, die alle Standespersonen auf Erden überragen, selbst Erzbischöfe oder Premierminister, und diese Empfindung ist immer noch vorhanden, wiewohl ich eine ganze Menge solcher persönlich kenne.

Herzlichst der Deine
Russell

Charing Cross Hotel
4. Oktober 1908

Lieber Russell

Vorige Woche war ich drei Tage in Oxford und hatte bis zum letzten Tag – an dem es dann ganz unmöglich wurde – gehofft, hinausfahren und Sie und Mrs. Russell besuchen zu können. Andere dringende Verpflichtungen sind dazwischengekommen. Ich besuchte Schiller und verbrachte einen höchst erfreulichen Abend bei den McDougalls. Ich hätte so gern auch einen Abend bei Ihnen verbracht, schon um die recht gröbliche Art wettzumachen, mit der ich im vorigen Juni Ihre Einladung ablehnte. Ich war damals am Ende meiner Kräfte, jetzt dagegen bin ich verhältnismäßig frisch, doch nun sind eine Tochter und ein Sohn herübergekommen, und, wie üblich, schienen deren

Bedürfnisse dringender als die der Eltern, und so hat sich die Zeit als zu knapp erwiesen für vieles, was ich noch gern ausgeführt hätte. Der Sohn bleibt in Oxford bei der Familie von A. L. Smith (Tutor am Balliol College). Wir andern schiffen uns am Dienstag auf der *Saxonia* ein.
Sobald ich wieder in meiner Bibliothek bin, werde ich unverzüglich das Kapitel über Wahrheit in Ihrer *Phil. d. Math.* – die ich seit ihrem Erscheinen nicht mehr angesehen habe – noch einmal lesen. Ich möchte einen besseren Begriff davon bekommen, als Sie von meiner Theorie haben! Ihre Bemerkungen über Dewey (so scharfsinnig sie formuliert sind!) im letzten Absatz beweisen, daß Sie die Sache nicht in ihrer ganzen Breite erfaßt haben. Auf dem Sterbebett noch werde ich Ihnen sagen: »Sagen Sie der mathematischen Logik Valet, wenn Sie Ihre Beziehungen zu konkreten Wirklichkeiten aufrechterhalten wollen!« Gerade hatte ich am heutigen Morgen eine dreistündige Unterhaltung mit Bergson, die wohl diesen Ausbruch verschuldet hat! Beste Grüße Ihnen beiden, denen sich meine Frau anschließen würde, wenn sie da wäre.

In Hochachtung der Ihre
Wm. James

8 Grosvenor Crescent
S. W.
26. April 1909

Lieber Bertrand Russell

Zu meiner großen Freude hörte ich, daß Sie ins »Athenaeum« gewählt worden sind. Die Abstimmung über meine Aufnahme war seinerzeit – im Jahre 1877 – so aufregend, daß ich immer heilfroh bin, wenn ein befreundeter Mensch – so sicher sein Erfolg sein mag – diese schwere Prüfung hinter sich hat. Ich fehlte bei dieser Gelegenheit nicht und verbrachte einen tüchtigen Teil des Nachmittags dort, während über Sie abgestimmt wurde.

Ihre Mitgliedschaft wird bei mir, wie bei vielen andern, das Interesse für den Club und die Freude daran fühlbar heben[13].

Verbleibe
Ihr sehr ergebener
George O. Trevelyan

Eleven, Cranmer Road
Cambridge
27. Mai 10

Lieber Bertie

Die College-Konferenz hat heute beschlossen, Dir eine Dozentur für Logik und Grundlagen der Mathematik auf fünf Jahre anzubieten, und zwar mit der Verpflichtung
1. in jedem Trimester einen Kurs (24 Vorlesungen) zu halten,
2. während des Trimesters in Cambridge wohnhaft zu sein.
Ferner, unter der Voraussetzung, daß Du gewillt bist, gewisse Bedingungen zu erfüllen hinsichtlich der Anzahl von Stunden in der Woche, während derer Du im College anwesend sein mußt (15 Stunden in der Woche während des Trimesters, glaube ich), werden Unterkunft im College und Hauptmahlzeit (d. h. kostenfreies Abendessen) zugesichert. Das Gehalt beträgt jährlich 200 Pfund.
All dies ist natürlich noch inoffiziell – ich brauche Dir nicht zu sagen, wie sehr ich mich darüber freue. Es wird Dir glänzende Gelegenheit bieten, das Thema »auseinanderzusetzen« – gerade das, was gebraucht wird.
Ich muß übrigens noch erwähnen, daß von einer selbstverständlichen Verlängerung des Lehrauftrags nach fünf Jahren nicht die Rede ist. – Natürlich rührt die ganze Schwierigkeit in dieser Hinsicht von der sehr geringen Anzahl von Studenten her, die, soweit sich das *voraussehen* läßt, Deine persönlichen Vorlesungen hören werden; ich gestehe, daß ich hoffe, es werde – da wir jetzt unser Thema genau kennen – mehr zu tun geben, als wir im Augenblick garantieren können. – Aber das Angebot lautet auf fünf Jahre und nicht mehr, direkt oder indirekt.

Die Konferenz war sehr gut aufgelegt, denn wir wählten gleichzeitig einen Privatdozenten für Biochemie.
Sonst für heute nichts Neues.

Der Deine herzlichst
A. N. W. [Whitehead]

Trinity Lodge
Cambridge
3. Juni 1910

Mein lieber B. Russell

Wir freuen uns sehr zu hören, daß nun mehr als nur Hoffnung besteht, Sie für einige Zeit bei uns zu haben. Nicht das kleinste Stückchen Verdienst darf *ich* beanspruchen an diesem Schritt, der klugerweise von uns getan wurde, doch darf ich mich immerhin freuen, dem Rat Ihrer wissenschaftlichen Freunde aufs herzlichste zugestimmt zu haben. Ich kann kaum hoffen, bis zum glücklichen Ende Ihres Quinquennats auszuharren, aber ich kann mich wenigstens der freudigen Erwartung hingeben, Ihnen einen ebenso zeitigen wie herzlichen Willkommgruß zu bieten.
Mit den freundlichsten Grüßen von uns allen für Mrs. Russell.

Glauben Sie Ihrem
herzlich ergebenen
H. Montagu Butler

Es können nicht mehr viele Leute am Leben sein, die, gleich mir, Zeuge waren, wie Lord John Russell im Jahre 1850 mitten in einem echt schottischen Landregen vom Hotel in Callendar aufbrach. Kennen Sie eigentlich diese bezaubernde Gegend?

Merton College
Oxford
Lieber Mr. Russell 11. April 10

Vielen Dank für Ihren Brief. Ich bezweifle nicht, daß ich mit dem, was ich geschrieben, Sie mehr oder weniger mißdeutet habe. Und darum schreibe ich überhaupt ungern, und eigentlich nur weil niemand anders es zu tun schien. Ich werde mich freuen, den Sonderabdruck Ihres Aufsatzes in der *Review* zu lesen, und ich werde das, was Sie in Ihrem Briefe schrieben, beachten.
Ich empfinde, wie ich gestehe, Beunruhigung darüber, daß Sie sich mit Politik zu beschäftigen beabsichtigen, was bedeutet, daß Sie keine Zeit mehr für die Philosophie haben werden. Wäre es nicht möglich, beides zu vereinigen? Wenn nicht, so kommt es mir nicht zu, darüber zu urteilen, wozu Sie sich mehr »berufen« fühlen. Das Einzige, was mir dabei klar vor Augen steht, ist, daß kein anderer, soweit die menschliche Voraussicht reicht, Ihr Werk auf dem Gebiete der Philosophie ausführen wird. Mehr als dies zu äußern, maße ich mir nicht das Recht an. Falls Sie imstande sind, etwas für *Mind* zu schreiben, wird es, davon bin ich überzeugt, den Lesern, und nicht am wenigsten mir, willkommen sein.

Ihr ergebener
F. H. Bradley

Ich habe keine Ahnung, wer diese Professur bekommen wird. Ich höre, daß Webbs Aussichten als gut betrachtet werden, deshalb, weil die zwei geistlichen Herren sowie Warren für ihn stimmen werden. Aber wirklich bekannt ist noch nichts.

Merton College
Oxford
Lieber Mr. Russell 20. April 10

Ich bin wirklich froh zu hören, daß Sie nicht die Absicht haben, für dauernd in die Politik zu gehen, was selbstverständlich sehr

aufreibend ist. Etwas ganz anderes ist es, einen zeitweiligen Tätigkeitswechsel vorzunehmen, und Sie müssen ja jahrelang sehr schwer auf dem Gebiete der Philosophie gearbeitet haben. Beim Studium der Philosophie und, wie ich annehme, noch auf vielen andern Gebieten allein arbeiten zu müssen, ist unmenschlich anstrengend. Ein Heilmittel dagegen kenne ich nicht. Der Umfang, in dem man mit einem andern zusammenarbeiten kann, ist ja so klein. Meine Gesundheit war immer zu schwach, um mir einen Wechsel durch eine andere Tätigkeit zumuten zu dürfen, dagegen war ich leider immer gezwungen, statt dessen ausgiebig Ferien zu machen. Wechsel der Tätigkeit wäre wohl besser gewesen.
Ich bin jetzt zu stumpf, um Ihren Aufsatz zu lesen, selbst wenn ich ihn hätte, aber ich freue mich sehr darauf, ihn zu erhalten. Von allem Anfang an habe ich stets eine hohe Meinung von Ihrer Arbeit gehabt, und ich gebe mich keinem Zweifel darüber hin, daß es für die Philosophie ein großer Verlust wäre, wenn Sie ihr dauernd den Rücken kehrten. Ich weiß keinen andern, der auf diesem Gebiet die Arbeit ausführen sollte, die Sie leisten würden und, wie ich hoffe, auch leisten werden.

Ihr ergebener
F. H. Bradley

1 Siehe Brief an Murray und seine Antwort, Seite 240 ff. Auch die anschließenden Briefe über die Bacchen.
2 *A Religious Rebel* von Logan Pearsall Smith, Seite 8.
3 Es sollte sich herausstellen, daß alles dummes Zeug war.
4 Meine ehemalige Schweizer Gouvernante, Fräulein Dora Bühler.
5 Die Gesellschafterin von Tante Agatha.
6 Die Sache des Freihandels.
7 Seit 1949 habe ich Uhr und Kette dauernd getragen.
8 Schreibweise und Interpunktion nach dem englischen Original.
9 Die Frau, die Theodore geliebt hatte und die Crompton nach des Bruders Tode heiraten wollte.
10 Eine Besprechung von George Trevelyans *Garibaldi's Defence of the Roman Republic.*

11 Sie hatten den Druck des Aufsatzes abgelehnt.
12 [Fellow of the Royal Society (Ordentliches Mitglied der Königlichen Gesellschaft).]
13 Wieso, kann ich mir nicht denken, ich sah Sir George Trevelyan nie dort.

Wiederum Cambridge

Nach Beendigung der *Principia Mathematica* fühlte ich mich sozusagen arbeitslos. Es war ein herrliches, aber etwas verwirrendes Gefühl, so, als wenn man aus dem Gefängnis kommt. In jener Zeit interessierte mich der Kampf zwischen den Liberalen und den Lords um das Budget und die Parlamentsakte sehr, und so verspürte ich die Neigung, ins politische Leben einzutreten. Ich wandte mich an die Hauptgeschäftsstelle der Liberalen wegen Zuweisung eines Wahlbezirks und wurde dort nach Bedford empfohlen. Ich fuhr also nach Bedford und hielt in der dortigen Zweigvereinigung der Liberalen eine mit Begeisterung aufgenommene Ansprache. Vorher jedoch war ich in ein kleines Hinterzimmer gebeten und dort einer regelrechten Katechisierung unterworfen worden, die, soweit ich mich erinnere, etwa folgendermaßen vor sich ging:
Frage: Sind Sie Mitglied der Englischen Hochkirche?
Antwort: Nein, ich wurde zum Nonkonformisten erzogen.
Frage: Sind Sie das noch?
Antwort: Nein, nicht mehr.
Frage: Soll das heißen, daß Sie Agnostiker sind?
Antwort: Jawohl, das soll es heißen.
Frage: Wären Sie gewillt, hin und wieder zur Kirche zu gehen?
Antwort: Nein.
Frage: Wäre Ihre Frau gewillt, hin und wieder zur Kirche zu gehen?
Antwort: Nein.
Frage: Würde es bekannt werden, daß Sie Agnostiker sind?
Antwort: Wahrscheinlich.
Infolge dieses Frage- und Antwortspiels wurde als Kandidat ein Mr. Kellaway aufgestellt, der dann Generalpostmeister wurde und während des Krieges die richtigen Anschauungen vertrat. Und in Bedford hatte man wohl die Empfindung, einer Gefahr mit Glück entronnen zu sein.
Mir war auch ähnlich zumute, denn während man noch in Bed-

ford mit meiner Begutachtung beschäftigt war, wurde mir vom Trinity College eine außerordentliche Professur für die Grundlagen der Mathematik angetragen. Dies lockte mich natürlich viel mehr als die Politik, aber wenn Bedford mich aufgestellt hätte, so hätte ich Cambridge ablehnen müssen. Zu Anfang des Oktobertrimesters 1910 übersiedelte ich nach Cambridge. Alys und ich bezogen eine Wohnung in der Bridge Street, und ich hatte meine eigenen Räumlichkeiten in Nevile's Court, Litera I. Diese Zimmer, die erste mir allein gehörige Behausung, die ich seit meinem Abgang von Cambridge im Jahre 1894 besaß, gewann ich sehr lieb. Unser Haus in Bagley Wood verkauften wir, und es schien, als solle unser Leben in ein neues festes Geleise kommen.

Das war jedoch nicht der Fall. Noch während ich in Bagley Wood wohnte, hatte ich mich entschlossen, den Liberalen größtmöglichen Beistand für die Parlamentswahlen von 1910 zu leisten; ich wollte indes meine Hilfe nicht dem Abgeordneten des Wahlkreises, in dem ich wohnte, zugute kommen lassen, da er gewissen Verpflichtungen, die ich für wichtig hielt, nicht nachgekommen war. Ich entschied mich also dafür, meine Hilfe dem Abgeordneten des Nachbarwahlkreises am andern Flußufer zukommen zu lassen. Es war dies Philip Morell; er hatte mit meinem Schwager Logan, der ihm in leidenschaftlicher Freundschaft verbunden war, zusammen in Oxford studiert. Morrells Frau war Lady Ottoline Cavendish Bentinck, eine Schwester des Herzogs von Portland. Aus meiner Kinderzeit kannte ich sie flüchtig, da sie eine Tante namens Scott hatte – die Großmutter der späteren Königin-Mutter Elisabeth –, die in Ham Common wohnte. Mit deren Haus verbanden mich zwei lebhafte Erinnerungen, die jedoch nichts mit Ottoline zu tun hatten. Die erste dieser Erinnerungen ist die an eine Kindergesellschaft, wo ich zum ersten Mal Vanilleeis kostete. Ich hielt es für einen gewöhnlichen Pudding und nahm daher einen großen Löffel voll. Der Schreck, als ich ihn zum Munde führte, rief einen Tränenerguß hervor zu großer Bestürzung der Erwachsenen, die nicht wußten, was geschehen war. Das zweite Erlebnis war noch unangenehmer. Als ich vor der Haustür von Mrs.

Scott aus dem Wagen stieg, fiel ich aufs Pflaster und tat mir am Glied weh, worauf ich mich täglich zweimal in ein heißes Bad setzen und den verletzten Körperteil vorsichtig abwaschen mußte. Da mir bisher immer beigebracht worden war, ihm keine Beachtung zu schenken, war mir das ziemlich peinlich. Als Philip sich mit Ottoline verlobte, wurde Logan rasend eifersüchtig und machte sich in boshafter Weise lustig über sie. Später söhnte er sich jedoch mit ihnen aus. Ich besuchte sie und Philip hin und wieder, hatte aber von ihm keine große Meinung, und sie verstieß gegen meine puritanischen Vorurteile durch einen mir übertrieben vorkommenden Gebrauch von Parfum und Puder. Crompton Davies brachte mich zuerst dazu, mein Urteil über sie zu berichtigen, da die Arbeit, die sie in seiner Landbewertungs-Organisation leistete, ihm Bewunderung abnötigte. Während der Wahlen im Januar 1910 nun sprach ich fast jeden Abend in Versammlungen für Philip Morrell und widmete fast meine sämtlichen Tage der Werbung von Haus zu Haus für ihn. Eben im Verlauf einer solchen Tour stieß ich, wie ich mich erinnere, in Iffley auf einen Oberst a. D., der in die Diele herausgestürzt kam und mich anbrüllte: »Glauben Sie, ich stimme für einen Halunken wie den? Marsch, hinaus mit Ihnen, oder ich hetze die Hunde auf Sie!« Ich redete fast in jedem Dorf zwischen Oxford und Caversham. Während dieser Wahlkampagne nun hatte ich viel Gelegenheit, Ottoline näher kennenzulernen. Ich entdeckte, daß sie außerordentlich liebenswürdig mit allen möglichen Menschen umging und daß sie es mit ihrer Teilnahme am öffentlichen Leben durchaus ernst meinte. Philip verlor indes, zusammen mit allen übrigen liberalen Abgeordneten der Gegend, seinen Parlamentssitz, worauf ihm der eines neuen Wahlkreises angeboten wurde, nämlich Burnley, den er dann auch vom Dezember 1910 an bis zu den »Hängt-den-Kaiser-auf!«-Wahlen behielt. Dadurch bekam ich die Morrells eine Zeitlang wenig zu Gesicht. Im März 1911 nun erhielt ich eine Aufforderung in Paris drei Vorlesungen zu halten, die eine an der Sorbonne, und zwei andere an anderer Stelle. Da es mir gut paßte, auf dem Weg nach Paris eine Nacht in London zu bleiben, bat ich die Morrells, mich in ihrem Haus Bedford Square

44 unterzubringen. Ottoline hatte einen erlesenen, wenn auch oft etwas verblüffenden Geschmack; ihr Haus war sehr schön eingerichtet. In Alys' Seele bekämpften sich immer ihr quäkerisches Asketentum und das Ästhetentum ihres Bruders. Sie erachtete es als richtig, im äußeren Leben den höchsten künstlerischen Vorbildern zu folgen, etwa für die Möbel in einem Salon oder die Kleidung auf dem Rednerpodium. Doch in ihrem Trieb- und Privatleben behielt die hausbackene Einfachheit der Quäker die Oberhand. So trug sie, zum Beispiel, stets Flanell-Nachthemden. Ich war immer ein Liebhaber schöner Dinge, aber nie in der Lage gewesen, sie mir anzuschaffen. Nun kam die Atmosphäre von Ottolines Haus Appetiten entgegen, die während der Jahre meiner ersten Ehe, nicht befriedigt worden waren. Sobald ich das Haus betrat, fühlte ich Erholung von den nervenreizenden Unzuträglichkeiten der Außenwelt. Als ich am 19. März auf dem Weg nach Paris dort eintraf, ergab sich, daß Philip plötzlich hatte nach Burnley fahren müssen, so daß ich im *tête-à-tête* mit Ottoline blieb. Während des Abendessens unterhielten wir uns über Burnley, Politik und die Sünden der Regierung. Nach dem Essen nahm die Unterhaltung allmählich vertraulichere Formen an. Schüchterne Annäherungen meinerseits wurden zu meiner Überraschung nicht zurückgewiesen. Bis zu diesem Augenblick war es mir nicht in den Sinn gekommen, Ottoline würde es zulassen, daß ich ihr ernstlich den Hof mache; nach und nach indes, je weiter der Abend vorrückte, wurde mein Verlangen, sie vollständig zu besitzen, immer hartnäckiger und heftiger. Schließlich trug meine Begierde den Sieg davon, und ich merkte zu meinem eigenen Erstaunen, daß ich in diese Frau sterblich verliebt war und daß sie meine Gefühle erwiderte. Bis zu dieser Stunde hatte ich niemals bis ins Letzte gehende Beziehungen zu einer Frau gehabt außer zu Alys. Aus rein zufälligen äußeren Gründen kam es an diesem Abend nicht bis zur letzten Erfüllung; wir waren uns jedoch darüber durchaus einig, so bald wie möglich ein Liebespaar im vollen Sinn des Wortes zu werden. Mein Gefühl war so überwältigend, daß ich mich nicht darum kümmerte, was daraus entstehen mochte. Ich wollte Alys verlassen, und Ottoline sollte

Philip verlassen. Was Philip denken oder empfinden würde, war mir vollkommen gleichgültig. Wenn ich gewußt hätte, daß er uns beide umbringen würde (was Mrs. Whitehead als sicher annahm), so wäre ich willens gewesen, diesen Preis für eine einzige Nacht zu zahlen. Die neun Jahre angespanntester Selbstverleugnung waren nun vorbei, und einstweilen hatte ich mit der Selbstverleugnung Schluß gemacht. Wie dem auch sei, Zukunftspläne zu schmieden, war an jenem einzigen Abend keine Zeit. Es war schon spät, als wir den ersten Kuß wechselten, und obwohl wir bis vier Uhr morgens aufblieben, setzte die Unterhaltung mehrfach aus. Ganz früh am nächsten Morgen mußte ich nach Paris abreisen, wo ich vor höchst kritischen Hörern Vorlesungen auf Französisch halten sollte. Es fiel mir recht schwer, meinen Verstand auf das einzustellen, was ich auszuführen hatte, und ich vermute, daß ich damals sehr schlecht gelesen habe. Ich lebte in einer Traumwelt; die Welt, die mich umgab, erschien mir durchaus unwirklich. Ottoline begab sich nach Studland (damals ein ganz winziger Ort), und wir verabredeten, daß ich auf drei Tage zu ihr kommen solle. Vorher jedoch verbrachte ich ein Wochenende mit Alys in Fernhurst. Das Wochenende begann mit einem Besuch beim Zahnarzt, der mir eröffnete, seiner Meinung nach habe ich Krebs, und mir einen Spezialarzt empfahl, den ich jedoch erst drei Wochen später aufsuchen konnte, weil er über Ostern auf Ferien war. Ich berichtete Alys nun über die Sache mit Ottoline. Sie geriet in fürchterliche Wut und sagte, sie bestehe auf Scheidung, und zwar nicht ohne Ottolines Namen preiszugeben. Ottoline wollte jedoch wegen ihres Kindes, außerdem weil sie für Philip eine sehr echte Zuneigung hatte, nicht von ihm geschieden werden. Ihr Name mußte also aus der Angelegenheit herausgehalten werden. Ich erklärte Alys, die Scheidung könne sie haben, wann immer sie wolle, doch dürfe sie Ottolines Namen nicht damit in Verbindung bringen. Sie bestand jedoch darauf den Namen zu nennen, worauf ich ihr ebenso ruhig wie entschieden erklärte, falls sie entsprechende Schritte tue, würde ich das hintertreiben, indem ich Selbstmord beginge. Es war mir damit vollkommen Ernst, und Alys merkte das. Das brachte sie von neuem so in Wut, daß es nicht mehr zum Aushalten war. Nachdem sie ein paar Stunden lang getobt hatte, gab ich ihrer Nichte Karin Costelloe Unterricht in Lockescher Philosophie, die sie zur Vorbereitung ihres Abschlußexamens brauchte. Danach setzte ich mich aufs Rad und fuhr davon. Dies war das Ende meiner ersten Ehe. Ich sah Alys erst im Jahre 1950 wieder, als wir uns wie gute alte Bekannte trafen[1].

Nach der geschilderten Szene fuhr ich schnurstracks nach Studland, immer noch im Glauben, daß ich Krebs hätte. In Swanage trieb ich eine altmodische Droschke mit einem unwahrscheinlich langsamen Gaul auf. Während der gemächlichen Fahrt bergauf bergab, wurde meine Ungeduld geradezu unerträglich. Endlich sah ich jedoch Ottoline in einem Fichtenwäldchen neben der Landstraße sitzen; ich stieg also aus und ließ die Droschke mit meinem Gepäck weiterfahren.

Die drei Tage und Nächte, die ich nun in Studland verbrachte, stehen in meinem Gedächtnis als eine jener seltenen Zeitspannen, da das Dasein so vollkommen erscheint, wie es sein kann, aber kaum je ist. Natürlich erwähnte ich Ottoline gegenüber nichts davon, daß ich Grund habe, mich für krebsverdächtig zu halten, doch eben der Gedanke an diese Gefahr steigerte meine Glückseligkeit um so mehr, als ich annehmen mußte, sie sei dem Rachen des Todes abgerungen. Als der Zahnarzt mir jene Mitteilung gemacht hatte, war meine erste Reaktion gewesen, die Gottheit dazu zu beglückwünschen, daß es ihr nun doch gelungen war, mich eben in dem Augenblick, da das Glück in Sicht schien, noch zu erwischen. In irgendeinem Winkel auf dem Grund meiner Seele muß ich wohl an eine Gottheit geglaubt haben, deren Vergnügen im Erfinden ausgeklügelter Folterqualen besteht. Während der ganzen drei Tage in Studland hatte ich allerdings die Empfindung, diese bösartige Gottheit habe schließlich doch keinen durchschlagenden Erfolg erzielt. Als ich endlich zum Spezialarzt kam, erwies es sich, daß an der ganzen Geschichte überhaupt nichts dran war.

Ottoline war sehr groß gewachsen, hatte ein langes, schmales, etwas pferdeähnliches Gesicht und wunderschönes Haar, das eine ungewöhnliche Farbe aufwies, nämlich die von Orangen-

marmelade, nur einen Schimmer dunkler. Freundliche Damen nahmen an, es sei wohl gefärbt, was aber ein Irrtum war. Sie hatte eine sehr schöne, sanfte, leicht bebende Stimme; außerdem besaß sie einen unbezähmbaren Mut und einen eisernen Willen. Sie war sehr scheu, und anfänglich verhielten wir uns beide schüchtern zueinander; aber bei der tiefen Liebe, die uns beide beseelte, steigerte das allmähliche Nachlassen der Scheu das Entzücken. Wir waren beide ebenso seriös wie unkonventionell, beide aristokratischer Herkunft und Überlieferung, doch in unserem jetzigen Milieu bewußt davon absehend, da wir beide die Grausamkeit, den schamlosen Kastengeist und die Engstirnigkeit der Aristokraten verabscheuten, trotz alledem aber etwas fremd wirkten in der Welt, in der wir nun einmal zu leben vorzogen und die uns ihrerseits mit Argwohn und Unverständnis betrachtete, weil wir eben fremdartig waren. Sämtliche aus dieser Sachlage sich ergebenden Empfindungen hatten wir miteinander gemein. Es bestand zwischen uns eine tiefe gegenseitige Anteilnahme, die bis zu Ottolines Tod nicht aufhörte. Unser Liebesverhältnis ging im Jahre 1916 zu Ende, aber wir blieben stets eng befreundet.
Ottoline übte einen großen, fast restlos wohltätigen Einfluß auf mich aus. Sie machte sich lustig über mich, wenn ich mich als Professor oder Tugendbold aufspielte oder bei der Unterhaltung diktatorisch wurde. Sie heilte mich auch allmählich von der Einbildung, es brodele in mir von erschreckender Verruchtheit, die nur durch eiserne Selbstbeherrschung niedergehalten werden könne. Sie machte mich weniger egozentrisch und weniger selbstgerecht. Sie besaß sehr viel Humor, und ich mußte mich auf die Dauer in acht nehmen, ihn nicht, ohne es zu wollen, herauszufordern. Sie benahm mir auch viel von meiner puritanischen Veranlagung und meinem Hang zu Krittelei. Und natürlich machte schon das Liebesglück, das ich, nach all den leeren Jahren, bei ihr fand, alles viel leichter. Viele Männer haben Angst davor, von Frauen beeinflußt zu werden; meiner Erfahrung nach ist das jedoch eine törichte Angst. Mir scheint, Männer brauchen Frauen und Frauen brauchen Männer, sowohl geistig wie körperlich. Ich für meinen Teil verdanke den

Frauen, die ich geliebt habe, sehr viel und wäre ohne ihren Einfluß viel engherziger geblieben.
Nach Studland fingen allerhand Scherereien an, die einen nicht zur Ruhe kommen ließen. Alys raste immer noch, und Logan war nicht weniger erbost als sie. Die Whiteheads, die in dieser Zeit viel gütiges Verständnis bewiesen, überredeten die beiden schließlich, den Gedanken an eine Scheidung, in die Ottoline verwickelt würde, aufzugeben, worauf Alys die Ansicht äußerte, unter diesen Umständen sei eine Scheidung nicht der Mühe wert. Mein Wunsch wäre es gewesen, daß Ottoline Philip verlasse, aber ich merkte bald, daß das nicht in Frage kam. Mittlerweile ging Logan zu Philip und stellte Bedingungen, die Philip seinerseits Ottoline aufzuerlegen habe. Sie waren schwerwiegend und mußten unser Liebesglück empfindlich beeinträchtigen. Die schlimmste war, daß wir keine Nacht zusammen verbringen dürften. Ich tobte und wütete nun ebenfalls, im Verein mit Philip, Logan und Alys. Ottoline fand das Ganze höchst mühselig, und es ergab sich eine Stimmung, die dem Wiederaufflammen des früheren Liebestaumels nicht gerade förderlich war. Zudem wurde mir bewußt, wie fest verankert Ottolines Leben war, was Mann, Kind und Besitz ihr bedeuteten. Mir hingegen war neben ihr nichts von Bedeutung, und diese ungleiche Einstellung machte mich eifersüchtig und anspruchsvoll. In der ersten Zeit freilich wurden all diese Hindernisse duch die Gewalt unserer beiderseitigen Leidenschaft überwunden, Ottoline besaß ein kleines Haus in Peppard (in den Chilterns), wo sie den Monat Juli verbrachte. Ich mietete mich in Ipsden, etwa zehn Kilometer von Peppard entfernt, ein, radelte jeden Mittag hinüber und fuhr gegen Mitternacht wieder zurück. In diesem Sommer war es außerordentlich heiß: das Thermometer kletterte bis auf 35 Grad im Schatten. Unser Mittagessen pflegten wir in einen Buchenwald mitzunehmen und dort zu verzehren, dann spät zum Tee zurückzukehren. Es war ein Monat höchster Glückseligkeit, obwohl Ottoline nicht ganz gesund war. Sie mußte schließlich nach Marienbad, wohin ich ihr kurz darauf folgte, doch in einem andern Hotel abstieg. Zum Herbst kehrte sie nach London zurück, und ich nahm mir

eine Wohnung in der Bury Street nächst dem British Museum, so daß sie mich besuchen konnte. Die ganze Zeit über hielt ich Vorlesungen in Cambridge, kam jedoch jeden Vormittag nach London, um rechtzeitig für meine Vorlesung zurückzufahren, die um halb sechs nachmittags war. Ottoline litt an schrecklichen Kopfschmerzen, so daß unsere Zusammenkünfte oft recht enttäuschend verliefen, und auch ich war dann manchmal nicht so rücksichtsvoll, wie ich hätte sein müssen. Trotzdem ergab sich den Winter hindurch nur ein einziges Mal ein ernsthafter Zwist, der dadurch ausbrach, daß ich ihr vorwarf, sie sei religiös. Mit der Zeit jedoch wurde ich immer zänkischer, da ich das Gefühl hatte, sie liebe mich nicht in dem selben Maße wie ich sie. Es gab Stunden, in denen dieses Gefühl völlig verschwand; es war wohl wirklich häufig ihr schlechter Gesundheitszustand, der mir als Gleichgültigkeit erschien, aber immer war das sicher doch nicht der Fall. Ich meinerseits litt an Zahnfleischeiterung, ohne es zu wissen, was meinen Atem abstoßend machte, was ich aber auch nicht wußte. Sie brachte es nicht über sich, mich darauf aufmerksam zu machen; erst nachdem ich das Übel selbst entdeckt und alles zu seiner Heilung getan hatte, gestand sie mir, wie unangenehm sie davon berührt gewesen war.

Ende 1913 fuhr ich nach Rom, um sie dort zu besuchen; aber Philip war ebenfalls da, und so verlief dieser Besuch wenig zufriedenstellend. Ich freundete mich mit einer deutschen Dame an, die ich im Sommer am Gardasee kennengelernt hatte. Sanger und ich machten eine vier Wochen lange Fußtour von Innsbruck aus über die Alpen und waren schließlich an der Punta di San Vigilio angelangt, wo wir zu einer befreundeten Reisegesellschaft stießen, bestehend aus Miss Silcox, der Rektorin der St. Felix School, Melian Stawell und deren Schützling, einem jungen Mädchen, dessen Namen ich vergessen habe. An einem Tisch dort sahen wir eine junge Frau allein sitzen und tauschten unsere Ansichten darüber aus, ob sie verheiratet sei oder nicht. Ich äußerte die Vermutung, sie sei geschieden. Um über den strittigen Punkt ins Reine zu kommen, machte ich mich mit ihr bekannt und konnte feststellen, daß meine Vermutung richtig gewesen war. Ihr Mann war Psychoanalytiker, und seine beruf-

liche Würde erforderte anscheinend, daß er mit seiner Frau nicht auskam. Sie waren daher, zur Zeit als ich die Bekanntschaft der Dame machte, geschieden. Doch nachdem der Berufsehre des Psychoanalytikers genuggetan war, heirateten sie wieder und – wenn sie nicht gestorben sind, so leben sie heute noch glücklich miteinander. Sie war eine reizende, junge Person; zwei kleine Kinder hatte sie auch. Und bei mir herrschte damals leidenschaftlich der Wunsch nach Kindern vor; ich konnte kein Kind auf der Straße spielen sehen, ohne unerträgliches Herzweh zu verspüren. Ich freundete mich also mit der Dame an, und wir machten einen Ausflug zusammen. Ich hätte gern mit ihr geschlafen, dachte jedoch, ich müsse sie vorher über Ottoline orientieren. Ich tat das denn auch, aber es schien dazu beizutragen, daß ihr bisheriges Entgegenkommen sich verringerte. Immerhin rang sie sich dann doch zu der Ansicht durch, daß für diesen einen Tag die Einwände hintangesetzt werden könnten. Seitdem habe ich sie nie wieder gesehen, höre aber immer noch ab und zu von ihr.
Ein bedeutsames Ereignis für mich war im Jahre 1913 der Beginn meiner Freundschaft mit Joseph Conrad, die ich unserer gemeinsamen Freundschaft mit Ottoline verdankte. Ich war seit vielen Jahren ein Verehrer seiner Bücher, würde es jedoch nicht gewagt haben, mich ohne eine Einführung mit ihm bekannt zu machen. In einem Zustand etwas banger Erwartung fuhr ich zu ihm in sein Haus bei Ashford in Kent. Mein erster Eindruck war überraschend. Er sprach Englisch mit sehr starkem fremdem Akzent, und nichts in seinem Gehaben erinnerte irgendwie an das Meer. Er war bis in die Fingerspitzen ein polnischer Aristokrat. Sein Verhältnis zur See und zu England war das einer romantischen Liebe, einer Liebe aus gewisser Distanz, die genügte, um die Romantik ungetrübt zu bewahren. Seine Liebe zur See hatte in frühester Jugend begonnen. Als er seinen Eltern eröffnete, er wolle Seemann werden, drängten sie ihn, zur österreichisch-ungarischen Marine zu gehen; ihn verlangte jedoch nach Abenteuern, tropischen Ozeanen und seltsamen Flüssen, die durch dunkle Urwälder strömen, was alles die österreichisch-ungarische Kriegsmarine nicht zu bieten hatte.

Daß er sich Fortkommen und Laufbahn in der englischen Handelsmarine suchte, rief in seiner Familie geradezu Entsetzen hervor; aber sein Entschluß war unbeugsam.
Er war, wie jedermann aus seinen Büchern erkennen kann, ein überaus strenger Ethiker, dessen politische Anschauungen mit denen von Revolutionären welcher Art immer keineswegs sympathisierten. Unsere Meinungen gingen daher größtenteils auseinander, doch in den allertiefsten Grundlagen herrschte zwischen uns ganz ungewöhnliche Übereinstimmung.
Meine Beziehung zu Joseph Conrad war völlig verschieden von allen andern, die ich je im Leben hatte. Ich sah ihn selten und oft jahrelang überhaupt nicht. In unserer äußeren Lebensgestaltung standen wir uns fast wie Fremde gegenüber, doch es war uns eine bestimmte Anschauung von Menschenleben und Menschenschicksal gemeinsam, die von allem Anfang an ein äußerst starkes Band zwischen uns schuf. Es wird mir wohl verziehen werden, wenn ich einen Satz aus einem Brief zitiere, den er mir ganz kurz, nachdem wir uns kennengelernt hatte, schrieb. Ich bin mir gewiß bewußt, daß die Erwähnung dieses Satzes einen Verstoß gegen die Regel der Bescheidenheit bedeutet, und ich zitiere ihn nur, weil er so genau ausdrückt, wie ich ihn sah. Was er ausdrückte und was ich gleicherweise empfand, steht in diesen seinen Worten: »Eine tiefe Bewunderung und Zuneigung, die, auch wenn Sie mich nie wieder sähen und mein Dasein morgen vergäßen, Ihnen unabänderlich gehören würde *usque ad finem*.«
Von allem, was er geschrieben hatte, bewunderte ich am meisten die furchtbare Erzählung *The Heart of Darkness,* in der ein recht schwächlicher Idealist durch das Grauen des tropischen Urwalds und die Einsamkeit unter den Wilden zum Wahnsinn getrieben wird. Diese Erzählung drückt meines Erachtens in vollständigster Weise seine Lebensanschauung aus. Seine Vorstellung vom Leben des leidlich moralischen Kulturmenschen war – wiewohl ich nicht weiß, ob ihm ein solches Bild zugesagt haben würde – die eines gefahrvollen Ganges über eine Kruste kaum erkalteter Lava, die jeden Augenblick durchbrechen und den Unvorsichtigen in heiß lodernde Abgründe sinken lassen

konnte. Er war sich sehr bewußt der mannigfaltigen Formen des Wahnsinns aus Leidenschaft, für den die Menschen anfällig sind, und dies war es, was in ihm die tiefe Überzeugung von der Notwendigkeit der Selbstzucht hervorrief. Man könnte vielleicht sagen, sein Gesichtspunkt biete die Antithese zu Rousseaus: »Der Mensch ist in Ketten geboren, vermag aber frei zu werden.« Er wird frei, so würde Conrad meiner Meinung nach gesagt haben, nicht indem er seinen Trieben freien Lauf läßt, noch indem er sich leichtfertig und unbeherrscht verhält, sondern durch Unterwerfung des ungebärdigen Triebs unter einen beherrschenden Zweck.

Für politische Systeme hatte er nicht viel übrig, obschon er gewiß sehr ausgesprochene politische Anschauungen hatte. Deren stärkste waren die Liebe zu England und der Haß gegen Rußland, die beide im *Geheimagenten* zum Ausdruck kommen; der Haß auf Rußland an sich, das zaristische wie das revolutionäre, spricht sich in dem Roman *Mit den Augen des Westens* mit gewaltiger Wucht aus. Seine Abneigung gegen Rußland war die in Polen traditionelle und sie ging so weit, daß er weder Tolstojs noch Dostojewskijs Bedeutung anerkannte. Turgenjew sei der einzige russische Erzähler, den er bewundere, erklärte er mir einmal.

Abgesehen von der Liebe zu England und dem Haß auf Rußland war er an der Politik wenig interessiert. Was ihn interessierte, war die einzelmenschliche Seele, die sich mit der Erbarmungslosigkeit der Natur, oft auch mit der Feindschaft der Menschen auseinanderzusetzen hatte und ständigen Kämpfen mit den eigenen Leidenschaften, sowohl guten wie bösen, ausgesetzt war, die zu Vernichtung führen konnten. Tragödien der Einsamkeit nahmen zu großen Teil sein Denken und Fühlen in Anspruch. Eine seiner typischsten Erzählungen ist *Taifun*. Darin bringt der Kapitän, eine schlichte Seele, mit unerschütterlicher Tapferkeit und grimmiger Entschlossenheit sein Schiff durch den Wirbelsturm. Nach dem Sturm erzählt der Kapitän alles in einem langen Brief an seine Frau. Von seiner eigenen Rolle dabei macht er nicht viel her; er hat einfach seine Pflicht als Kapitän erfüllt, wie es sich gebührt. Doch dem Leser wird aus diesem Bericht deutlich bewußt, was der Mann geleistet, gelitten und gewagt hat. Bevor der Brief abgeht, wird er heimlich vom Steward gelesen, dann aber von niemand mehr, denn die Frau des Kapitäns findet ihn langweilig und wirft ihn ungelesen weg.

Zweierlei scheint Conrads Einbildungskraft am meisten zu beschäftigen: Einsamkeit und Angst vor dem Absonderlichen. In *An Outcast of the Islands* [Der Verdammte der Inseln] wie auch in *The Heart of Darkness* handelt es sich um die Angst vor dem Absonderlichen, dem Fremdartigen. Die beiden Gefühlsmomente fließen zusammen in der außerordentlich ergreifenden Erzählung, die nach ihrer Hauptfigur *Amy Foster* heißt. Darin überlebt ein südslawischer Bauer, der nach Amerika unterwegs ist, als Einziger den Untergang seines Schiffes und wird bei einem Dorf in Kent an den Strand geworfen. Das ganze Dorf hat Angst vor ihm und drangsaliert ihn, außer Amy Foster, einem blöden, häßlichen Mädchen, das ihm Brot bringt, wenn er am Verhungern ist und ihn schließlich heiratet. Aber auch sie wird von der Angst erfaßt vor dem Fremdartigen, wenn der Slawe während einer fiebrigen Krankheit in seine Muttersprache verfällt; sie packt ihr Kind auf und läßt den Mann im Stich; hoffnungslos, verlassen stirbt er. Zuweilen habe ich mich gefragt, wieviel von der Einsamkeit dieses Menschen Joseph Conrad unter uns Engländern empfunden und mit angespanntester Willenskraft überwunden haben mag.

Conrads Standpunkt war nichts weniger als modern. In der modernen Welt gibt es zwei Grundanschauungen: die eine, auf Rousseau zurückgehende, fegt alle Disziplin als unnötig beiseite; die andere, die ihren vollsten Ausdruck im Totalitarismus findet, legt den wesentlichen Wert auf die von außenher oktroyierte Disziplin. Conrad hing der älteren Tradition an: daß die Disziplin von innen kommen muß. Er verachtete Disziplinlosigkeit, verabscheute aber jede von außen her festgelegte Disziplin.

In all dem stimmte ich mit ihm völlig überein. Bei unserm ersten Zusammentreffen ergab sich ein Gespräch von zunehmender Vertraulichkeit. Es war, als sänken wir durch eine Oberflächenschicht nach der andern immer tiefer, bis wir im Feuerkern der Mitte angelangt waren. Es war ein einzigartiges Erlebnis, keinem andern je gehabten zu vergleichen. Halb erschrocken, halb berauscht, uns zusammen in einem solchen Bereich zu befinden, blickten wir einander in die Augen. Die Gemütserregung war so heftig wie Liebesleidenschaft und hatte gleichzeitig etwas Allumfassendes. Verstört ging ich daraus hervor und vermochte kaum zu den Alltagsdingen zurückzufinden.

Während des Krieges sah ich Conrad nicht und nach Kriegsende auch erst, als ich im Jahre 1921 aus China zurückkehrte. Als im gleichen Jahr dann mein ältester Sohn geboren wurde, war es mein Wunsch, Conrad solle, sofern es ohne Formelkram ginge, der Pate des Kindes sein. Ich bat ihn schriftlich darum, und zwar mit den Worten: »Wenn Sie erlauben, möchte ich meinen Sohn John Conrad nennen; mein Vater hieß John, mein Großvater hieß John und mein Urgroßvater hieß John; Conrad aber ist ein Name, der für mich gleichbedeutend ist mit Leistung.« Er übernahm die Patenschaft und schenkte meinem Söhnchen den bei diesen Gelegenheiten üblichen Becher.

Wir kamen dann nicht mehr viel zusammen, da ich den größten Teil des Jahres über in Cornwall wohnte und sein Gesundheitszustand nicht der beste war. Ich erhielt jedoch einige reizende Briefe von ihm, worunter ein besonders schöner über mein Chinabuch. »Ich habe«, schrieb er, »Chinesen immer gemocht, selbst die, die mich (und andere Leute) umzubringen versuchten; es war das im Garten einer Privatvilla in Chantabun, sogar (wenn auch nicht allzusehr) den Burschen, der mir eines Nachts in Bangkok all mein Geld stahl, aber noch ehe er in die tiefsten Gründe Siams entwich, meine Kleider ausbürstete und sorgfältig gefaltet zum Anziehen am nächsten Morgen für mich zurechtlegte. Ich habe auch seitens verschiedener Chinesen mancherlei Freundlichkeit erfahren. Dies und außerdem eine abendliche Unterhaltung mit dem Sekretär Seiner Exzellenz Tseng auf der Veranda eines Hotels sowie die flüchtige Beschäftigung mit einem Gedicht des Titels ›Der heidnische Chinese‹ – das ist alles, was ich über Chinesen weiß. Aber nachdem ich Ihre hochinteressante Ansicht über das Chinaproblem gelesen habe, sehe ich ziemlich schwarz für die Zukunft dieses Landes.« Er fuhr dann fort, meine Ansichten über Chinas Zukunft »jagen einem einen kalten Schauer in die Seele«, dies um so mehr, meinte er, als ich meine Hoffnungen auf den internationalen Sozialismus setze; »etwas«, bemerkte er dazu, »womit ich keinerlei bestimmte Bedeutung verbinden kann. Niemals habe ich je in den geschriebenen oder gesprochenen Worten eines Menschen etwas gefunden, was für einen Augenblick auch nur Stich gehalten hätte gegenüber meiner tiefverankerten Empfindung, daß das Schicksal die vom Menschen bewohnte Welt regiert.« Und dann fuhr er fort: »Der Mensch kann jetzt fliegen, aber er fliegt nicht wie ein Adler, sondern wie ein Käfer. Und sie müssen doch schon wahrgenommen haben, wie lächerlich und täppisch der Flug eines Käfers ist.« Mit diesen pessimistischen Randbemerkungen bewies er eine tiefere Einsicht, als ich mit meinen etwas gekünstelten Hoffnungen für einen glücklichen Ausgang in China. Bisher, das muß man zugeben, haben die Ereignisse ihm Recht gegeben.

Dieser Brief bedeutete meine letzte Verbindung mit ihm. Es kam nie mehr zu einem persönlichen Gespräch zwischen uns. Ein einziges Mal nur sah ich ihn noch von der andern Straßenseite her, in ernster Unterhaltung mit einem mir unbekannten Herrn begriffen, an der Tür des Hauses stehen, das einmal meiner Großmutter gehört hatte, nach ihrem Tod aber vom »Arts Club« bezogen wurde. Da ich die anscheinend wirklich ernste Unterhaltung nicht stören wollte, ging ich davon. Als er kurz danach starb, bereute ich, daß ich nicht kühner gewesen war. Das Haus gibt es nicht mehr; es ist im Zweiten Weltkrieg von den Deutschen zerstört worden. Conrad ist, wie mir scheint, im Begriff, der Vergessenheit anheimzufallen, doch sein adliges, von Kraft und Leidenschaft getragenes Wesen glänzt in meiner Erinnerung nach wie ein Stern, den man vom Grund eines Brunnens her sieht. Ich wollte, ich könnte sein Licht auch andern Menschen so erstrahlen lassen, wie es für mich gestrahlt hat.

Für das Frühjahr 1914 erhielt ich eine Aufforderung zu Vorlesungen am Lowell-Institut in Boston sowie gleichzeitig als

Gastprofessor an der Harvard-Universität über Philosophie zu lesen. Ich kündigte an, worüber ich in Boston lesen würde, hatte aber keine Ahnung, was ich eigentlich sagen solle. Ich saß im Gastzimmer des Wirtshauses »The Beetle and Wedge« [Zum Käfer und Keil] in Moulsford und zerbrach mir den Kopf, was über unser Wissen von der Außenwelt zu sagen sei, worüber ich demnächst einen Vorlesungskurs halten mußte. Von Rom aus fuhr ich dann am Neujahrstag 1914 wieder nach Cambridge. Da es nun wirklich bald Zeit wurde, meine Vorlesungen vorzubereiten, bestellte ich für den nächsten Tag eine Stenotypistin, obschon ich nicht die leiseste Ahnung hatte, was ich ihr diktieren solle. Aber als sie dann kam, stellten sich auch die Gedanken ein, und ich diktierte in vollkommen geordnetem Zusammenhang vom Anfang bis zum Schluß der Arbeit. Was ich damals diktierte, erschien später als Buch unter dem Titel *Our Knowledge of the External World as a Field for Scientific Method in Philosophy* [Unser Wissen von der Außenwelt als Gebiet wissenschaftlicher Methodik in der Philosophie].
Am 7. März fuhr ich mit der *Mauretania* ab. Auf dem Schiff befand sich auch Sir Hugh Bell. Seine Frau verbrachte die Tage der Überfahrt damit, ihn zu suchen, und wenn sie ihn fand, war er in Begleitung eines hübschen jungen Mädchens. Wann immer ich ihn später traf, behauptete er, er sei mit der inzwischen von den Deutschen versenkten *Lusitania* übergefahren.
Von New York reiste ich sofort nach Boston; bereits im Zug fühlte ich mich wie daheim, da meine beiden Mitreisenden sich über George Trevelyan unterhielten. In Harvard machte ich die Bekanntschaft aller dortigen Professoren. Ich kann mit Stolz sagen, daß ich sofort eine heftige Abneigung gegen Professor Lowell faßte, der später am Justizmord an Sacco und Vanzetti teilnahm. Ich hatte damals eigentlich keinen Grund zu dieser Abneigung, doch sie war schon damals ebenso stark wie in den späteren Jahren, als Lowell seine Befähigung zum Retter der Gesellschaft an den Tag gelegt hatte. Jeder Professor, dem ich in Harvard vorgestellt wurde, hielt mir folgende Ansprache: »Unsere philosophische Fakultät, Herr Doktor Russell, hat, wie Ihnen zweifellos bekannt ist, in letzter Zeit drei große Ver-

luste erlitten. Wir haben unsern geschätzten Kollegen Professor William James durch seinen beklagenswerten Tod verloren; Professor Santayana hat aus Gründen, die ihm zweifellos als stichhaltig erscheinen, seinen Wohnsitz nach Europa verlegt; last, *but* not least, hat Professor Royce, der glücklicherweise noch zu den unsern zählt, einen Schlaganfall gehabt.« Diese Sätze wurden langsam, ernsthaft und gewichtig vorgebracht. Mit der Zeit bekam ich die Empfindung, ich müsse dagegen etwas tun. Als ich daher wieder einmal einem Professor vorgestellt wurde, rasselte ich selbst die ganze Rede im Blitztempo herunter. Doch dieses Verfahren erwies sich als nutzlos. »Jawohl, Herr Doktor«, gab mir nämlich der Professor zur Antwort, »wie Sie richtig bemerkten, hat unsere Fakultät in letzter Zeit...« und so weiter unerbittlich bis zum Schluß. Ich weiß nicht, ob das als typische Eigenschaft der Professoren oder der Amerikaner zu betrachten ist. Ich nehme jedoch einstweilen jenes an. Ich bemerkte übrigens noch ein anderes Charakteristikum der Harvardprofessoren: wenn ich bei einem von ihnen zum Essen eingeladen war, gab mir der Hausherr hinterher immer den Nachhauseweg genau an, wiewohl ich doch schon ohne solchen Beistand zu ihm hingefunden hatte. Die Harvardkultur hat ihre Grenzen. Der Professor für die Schönen Künste hielt Alfred Noyes für einen ausgezeichneten Dichter.

Andererseits machten mir die Studenten, zumal die, die ihre Examina bereits bestanden hatten, die sogenannten Post-Graduates, großen Eindruck. Die philosophische Fakultät Harvards war, bevor sie die drei obenerwähnten Verluste erlitten hatte, die beste der Welt gewesen. Ich war im Jahre 1896 in Harvard bei William James gewesen und hatte Royces Entschluß, Logik der Mathematik in den philosophischen Lehrplan aufzunehmen, bewundert. Santayana, der mit meinem Bruder sehr gut befreundet war, war mir seit 1893 bekannt; meine Bewunderung für ihn war ebenso groß wie die Meinungsverschiedenheit, die uns trennte. Die Tradition dieser Männer war noch sehr stark. Ralph Barton Perry tat sein Möglichstes, um ihren Platz auszufüllen, befeuert von der ganzen Wirkungskraft dessen, was »Der neue Realismus« genannt wurde. Er hatte Be-

rensons Schwester geheiratet. Bereits damals jedoch hatte er etwas vom Sittenpredigertum Neu-Englands an sich. Er traf einmal bei mir mit Rupert Brooke zusammen, von dem er noch nie gehört hatte. Rupert war gerade auf der Rückreise von den Südsee-Inseln und verbreitete sich ausführlich über den Verfall der Manneskraft in jenen Gegenden infolge des Aufhörens der Menschenfresserei. Professor Perry war peinlich berührt, denn Menschenfresserei ist doch eine Sünde? Ich bin überzeugt, Professor Perry stimmte mit ein in die Verherrlichung Ruperts, als dieser gefallen war, und ich bin ebenso überzeugt, er hatte keine Ahnung davon, daß der frivole junge Mann, den er bei mir getroffen hatte, mit dem goldlockigen Götterjüngling identisch war, der sein Leben fürs Vaterland geopfert hatte.
Die Studenten indes waren, wie gesagt, bewundernswert. Ich hatte ein Seminar von zwölf Doktoranden, die jede Woche einmal zum Tee zu mir kamen. Einer von ihnen war T. S. Eliot, der später ein Gedicht mit dem Titel *Dr. Appollinax* darüber verfaßte. Ich wußte nicht, daß er Lyriker war. Er hatte damals wohl bereits *A Portrait of a Lady* und *Prufrock* geschrieben; er schien es jedoch nicht für angebracht zu halten, das zu erwähnen. Er verhielt sich außerordentlich schweigsam; nur einmal machte er eine Bemerkung, die mir auffiel. Ich rühmte Heraklit, da äußerte Eliot: »Ja, er erinnert mich immer an Villon.« Ich fand diese Bemerkung so ausgezeichnet, daß ich stets wünschte, er gebe mehr dergleichen von sich. Ein anderer Schüler, dem mein Interesse galt, war ein Mann namens Demos, ein Grieche, dessen Vater von Missionaren bekehrt und evangelischer Pastor geworden war. Demos war in Kleinasien aufgewachsen und hatte es zum Bibliothekar an einer dortigen kleinen Bibliothek gebracht; doch als er sämtliche darin vorhandenen Bücher verschlungen hatte, fand er, daß Kleinasien ihm nichts mehr zu bieten hatte. Er sparte deshalb das Geld für die Reise im Zwischendeck nach Boston zusammen. Nach seiner Ankunft nahm er zuerst eine Stelle als Kellner in einem Restaurant an und immatrikulierte sich dann in Harvard. Er arbeitete angestrengt, erwies sich als beträchtlich begabt und wurde schließlich im natürlichen Verlauf der Dinge Professor. Sein

Verstand war nicht frei von den üblichen Beschränktheiten. So erklärte er mir im Jahre 1917, er durchschaue sehr wohl die Begründung der andern Kriegführenden für ihre Teilnahme am Krieg und erkenne klar, daß ihre Argumente reiner Schwindel seien. Griechenlands Fall liege indes ganz anders, da es sich hier um eine echte Frage der Moral handle.

Als das Trimester in Harvard zu Ende war, hielt ich Einzelvorlesungen an anderen Universitäten. Darunter war auch Ann Arbor, wo mir der Rektor alle neuen Gebäude zeigte, vornehmlich die Bibliothek, auf die er besonders stolz war. Es ergab sich tatsächlich, daß sie über die größte Kartothek der Welt verfügte und ihre Zentralheizung allerneusten Modells war. Während er mir all dies auseinandersetzte, standen wir in der Mitte eines großen Saales mit wunderbaren Arbeitspulten. »Liest denn jemand überhaupt die Bücher?« fragte ich. Er schien erstaunt, antwortete jedoch: »Aber gewiß, da drüben sitzt doch ein Mann und liest.« Wir gingen zu dem Mann hin, um festzustellen, was er las: es war ein Roman.

Von Ann Arbor fuhr ich nach Chicago, wo ich bei einem berühmten Gynäkologen und seiner Familie wohnte. Der Professor hatte ein Buch über Frauenkrankheiten geschrieben mit dem farbigen Uterus als Titelbild. Er verehrte mir ein Exemplar, dessen Besitz ich jedoch etwas heikel fand, so daß ich es schließlich einem befreundeten Mediziner schenkte. Theologisch war der Professor Freidenker, doch ethisch ein eisiger Puritaner. Er war offensichtlich ein Mann mit sehr heftigen geschlechtlichen Leidenschaften; sein Gesicht war wie verheert von angestrengter Selbstbeherrschung. Seine Frau war eine bezaubernde alte Dame, innerhalb ihrer Schranken eine gescheite Person, aber für die jüngere Generation eine Landplage. Sie hatten vier Töchter und einen Sohn, den ich niemals kennenlernte und der kurz nach dem Krieg starb. Eine der Töchter kam nach Oxford, um bei Gilbert Murray Griechisch zu studieren, in der Zeit, als ich in Bagley Wood wohnte. Sie überbrachte Alys und mir einen Einführungsbrief von ihrem Professor für englische Literatur in Bryn Mawr. In Oxford war ich nur einige Male mit ihr zusammen, fand sie aber so interessant, daß ich sie gern näher kennengelernt hätte. Als ich nun nach Chicago kam, lud sie mich schriftlich ein, in ihrem Elternhaus zu wohnen. Sie holte mich am Bahnhof ab, und ich verstand mich sofort besser mit ihr als mit irgendwem sonst in Amerika. Sie schrieb Gedichte, die ich recht gut fand; sie hatte auch einen bemerkenswerten und ungewöhnlichen Sinn für Literatur überhaupt. Unter ihres Vaters Dach verbrachte ich zwei Nächte, die eine davon mit ihr, während ihre drei Schwestern Wache standen, um uns zu warnen für den Fall, daß Mutter oder Vater in die Nähe kamen. Sie war ganz entzückend, nicht schön im landläufigen Sinn, doch leidenschaftlich, poetisch und eigenartig. In ihrer Jugend war sie einsam und unglücklich gewesen; ich habe ihr wohl gegeben, wessen sie bedurfte. Wir vereinbarten, daß sie so bald wie möglich nach England kommen solle, daß wir dort ganz offen miteinander leben und vielleicht später heiraten würden, wenn sich eine Scheidung ermöglichen lasse. Darauf kehrte ich sofort nach England zurück. Vom Schiff aus schrieb ich an Ottoline, was vorgefallen war. Dieser Brief kreuzte sich mit einem von ihr, worin sie den Wunsch ausdrückte, unsere Beziehungen sollten fortan platonisch bleiben. Mein Bericht und die Tatsache, daß ich in Amerika von meiner Zahnfleischeiterung geheilt worden war, ließen sie anderen Sinnes werden. Ottoline konnte immer noch, wenn es ihr darauf ankam, eine so zauberhafte Geliebte sein, daß eine Trennung von ihr eigentlich unmöglich schien; aber schon seit längerer Zeit war sie mit mir nur noch selten ganz auf der Höhe gewesen. Im Juni kam ich nach England zurück und fand sie in London vor. Wir nahmen die Gewohnheit an, jeden Dienstag nach Burnham Beeches zu fahren. Der letzte dieser Ausflüge fiel auf den Tag, an dem Österreich Serbien den Krieg erklärte. Ottoline war wieder ganz auf der Höhe. Inzwischen hatte das junge Mädchen von Chicago seinen Vater – der natürlich nicht im Bilde war – dazu gebracht, mit ihr nach Europa zu reisen. Am 3. August fuhren sie ab. Als sie ankam, vermochte ich an nichts anderes zu denken als an den Krieg, und da ich entschlossen war, öffentlich gegen ihn aufzutreten, so hatte ich keine Lust, meine Stellungnahme durch einen Privatskandal noch zu komplizieren, der allem, was ich vorbringen mochte, jede Wirkung nehmen mußte. Ich hielt es daher für untunlich, das, was wir geplant hatten, auszuführen. Sie blieb jedoch in England, und ich unterhielt sporadische Beziehungen mit ihr. Doch die Erschütterung durch den Krieg ertötete meine Leidenschaft für sie, und das brach ihr das Herz. Schließlich fiel sie einer seltenen Krankheit zum Opfer, in deren Gefolge sie erst gelähmt und dann geistesgestört wurde. In ihrem Wahnsinn verriet sie dem Vater alles, was sich zugetragen hatte. Zum letzten Mal sah ich sie im Jahre 1924. Damals war die Lähmung schon so fortgeschritten, daß sie nicht mehr gehen konnte; sie hatte aber gerade einen lichten Moment. Dennoch merkte ich, als ich mit ihr sprach, daß dunkle Wahnvorstellungen im Hintergrund lauerten. Seitdem soll sie keinen lichten Moment mehr gehabt haben. Bevor sie dem Irrsinn anheimfiel, hatte sie einen selten regen und bedeutenden Verstand und ein ungemein liebenswertes Wesen besessen. Wäre nicht der Krieg dazwischengekommen, so würde der Plan, den wir in Chicago geschmiedet hatten, uns beiden wohl großes Glück gebracht haben. Der Kummer über dieses tragische Geschehen erfüllt mich immer noch mit so schneidendem Weh, als ob es gestern gewesen wäre.

Briefe

15. Jan. 1911
Colonial Club
Cambridge, Mass.

Lieber Russell

Ein bißchen spät erst danke ich Dir für Deine *Philosophical Essays,* aber Du wirst bald einen untrüglichen Beweis dafür erhalten, welch großes Interesse ich daran nehme, da ich an einer ausführlichen Besprechung – in drei Aufsätzen – für das »Weißgetünchte Grab« – wie wir das *Journal of Philosophy* der Columbia-Universität nennen – schreibe. Du wirst nicht an-

nehmen, daß ich in jedem Punkt mit Dir übereinstimme, aber, was immer Du von meinen Gedankengängen halten magst, ich habe von Deinen und ebenso von denen Moores den Eindruck, daß sie zum Wiederaufbau der Philosophie einen willkommenen Beitrag bilden. Es ist ein starkes Band, wenn einem die gleichen Dinge zuwider sind, und Abneigung ist vielleicht ein tieferes Kennzeichen unserer wahren Natur als ausgesprochene Neigungen, da eben diese von Umständen bewirkt sein können, während Abneigung eine Reaktion dagegen ist.
Ich hatte gehofft, im Juni nach Cambridge gehen zu können, aber es ist nun so eingeteilt, daß ich statt dessen nach Kalifornien muß, wo ich noch nie gewesen bin. Ich freue mich darüber und bedaure es gleichzeitig, aber einmal im Leben muß man ja den Fernen Westen sehen, um so mehr, als ich die Hoffnung hege, meinen Blick bald entschlossen der entgegengesetzten Richtung zuzuwenden.

Herzlich der Deine
G. Santayana

(Juni 1911)
Newnham College
Cambridge

Lieber Bertie

Ich habe alles von Alys gehört. Ich kann mich nicht enthalten, Dir zu sagen, wie leid es mir tut, für Dich wie für sie – ich weiß, Du hast die Hölle durchgemacht – das kann man an Deinem Gesicht ablesen.
Darf ich Dir dies Eine sagen? Du warst für mich immer die Güte und Entsagung selbst – und ich werde immer an Dich denken – bis Du es mir untersagst – als den, der das Rechte und Schwere tut.

Stets die Deine
Jane E. Harrison

Diese Zeilen bedürfen keiner Antwort; verzeih, daß ich sie geschrieben habe. Du hast in den letzten Tagen zuviel durchgemacht, um jemanden zu besuchen, aber ich freue mich immer, wenn Du kommst.

Telegraph House
Chichester
6. Juni 1911

Mein lieber Bertie

Deine Mitteilung haben Mollie und ich mit großem Bedauern aufgenommen. Wie Du sagst, hatten wir eine Ahnung, aber eben nur eine Ahnung, daß die ursprüngliche tiefe Neigung eigentlich vorbei sei und ihr euch auf die Nerven ginget, wir hofften jedoch, daß sich daraus nichts so Endgültiges wie eine Trennung ergeben werde. Wohlerzogene Menschen können oft unter dem gleichen Dach miteinander auskommen, wenn sie sich damit abgefunden haben, daß sie nicht füreinander geschaffen sind, und ich hoffe, zu Eurer eigenen und Eurer Freunde Tröstung, daß dies noch immer der Fall sein kann. Aber natürlich könnt ihr das nur selbst beurteilen.
Einstweilen können wir nur den Verdruß bedauern, den jeder derartige Umbildungsprozeß und der Abbruch einer bisherigen Verbindung, die sich so vielversprechend anließ, mit sich bringen. Eine zerbrochene Ehe hat immer etwas Tragisches.

Der Deine herzlich
Russell

Trinity College
Cambridge
11. Juni 1911

Mein lieber Gilbert

Danke vielmals für Deinen lieben Brief. Der Entschluß[2] ist, wie Du weißt, kein plötzlicher oder überstürzter; und so schmerzlich die Gegenwart sein mag, so zweifle ich nicht daran, daß wir auf die Dauer *beide* glücklicher sein werden.

Es ist richtig, daß ich Dich weniger als früher sehen konnte; ich wollte, es wäre anders. Aber Beruf und Arbeit überwältigen einen immer mehr. Solange ich in Oxford wohnte, konnte ich die Arbeit nur abschütteln, wenn ich verreiste. Ich nehme an, das gehört zum Wesen des Mannesalters. Ich finde jedoch nicht, daß deshalb meine Gefühle abnehmen – nur die Außenseite leidet.
Bitte grüße Mary herzlich von mir.

Stets der Deine
Bertrand Russell

17. Juni 1911
I Tatti
Settignano (Florenz)

Mein lieber Bertie

Eben erhielt ich Dein Telegramm, das von Karins Erfolg im Schlußexamen berichtet, und ich kann nicht umhin, Dir meine Erkenntlichkeit auszudrücken für den überwiegenden Anteil, den Du an diesem Ergebnis gehabt hast. Ich bin Dir wirklich aufrichtig dankbar. Ich kann nur hoffen, daß sich ihr Gelegenheit zu weiterer Arbeit ähnlich reizvoller Art bietet, denn sie scheint Begabung dafür zu haben, und das dürfte »einen Mann aus ihr machen«, wenn ich mich so ausdrücken kann. Ich bitte Dich also, das Kind weiter im Auge zu behalten und es zu einer Arbeit anzuregen, die auszuführen Du für der Mühe wert hältst. Über den Entschluß, den Du und Alys gefaßt habt, möchte ich nichts sagen, außer daß ich Dich der herzlichsten Anteilnahme für das, was Du gewiß gelitten hast, sowie B. B.s und meiner unveränderten Freundschaft mit den besten Wünschen versichere.

Stets Dir zugetan
Mary Berenson

(Von Gilbert Murray über
Problems of Philosophy)

The Home University Library
14 Henrietta Street
Covent Garden, W. C.
10. August 1911

Die Herren Williams and Norgate[3] werden gerne den Wünschen des Herrn Russell, soweit irgend tunlich, entgegenkommen, finden es jedoch einigermaßen schwierig, seinen Standpunkt zu verstehen. Was zum Beispiel den Ohrwurm betrifft, so sind sie, falls Herr Russell sich durch den Verdacht der Anwesenheit eines solchen belästigt fühlt, bereit, einen Rattenfänger (der sich auch auf Ohrwürmer versteht) zu zwei Schilling die Stunde kommen zu lassen, um nach demselben zu fahnden und ihn dingfest zu machen, vorausgesetzt, daß die Gesamtspesen zehn Schillinge (10 sh.) nicht überschreiten. Falls das Tier gefangen wird, so gilt es als Eigentum des Herrn Russell, es soll jedoch seine Gefangennahme beziehungsweise das Mißlingen einer solchen keinesfalls dazu Anlaß bieten dürfen, Herrn Russell von seinem Vertrag mit den Herren W & N zu entbinden. Herrn Russells fernere Beschwerde, daß er mit dem Kaiser von China nicht persönlich bekannt ist, kann von den Herren W & N in keiner Weise als auf deren Versehen oder Nachlässigkeit zurückgehend erachtet werden. Herr R. hätte eine entsprechende Einführung bei demselben in den Vertrag aufnehmen lassen sollen, bevor er ihn unterschrieb. Was Herrn Russells Hinweis auf sein Frühstück sowie seine dauernd wiederkehrende Beunruhigung darüber angeht, er werde sich anläßlich der nächsten Mahlzeit eine Vergiftung zuziehen, so drücken die Herren W & N Herrn Russell ihre vollste Teilnahme an dieser peinlichen Sachlage aus, gestatten sich indes, darauf aufmerksam zu machen, daß Beschwerden in dieser Hinsicht nicht an sie, sondern an den Küchenchef von Trinity College zu richten wären. Inzwischen geben sie sich der Hoffnung hin, daß sie sich keiner Überschreitung ihrer Pflicht schuldig machen, wenn sie Herrn Russell mit seinen eigenen Worten ermahnen, ein Philosoph solle seinen Geist nicht dauernd auf dergleichen Dinge konzentrieren. Sie möchten ferner anmerken, daß ihr Herr Chefredakteur sehr erfreut ist über Herrn Russells freimütiges Zugeständnis, daß auch ein glatzköpfiger Mann trotzalledem noch immer ein Mann ist, während andererseits sein nächster Satz beim Redaktionsstab eine leichte Verstimmung ausgelöst hat. Alle drei Redakteure sind durchaus ansehnliche Mannesgestalten; zumindest läßt sich keiner von ihnen als auffallend »häßlich« bezeichnen. Vielleicht bezog sich die Bemerkung des Herrn Russell auf Herrn Hilfsredakteur Perris? Falls dem so sein sollte, so verstehen wir nicht recht, wer mit dem Dichter gemeint ist. Wir möchten uns im übrigen vorzuschlagen gestatten, alle diese persönlichen Anzüglichkeiten zu unterlassen. Wenn man auch einmal einem einzelnen Herrn damit schmeichelt, so kränkt man beinahe stets die anderen Herren.

The Mischief Inn
Madingley Road
26. VIII. 11

Lieber Russell

Ich sende Dir hiermit alle noch auffindbaren Notizen, die ich von Frege gelegentlich meines Berichts über sein Buch erhalten habe.

Von Deiner Übertragung des Gesetzes betreffend der Schwester der verstorbenen Ehefrau ins Symbolische hat mir Hardy erzählt. Würdest Du sie mir, wenn Du die Zeit dazu findest, zusenden, damit ich sie in die »Philosophie des Herrn B ... R ...« aufnehmen kann[4]. Hardy erzählte mir auch von Deinem Gottesbeweis mittels eines unendlichen Wirrsals falscher Behauptungen[5]. Könnte ich den auch haben?

Stets der Deine
Philip Jourdain

Georg Cantor, von dem im folgenden Brief die Rede ist, war meiner Meinung nach eine der bedeutendsten Intelligenzen des

19. Jahrhunderts. Die Kontroverse mit Poincaré, die er erwähnt, ist noch immer im Gang (1949), obschon die ursprünglichen Protagonisten längst tot sind. Es wird niemanden nach der Lektüre dieses Briefes überraschen, daß er einen großen Teil seines Lebens in einer Irrenanstalt zubrachte; seine lichten Momente jedoch waren der Schaffung der Theorie der unbestimmten Zahlen gewidmet.
Er schenkte mir einmal ein Buch über die Bacon-Shakespeare-Frage und schrieb auf den Deckel »Ich merke, Ihr Motto ist Kant oder Cantor«, und dann beschrieb er Kant als »jenen sophistischen Philister, der so wenig von Mathematik verstand«. Leider machte ich seine persönliche Bekanntschaft nie.

75 Victoria Street S. W.
16. 9. 11

Lieber Mr. Russell

Zufällig traf ich heute Professor Georg Cantor, Professor der Mathematik an der Universität Halle; sein vornehmlichster Wunsch während seines Aufenthalts in England ist, Sie kennenzulernen und mit Ihnen über Ihre Bücher zu sprechen. Er war außer sich vor Freude, als er bei einem Gespräch über Cambridge vernahm, daß ich Sie ein wenig kenne – Sie müssen verzeihen, daß ich mich der Bekanntschaft mit einem englischen »Mathematiker« [deutsch im englischen Text] rühmte; ich mußte ihm versprechen, festzustellen, ob er Sie aufsuchen dürfe. Und zwar schlägt er vor, am Dienstag Cambridge und am Donnerstag Oxford zu besuchen; einstweilen wohnt er für eine Woche 62 Nevern Square, South Kensington.
Es war eine große Freude, seine Bekanntschaft zu machen; doch wenn Sie so freundlich sind, ihn zu empfangen, so werden Sie Verständnis haben dafür, daß die fast vierstündige Unterhaltung mich vollkommen erschöpfte. Brüllend wie ein Nebelhorn dozierte er über Mathematik – dies mir! – und die Bacon-Theorie[6].
Würden Sie ihm oder mir eine Zeile schreiben nach: Woodgate,

Danehill, Sussex. Er ist »Geheimrath« usw. Ich könnte Ihnen seine ganze Familiengeschichte erzählen.

Aufrichtig und mit vielen
Entschuldigungen Ihre
Margery I. Corbett Ashby

The Hon. Bertrand Russell
Trinity College, Cambridge

19. Sept. 1911
62, Nevern Square
South Kensington
London

Sir und lieber Kollege!

Von Mrs. Margaret Corbett Ashby habe ich Ihnen beifolgenden Brief zu überreichen. Ich bin zur Zeit mit meiner Tochter Mary hier, wahrscheinlich bis Sonntag den 24. Sept., an welchem Tag ich wohl nach Paris, auch für ungefähr eine Woche, oder nach Hause fahren werde. Es würde mir große Freude machen, wenn Sie uns nach Paris begleiten könnten. Dort könnten wir vielleicht gemeinsam Monsieur Poincaré aufsuchen, was ein schönes lustiges »Trio« abgeben würde.

Was mich betrifft, so wissen Sie vielleicht, daß ich ein großer Ketzer bin hinsichtlich vieler wissenschaftlicher, aber auch vieler literarischer Dinge, um nur zwei davon hervorzuheben: in der Bacon-Shakespeare-Frage bin ich Baconianer und bin ein *abgesagter Gegner des alten Kant,* der in meinen Augen viel Schaden und Unheil für die Philosophie, ja sogar für die Menschheit gestiftet hat, wie Sie leicht ersehen aus der schweren Fehlentwicklung der Metaphysik in Deutschland bei allen seinen Nachfolgern, wie Fichte, Schelling, Hegel, Herbart, Schopenhauer, Hartmann, Nietzsche usw. usw. bis auf den heutigen Tag. Ich konnte nie verstehen, daß und warum so vernünftige und veredelte Völker wie die Italiener, Engländer, Franzosen *jenem sophistischen Philister, der ein so schlechter Mathematiker* war, folgen konnten.

Und just in diese abscheuliche Mumie, wie Kant ist, hat sich

Monsieur Poincaré gänzlich vergafft, wenn er nicht gar von ihm verhext ist. Ich verstehe also sehr gut die Opposition von Mons. Poincaré, durch die ich mich geehrt fühle, obschon ich überzeugt bin, daß er niemals im Sinn gehabt hatte, mich zu ehren. Wenn er etwa erwartet, daß ich ihm antworte, um mich zu verteidigen, dann befindet er sich bestimmt in einem großen Irrtum.
Ich glaube, er ist etwa zehn Jahre jünger als ich, ich habe jedoch in allen Dingen abwarten gelernt und so sehe ich jetzt klar voraus, daß bei diesem Streit *ich nicht der Unterliegende sein werde*.
Ich lasse ihn nach seinem Belieben handeln.
Ich fühle mich jedoch nicht gezwungen, selbst in den Kampf einzutreten; es werden sich andere Leute hineinstürzen und mir wird erlaubt sein, mich mit größeren und wichtigeren Dingen zu befassen. Was die kleinen Meinungsverschiedenheiten zwischen Ihnen und mir angeht, so bin ich sicher, daß sie nach einer mündlichen Aussprache alsbald verschwinden werden.
Ich beabsichtige heute Major Macmahon einen Besuch abzustatten.
Ich hoffe, Sie in diesen Tagen in Cambridge oder in London zu sehen, und bin somit, Sir,

Ihr sehr ergebener Georg Cantor

Von Donnerstag zu Freitag müssen wir einer Einladung von Mrs. Constance Pott, einer alten Freundin und Korrespondentin von mir aus London, Folge leisten, die jetzt in Folkestone, 15 Clifton Crescent wohnt.
Was Kant und seine Nachfolger angeht, so kenne ich und werde ich Ihnen die wirkliche Ursache aufweisen, weshalb sie auf so *schein*-festem Boden des Erfolgs, der Ehre, Verehrung und Vergötzung stehen. Diese *Ursache* ist, daß der deutsche Protestantismus bei seiner Entwicklung zum »Liberalismus« selbst eines *Fundaments bedarf*, um sein *Schein*-Christentum darauf aufzubauen, und so wird Kant oder einer seiner Nachfolger von den protestantischen Theologen der verschiedenen Schulen dazu ausersehen, ihr *Atlas* zu sein. Eine Hand wäscht die an-

dere, einer hängt vom andern ab und *einer muß mit dem andern fallen!*
Ich habe Monsieur Poincaré nie etwas zuleide getan; au contraire, je l'honorais fortement dans mes *Grundlagen einer allgemeinen M.lehre.*

The Hon. Bertrand Russell
Trinity College, Cambridge

London
19. Sept. 1911

Dear Sir

Mein erster Brief war gerade fertiggeschrieben, als ich Ihre Depesche erhielt. Wenn ich frei und nicht abhängig wäre vom freien Willen zweier junger deutscher Damen, meiner Tochter Mary und meiner Nichte Fräulein Alice Guttmann aus Berlin, dann käme ich noch am *heutigen* Tage zu Ihnen nach Ipsden Wallingford. So aber kann ich vermutlich überhaupt nicht zu Ihnen kommen.

Der Ihre ergebenst
Georg Cantor

Als dieser zweite Brief grade beendet war, erhalte ich von meiner lieben Frau daheim folgende Depesche:
»Erich erkrankt – sofort Halle kommen« [deutsch im englischen Text]. Sie sehen, dear Sir, das Schicksal spielt mir Streiche. Die beiden jungen Damen, von denen ich sprach, sind gerade ausgegangen, um Westminster anzusehen.
Es ist mein *einziger* Sohn Erich, *ganz gesund,* als ich abfuhr; er ist der Arzt einer Abteilung eines großen Hospitals für Geistesgestörte in Bunzlau (Schlesien). Er ist 32 Jahre alt.
Er ist seit einem Vierteljahr verheiratet; wir waren auf seiner Hochzeit mit einem sehr liebenswerten guten und gescheiten Mädchen, der Tochter eines Gerbers in der sächsischen Kleinstadt Nossen im Königreich Sachsen.
Meine Adresse in Halle a. d. Saale ist Händelstr. 13. Wir fahren

noch heute abend ab. Ich hoffe, in der letzten Hälfte des August 1912 zum Internationalen Kongreß hier zu sein.
Ich war auch gerade im Begriff, eine kurze Schilderung meiner Reise nach und meines Aufenthalts in Saint Andrews zu schreiben, die ich dem Herausgeber der *Review of Reviews* anzubieten gedachte.
Zu Major Macmahon konnte ich nicht gehen, wie ich die Absicht hatte; Sie ersehen das aus meinem ersten Brief.
Mit großem Vergnügen habe ich in Saint Andrews meinen sehr guten Freund Mr. Hobson von Cambridge gesprochen, der im Begriff war, nach Mailand abzureisen zu einem Kongreß von Mr. Felix Klein, dem General-Feldmarschall aller deutschen Mathematiker. Weder mein Vater noch meine Mutter war aus deutschem Blut, der erste war Däne, geboren in Kopenhagen, meine Mutter von österreich-ungarischer Abkunft. Sie müssen wissen, Sir, ich bin kein *regular just Germain,* denn ich bin am 3. März 1845 in Saint Peterborough, der Hauptstadt Rußlands, geboren, aber ich kam mit meinem Vater und Mutter und Brüdern und Schwester, elf Jahre alt, im Jahre 1856 nach Deutschland, zuerst wohnhaft in Wiesbaden, dann in Frankfort a/Main, dann in Darmstadt, vier Jahre, dann in Zürich, Berlin und Göttingen, und kam dann als »Privatdozent« Ostern des Jahres 1869 nach Halle a. d. Saale, wo ich nun seit *zweiundvierzig* Jahren und länger lebe.

Dear Sir

Das letzte Wort meines Briefes ist *ein gutes,* eben erhalte ich von meiner Frau ein zweites Telegramm: »Erich besser.« Aber Sie verstehen, daß wir noch heute heimreisen müssen[7].

41 Grosvenor Road
Westminster Embankment
11. Oktober (1912)

Mein lieber Bertrand

Ich bedaure sehr, daß ich Dich nicht sprechen konnte, als Du

kürzlich herkamst, und ich glaube, ich darf Deinen Besuch nicht mit Stillschweigen übergehen.
Jetzt sei mir nicht böse, wenn ich Dich bitte, Dich in unsere Lage zu versetzen. Angenommen Du und Alys lebten durchaus glücklich und zufrieden in vollkommener Kameradschaft und Du wärst gewahr geworden, daß Sidney mich verstoßen hätte und ich »lebte in einem Zustand dumpfer Verzweiflung«. Würdet ihr beide dann nicht gegen Sidney verstimmt sein?
Ich weiß nichts über die Gründe Eurer Entfremdung – ich weiß nur, daß Alys wünscht, daß wir Freunde bleiben. Das ist auch mein natürliches Gefühl. Ich habe immer Deine sehr große Intelligenz bewundert, und wiewohl ich hin und wieder Zweifel hegte, an der Stärke Deines Charakters, so habe ich doch stets seinen besonderen Charme empfunden.
Glaube also nicht, daß ich Dir meine Freundschaft entzogen habe; und wenn ich, wann immer es auch sei, etwas für Dich tun kann, mit oder ohne Dein *Vorwissen,* so benachrichtige mich und suche mich auf. Und da ich nun ganz offen ausgedrückt habe, was ich auf dem Herzen hatte, besuche uns, wenn Dir der Sinn danach steht, und unterhalte Dich mit uns über das, was in der Welt vorgeht, ohne auf Deine und Alys' Nöte zu sprechen zu kommen.
Wir verlebten herrliche Wochen im Fernen Osten und Indien – sowohl in Japan wie bei den Hindus in Indien gibt es wundervolle neue Anschauungen über Sinn und Zweck und das Schicksal des Menschen. China vermochten wir nicht zu schätzen und machten uns auch nichts aus dem mohammedanischen Indien.
Jetzt stecken wir wieder ganz und gar in den britischen Fragen, aber die Erinnerung an unsere Reisen sind uns eine ständige Erquickung. Warum machst Du nicht auch einmal lange Ferien, damit Du auf ganz andere Gedanken kommst?

Stets Deine Freundin
Beatrice Webb

37 Alfred Place W
South Kensington, S. W.
13. Oktober 1912

Lieber Mr. Russell

Danke für Ihren liebenswürdigen Brief. Ich werde Dr. Seal bitten, Sie in Cambridge zu besuchen, so daß Sie Gelegenheit haben, ihn kennenzulernen.
Ich las Ihren Aufsatz über das »Wesen der Religion« in der letzten Nummer des *Hibbert Journal* mit sehr großem Interesse. Er erinnerte mich an einen Vers in den Upanischaden, der folgendermaßen lautet:
»Yato veiche nivartante aprapya manasa saha
Anandam Brahmano Vidvan na vibheti Kutushchama«
»Von ihm kommen Worte wie Gemüt verstört zurück. Doch der, der die Verzückung des Brahman (des Unendlichen) kennt, ist frei von aller Furcht.«
Durch Wissen kann man ihn nicht erfassen; doch wenn man das Leben des Unendlichen lebt und nicht gefesselt ist innerhalb der Grenzen des endlichen Ich, erlebt man die große Verzükkung, die über alle Freuden und Leiden unseres selbstsüchtigen Lebens geht, und dann ist man frei von Furcht.
Diese Entzückung selbst ist der eigentliche Inbegriff des Brahman. Es ist kein von einer höheren Macht uns auferlegter Glaube, sondern eine Verwirklichung des Unendlichen, die wir nur erreichen können, indem wir die Fesseln des engen Ich zerbrechen und unsern Willen und unsere Liebe in Freiheit setzen.

Der Ihre ergebenst
Rabindranath Tagore

Trinity College
13. Februar 1913

Mein lieber Goldie

Es war sehr nett, Deine Handschrift zu sehen, und die Teile Deines Briefes, die ich entziffern konnte, haben mich sehr interessiert! (Übrigens war es schließlich doch nur wenig, was ich

nicht herausbekam.) Interessant, daß Dir Indien *allzu* religiös ist. Religion und täglich Brot – Aberglauben und Bauch – das klingt nicht verlockend. Ich nehme an, Du wirst China weit interessanter finden – kultiviertere, feinere Werte kennend – zumindest wenn Du mit gebildeten Leuten in Berührung kommst. Viel Neues kann ich nicht berichten. Ich nehme an, Du hast erfahren, daß die Konservativen die Lebensmittelsteuern fallengelassen haben und gegen Schutzzölle überhaupt vorgehen; auch daß die Deutschen einverstanden sind mit dem Verhältnis der beiden Flotten von 16 : 10, so daß es im öffentlichen Leben recht erfreulich aussieht. Hier in Cambridge geht alles seinen gewohnten Gang. Es wird wieder gegen »Little-Go-Greek« agitiert, und alle sagen, was sie schon immer gesagt haben. All das scheint ziemlich abseits von den wirklich wichtigen Dingen. Mein Freund Wittgenstein wurde in die »Gesellschaft« gewählt, hielt das Ganze aber für Zeitverschwendung, wurde so zum Nachahmer von henry john roby und mit dem Bannfluch belegt[8]. Meines Erachtens hat er ganz recht getan, obschon ich versucht habe, es ihm auszureden. Er ist bei weitem der apostolischste und talentierteste Mensch, der mir seit Moore untergekommen ist.
An meinem Diskurs habe ich nicht mehr gearbeitet. Den ganzen letzten Sommer über versuchte ich vergeblich wieder die Stimmung aufzubringen, in der ich ihn geschrieben hatte, aber da der Winter in England für derlei ohnehin hoffnungslos ist, habe ich ihn einstweilen aufgegeben und dafür an der Philosophie der Materie weiter gearbeitet, in der ich etwas zu erkennen glaube wie die Einleitung zu Bedeutenderem. Die ganze Frage unserer Erkenntnis der Außenwelt steht damit in Zusammenhang. Im nächsten Frühjahr muß ich drei Monate in Harvard lesen. Ich bezweifle, ob an den Leuten dort viel dran ist, aber es wird interessant sein. Santayana hat ein neues Buch herausgebracht, *Winds of Doctrine,* größtenteils über Bergson und mich. Ich habe es bisher nur überflogen; es besitzt die üblichen Qualitäten des Autors. Karin las kürzlich in der »Aristotelian Society« ein Referat zum Lob Bergsons. Moore und ich widersprachen ihr mit verständlicher Heftigkeit; sie legte jedoch un-

erschrockenen Mut an den Tag. – Frank Darwin wird Mrs. Maitland heiraten, was Du wohl schon gehört hast. So – da hast Du alle Neuigkeiten, auf die ich mich besinnen kann – alle wirken sonderbar belanglos. Wir hier in Cambridge halten einander alle auf dem Trab auf Grund der von niemand bestrittenen Annahme, daß das, was wir tun, von Bedeutung sei; aber manchmal frage ich mich, ob dem wirklich so ist. Was ist eigentlich von Bedeutung, möchte ich wissen? Scott und seine Gefährten, die im Schneesturm sterben, scheinen mir gegen Zweifel gefeit – seinem Bericht darüber eignet eine wahrhaft schlichte Größe. Der Verstand aber, wenn er sich nicht gerade in Weißglut befindet, ist sehr geneigt, ins Bedeutungslose zu verfallen.

Mir ist, als ob man erst auf dem Sterbebett entdecke, wofür man eigentlich hätte leben sollen, und man erst zu spät einsähe, daß man sein Leben vergeudet hat. Jedes von Leidenschaft erfüllte, tapfere Leben scheint gut an sich, dennoch hat man die Empfindung, es sei ein Element der Selbsttäuschung darin enthalten, wenn man so viel Leidenschaft an jedes menschlich erreichbare Ziel wendet. Und so schleicht sich die Ironie bis in die letzten Quellen unseres Lebens. Hast Du im Orient das Große Geheimnis des Lebens gefunden? Ich bezweifle das. Es gibt gar keines – es gibt nicht einmal ein Rätsel. Es gibt Wissenschaft, nüchternes Tageslicht und das Geschäft des Tages – alles andere sind nur Hirngespinste im Dämmerlicht. Und doch weiß ich, daß ich anders denken werde, wenn erst der Sommer da ist. Ich wollte, ich wäre bei Dir oder Du wärst bei mir. Herzliche Grüße an Bob [Robert Trevelyan].

Stets der Deine
B. Russell

The Doves Press
April 1913

Mein lieber Bertie

Endlich, endlich sind die Miltons gebunden, und ich schicke sie

an Deine Adresse in Trinity. Es ist gerade ein halbes Jahrhundert her, daß ich in Trinity war und im gleichen Jahr just vor ebenso langer Zeit lernte ich Deine Mutter, damals Kate Stanley, kennen. Ich bedauere darum nicht, daß ich es so lange aufgeschoben habe, mein kleines Geschenk eben in diesem Jahr des Heils zu machen.
Noch eine kleine Weile, und es wird damit aus sein, und ich werde keine Bücher mehr drucken – habe ich Dir schon meinen Schwanengesang zugehen lassen? Ich weiß nicht mehr. Aber bevor ich Schluß mache, werde ich noch die Briefe zur Feier der Wiederkehr ihres Entstehungsjahres, 1914, drucken lassen, was ein angemessenes Ende sein wird.
Laß von Dir hören und Dich sehen, sobald Du wieder in die Stadt kommst.

Stets liebevoll der Deine
T. J. Cobden-Sanderson

Hon. B. A. W. Russell
Trinity College
Cambridge, Engl.

29 Sparks Street
Cambridge, Mass.
15. Juni 1913

Hochgeschätzter Kollege

Mein Sohn, Norbert Wiener, wird in dieser Woche an der Harvard-Universität den philosophischen Doktorgrad erwerben, und zwar mit der Dissertation *A comparative Study of the Algebra of Relatives of Schroeder and that of Whitehead and Russell.* Er hatte angenommen, daß er das nächste Jahr hier sein und den Vorzug haben werde, im zweiten Semester bei Ihnen zu hören; er hat jedoch ein Reisestipendium erhalten und ist daher verpflichtet, das ganze Jahr in Europa zuzubringen, und hat nun den Wunsch, daraus Vorteil zu ziehen, indem er in der ersten Hälfte des akademischen Jahres bei Ihnen in Trinity studieren würde. Er hatte die Absicht, Ihnen selbst darüber zu schreiben, doch seine große Jugend – er ist erst achtzehn – und die davon herrührende Unerfahrenheit hinsichtlich dessen, was für ihn bei seinem Aufenthalt in Europa wesentlich wäre, hat mich veranlaßt, ihm dies abzunehmen und an seiner Stelle Ihren Rat zu erbitten.

Norbert hat im Alter von vierzehn Jahren sein Bakkalaureat gemacht, und zwar nicht infolge vorzeitiger Entwicklung oder ungewöhnlicher Frühreife, sondern hauptsächlich infolge sorgfältiger Heimausbildung, die ich, frei von jeder unnützen Kraftvergeudung, all meinen Kindern angedeihen lasse. Er ist körperlich kräftig (wiegt 170 englische Pfund), sittlich wie geistig in vollkommenem Gleichgewicht und weist keinerlei Züge auf, die sonst allgemein mit Frühreife einhergehen. Ich erwähne dies hier, damit Sie nicht vermuten, Sie würden es mit einem Wunderkind oder einer Mißgeburt zu tun bekommen statt mit einem normalen Studenten, dessen Kräfte in keiner Weise fehlgeleitet worden sind. Neben einer umfangreichen, freizügigen klassischen Bildung, die Griechisch, Latein und moderne Sprachen umfaßt, hat er eine gründliche Unterweisung in den Naturwissenschaften genossen und hat auf dem Gebiet der Mathematik Differential- und Infinitesimalrechnung, Differentialgleichungen, Galois Theorie der Gleichungen sowie moderne Algebra (bei Professor Huntington) studiert. Philosophie hat er bei den Professoren Royce, Perry, Palmer, Münsterberg, Schmidt, Holt usw. an der Harvard- und der Cornell-Universität gehört[9]. Seinen ein- bis zweijährigen Aufenthalt in Europa möchte er vor allem dazu verwenden, sich in der modernen Logik, für die er eine ausgesprochene Vorliebe hat, weiterzubilden bei den Gelehrten, die in dieser Richtung Hervorragendes geleistet haben.

Wäre es möglich, daß er, wenn er im September oder Anfang Oktober nach Cambridge kommt, bei Ihnen oder unter Ihrer Anleitung studiert? Was müßte er tun, um diesen Vorzug genießen zu können? Vor mir liegt gerade *The Student's Handbook to Cambridge for 1908,* ich bin jedoch nicht imstande, daraus festzustellen, ob dort für vorgeschrittene Studenten die Möglichkeit besteht, solchen speziellen Unterricht oder Rat zu

erhalten. Ich vermag auch nichts darüber herauszufinden, wie es mit den dortigen Wohnverhältnissen steht, ob er sich im Trinity College immatrikulieren lassen müßte oder in der Stadt Zimmer mieten könnte. Dies ist ein wichtiger Punkt für ihn, da er darauf bedacht sein muß, mit seinem eher kleinen Stipendium auszukommen. Für jede Auskunft dieser Art, die sein erstes Auftreten in einer ihm ja recht fremden Umgebung erleichtern würde, wäre ich Ihnen äußerst verpflichtet.
Es wird mir eine große Freude sein, Ihnen für jeden Ihrer freundlichen Dienste, die Sie meinem Sohn zu erzeigen in der Lage wären, persönlich zu danken, wenn Sie nächstes Jahr in unser amerikanisches Cambridge kommen, um in der philosophischen Fakultät Vorlesungen zu halten.

Ergebenst der Ihre
Leo Wiener
Professor für Slawische Sprachen und Literatur an der Harvard-Universität

Capel House
Orlestone, Nr. Ashford, Kent
4. Sept. 1913

Sehr geehrter Herr

Wozu ein Fahrrad in dieses windige, ungewisse Wetter hinausbringen? Die richtige Lösung ist, ein Billett zu nehmen (zum 11-Uhr-Zug vormittags ab Charing Cross, nehme ich an), nach Hamstreet (*umsteigen* in Ashford nach einigen Minuten Aufenthalt), wo mein Junge Sie mit unserm alten Puff-Puff abholen und Sie vor halb zwei an meiner Haustür absetzen wird. Von Ashford geht dann um 5 Uhr 48 ein anständiger Zug nach London ab, der ein paar Minuten nach sieben dort eintrifft. Ob ich über etwas verfüge, was Sie für die Mühsal der Reise entschädigt, weiß ich nicht. Gewiß ist nur, daß Sie mir mit Ihrem Kommen die allergrößte Freude bereiten. Betrachten Sie also diesen Ausflug als unter die Rubrik »Gute Werke« fallend. Ich möchte Mittwoch vorschlagen, da, soweit ich weiß, bisher kein Parlamentsbeschluß vorliegt, an diesem Wochentag – unserm neumodischen weltlichen Sonntag – den Zugverkehr einzustellen.

Ergebenst der Ihre
Joseph Conrad

Capel House
Orlestone, Nr. Ashford
13. Sept. 1913

Mein lieber Russell

Ihr Brief hat mich sehr getröstet. Mir scheint, ich habe die ganze Zeit blöd egoistisch dahergeredet. Doch irgendwo weit hinten in meinem Gehirn saß die Überzeugung, Sie würden meine ungewöhnliche Redseligkeit begreifen. In der Regel weiß ich nie, was ich den Leuten sagen soll. Doch Ihre persönliche Art lockte mich aus mir heraus. Mein Instinkt sagte mir, ich würde nicht mißdeutet werden.
Lassen Sie mich Ihnen aufs Herzlichste danken für das Vergnügen Ihres Besuchs und den Brief, den Sie zu schreiben die Freundlichkeit hatten.

Aufrichtig der Ihre
Joseph Conrad

Capel House
Orlestone, Nr. Ashford
22. Dez. 1913

Mein lieber Russell

Nur ein Wort der herzlichsten guten Wünsche von uns allen. Ich bin froh, daß ich das kleine Buch las, bevor ich zu Ihren Essays kam. Wenn ich beim Lesen des ersten mich mit Entzücken Schritt für Schritt auf festestem Grund zu bewegen meinte, so gab mir das andere die Empfindung einer weit sich hinbreitenden Aussicht bei klarster, reinster Atmosphäre. Ihre bedeutungsvollen, so bedeutungsvoll zusammengefügten Worte schienen eine neue Fähigkeit in mir zu wecken. Ein wundervolles Erlebnis, für das man nicht einmal seinen Dank ausdrücken kann – man kann es nur stumm hinnehmen wie ein Geschenk der Götter. Sie haben die unfertigen Gedanken eines ganzen Lebens zur Ordnung gefügt und jenen dunklen »mouvements d'âme« eine Richtung gegeben, die, der Führung bar, nur Verwirrung in die verdrießlichen Erdentage des Menschen bringen. Auf die wunderbaren Seiten über die Andacht des freien Mannes gibt es nur eine einzige Reaktion: eine von tiefer Bewunderung erfüllten Zuneigung, die, wenn Sie mich auch nie wiedersehen könnten und mein Dasein morgen vergessen würden, Ihnen doch unwandelbar bliebe *usque ad finem.*

Stets der Ihre
J. Conrad

P. S. – Gestern und heute habe ich in Ihren Büchern gelesen und habe dabei ein Entzücken so mannigfaltiger Art empfangen (ich spreche nüchtern), daß ich heute nicht weiterzuschreiben vermag.

3 Claremont Crescent
Weston-super-Mare
31. Jan. 1914

Lieber Mr. Russell

Vielen Dank für Ihren Brief, der mich hier erreichte, wo ich hoffentlich eine kurze Zeit der Krankheit und Arbeitsunfähigkeit überstehen kann. Ich brauche Ihnen gewiß nicht zu sagen, daß meine Äußerungen der Bewunderung für Ihr Werk nicht bloß Worte waren. Ihrer Ansicht über einige Punkte beizupflichten (zumindest wie ich sie verstehe), vermag ich nicht, aber ich hege nicht die geringsten Zweifel über deren großen Wert. Und ich bin von der Hoffnung und Erwartung erfüllt, daß Sie weiterhin immer bessere Leistungen vollbringen werden, wenn ich auch befürchte, daß ich nicht hoffen darf, noch lange gedankliche Arbeiten würdigen und genießen zu können.

Ich verstehe wohl, was Sie über die Methode Ihres Philosophierens sagen. Ich nehme an, sie ist die richtige und ihre Versprechungen sind keine Täuschungen, obschon sie sich vielleicht nicht buchstäblich einhalten lassen. Es steckt wohl im Ganzen der Dinge etwas, dessen Fehlen man zu spüren meint, wenn man die früheren Lehren ins Auge faßt und (wie es anderwärts geschieht) empfindet, man wisse, was man braucht, und das, was man braucht, sei da – wenn man es bloß finden könne. Ich für meinen Teil glaube, daß man es mehr oder weniger findet. Und doch muß ich noch glauben, daß man niemals das Ganze mit allen seinen Aspekten findet oder finden kann, und daß es letzten Endes niemals einen Philosophen geben wird, der nicht schließlich seine Wahrheit erlangt hätte, außer durch Parteilichkeit und Einseitigkeit – und daß dies der einzig richtige Weg ist. Das ist freilich nur Glaubenssache, und ich könnte keinen Beweis dafür antreten.
Ich bin überzeugt, daß ich in meinem Werk, wie es nun einmal ist, die Parteilichkeit – wenn nichts anderes – veranschaulicht habe. Ich fürchte, ich schreibe stets zu selbstsicher, – vielleicht weil ich sonst überhaupt nicht schreiben würde. Ich sehe jedoch nicht ein, daß man damit viel Schaden anrichtet oder Gefahr läuft, sich jemandem aufzudrängen, dessen Urteil von Wert ist. Wenn ich Ihnen durch meine Einwände irgendwie genützt haben sollte, so würde ich mich mehr oder minder gerechtfertigt fühlen, sie vorgebracht zu haben – selbst wo sie ganz irrig sind – und es wird mir stets eine sehr große Genugtuung bleiben, Ihre gute Meinung über mein Werk erlangt zu haben.
Ich darf vielleicht hinzufügen, daß ich den Eindruck habe, immer mehr dazu zu neigen, im Unerkannten und Unerkennbaren Zuflucht zu suchen – und zwar auf einem Weg, den ich als den richtigen verfechte, der jedoch noch immer nicht der ist, der mir ganz zusagt.
Indem ich Ihnen allerbesten Erfolg für Ihr Werk wünsche und die Hoffnung auszudrücken wage, daß Sie sich nicht hetzen lassen werden,

bin ich freundschaftlich der Ihre
F. H. Bradley

Der Abdruck der Briefe von Joseph Conrad erfolgt mit Erlaubnis von J. M. Dent Ltd. und den Treuhändern der Joseph Conrad Nachlaßverwaltung.

1 Alys starb am 21. Januar 1951.
2 Alys zu verlassen.
3 Die Verleger der Home University Library, zu deren Redaktionsstab Gilbert Murray gehörte.
4 Ein humoristisches Résumé meiner Gespräche mit Jourdain.
5 Leider habe ich den Beweis ganz vergessen, habe nicht einmal eine diesbezügliche Notiz mehr, so daß diese immerhin nicht unwichtige Sache im Dunkeln bleiben muß.
6 Nach der Bacon der Verfasser von Shakespeares Werken und Christus der natürliche Sohn von Joseph von Arimathia gewesen sein soll.
7 Die vorstehenden Briefe des deutschen Gelehrten sind in einem rührend unbeholfenen, fehlerhaften und manchmal kaum verständlichen Englisch abgefaßt, das für den britischen und amerikanischen Leser wohl erheiternd, dessen genaue Nachahmung für den deutschen Leser jedoch nur verwirrend sein dürfte. Der Wortlaut wurde daher unter möglichst genauer Wiedergabe des Sinnes sowie Andeutung gewisser charakteristischer sprachlicher Entgleisungen berichtigt. (Anm. d. Übers.)
8 Henry John Roby war zum Mitglied der »Gesellschaft« gewählt worden, schrieb jedoch, er habe zu viel zu tun, um an den Versammlungen teilzunehmen, wurde daher in aller Form mit dem Bannfluch belegt, sein Name hinfort ohne große Buchstaben geschrieben, und die Bannbulle wurde von da ab jeweils bei Aufnahme eines neuen Mitglieds feierlich verlesen.
9 Trotzdem ist etwas aus ihm geworden.

Versuch über Bertrand Russell

Vor seinen ausgewachsenen Memoiren, deren erster Teil nun erscheint, hatten wir von Bertrand Russell schon zahlreiche autobiographische Essays. Am reizendsten ist mir immer ein Nachruf erschienen, den er 1937 über sich selber verfaßte, und zwar für das Jahr 1962; nicht als er selber, versteht sich, sondern ein Nekrologist der TIMES von London. Wahres oder halbwegs Richtiges, auch onkelhaft herablassendes Lob, wird hier mit gravitätisch-patriotischen Platituden im Stil der TIMES verbunden, so daß eine herzbelustigende Mischung entsteht. Gleich am Anfang frappiert ein historischer Rückblick. Russells Großvater, Lord John, den der Philosoph noch kannte, war eben der, der 1814 Napoleon auf Elba besuchte und 1831 die erste große Parlamentsreform durchsetzen half; seine Großmutter mütterlicherseits, die er noch besser kannte, war eine »Freundin der Witwe des jüngeren Prätendenten« – wobei man wissen muß, daß der jüngere Prätendent der im Jahre 1746 bei Culloden besiegte Charlie Stuart ist. Seine Witwe, eine geborene Stolberg, lebte bis 1824; lange Zeit nicht als Witwe, sondern als heimliche Gattin Alfieris, des Dramatikers ... Unglaublich tiefe Vergangenheit in der Gegenwart! Russell hat gern den Schein erweckt, als machte er sich nicht viel aus solchen Hintergründen; sicher aber flossen aus der Tradition einer alten und großen, einer geistvollen, unabhängigen und tätigen Familie ihm unschätzbare Kräfte zu. – In dem Nachruf der TIMES heißt es dann weiter, zwar habe Russell in seiner Jugend bedeutende Werke auf dem Gebiet der mathematischen Logik geschaffen, habe aber nur zu bald ein exzentrisches und unausgeglichenes Urteil, einen Mangel an geistiger Tiefe bewiesen, wofür seine Haltung im Ersten Weltkrieg das tadelnswerteste Beispiel sei. Ging er doch damals so weit, bei völliger Unkenntnis der moralischen Werte, um die gefochten wurde, zuerst die englische Neutralität, dann einen Verständigungsfrieden um jeden Preis zu wünschen! Verdientermaßen verlor er seine Professur in Cambridge, verdientermaßen mußte er sogar für ein halbes Jahr ins Gefängnis. »In den folgenden Jahren verzettelte er seine Arbeitskraft mit Schriften, in denen er für Sozialismus, Erziehungsreform und einen weniger strengen Moralkodex hinsichtlich der Ehe eintrat. Von Zeit zu Zeit jedoch kehrte er zu weniger aktuellen Themen zurück. In seinen historischen Schriften täuschten Stil und Geist über einen seichten, veralteten Rationalismus hinweg, zu dem er sich bis zu seinem Ende bekannte... Sein Leben war trotz seiner Unberechenbarkeit von einer anachronistischen Folgerichtigkeit, ähnlich der der aristokratischen Rebellen des frühen 19. Jahrhunderts... Er war der letzte Überlebende einer versunkenen Epoche.« Der Nachruf, man sieht es, enthält einige ganz wahre Sachen, mehr von ihnen, als ich zitieren darf, bleibt aber in die Farbe spöttischer Kondeszendenz getaucht und betont über und über die selbstverschuldete Verlorenheit der Russellschen Positionen. In zwei Punkten irrt er. Russell ist nicht in seinem neunzigsten Jahr (1962) gestorben. Im Moment, in dem dies niedergeschrieben wird, ist er so aktiv wie je und im Begriff, zu einer der großen Bataillen seines Lebens anzutreten. Wenn es ferner heißt, kurz vor Ausbruch des Zweiten Weltkrieges sei er in ein neutrales Land entkommen, seinem Grundsatze gemäß, wonach mordgierige Verrückte ganz recht daran täten, einander umzubringen, vernünftige Leute ihnen aber dabei besser aus dem Weg gingen, so war das wirkliche Leben anders. Russell floh nicht im August 1939 aus England. Er war seit 1938 in den Vereinigten Staaten aus Gründen, die mit Politik nichts zu tun hatten. Aber er war tief unglücklich im September 1939 und danach, schämte sich seiner Sicherheit in Amerika, *bejahte* den Krieg gegen Hitler, nachdem er einmal begonnen hatte, und kehrte 1944 auf einem Frachtschiff in die von V-Waffen belästigte Heimat zurück. Kritiker haben nicht verfehlt, auf den Unterschied zwischen seinen Haltungen im ersten und zweiten Krieg zu verweisen, und Russell ist gegenüber *diesen* Vorwürfen nicht ganz unempfindlich gewesen. Daß der Philosoph sich wandelte, verstand sich ihm von selbst, Philosophen die sich nicht wandeln, sind schon tot. Daß der Politiker nicht immer

gleich dachte unter ungleichen Umständen, glaubte er eigens rechtfertigen zu müssen.
Unser TIMES-Nekrolog, hätte Russell ihn später geschrieben, würde noch einige andere erwähnenswerte Details enthalten haben. Russell schrieb sein erstes Buch im Jahre 1895; 72 Jahre später kamen – wenn ich richtig zähle – sein 71. und 72. Buch heraus. Er wurde von einer Freundin als »frühzeitig gealtert« geschildert, als er fünfzig war; von dem 95jährigen kann man das nicht sagen. Er heiratete zum ersten Mal mit 21; zum vierten und vorläufig letzten Mal mit achtzig. Er war in seiner Jugend leidlich wohlhabend dank seines ererbten Vermögens, das er aber bald verschenkte; danach während vieler Jahrzehnte von Geldsorgen bedrückt; heute ist er reich, oder könnte es sein, wenn seine Einnahmen nicht der von ihm gegründeten Peace Foundation zuflössen. Im Jahre 1940 mußte die New York University ihren eben ernannten Professor wieder entlassen infolge des Prozesses, den eine fromme Dame gegen ihn oder gegen das städtische Institut angestrengt hatte. In der Anklage, welcher der Richter sich anschloß, wurden Russells Schriften als »geil, lüstern, venerisch, erotomanisch, wollüstig, aphrodisiakisch, atheistisch, blasphemisch, engherzig, unwahrhaftig und bar jeden moralischen Sinnes« bezeichnet. (Dieser Prozeß ist einer der Flecken auf dem amerikanischen Ehrenschild, wie nur ganz große Nationen sie sich ohne Reue leisten können. Hätte er in Berlin stattgefunden, wir würden ihn noch heute zu unserer unbewältigten Vergangenheit rechnen.) Russell war Abstinenzler bis 1914. Kaum aber ließ Georg V. sein Volk wissen, er werde während der Dauer des Krieges auf die Freuden des Alkohols verzichten, so ging er zu Whisky über – eine Russellsche Geste der Abneigung gegenüber dem Krieg und gegenüber der Monarchie. Mit achtundsiebzig erlebte er einen schweren Unfall. In der Nähe von Oslo ging sein Flugzeug auf der See nieder und begann alsbald zu sinken. Die Fahrgäste, die im vorderen Teil der Kabine saßen, ertranken. Russell, der kurz vorher sich in das hintere Abteil zurückgezogen hatte, wo geraucht werden durfte, konnte eben darum sich retten; in seinem Wintermantel schwamm er durch das eisige Wasser zu ei-

nem Boot. Er selber sagt, eine Minute lang, die Herausgeber seiner ausgewählten Werke sagen zehn; da ich unlängst viel Russell gelesen habe, so glaube ich, die Wahrheit wird sich nie feststellen lassen. – Den Titel, Earl Russell, erbte er 1931 von seinem Bruder. Obwohl er über das House of Lords sich gern lustig machte, hielt er doch seit 1937 gelegentlich Reden dort; man möchte sich vorstellen, mit was für Gesichtern seine erhabenen Standesgenossen ihm zuhörten. Man möchte sich auch vorstellen, mit welchem Gesicht er 1950 nach dem Buckingham Palace fuhr, um Englands höchste Auszeichnung, den Order of Merit, aus den Händen des Königs entgegenzunehmen. »Man sagt mir«, äußerte der Monarch, »Sie haben ein abenteuerliches Leben geführt. Aber nicht wahr, es wäre doch nicht gut, wenn alle Leute das täten?« Russell verbiß sich eine Bemerkung, die mit dem Herzog von Windsor zu tun gehabt hätte, und antwortete statt dessen: »Die Postboten läuten an allen Türen, aber es wäre nicht gut, wenn alle Leute an allen Türen läuteten.« In den angelsächsischen Ländern ist er zu einem Mythos geworden; unter Amerikanern zumal, die ihn ehedem so schnöde behandelten. Auch in Deutschland soll er, laut seinem Biographen, der einflußreichste und am meisten gelesene englische Philosoph sein. Das sagt aber am Ende noch nicht viel; denn welcher andere englische Philosoph wird bei uns viel gelesen? Ein Erfolg war vor einigen Jahren die Essaysammlung *Warum ich kein Christ bin;* sie gefiel jenen, denen die offizielle Atmosphäre der Bundesrepublik nicht gefällt. Das erste Buch Russells in deutscher Übersetzung, das ich las, *Die Kultur des Industrialismus* (Prospects of Industrial Society) erschien in den späten zwanziger Jahren. Noch erinnere ich mich des Entzückens, das ich bei der Lektüre empfand; wie kontrastierte Russells kaustischer Humor mit den schweren, blutigen Hirngespinsten Lenins und seiner deutschen Nachbeter, wie sein Sozialismus ohne Tränen mit den grimmigen Voraussagen der Dialektik! Bald folgten zwei popularisierende wissenschaftliche Schriften, ABC der Atomtheorie, ABC der Relativitätstheorie; Darlegungen, die, so schien es mir wenigstens, elegante Allgemeinverständlichkeit mit Gediegenheit verbanden. Die enorme

Vielseitigkeit von Russells Wirken ist *eine* Hauptursache des Mythos. Daß er eine philosophische Grundlegung der Mathematik schuf, daß er, wie es heißt, der größte Logiker seit Aristoteles ist, müssen die Allermeisten nur glauben, da sie die Leistung zu verstehen ja gar nicht versuchen können.
Es ist wohl auch so, daß Russells mathematisch-logische und erkenntniskritische Arbeiten die Wissenschaft mehr theoretisch unterbauten als praktisch förderten. Er hat da nichts Bahnbrechendes gemacht, viel weniger etwas zu technischen Umwälzungen Führendes. So hat auch der Philosoph kein fertiges System – *Phaenomenologie des Geistes, Die Welt als Wille und Vorstellung, Der Untergang des Abendlandes* – oder sonst irgendeine weithin schallende These geboten. Er ist überhaupt nie fertig geworden, hat immer wieder anders befunden oder anders nuanciert. Daß aber derselbe Autor, dessen dickste und schwerste Bücher – die *Principia Mathematica* – kaum mehr als zwanzig Menschen ganz durchstudiert haben sollen, auch solche schrieb, und zu Dutzenden, die jeder halbwegs intelligente Jüngling lesen konnte, und in allen Gebieten, Erziehung, Wirtschaft, Moral, Religion, Gott und Welt oder Nicht-Gott und Nicht-Welt, Politik, Krieg und Frieden, und dann auch wieder die Resultate seiner subtilsten Forschungen in kurzen, vergleichsweise verständlichen Aufsätzen bot; daß er Weltreisen machte, als das Weltreisen noch nicht Mode war, Rußland, China, Australien, und nie ohne neugierig treffende, balancierte, manchmal prophetische Berichte nach Hause kam; daß er sich nicht mit der Theologie begnügte, sondern, berühmter Philosoph, der er schon war, seine Erziehungsgrundsätze in der Praxis versuchte und als Schulleiter sich mit kleinen Kindern plagte; daß er überhaupt seine Grundsätze *lebte* und, da es provozierende Grundsätze waren, durch acht Jahrzehnte die Obrigkeiten und Großen der Welt provozierte, da er doch von Geburt zu ihnen gehörte und unter ihnen es sich hätte bequem machen können – das macht ihn unvergleichlich; legendenumwoben, oft mißverstanden und plump verleumdet, und zur mythischen Gestalt zuletzt.

Er begann als Philosoph und Mathematiker. Genauer, er begann als Journalist, Reporter, politischer Theoretiker, denn sein erstes Buch handelte vom Marxismus und dessen mächtigster Organisation, der sozialdemokratischen Partei im Deutschen Kaiserreich. Ein ausschließliches Interesse also genügte ihm von Anfang an nicht. Auch während der langen Jahre, während derer er über den *Principia Mathematica* saß, überarbeitet, so sich konzentrierend, daß er, wie erzählt wird, manchmal fast das Atmen vergaß, trieb er nebenher Allotria; Kritik, oft beißende, verwandter Versuche nicht nur, auch Sozialismus oder »Fabianismus«, Freihandel, einen Versuch, ins Unterhaus zu gelangen und anderes mehr. Die *Principia* kosteten ihn mehr als ein Jahrzehnt und einige hundert Seiten, bis er zur Definition der Zahl Eins gelangte. Später diktierte er mitunter ein Buch in zwanzig Tagen und im Durchschnitt zehn Seiten am Tag. Schriftsteller, die je mit dem Diktaphon zu tun gehabt haben, wissen, welch harter Anstrengung diese Art des Arbeitens bedarf. Das gilt für sie, aber kaum für Russell. Er hatte in der Jugend seinen Geist so trainiert, daß er, mit wem oder was er sich befaßte, den springenden Punkt alsbald erkannte, und daß schriftstellerische Produktion ihm leichtfiel. Eisern fleißig blieb er sein Leben lang, und nie äußerte er sich über einen Gegenstand, ohne vorher eine Masse von Literatur darüber, primäre wie sekundäre, bewältigt zu haben. Es ist sein Stil, was darüber hinwegtäuscht. In einem Vortrag über Geschichtsschreibung meint er einmal, der Historiker sollte erst forschen, dann erzählen, ohne den Fluß der Erzählung durch Forschung zu unterbrechen, zum Schluß noch einmal prüfen. Ich denke, damit hat er ein Geheimnis seiner eigenen Schriftstellerei verraten.
Rückblickend meint er, er sei zur Philosophie übergegangen, als er für die Mathematik zu dumm wurde, zur Geschichte und Politik, als er für die Philosophie zu dumm wurde. Da ich selber für die Mathematik von Anfang an zu dumm war und nur zu bald für die Philosophie, so kann ich gar nichts über Russells Grundlegung der Mathematik, über seine Philosophie das Wenigste berichten. Russell gehört zu den Denkern, und sehr viele sind das nicht, die mit der Entdeckung des Kopernikus philoso-

phischen Ernst machten. Wieder aber muß man hier das Auf-dem-Weg-Sein dieser Philosophie bedenken. Der Dreißigjährige schrieb über Gott und Welt anders als der Achtzigjährige. Auch ist der Geist Russells ein überaus reizbarer; er liebte es, zu schockieren, besonders solche, die er gering achtete, und verfehlte selten, den, der ihn ärgerte, seine Überlegenheit elbisch spüren zu lassen.

Der Essay *A Free Man's Worship* (1902) gehört zu seinen berühmtesten und am höchsten bewunderten Schriften. Er ist sehr anders als der spätere Russell, im Stil sowohl, der etwas Pathetisch-Schwellendes hat, wie in der Aussage. Die furchtbare Sinnlosigkeit des menschlichen Abenteuers wird durch ein Geschichtchen illustriert, das Mephisto dem Dr. Faust erzählt. Einmal machte Gott sich den Spaß, aus dem und dem Nebel unser Sonnensystem entstehen zu lassen, die Erde, das Leben, den Menschen. »Es entstand der Mensch, mit der Kraft zu denken, mit dem Wissen um Gut und Böse und dem grausamen Drang, etwas anzubeten. Und der Mensch sah, wie es in dieser wahnsinnigen, monströsen Welt herging, wie alles sich abkämpfte, damit es, um jeden Preis, ein paar kurze Augenblicke gewänne vor dem erbarmungslosen Ratschluß des Todes. Und der Mensch sagte: ›Da ist ein verborgener Sinn, könnten wir ihn nur ergründen, und der Sinn ist gut; wir müssen etwas verehren, aber in der sichtbaren Welt ist nichts, was wir verehren könnten.‹ Und der Mensch sah dem Kampfe zu und beschloß, es sei Gottes Absicht, aus dem Chaos Harmonie zu schaffen durch menschliche Anstrengungen. Und wenn er seinen Instinkten folgte, die Gott ihn von seinen Ahnen, den Raubtieren, hatte ererben lassen, so nannte er es Sünde und bat Gott um Verzeihung... Und als er sah, daß das Gegenwärtige schlecht war, machte er es noch schlechter, damit die Zukunft besser würde. Und er dankte Gott für die Kraft, die ihn befähigte, sogar auf die geringen Freuden zu verzichten, die er haben konnte. Und Gott lächelte; und als er sah, daß der Mensch vollkommen geworden war im Verzicht und in frommer Verehrung, schickte er aus dem Himmel eine andere Sonne, die in die Sonne des Menschen stürzte; und alles wurde Urnebel wie zuvor. ›Ja‹,

murmelte er, ›es war ein hübsches Spiel; ich werde es wiederholen lassen.‹« . . . »So«, fährt Russell fort, »aber noch zweckloser, noch barer jeden Sinnes ist die Welt, welche die Wissenschaft unserem Glauben bietet. Inmitten einer solchen Welt, oder nirgendwo, müssen fortan unsere Ideale ihr Heim finden.«
Wirklich *inmitten* einer solchen Welt? Der Versuch des jungen Russell geht eher dahin, sie *gegen* die Welt zu behaupten. Denn die Welt ist nicht gut, und weder tut es gut, zu dem zu beten, der sie so gemacht hat, noch haben die recht, die die Welt selber, die Gewalt, die grausame Natur und das Überleben des Stärkeren vergotten, wie neuerdings die Mode ist. Heil findet der Mensch nur in seinem eigenen Inneren, in der eigenen Würde. »Im Handeln, in der Begier müssen wir uns beständig der Tyrannei äußerer Gewalten fügen; aber im Denken, im inneren Aufschwung sind wir frei, frei von unseren Mitmenschen, frei von dem geringen Planeten, auf dem unsere Körper hilflos kriechen, frei selbst, solange wir leben, von der Tyrannei des Todes . . .« Es ist merkwürdig, wie genau diese Sätze an Friedrich Schiller erinnern, von dem ich nicht weiß, ob Russell ihn je las; zumal an das Gedicht »Das Ideal und das Leben«. Die Tragödie bezeichnet Russell als die »stolzeste, triumphierendste aller Künste«; – »ernst ist das Leben, heiter ist die Kunst«; und den magischen Reiz der Vergangenheit sieht er darin, daß sie still geworden ist und eben darum schön, daß die Toten versöhnt sind. Humanismus, ohne Zweifel; aber klassischer Art, mit einem Akzent auf dem Tragischen.
Ein Humanist ist Russell immer geblieben. Ein freier Mann auch, sehr frei von der Tyrannei seiner Mitmenschen; seine Würde erhielt er sich im Gefängnis, in welchem er den Tag in drei Drittel einteilte: vier Stunden Schreiben, vier Stunden Studium, vier Stunden leichte Lektüre. Vergleichen wir aber *A free Man's Worship* mit entsprechenden Schriften der Spätzeit, *Why I am not a Christian* (1927), *What is an Agnostic* (1953), *What I believe* (1957) und anderen mehr, so sind Stimmungsunterschiede zu bemerken, die auch im Stil, dem nun ganz nüchternen, entspannten Stil in der Ironie, in der Kühle des Urteils sich auswirken. Nichts mehr von Tragödie. Viel von Ver-

achtung, gemildert durch Sympathie. Korrekt unterscheidet Russell zwischen dem Agnostiker und dem Atheisten. Der Atheist glaubt zu *wissen,* daß es keinen Gott gibt, obgleich die absolut sicheren Beweise für dies Wissen fehlen; der Agnostiker hält, solange sie fehlen, sein Urteil zurück.

Allerdings mag er die Existenz Gottes für so unwahrscheinlich halten, daß die Möglichkeit praktisch keiner Beachtung wert ist; »In diesem Fall kommt er dem Atheismus nahe«. – In Russells Fall.

Er argumentierte, mit negativen Vorzeichen, wie die Gläubigen des Hochmittelalters taten: aus dem Gedanken und aus der Wirklichkeit. Die gedanklichen, aprioristischen Gottesbeweise sind falsch. Das hatte er schon in seinem Buch über Leibniz gezeigt, der seinerseits die Beweise der Hochscholastik ein wenig verfeinert noch einmal geboten hatte. Auf eben diese im Jahre 1899 vollzogene Widerlegung beruft er sich 58 Jahre später in *What I believe* – »vergleiche meine ›Philosophie des Leibniz‹ *(The Philosophy of Leibniz),* Kapitel XV«; da sei die Sache mit Gott schon erledigt worden. Ich erwähne das, weil es mir für Russells starken und naiven Geist charakteristisch scheint; er glaubt allen Ernstes, mit der Entdeckung von Denkfehlern der Hochscholastik sei für jetzt und hier Entscheidendes geleistet. Die Argumente aus der Wirklichkeit erinnern an *Candide;* auch etwa an Schopenhauer. Ein allmächtiger, allgütiger Gott hätte die Welt anders gemacht – dafür spricht vieles. Selbst, wenn sie allmählich besser wird, so hätte er sie ebensowohl gleich von Anfang an gut machen können. Auch wird sie gar nicht besser; Evolution hat nichts mit Wert zu tun. Zudem findet Evolution, die der Darwinisten wie die der Hegelianer und Marxisten, nur auf der Erde statt, die ein Stern von infinitesimaler Bedeutung ist. Die baren Tatsachen der Astronomie lehren, daß, was auf Erden geschieht, religiöse, kosmische Bedeutung nicht haben kann. Astronomie, die eine Wissenschaft ist, steht eindeutig gegen Theologie, die keine ist, aber eine sein könnte und müßte, wenn es das gäbe, wovon sie handelt. »Gott und Unsterblichkeit... finden in der Wissenschaft keine Stütze.« Tatsachen, wenn sie welche sind, müssen investigiert werden können. Bei

Gott ist nichts zu investigieren; Unsterblichkeit wird durch die physiologische Evidenz widerlegt. Allerdings gibt es »parapsychische« Phänomene; und diese, urteilt unser vorsichtiger Empiriker, könnten in Zukunft ein Nachleben nach dem physiologischen Tod erweisen. Einstweilen jedoch haben wir plausiblere Erklärungen für sie.
Darin, daß das Leben ein Zufall ist, daß Mensch und Menschheit ephemere Parasiten auf einem unter Trillionen von Planeten sind, findet Russell nichts Grauenvolles. Im Gegenteil; es sollte uns ein Trost und eine Quelle des Glücks sein. Von alledem, was der Mensch getan hat, wird mit absoluter Sicherheit einmal gar nichts übrig sein; nichts von seinen Schöpfungen, nichts von seinen Leiden. Und darüber sollte man sich grämen? »Das ist ja alles Unsinn. Niemand sorgt sich im Ernst über das, was in einer Million Jahre vielleicht sein wird . . .«
Ich muß hier einen Einwand machen; mir selber eher als Bertrand Russell. Die zu metaphysischen Spekulationen Geneigten mögen heute anachronistische oder krankhaft veranlagte Leute sein, der Geist Russells der zeitgemäße und gesunde – ich weiß es nicht. Ob es aber so ist oder anders, in jedem Fall ist zwischen beiden Denktypen kein Gespräch möglich. Es kann sich der eine nicht vorstellen, was in dem anderen vorgeht. Der altmodisch oder krankhaft Denkende findet wenig Trost darin, daß er ein ephemeres Nichts ist irgendwo im Unendlichen; ihm ist es im Gegenteil kein Spaß, zugleich ein Nichts und ein Ganzes zu sein im Wirbel des All, dessen er sich bewußt ist. Und wenn er sich nicht über sein eigenes Schicksal oder das seiner Nachkommen in einer Million Jahre sorgt, so kann er doch den Gedanken, daß einmal ein Zustand sein wird, in dem *niemand* weiß, daß es die Erde und den Menschen und des Menschen Schicksale je gegeben hat, in dem es also genau so sein wird, als ob es Mensch und Erde nie gegeben hätte, nicht fassen. Es ist eine der Spekulationen, die auch den von keinem Pfaffentrug Umgaukelten zu dem Gottesbegriff drängen, als einen, den es unmöglich ist zu denken, und unmöglich ist nicht zu denken. Woraus allerlei Spannungen sich ergeben, die nicht zu kennen gewiß seine Vorzüge hat. Es mag sehr wohl sein, daß sie später

einmal niemand mehr kennen wird, daß man sie unter kommunistisch erzogener Jugend schon heute nicht mehr kennt, und daß Russell zu den Bahnbrechern für Stimmungen gehört, welche nach einer Zeit herrschend sein werden. Es könnte aber auch sein, daß er ein Ausnahmefall von Gesundheit ist, von Charakterfestigkeit und Güte, welcher einer überlieferten Religion nicht bedarf. In diesem Fall hätte er besser dran getan, weniger großartig veranlagte Menschen bei ihrem Glauben zu lassen. Spinoza, der Philosoph, der Russell unter allen der Liebste und dessen Gottesbegriff ein der Auflösung sehr naher ist, antwortete gleichwohl einer braven Christin, die ihn um Rat fragte: »Eure Religion ist gut. Ihr braucht nach keiner anderen zu suchen, wenn Ihr nur ein stilles und gottergebenes Leben führt.«

Ich sagte schon, daß Russells Positionen oft polemischer Art sind. Wo er über Religion spricht, hat er auch ihre Repräsentanten, die Kirchen und ihre Priester, die Frommen und Frömmler und Heuchler im Sinn. *Immer* seien die Kirchen gegen den Fortschritt von Wissenschaft, Moral, Humanität, immer seien sie Helfershelfer der Privilegierten und Mächtigen gewesen. Darüber schreibt er sehr ähnlich wie Voltaire; mit demselben Zorn, demselben Witz, mit derselben Treffsicherheit das Obskurantistische und Groteske in den Mittelpunkt rückend. Und da fand er nur allzuviel, da wurde das Spiel ihm leicht gemacht. Wahr ist, daß er auch ganz anderes hätte finden können, zum Beispiel die aufbauenden, die zivilisatorischen, die humanisierenden Leistungen des Christentums. Aber Einseitigkeit war immer das Recht der Polemik, zumal der witzigen.
Die katholische Kirche kannte er aus der Historie; protestantische Sekten aus seiner eigenen Kindheit und dann aus amerikanischen Erfahrungen, die überwiegend abscheulich waren. In einem Essay »Über den Schaden, den gute Menschen anrichten« hat er den Typ des frommen amerikanischen Plutokraten – auch des englischen – mit beißendem Hohn beschrieben: den einen Rechtgläubigen, der 99 andere zur Intoleranz, zur Heu-

chelei und zum Verbergen ihrer eigenen Lebensgewohnheiten zwingt. »Niemand kann den Respekt der gewichtigsten Bürger am Ort gewinnen, wenn er fette Dinners für die Reichen nicht für eine dringendere Sache ansieht als Leben für die Kinder der Armen. Dasselbe gilt für jeden Teil der Welt, mit dem ich bekannt wurde ... Ein guter Mensch ist einer, dessen Meinungen und Handeln jenen gefallen, die die Macht haben.« – Der Satz ließe sich, mutatis mutandis, wohl auch auf kommunistische Gesellschaften übertragen.

An dem Studenten Bertrand Russell hatten ehedem die Professoren getadelt, daß seine Referate zu kurz seien. Der Grund dafür war, daß er umständliche, überflüssige Redereien nicht leiden konnte und die Gabe besaß, was immer er zu sagen hatte, mit unüberbietbarer Klarheit und Konzision zu sagen. Sein Essay, *Warum ich kein Kommunist bin?* (1956) ist ein Beispiel dafür. Das Ding ist kaum länger als zwei Seiten, enthält aber in nuce *alles,* was gegen Marx, den Marxismus und dessen Weiterentwicklung unter Lenin und Stalin zu sagen ist: gegen die erschlichenen, willkürlich aus der klassischen Nationalökonomie übernommenen, willkürlich angewandten ökonomischen Thesen (Mehrwert, ehernes Lohngesetz); die schiere Mythologie des dialektischen Materialismus; den Haß als Quelle des Marxschen Ehrgeizes, dem nur an der Bestrafung des Feindes gelegen war, ohne daß ihm das mitunterlaufende Schicksal der Freunde wichtig gewesen wäre; dann weiter die Identifizierung von »Proletariat« und »Volk«, von »Partei« und »Proletariat«, von Parteiführung und von einem einzigen Tyrannen mit Partei, Proletariat und Volk, so daß am Ende ein naturwissenschaftlich völlig ungebildeter Parteiführer kraft seiner Macht über Leben und Tod selbst der Naturwissenschaft vorschreiben konnte, wie sie zu befinden hätte. – Russells tiefes Mißtrauen gegenüber der Macht, sein Abscheu vor allem Dogma, sein Wahrheitssinn und Freiheitssinn mußten gegen Philosophie und Praxis des Marxismus sich aufbäumen.

Das heißt nicht, daß die Geschichte seines Verhältnisses zum Kommunismus, dessen Entwicklung er selber von Engels bis Kossygin miterlebte, eine ganz einsträngige gewesen wäre. Sein

Urteil schwankte in der sich wandelnden, immer facettenreichen Wirklichkeit. Der Pazifist des Ersten Weltkrieges konnte nicht umhin, Lenins Friedensangebot in seiner großen Einfachheit erlösend zu finden. Dagegen war er von Lenins Persönlichkeit angewidert, als er ihn 1920 in Moskau traf. Es gibt darüber einen seiner lesenswertesten Essays – hätte er nur nicht so zahllose lesenswerte geschrieben! –: *Große Männer, die ich kannte.* Hier vergleicht er Lenin mit einem anderen großen Mann, den er kannte, mit Gladstone. Die beiden Politiker seien überaus verschieden gewesen: »Lenin war grausam, Gladstone nicht; Lenin hatte keine Achtung vor der Tradition, Gladstone sehr viel; Lenin waren alle Mittel recht, den Sieg seiner Partei herbeizuführen, während für Gladstone die Politik ein Spiel mit bestimmten Regeln war, die man einhalten mußte. Alle diese Unterschiede sprechen meines Erachtens für Gladstone, und daher hatte Gladstones Politik im allgemeinen wohltätige, die Lenins katastrophale Folgen. Trotz dieser Unterschiede jedoch gibt es eine Reihe ebenso schlagender Ähnlichkeiten. Lenin hielt sich für einen Atheisten; darin täuschte er sich aber. Er glaubte, die Welt werde von der Dialektik beherrscht, und er sei ihr Werkzeug; genau so wie Gladstone sah er sich als das menschliche Werkzeug einer übermenschlichen Macht... Beide schöpften ihre persönliche Kraft aus dieser unerschütterlichen Überzeugung von ihrer eigenen Redlichkeit. Beide wagten sich zur Unterstützung ihrer Weltanschauung auf Gebiete, auf denen sie sich nur durch ihre Unwissenheit lächerlich machen konnten – Gladstone an die Bibelkritik, Lenin an die Philosophie.« Menschlich, fährt Russell fort, habe Gladstone ihm den ungleich stärkeren Eindruck gemacht, Lenin aber vor allem den von engstirnigem Fanatismus und »mongolischer Grausamkeit«.
Russells Buch *Die Praxis und Theorie des Bolschewismus* (Practice and Theory of Bolshevism), eine Frucht seiner Reise von 1920, könnte man mit André Gides *Retour de l'URSS* und den nachfolgenden *Retouches* vergleichen: die kritischen Eindrücke aus dem Grunde unabhängiger Geister, die ausgezogen waren, etwas wirklich Gutes zu finden, mit dem sie sich identifi-

zieren könnten – von Gide hat René Schickele mit grausamen Witz bemerkt, er habe den »roten Schleier nehmen« wollen – die aber enttäuscht wurden, weil sie die Gabe, sich etwas vorzumachen oder vormachen zu lassen, nicht besaßen. Auch Russells Bericht ist ambivalent; weder der eines blind Hassenden, noch der eines Bejahenden. Er sah die konstruktive Vitalität, den Drang ins Technisch-Zeitgemäße. Er sah die Diktatur, die immer eine ist, wenn sie eine ist, gleichgültig wie gut oder ungut der Zweck, die mit zaristischen oder schlimmer als zaristischen Mitteln ausgeübte Tyrannei; die Überschätzung des Technologisch-Utilitaristischen, die Enge des geistigen Horizonts, die graue Häßlichkeit des Alltags. Er kam zurück als einer, der da nicht mitmachen konnte, der auf die Dauer überhaupt nie mitmachen konnte, außer in einer Gruppe, über die er selber der Herr wäre; wobei noch zweifelhaft ist, ob er eine solche Gruppe sich je wünschte. Er blieb zur Unabhängigkeit verdammt und mit ihr, trotz vieler Freundschaften, zu einer Art von Einsamkeit.

Er tat auch nicht mit, als in den dreißiger Jahren, unter dem Eindruck der Wirtschaftskrise und der Fünfjahrespläne, der Hitler-Regierung und der »Volksfronten« eine neue prokummunistische Welle über die Intelligentsia Westeuropas ging. Er hatte begriffen, was er begriffen hatte, die Theorie, die menschliche Wirklichkeit und was daraus folgen müßte, und dabei blieb er. 1936 sagte er das Schicksal Polens und den Stalin-Hitlerpakt voraus. Nach Hitlers Krieg, im November 1945, meinte er, die Kommunisten hätten in Osteuropa Greuel begangen, »ziemlich derselben Art und in denselben Dimensionen wie die Greuel der Nazis«. – Man tut gut daran, an dies Wort zu erinnern, heute, da der Fünfundneunzigjährige gegen die Dummheit und die Schande von Vietnam kämpft. Parteiisch mit zweierlei Maß messend ist Lord Russell nie gewesen.

Hier will ich einen kurzen Blick auf die politischen Haltungen des Philosophen während seines langen Lebens werfen.

Schon sein erstes politisches Studium hatte mit dem Marxismus, im besonderen mit der deutschen Sozialdemokratie und dem

Deutschen Reich zu tun. Er ging systematisch vor, wie es seine Art war, studierte das *Kommunistische Manifest* und fand seine literarische Brillanz erstaunlich, studierte das *Kapital* und fand es voller gedanklicher Falschheiten, in die einige wahre Intuitionen verwoben waren. Er studierte die Sozialdemokraten am Werk, fand ihre Versammlungen eher langweilig und dem theoretischen Anspruch nicht gewachsen. Er erkannte den Vorteil der Theorie: sie gab der Partei eine Standfestigkeit und Kohärenz, die unter den politischen Parteien Europas einzigartig waren. Er erkannte ebenso genau die Nachteile der Theorie, welche darin lagen, daß sie erstens zum großen Teil falsch war, daß sie aber zweitens wahrgemacht wurde eben durch ihre eigene kämpferische Propaganda, daß sie drittens wahrgemacht wurde zuungunsten der Arbeiter: das Bürgertum, dem man den »Klassenkampf« so nachdrücklich erklärt hatte, wurde erst dadurch im Ernst klassenkämpferisch und weit überlegen in dieser Kunst, weil die Mächte von Staat und Geld hinter ihm standen. So durfte man es nicht machen. Anstatt den jüngsten Tag des »großen Kladderadatsches« zu prophezeien, hätte man sollen nüchtern und empirisch vorgehen, sich im Rahmen der bestehenden Ordnung halten und, zur Macht gelangt, einzelne Industrien verstaatlichen, Stück für Stück, je nach Konzentration und Reife. Der dogmatische Radikalismus der Sozialdemokraten sei schuld an der Polarisierung der deutschen Politik: er habe die liberalen Bürger in die Arme der Reaktion getrieben, weil sie »das rote Gespenst mehr fürchteten als eine militärische Diktatur«. Es war die gleiche Einsicht, die gleiche Warnung, die, im gleichen Jahr, Max Weber in seiner Freiburger Inauguralrede aussprach.

Russells Besuch bei der Sozialdemokratie brachte nebenher ihm Eindrücke von der Art des Hohenzollernreiches, der oppressiven Maschinerie des preußischen Staates, der Arroganz der Armee; Tendenzen, sagte er voraus, die auf die Dauer den »unvermeidlichen Untergang des Deutschen Reiches« bedeuten müßten, wenn man sie nicht rechtzeitig korrigierte. Sechs Jahrzehnte später schrieb er jedoch ganz anders über seine frühen deutschen Erfahrungen. »Des Kaisers Deutschland, das unsere Kriegspropaganda als ein Nest von Greueln darstellte, war in Wahrheit nur säbelrasselnd und etwas komisch. Ich lebte in des Kaisers Deutschland, ich kannte die fortschrittlichen Kräfte dort, die sehr stark waren und die beste Aussicht auf endgültigen Erfolg hatten. Es gab mehr Freiheit in des Kaisers Deutschland als es heute, außerhalb von England und Skandinavien, irgendwo auf Erden gibt.« Natürlich waren beide Beobachtungen richtig, die von 1895 und die von 1956. Es hat keinen Sinn, einem Schriftsteller widersprüchliche Vielfalt des Urteils vorzuwerfen dort, wo die Wirklichkeit selber vielfältig und widersprüchlich ist. Daß aber Russell nun die andere Seite der Sache so stark betonte, erklärt sich, wie so oft in seinem Leben, aus der polemischen Situation. Nun rechtfertigte er rückblickend seine Haltung während des Ersten Weltkrieges. Und wie war die gewesen?

Er hielt den Krieg für Irrsinn vom ersten bis zum letzten Tag. Er wünschte die englische Neutralität, weil ein schneller deutscher Waffensieg auf dem Kontinent *keine* weltumstürzende Katastrophe bedeutet hätte; wünschte dann vier Jahre lang einen Verständigungsfrieden um praktisch jeden Preis, was ihn zum Bundesgenossen einer kleinen Gruppe, vornehmlich aber einsam und bitter machte. Daß die Mehrzahl seiner Mitbürger den Krieg ganz offenbar genoß, mindestens in der ersten Zeit, führte ihn zu Einblicken in die Seele des Menschen ähnlich jenen, die Freud in seinen »Gedanken im Kriege« formulierte. Er sah, daß die angeblichen Ziele des Krieges, Recht, Freiheit, Demokratie und so fort, nicht übereinstimmten mit seiner Wirklichkeit, welche die Menschen brutalisierte und verblödete. Er sah auch voraus, daß ein ganzer Sieg der Entente, und ein ihm entsprechender Friedensschluß einen zweiten Krieg in seiner Folge haben würde. Gegen Ende fürchtete er den aufsteigenden amerikanischen Imperialismus – »illiberal und überaus grausam« – mehr als den untergehenden deutschen.

Seine Parteinahme für Kriegsdienstverweigerer brachte ihm eine Geldstrafe und die Entlassung aus dem Trinity-College cum contumacia ein. Danach war er so arm, daß er mitunter das Geld für den Omnibus nicht hatte, ohne deswegen seine Ansichten zu ändern. Hungersnot überall in Europa, schrieb er 1917, ein verzweifelter Lebenskampf aller gegen alle werde am Ende des Krieges wüten, wenn er noch lange weiterginge; aber die amerikanische Armee, was immer sie sonst könnte, werde wohl bereit sein, in England und Frankreich Ordnung zu schaffen und Arbeitskämpfe zu unterdrücken – »das ist sie zu Hause gewöhnt. Ich sage nicht, daß unsere Regierung solche Gedanken hätte. Alle Evidenz lehrt, daß sie überhaupt keine Gedanken hat...« Es war dieser Artikel, zumal »die bewußte und geplante Beleidigung des Heeres einer mit uns verbündeten großen Nation«, die Russell für ein halbes Jahr ins Gefängnis brachte. »Mr. Russell«, hieß es in der Verurteilung, »scheint jeden Sinn für Anstand und Fairness verloren zu haben... Sein Vergehen ist ein durch und durch verächtliches.«

Nie hat Russell seine Haltung während des Ersten Weltkrieges widerrufen. Nie auch sah er einen Widerspruch zwischen seinen Gefühlen und Urteilen im Ersten und im Zweiten Weltkrieg. Hitler, nachdem er es einmal soweit gebracht hatte, *mußte* aus der Welt geschafft werden; der Kaiser nicht. Der erste Krieg aber habe unser Jahrhundert in Unordnung gebracht bis 1945 und darüber hinaus; aus ihm sei der zweite »mit der Notwendigkeit einer griechischen Tragödie« hervorgegangen. – Die eine dieser beiden Thesen würde ich für ganz wahr halten, die andere ein wenig nuancieren; schon allein darum, weil ich die Worte »Hitler« und »griechische Tragödie« ungern nebeneinander sehe.

Russells akademische Ehren wurden ihm nach dem Kriege restituiert, da lehnte er sie ab, weil er in Ehescheidung lag; und wurden ihm 1944 endgültig restituiert. Vielleicht war es gut, daß er sie 1916 verlor. Hätte er immer fortgefahren, principia mathematica zu dozieren, so hätte er der weltreisende Abenteurer, der ungeheuer produktive, vielseitige Schriftsteller nicht werden können, jedenfalls nicht werden müssen.

Nach dem Kriege machte er einen neuen vergeblichen Versuch, ins Unterhaus zu kommen, diesmal für Labour. Die Kriegserfahrung hatte ihn vom Radikal-Liberalen zum Sozialisten gemacht – insoweit Parteinamen je für ihn passen konnten. »Sozialismus« war für ihn ungefähr dies: eine rationalere, wissenschaftlichere Verwaltung der öffentlichen Dinge, zu denen nun auch die Wirtschaft gehören mußte, zum Zwecke des inneren und äußeren Friedens und des vermehrten Glückes für die größte Zahl. Während des Krieges hatte es im Lager der Alliierten de facto schon eine Art von Sozialismus auf nationaler wie auf internationaler Ebene gegeben, Planwirtschaft, Preiskontrolle und eine ungeahnte Steigerung der Produktivität. Das hatte die »Kapitalisten« nicht beleidigt, im Gegenteil, sie hatten herzhaft mitgemacht. Warum? Weil der Zweck des Unternehmens war, möglichst viele Deutsche zu töten, nicht das Wohlsein der Vielen; wenn sie trotzdem und trotz des ungeheuren Mord-Verschleißes materiell besser daran gewesen waren als vor dem Krieg und danach, so war es ein Nebenprodukt der Hauptsache. Warum aber jetzt nicht das Nebenprodukt zur Hauptsache machen? – In Deutschland zog Walther Rathenau aus der gleichen Erfahrung den gleichen Schluß. Verfrühte Hoffnungen.

Wer den Politikern nicht traut, traut konsequenterweise auch dem »Volk« nicht, weil ja das Volk, jedenfalls in der Demokratie, keine anderen Politiker haben kann, als zu ihm passen. In der Jugend hatte Russell einmal gescherzt, der Vorzug der demokratischen Regierungsform sei die gesicherte Entsprechung zwischen Wählern und Gewählten: je dümmer der Abgeordnete, desto dümmer seine Wähler. Im Grunde blieb er bei diesem Lehrsatz. Er verzieh den Politikern, daß sie mehr an irrationale Leidenschaften der Wähler appellierten, als an deren wissenschaftlich aufgeklärtes Selbstinteresse; durch die Erregung von Furcht, Stolz, Haß, gewann man Wahlen. In Russells Nobelpreisrede von 1950 lesen wir: »Schulen lehren Patriotismus; Zeitungen produzieren aufregende Sensationen; Politiker kämpfen für ihre Wiederwahl. Darum können alle drei für die Rettung der menschlichen Rasse nichts tun.« Der Skeptizismus, welcher direkt sich hier gegen die Zeitungen und die Politiker richtet, richtet indirekt und tiefer sich gegen die Zeitungsleser und die Regierten; denn warum müssen Zeitungen in dummen Sensationen machen, um sich zu verkaufen, warum müssen Po-

litiker gefährliche Leidenschaften aufpeitschen, um gewählt zu werden?
Folglich war Russell als »Demokrat« sein Leben lang ein unsicherer Kantonist. Was ihn im Meer des Zweifels stets gegen die Ufer und Klippen der Demokratie zurückwarf, war, daß er unkontrollierte Macht, die unersättliche Machtgier der Mächtigen noch mehr fürchtete, als das irrationale Verhalten der Regierten. Demokratie war unabdingbar zur Kontrolle der Machthaber und zu deren möglichem Auswechseln, wenn auch einstweilen zu wenig Besserem. Churchills Beschreibung der Demokratie als der am »wenigsten absurden Regierungsform« (aber, implicite, einer immer noch reichlich absurden) hätte er wohl angenommen. Insgeheim, auch nicht so insgeheim, sympathisierte er mit dem, was man in einer späten Phase seines Lebens »Technokraten« zu nennen anfing. Aber auch da gab es Haken. Denn erstens fehlte es gelehrten Spezialisten an politischem Sinn, den sie doch hätten haben müssen, um sich Einfluß oder gar Teilnahme an der Macht zu sichern. Zweitens, wenn sie ihn hatten und ausgeprägt hatten, wer verbürgte dann, daß sie nicht zu einer Art von Politbüro werden würden?
Er mußte auf *Erziehung* setzen; das müssen alle, die ungefähr in seinem Fall sind. Daher seine pädagogischen, moralischen Schriften; daher der Versuch, in diesem versuche-reichen Leben, als Schulmeister seine Prinzipien in die Praxis umzusetzen, wobei denn der berühmte Philosoph es nicht verschmähte, verdauungs-unwillige kleine Mädchen durch allerlei anspornende, befreiende Tricks zu »bowel-movement« anzureizen. Daß er ein entschieden fortgeschrittener Pädagoge war, immer darauf aus, Autorität zu entautorisieren, Tabus zu enttabuisieren, Mysterien zu entmysterisieren und Kinder in diskret beobachteter, quasi totaler Freiheit gerade, furchtlos und glücklich wachsen zu lassen, wird man aus dem Bisherigen wohl erraten haben: Erziehung nicht zu Selbstkontrolle und Zwang, sondern zu guten Gewohnheiten, durch freie Erfahrungen, wenn auch auf holprigem Weg erworbenen. Die Resultate waren dann freilich nicht immer so. Reformer neigen zur Übertreibung, weil sie gegen etwas angehen, was seinerseits übertrieben worden war.

Ob die menschliche Situation eine solche ist, daß sie je ganz harmonisch und frei von Zweiheiten und Widersprüchen, frei von Furcht werden könnte, wie Russell das in seinen hoffnungsvolleren Momenten erstrebte, weiß ich nicht. Ich bezweifle es. Bedingungslos aber muß ich ihm recht geben, wenn er Demokratie für unmöglich hielt ohne eine ihr, und nicht älteren Gesellschaftsformen, entsprechende Erziehung, und wenn er die engste Beziehung sah zwischen Pädagogik und Politik. Seine erzieherischen Gedanken kamen ihm aus der Kriegserfahrung, vor allem aus der Beobachtung, daß die Menschen sich über den Krieg gefreut hatten, obgleich er doch eine Quelle von viel Kummer für sie gewesen war. Man hätte pessimistische Schlüsse daraus ziehen können; was Russell auch tat. Wenn der ein Rationalist ist, der die Menschen für rationale, soll heißen, stets von erleuchtetem Selbstinteresse geleitete Wesen hält, so war er ein Rationalist nie zur Gänze gewesen und wurde es weniger und weniger; bis zu dem Punkt, an dem er, in seiner Nobelrede von 1950, fragen konnte, ob das Fortleben des Menschengeschlechts eigentlich wünschenswert sei. Es wäre wünschenswert, *wenn* die Menschen ihrem vernünftigen Interesse folgten; wozu allerwenigstens der Selbsterhaltungstrieb gehörte samt allem, was aus ihm hätte folgen müssen. Aber es gab einstweilen Triebe, die mit ihm nichts oder nur sehr indirekt zu tun hatten: den Erwerbstrieb, weit über seine vernünftigen Grenzen hinaus; den Macht- und Herrschtrieb, der gar keine Grenzen hatte; den Rivalitätstrieb, die Eitelkeit; das Vergnügen an Haß und Stolz; die Furcht, welche die Gefahr steigerte, anstatt ihr den Stachel zu nehmen; den Trieb, Langeweile loszuwerden durch feindliche und auf die Dauer ruinöse Sensationen.

Tausendmal hat Russell über diese Dinge, ungefähr wie Schopenhauer, ungefähr wie Freud mit bitterer Einsicht gesprochen; beinahe mit Verachtung, wenn diese nicht durch Mitleid und guten Willen neutralisiert worden wäre. Ein »seichter Optimist« ist er jedenfalls nicht. Es ist auch nicht so, daß er Probleme der Außenpolitik und Machtpolitik so behandelt wissen wollte, wie sie es dürften, wenn sie so lägen, wie sie liegen *sollten,* aber einstweilen nicht liegen. Daß er je einseitige nukleare Abrüstung empfohlen hätte, gehört zu den Legenden, die über ihn im Schwange sind. Dazu hatte er zuviel gesunden Menschenverstand. In den zwanziger Jahren forderte dieser Pazifist eine starke englische Flotte, damit England und die englische Sozialpolitik sich nicht von den Vereinigten Staaten müßten diktieren lassen.

Eine von seinem Biographen mit Fug getadelte Ausnahme bilden die dreißiger Jahre. Wir haben gesehen, daß er damals den blinden Köhlerglauben an die Tugenden der Sowjetunion nicht teilte. Wohl aber gab er sich einem mit ihm historisch verwandten, damals die englische Intelligenz beherrschenden Doppelirrtum hin: er unterschätzte die Schlechtigkeit Hitlers und er überschätzte um ein Geringes die zivilisationszerstörenden Wirkungen des »nächsten Krieges«. Darum, wie jene Oxford-Studenten, die einander feierlich gelobten, nie wieder für König und Vaterland zu kämpfen, glaubte er nicht an die Notwendigkeit einer Aufrüstung Englands, die doch im Rückblick sich als so bitter notwendig erweisen sollte. Hier, meint Alan Wood, behielt der gescheiteste Philosoph unrecht und behielten die stursten Tories recht. – Fügen wir hinzu, daß sie *dieses* Mal recht behielten und daß Russells Ansichten vom »nächsten Krieg« knapp zwei Jahrzehnte zu früh kamen; sie wurden von der Wirklichkeit eingeholt.
Nach 1945 nahm er eine scharfe Wendung gegen Stalins Rußland. Nicht, daß die amerikanische Offizialität ihm besonders sympathisch gewesen wäre; er hatte selber ungute Erfahrungen mit ihr gemacht und er fürchtete (zu Unrecht) die »Peitsche Trumans«, nach welcher die neue Labour-Regierung würde tanzen müssen. Aber in dem nun sich entwickelnden »Kalten Krieg« war die Frage nicht, ob Amerika gut, sondern wer besser sei, die Amerikaner oder die Bolschewisten Stalinscher Observanz. Russell nahm die Alternativen wie sie waren. Sie wurden am dringendsten durch die neue Waffe, die, so dachte er mit vielen anderen, ein Monopol bleiben mußte. Nachdem die Russen sich dem Projekt einer einzigen, internationalen Ver-

waltung der entfesselnden Nuklear-Energie – dem »Baruchplan« – entzogen hatten, gehörte er zu denen, die den Gegner zur Vernunft *zwingen* wollten und ging ziemlich weit darin; wie denn um 1950 Moskauer Zeitungen über »diesen philosophierenden Wolf, dessen Smoking die brutalen Instinkte eines Raubtiers verbirgt« nicht so freundlich schrieben wie später. – Merkwürdig, daß er sogar die deutsche Wiederaufrüstung bejahte.
Er machte eine neue Wendung im Zeichen der Wasserstoffbombe, die er vorausgesagt hatte und im Zeichen des russischen Besitzes der Wasserstoffbombe, den er gleichfalls vorausgesagt hatte: solche Verwirklichungen blieben nie lange nur einer Seite vorbehalten. Nun sein berühmter Brief an Eisenhower und Chruschtschow (1957), aus Moskau sehr respektvoll beantwortet; Beschwörungen zu Mut und Einsicht, zum Kompromiß, zur »Koexistenz«, zum Verzicht auf von jeher unsinnige, nun aber tödlich gewordene Glaubensansprüche. Der »Sperrvertrag«, über den gegenwärtig diskutiert wird, wäre ungefähr im Sinn von Russells Brief; was, fragte er, würde geschehen, wenn demnächst China die absolute Waffe hätte, dann Deutschland, dann Ägypten und Israel. Indonesien, Argentinien, wenn alle möglichen neuerdings befreiten und befreiungswilligen, feindfreudigen Staatsgebilde einander mit einem »preemptive strike« bedrohen könnten?... Russell forderte keine »nukleare Abrüstung«, jedenfalls nicht als ersten Schritt, weder damals noch später. Sie würde nicht helfen, weil, sobald »Krieg« da wäre, die großen Mächte ja doch wieder zur eiligsten Herstellung der ihnen nun vertrauten Waffen schreiten würden. Nur ein Gesinnungswandel würde helfen, diktiert von vernünftigem Selbsterhaltungstrieb. Wenn Sieg und Niederlage, Krieg und Kollektivselbstmord dasselbe geworden waren, so gab es die ultima ratio der Könige nicht mehr, und damit auch nicht mehr die ratio der Könige überhaupt, Machtpolitik, Politik der Drohung; an ihre Stelle mußten neue wissenschaftliche Methoden zur Lösung von Konflikten treten. Russell nannte diese Forderung common sense; wer würde ihm den Ausdruck bestreiten? – Ein klein wenig neuer common sense ist in der

Entwicklung der amerikanisch-russischen Beziehungen seither ja auch wohl gewesen.
Eine abermalige Wendung gegen die Vereinigten Staaten vollzog er nicht; die vollzogen die Vereinigten Staaten leider gegen sich selber. Amerika wurde seiner besten Tradition untreu. Der fünfundneunzigjährige Russell blieb ihr treu; er hält daran fest, daß Verbrechen gegen die Menschlichkeit Verbrechen gegen die Menschlichkeit sind, gleichgültig, wer sie begeht, gleichgültig auch, zu welchem selbsterkorenen, erhabenen Zweck er sie begeht.

Warum Russells heller Zorn über den Krieg in Vietnam? Warum ähnliche Gefühle und Proteste schon 1917? – Diese Frage führt uns ein letztes Mal zurück zur Philosophie; zum Zusammenhang zwischen seinen philosophischen und seinen moralisch-politischen Positionen. Es ist kein sehr dichter Zusammenhang.
Indem Russell sich der Sekte der logischen Positivisten näherte, neigte er dazu, auch Begriffe wie Gut und Schlecht, Schön und Häßlich für sinnleere Laute zu halten. Da er aber ein ernster Schriftsteller ist und solche Wortkritik ganz unernst, genügte sie ihm nicht. Etwa versuchte er sich in der folgenden Definition des Schlechten und, implicite, des Guten. »›Schlechte‹ Wünsche (Begierden) sind, vom sozialen Standpunkt aus, solche, welche die Erfüllung von Wünschen anderer Menschen unmöglich machen, genauer, welche die Erfüllung von *mehr* Wünschen unmöglich machen als sie fördern ... In Isolierung betrachtet wäre ein einzelner Wunsch nicht besser oder schlechter als ein anderer ...« Ich habe versucht, mir diese Definition an Beispielen klarzumachen. Etwa erstens. Jemand begeht einen Lustmord, befriedigt damit einen ephemeren Wunsch und macht die Erfüllung von tausend Wünschen für immer unmöglich. Die Definition stimmt. Jedoch zweitens. Ein armer, lebenshungriger Neffe beschleunigt den Tod eines alten Erbonkels; er setzt sich dadurch in den Stand, tausend vitale Wünsche zu erfüllen, während er nur wenige kümmerliche Wünsche, die dem Greis geblieben waren, erstickt. Die Definition stimmt nicht, oder aber

wir müßten die Vergiftung des Onkels zum Guten rechnen. Prompt habe ich denn auch in einem anderen Band Russells den Satz gefunden: »Wären wir sicher, die Welt würde ohne Juden zum Paradies, ließe sich gegen Auschwitz nichts mehr einwenden.« – Natürlich ist das an sich falsch und auch praktisch falsch; denn die Welt ist so eingerichtet, daß aus Verbrechen wie Auschwitz gar nichts Gutes folgen *kann.* Russell weiß das auch. Denn er fügt dem eben zitierten Satz hinzu: »Aber es ist viel wahrscheinlicher, daß die mit Hilfe derartiger Methoden geschaffene Welt zur Hölle würde, und daher dürfen wir unserer natürlichen menschlichen Abneigung gegen alle Grausamkeit freies Spiel lassen.«

Unsere *natürliche* menschliche Abneigung gegen alle Grausamkeit. Da haben wir Bertrand Russell, wo wir ihn haben wollen. Wenn er sich in seinem Leben so oft empörte, so bewegten ihn nicht unschlüssige Mathematiker-Definitionen des Moralischen dazu. Seine Natur tat es, sein Mitleid mit den Menschen, sein angeborener Sinn für Gut und Schlecht. Zwischen dem skeptischen Empirizismus und dem Kampf des Humanisten besteht ein loser Zusammenhang, aber auch nicht mehr; nicht die tiefe Übereinstimmung, die wir zwischen Kants menschheitsgeschichtlichen Spekulationen und seiner Erkenntniskritik finden. Der Logiker ist eines, der Kämpfer für gute Sachen ist ein anderes, und man könnte den zweiten bewundern, ohne den ersten zu verstehen.

Von Kant schreibt Russell einmal, er habe in der *Kritik der reinen Vernunft* die klassischen Gottesbeweise widerlegt, an ihrer Stelle aber alsbald einen neuen, moralischen Beweis erfunden. »Er war wie die meisten Leute; in intellektuellen Fragen war er ein Skeptiker, aber in moralischen Fragen hielt er an den Grundsätzen fest, die er auf den Knien seiner Mutter gelernt hatte.« Genau so ist es; genau so sind sie meisten Leute; und Lord Russell auch. Der Unterschied zwischen ihm und Kant ist, wenigstens in dieser Beziehung, längst nicht so radikal, wie er glaubt. Von Kants »Notwendigen Ideen« schienen zwei, Gott und Unsterblichkeit, ihm unnötig, die dritte, Freiheit, nicht; er fügte zwei Dinge hinzu, die zum guten Leben gehören, Liebe und Wissen, und zwar zusammen, weil eines nicht genüge ohne das andere. Einmal konnte er schreiben, was die Welt brauchte, sei »Liebe, christliche Liebe und Caritas«. Zwar korrigierte er sich alsbald: man könnte »christliche« ebensowohl weglassen, oder wenn man darauf bestünde, so gäbe es wohl mehr »Christen« unter Agnostikern als unter Orthodoxen. – Das kann schon sein; Christen sind allezeit Menschen gewesen und oft von der am wenigsten erfreulichen Art. Im Endergebnis dürfte es nicht darauf ankommen, zu welcher Glaubensgemeinschaft einer sich rechnet, sondern wie er fühlt, denkt und handelt.

In dem »Nachruf« von 1937, mit dem unser Versuch begann, läßt Russell seinen Nekrologisten sagen, sein Leben sei nicht unähnlich dem gewisser aristokratischer Rebellen des frühen 19. Jahrhunderts gewesen. Andere gingen noch weiter zurück und meinten, im tiefsten sei er ein Whig-Aristokrat aus dem 18., dem Jahrhundert des Deismus. Dem Jahrhundert Voltaires. – Würde ich Russell einen Deisten wider Willen und Wissen nennen, so könnten Kritiker dagegen viele *Worte* des Meisters zitieren. Also tue ich es nicht. Aber den Voltaire unseres Jahrhunderts will ich ihn nennen. Beide Figuren sind nicht kongruent, natürlich nicht; aber ähnlich.

Was die Nicht-Kongruenz betrifft, so ist sie billig zu zeigen. Voltaire begann damit, sich einen Adelstitel beizulegen, der ihm nicht zukam. Russell verzichtete, praktisch, auf den Titel, den er ererbt hatte. Voltaire war klug genug, zunächst einmal ein großes Vermögen zu machen. Russell war nobel genug, sein bescheidenes Vermögen Stück für Stück zu verschenken. Voltaire buhlte um die Gunst von Königen und Herzoginnen; Russell, sich mit Leibniz vergleichend, schreibt einmal: »Wir, die wir es nicht nötig haben, uns um das freundliche Lächeln von Fürsten zu bemühen ...« Voltaire war edler Taten fähig, aber auch eigentlicher Schuftereien; ein Bereich, in den Russells elbische Scherze zu geraten nie in Gefahr waren. Und dann, unnötig zu erinnern, war Voltaires Hauptberufung ja das Theater, die Epik, die Erzählung; Russells Hauptberufung die Wissenschaft. Unterschiede des Ehrgeizes, des Talentes und Charak-

ters; Zeit-Unterschiede. Erwähnenswert nur, wenn man sie gegen die Ähnlichkeiten hält.
Beide waren beherrscht von einer unersättlichen Neugier und Wissensgier, der kein spezielles Gebiet genügte. Sie trieb Voltaire in die Naturwissenschaft, in die englische Philosophie, die Universalgeschichte; Russell in die Geschichte, die Nationalökonomie, die Pädagogik, oder auf seine Weltreisen, die Voltaire nur im Geiste machen konnte. Beiden fiel das Schreiben leicht, das zeigt ihr Œuvre. Das zeigt ihr Stil, der trotzdem, oder eben darum, höchste Kunst ist in seiner Entspanntheit, Knappheit, Klarheit. Beide brauchten sie wenig Worte, um zu sagen, was sie sagen wollten. Von Voltaire gibt es einen Artikel: »Kurze Antwort auf das lange Geschwätz eines deutschen Doktors.« Solche kurzen Antworten hat Russell viele geschrieben.
Beide waren sie gewaltige Humoristen und ganz außerstande, einen Witz zu unterdrücken; weswegen sie fälschlicherweise in den Ruf des Zynismus gerieten. Für die Engländer, schreibt Russell einmal und historisch nicht inkorrekt, habe es die Hölle gegeben, bis der Privy Council sie abschaffte. Das könnte von Voltaire stammen, wie etwa auch die folgende Anekdote. Einem englischen Philosophen, ich will seinen Namen nicht nennen, zeitweise sehr populär und von der BBC sehr gefragt, geschah es, daß er in der Eisenbahn bei einem kleinen Schwindel ertappt wurde. Worüber er seine Radiostellung verlor, auch einen Teil seiner Popularität; wonach er fromm wurde. Russell: »Er verlor sein Bahnbillett und fand seinen Gott.« – Es sind Scherze im Stil des 18. Jahrhunderts; uns durch Friedrich den Großen vertraut.
Beiden war dunkles, prätentiöses Wortemachen verhaßt und komisch. Was für Voltaire die Metaphysico-theolo-cosmolonigologie des Doktor Pangloss, war für Russell die Hegelei; wobei er, um die Wahrheit zu sagen, gegen Hegel kaum weniger ungerecht war als Voltaire gegen Leibniz. Sie hätten beide bessere Zielscheiben für ihren Spott finden können. – Im Positiven fanden sie sich in Locke, den Voltaire unter den Franzosen populär machte.

Gegen die beschönigenden Phrasen der Pfarrer verwiesen beide auf die Grausamkeit der Natur – die menschliche miteingeschlossen. Sie hatten das mit Schopenhauer gemeinsam, in dem viel mehr von einem Voltairianer steckte, als Russell sehen wollte.

Beide haben sie gegen »das Infame« gekämpft, wobei die Repräsentanz des Erzfeindes in den Jahrhunderten schwanken mußte. Für Voltaire war es die Dummheit und Grausamkeit der Orthodoxie und des mit ihr verbündeten Staates, die Affairen Calas, de la Barre und so fort. Für Russell war es Heuchelei und Intoleranz in ihren alten wie auch in ihren neuen Formen: der totale Staat; das »Comité für unamerikanische Aktivitäten«. Zum Infamen gehörte für beide auch der Krieg; man lese *Candide* nach. Hier freilich war Russell um zwei Jahrhunderte kriegerischer Entwicklung weiter. Über den Krieg des 18. konnte man noch fürchterlich spotten; an den des 20. kam kein Spott mehr heran.

Beide waren zugleich Freunde und bittere Kenner ihrer Mitmenschen, denen sie helfen wollten, ohne sich Illusionen über sie zu machen. Voltaire setzte seine Hoffnung auf einen aufgeklärten, von Philosophen informierten Absolutismus; Russell auf eine erzogene, von Technokraten informierte Demokratie. Da sie ihren Geist vor keiner Macht beugen konnten und zum Provozieren neigten, war ihr Leben unruhig und oft bedrängt: die Bastille und das Londoner Gefängnis; die Vertreibungen aus Paris, Potsdam und Genf, aus Cambridge und New York. Ungeheuer lebenszäh, erreichten beide erst im hohen Alter eine Stellung, der keine Macht mehr etwas anzuhaben wagte. Beiden war das »ich verstehe die Welt nicht mehr« alter Leute völlig fremd; sie hielten sich bis zum Ende mit äußerster Wachsamkeit auf dem laufenden. Der alte Voltaire sah die Revolution kommen. Dem alten Russell kann kein Dreißigjähriger über diese unsere Zeit etwas sagen, was er nicht wüßte; während er den Dreißigjährigen noch immer manches zu sagen hat. Beide, Meister Arouet und Lord Russell, waren keine sehr »tiefen« Geister; darin hat jener TIMES-Nekrolog ungefähr recht. Meinerseits sage ich das nicht, um mich über den Begriff

des Tiefen lustig zu machen. Es ist schon etwas daran, und was daran ist, hat Russell gefehlt. Richtiger, es war nicht da, ohne zu fehlen. Denn dieser geistige Charakter war komplett und hätte ein ganz anderer sein müssen, um eigentlich metaphysisches Fragen und Schaudern zu kennen. Was auch für Voltaire gilt.
Beide, trotz ihrer speziellen Kenntnisse und Künste, waren alles in allem Literaten; Universal-Literaten westeuropäischen Stiles; und waren es mit so überwältigender Intelligenz und Intensität, mit so unbeugsamer Charakterstärke, daß sie zu großen Herren wurden im geistigen und zum Schluß auch im weltlichen Sinn, zu persönlichen Weltmächten, zu mythischen Gestalten. Solcher Dank, solche Ehren wurden unter Männern ihres Schlages kaum einem anderen zuteil.

Golo Mann

Erläuterungen zum Text

12 *John Stuart Mill* (1806–1783), englischer Philosoph und Nationalökonom. Hauptwerke: *System of Logic; Principles of Political Economy; Utilitarianism.*

12 *Giuseppe Mazzini* (1805–1872), einer der bedeutendsten geistigen Vorbereiter und Förderer der Einigung Italiens. Lebte zeitweise in London.

14 *William James* (1842–1910), amerikanischer Philosoph. Bruder des Erzählers Henry James. Gründer des Pragmatismus. Sein hier genanntes Erstlingswerk *Principles of Psychology* erschien 1890.

15 *Percy Bysshe Shelley* (1792–1822), einer der größten Dichter Englands. Die Kinder aus seiner ersten Ehe wurden – da er Atheist war – unter Vormundschaft des Kanzleigerichts gestellt, worauf er ein flammendes Anklagegedicht gegen den Lordkanzler verfaßte.

16 *»Frieden schreien, und ist doch kein Friede«:* Jeremia 6, 14.

16 *»Einer, der die Diwandecke um sich rafft...«* aus »Thanatopsis«, Gedicht des amerikanischen Lyrikers W. C. Bryant (1794–1878).

17 *A. W. Kinglake* (1809–1891), englischer Reiseschriftsteller und Historiker.

17 *Sir Spencer Walpole* (1839–1907), englischer Historiker; schrieb auch eine Biographie von Bertrand Russells Großvater, Lord John Russell.

18 *Thomas Carlyle* (1795–1881), englischer Historiker.

18 *Herbert Spencer* (1820–1903), englischer Philosoph. Hauptwerk *System der synthetischen Philosophie.*

18 *William Ewart Gladstone* (1809–1898), viermal Premierminister unter Königin Victoria. Förderer der irischen Selbstregierung (Homerule).

19 *Hansard* Die amtlichen Parlamentsberichte (so genannt nach ihrem ersten Herausgeber, Luke Hansard, 1752 bis 1828).

19 *Unitarier* Protestanten, die die Trinität verwerfen. Viele Anhänger in England und U. S. A.

19 *Samuel Rogers* (1763–1855), englischer Dichter, berühmt für seine (kulinarisch) feinschmeckerische, aber (literarisch) bösartige Zunge.

20 *Horace Walpole*, Graf von Oxford (1717–1797), englischer Romanschriftsteller.

21 *Henry John Temple, Viscount Palmerston* (1784–1865), Mitglied einer Reihe von Kabinetten, nach dem Krimkrieg Premierminister.

22 *»Du sollst der Menge nicht folgen zum Bösen…«:* 2. Mose 23, 2.

22 *Gilbert Elliot Lord Minto* (1851–1914), konservativer englischer Politiker. Anfang des Jahrhunderts Vizekönig von Indien, der die ersten zur Selbstverwaltung führenden Reformen durchsetzte.

24 *»Mein Haupt ward erniedrigt, mein Stolz kam zu Fall«:* wahrscheinlich Zitat aus Bunyans *Pilgrim's Progress*.

31 *»Der Erde müde, und von Sünden schwer«:* Kirchenlied aus *Lyra Fidelium* von S. J. Stone (1839–1901).

33 *Alfred North Whitehead* (1861–1947), Philosoph und Mathematiker. Lehrstuhl in Cambridge und London. Später Harvard. Außer der Zusammenarbeit mit Russell an *Principia Mathematica* Hauptwerke: *Science and Modern World; Process and Reality; Adventure of Ideas*.

33 *Maria Edgeworth* (1767–1849), irische Schriftstellerin.

34 *Sir Charles Dilke* (1843–1911), liberaler englischer Politiker, zeitweise Unterstaatssekretär des Foreign Office, war 1884 die Hauptperson in einem großen Scheidungsprozeß.

39 *Tristram Shandy* Humoristischer Roman von Laurence Sterne (1713–1768).

39 *Jacobiten* Die Anhänger des 1689 vertriebenen Königs Jacob II. von England und seiner als Thronprätendenten auftretenden Nachfolger.

41 *Homerule* (wörtlich: Heimatregierung) Die während der zweiten Hälfte des 19. Jahrhunderts entstandene Bewegung zur Loslösung Irlands von England und Aufrichtung einer irischen Selbstregierung.

41 *Edward Burne-Jones* (1833–1898), einer der führenden Maler der Praeraffaeliten.

42 *Thomas Hardy* (1840–1928), englischer Lyriker und Erzähler.

44 *Benjamin Jowett* (1817–1898), englischer Altertumsforscher und Religionswissenschaftler. Master [Rektor] von Balliol, einem der ältesten Oxforder Colleges (gegründet 1263).

50 *In Memoriam* (erschienen 1850), Elegie von Alfred Tennyson (1805–1892) auf den Tod seines Freundes Arthur Hallam.

52 *Edward Gibbon* (1737–1794), englischer Historiker. Hauptwerk *Decline and Fall of the Roman Empire.*

52 *Henry Hart Milman* (1791–1868), englischer Historiker und Dramatiker.

55 *Robert Browning* (1812–1889), englischer Lyriker, Epiker und Dramatiker.

57 *Utilitarismus* Von Jeremy Bentham (1748–1832) aufgestellte Nützlichkeitslehre.

59 *Henry George* (1839–1897), amerikanischer Publizist und Soziologe. Bodenbesitzreformer.

59 *Charles Stewart Parnell* (1846–1891), irischer Politiker. Trotz protestantischer Abkunft bedeutendster Vorkämpfer der Home-rule-Bewegung Irlands.

60 *»So wie die Wellen laufen hin zum kiesigen Strand«:* Anfangszeilen von Shakespeares Sonett No 60.

60 *John Tyndall* (1820–1893), irischer Physiker und berühmter Bergsteiger.

67 *Blutige Maria* Maria I., Königin von England (1516 bis 1558), Tochter Heinrichs VIII., genannt »die Katholische« oder »die Blutige«, weil sie die Reformen ihres Vaters aufhob und die Aufstände von Adel und Volk gegen ihre Maßnahmen durch Blutgerichte und Hinrichtungen Tausender von Protestanten unterdrückte.

72 *George John Douglas Campbell Herzog von Argyll* (1823–1900), englischer Politiker und Gelehrter. Mitglied der Kabinette Russell, Palmerston und Gladstone.

74 *The Backs* Das in Cambridge zwischen der Rückfront der College-Gebäude und dem Fluß gelegene Gelände.

75 *Fellowship* Mit Stipendium versehene Würde eines fellow, eines Studenten in höherem Semester.

76 *Broad Church* Liberale Richtung der englischen Kirche, deren Mitgründer der hier genannte F. D. Maurice war.

78 *Tyger, Tyger, burning bright* Berühmtes Gedicht des englischen Maler-Poeten William Blake (1757–1827).

79 *Sinn Fein* Gälisch für »Wir allein«. Ursprünglich allgemeine Bezeichnung der irischen Freiheitsbewegung.

80 *Ankleidezimmer des Königs* In beiden Häusern des Parlaments befindlicher Raum, in dem der König auch Bittsteller zu empfangen pflegte.

81 *Haldane, Lord* (1856–1928), Unterhausmitglied seit 1885. Als Kriegsminister 1912 in Berlin zur Unterhandlung wegen eines

(gescheiterten) deutsch-englischen Vertrags.

81 *Charles Lamb* (1775–1834), Dichter, Essayist und Publizist.

81 *Dr. Samuel Johnson* (1709–1784), der populärste englische Schriftsteller der Aufklärungszeit. Sein berühmtestes Werk: der erste »Dictionary« der englischen Sprache (1747).

81 *William Wordsworth* (1770–1850), englischer Lyriker, Oden- und Balladendichter.

83 *Sidney Webb,* später Lord Passfield (1859–1947), englischer Arbeiterführer, Begründer der London School of Economics, Mitbegründer der Fabian Society.

83 *Beatrice, geb. Potter,* seine Frau (1858–1943).

85 *John M. E. McTaggart* (1866–1925), englischer Philosoph.

85 *Union* Eigentlich Union Society. Die offizielle Vereinigung der Cambridger (entsprechend auch der Oxforder) Studentenschaft.

85 *Lowes Dickinson, G. L.* (1862–1932), englischer Historiker, Philosoph und Publizist. Soll Namen und Begriff der »League of Nations« erfunden haben.

85 *Roger Fry* (1866–1934), englischer Kunsthistoriker und -kritiker.

86 *G. E. Moore* (1873–1959), englischer Philosoph. Hauptvertreter der sogenannten »Cambridge School«.

90 *Lodge* Trinity Lodge, jetzt »The Master's Lodgings«, Amtswohnung des Rektors.

91 *Kaiserin Friedrich* Witwe Kaiser Friedrichs III. Mutter Wilhelms II. Tochter der Königin Victoria von England.

92 *Harold (Henry) Joachim* (1868–1938), englischer Philosoph deutscher Abkunft. Professor in Oxford.

93 *Francis Herbert Bradley* (1846–1924), bedeutender englischer Philosoph. Professor am Merton College. Hegelianer. Gegner von Stuart Mill.

93 *Georg Cantor* (1845–1918), deutscher Mathematiker. Geboren in St. Petersburg. Seit 1879 ord. Professor in Halle.

93 *Gottlob Frege* (1848–1925), deutscher Mathematiker. Professor in Jena.

95 *KCSI* Knight Commander of the Star of India (Kommandeur des Ordens vom Stern von Indien).

96 *Ll. D.* Legum Doctor (Doktor der Rechte).

97 *Giles Lytton Strachey* (1880–1932), englischer Historiker. Bekannt durch seine, auch ins Deutsche übersetzten, Biographien.

97 *John Maynard Keynes,* später Lord Keynes, (1883–1946), eng-

lischer Mathematiker, Nationalökonom und Soziologe, Professor in Cambridge. Sachverständiger für Finanzen bei der Versailler Friedenskonferenz 1919.

100 *Robert South* (1634–1716), für seinen klassischen Stil berühmter Prediger.

105 *Bryn Mawr* Von Quäkern gegründetes Frauencollege bei Philadelphia.

105 *Ekkehard* Roman von Viktor von Scheffel.

107 *Fabier* Mitglieder der gemäßigt sozialistischen Fabian Society.

107 *Graham Wallas* (1858–1932), Professor an der London School of Economics, Mitbegründer – wie Bernard Shaw – der Fabian Society.

108 *Herbert George Wells* (1866–1946), berühmter englischer Romancier und Historiker.

109 *Ramsay Macdonald* (1866–1946), englischer Arbeiterführer, mehrfach Minister und Premierminister.

109 *Arthur James Earl Balfour* (1848–1930), englischer Staatsmann, mehrfach konservativer Premierminister. Unter ihm wurde das englische Mandat über Palästina in den selbständigen Staat Israel verwandelt.

110 *Lord Brassey,* später Earl Brassey, (1836–1918), Liberaler. Mehrfach Marineminister.

111 *Keir Hardie* (1856–1915), schottischer Arbeiterführer.

111 *Sir Stafford Cripps* (1889–1952, gestorben in Zürich), mehrfach Minister in Labourkabinetten, 1947–1950 Schatzkanzler. Vater der »Austerity«.

111 *Walter Pater* (1839–1894), englischer Kunst- und Literaturkritiker.

113 *Elizabeth Bennett,* Figur in *Pride and Prejudice,* einem Roman von *Jane Austen,* einer der bedeutendsten epischen Dichterinnen Englands (1775–1817).

116 *Epipsychidion* Gedicht von Shelley.

122 *George Eliot* Pseudonym der vielgelesenen englischen Erzählerin Mary Ann Evans (1819–1880).

122 *Fred William Henry Myers* (1843–1901), englischer Lyriker und Essayist.

123 *Tid-bits* Populäres englisches Witz- und Klatschblatt der viktorianischen Zeit.

124 *Sheldon Amos,* später Sir Amos (1872–1940), bedeutender Jurist speziell für Verfassungsrecht.

128 *Ode an den Westwind* Gedicht von Shelley.

128 *Star* Englische Tageszeitung.
128 *»Übertünchte Gräber«* Zitat nach Matth. 23, 27.
130 *Exeter Hall* Großer Saal am Strand in London, oft für Gebetsversammlungen benutzt.
138 *Florian* (Deleal) Figur aus Paters *The Child in the House.* Weltschmerzlicher Typ.
139 *Alastor* Romantisches Gedicht von Shelley.
140 *Tragic Muse* [Tragische Muse] Erzählung von Henry James.
141 *Lord Kimberley* (1826–1902), englischer Staatsmann, zeitweise Kolonialminister.
142 *Adolf Wagner* (1835–1917), bedeutender deutscher Nationalökonom. Zuletzt ord. Professor in Berlin.
144 *Victoria* Victoria-Bahnhof in London.
145 *Grant Allen* (1848–1899), englischer Philosoph und Publizist.
145 *W. T. Stead* (1849–1912), englischer Publizist. Herausgeber der *Review of Reviews.*
155 *Robert Bridges* (1844–1930), englischer Schriftsteller. *Humours of the Court* ist eine Komödie, *Feast of Bacchus* ein Essay von ihm.
155 *Samuel Taylor Coleridge* (1772–1834), englischer Lyriker und Publizist. Sein Freund.
155 *William Hazlitt* (1778–1830), Essayist und Publizist.
158 *Das Walroß und der Zimmermann* Gedicht von Lewis Caroll in *Through the looking-glass,* der Fortsetzung von *Alice in Wonderland.*
162 *Edward Carpenter* (1844–1929), Schriftsteller und Sozialreformer. Jünger Rousseaus und Whitmans.
163 *Benno Erdmann* (1851–1921), deutscher Philosoph und Mathematiker, zuletzt Professor in Bonn.
164 *Hans Richter* (1843–1916), deutscher Opern- und Konzert-Dirigent. Langjähriger Leiter der Bayreuther Festspiele. Seit 1879 ständiger Gastdirigent der Londoner Covent Garden Opera.
165 *Maggie Tulliver* Figur aus dem Roman *The Mill on the Floss* von George Eliot.
165 *F. W. H. Myers* (1843–1901), Philologe und Spiritist. Begründer der »Society for Psychical Research«.
165 *Henry Sidgwick* (1838–1900), englischer Nationalökonom und Moralphilosoph. Professor in Oxford.
180 *Hewins,* W. A. S. (1865–1931), englischer Nationalökonom. Erster Direktor der London School of Economics.

182 *Edmund Burke* (1729–1797), englischer Politiker, vertrat die Ideale eines traditionsgebundenen Staatsdenkens.
183 *Cranford* Roman von Elizabeth Gaskell (1810–1865), einer Freundin der Schwestern Brontë.
190 *Louis Couturat* (1886–1914), französischer Philosoph und Mathematiker.
200 *Tammany* (Society) Politische Bruderschaft, später Bezeichnung der demokratischen Partei in New York.
201 *Whiteley* Ältestes Londoner Warenhaus.
204 *Jingo* Bezeichnung für einen englischen Chauvinisten.
205 *Faschoda* Der englisch-französische Konflikt wegen der Schutzherrschaft über den Sudan wurde infolge der Besetzung der sudanesischen Stadt Faschoda, gegen die der französische Oberst Marchand vorrückte, durch Kitchener im Sommer 1898, zugunsten der Engländer entschieden.
206 *Emile Borel* (1871–1956), französischer Mathematiker. Direktor der Ecole normale supérieure.
206 *Giuseppe Peano* (1858–1932), italienischer Mathematiker.
208 *George Gilbert Murray* (1866–1936), Inhaber des Lehrstuhls für Griechisch in Oxford. Übersetzer der griechischen Tragödiendichter.
214 *Thomas Taylor* (1768–1835), Mathematiker und Altphilologe. Übersetzer Platos und anderer altgriechischer Literatur.
219 *Joseph (»Joe«) Chamberlain* (1836–1914), englischer Staatsmann, ursprünglich liberal, später konservativ. Mehrmals Kabinettsmitglied; als Kolonialminister um die Jahrhundertwende betrieb er die Eroberung der Burenrepubliken.
220 *L. C. M. Amery* (1873–1955), konservativer britischer Politiker und Publizist. Mehrfach. Minister.
223 *Arthur Henderson* (1863–1935), Führer der englischen Arbeiterpartei. Minister in Labourkabinetten. Zuletzt Außenminister.
236 *Barrett Wendell* (1855–1921), amerikanischer Philologe und Literarhistoriker.
246 *George Meredith* (1828–1909), englischer Lyriker und Epiker. Der bedeutendste seiner Romane ist der hier erwähnte *Diana of the Crossways* (vollständiger Titel).
251 *Bank Holiday* Sogenannte Bankfeiertage sind in England: Oster- und Pfingstmontag; der erste Montag im August; der zweite Weihnachtstag.
253 *Lion (?) Phillimore* (1873–1926), Professor für griechische Sprache und Literatur in Glasgow.

253 *Sir Halford John Mackinder* (1861–1947), Geograph, zeitweise Direktor der London School of Economics.

259 *Huntington* (1876–1947), amerikanischer Geograph und Soziologe.

259 *Thorstein Veblen* (1857–1929), amerikanischer Soziologe norwegischer Abkunft.

259 *Edward Morgan Forster* (geb. 1879), englischer Erzähler und Essayist. *Where angels fear to tread* war sein Erstlingswerk (1907).

260 *F. C. S. Schiller* (Audubon, geb. 1864), englischer Philosoph deutscher Abkunft.

260 *George Santayana* (1863–1952), amerikanischer Philosoph und Dichter spanischer Abkunft.

262 *Sir Henry Campbell-Bannerman* (1836–1908), liberaler englischer Staatsmann. Premierminister 1905–1908.

263 *Le vieux matelot* Wahrscheinlich das berühmte Gedicht »The Ancient Mariner« von Coleridge.

263 *Waltons »Lives«* Biographien bedeutender Engländer des 17. Jahrhunderts von Izaak Walton (1593–1683).

275 *Edinburgh Review* Eine der ältesten und angesehensten literarischen Zeitschriften Großbritanniens.

278 *Desmond MacCarthy* (1877–1952), Publizist und Literaturkritiker.

279 *»Königliche« Professuren* Von der Regierung oder der Krone zu vergebende Lehrstühle an britischen Universitäten.

281 *Bedales* Erstes Internat mit Koëdukation in England.

281 *»Teufelsdröck«* Hauptfigur in dem satirischen Roman *Sartor Resartus* von Thomas Carlyle mit dem Untertitel »The Life and Opinions of Herr Teufelsdröck«.

283 *F. R. S. (Fellow of the Royal Society)* Mitglied der Royal Society, der ersten und angesehensten wissenschaftlichen Akademie Englands, gegründet 1645. Die Buchstaben F. R. S. hinter seinen Namen setzen zu dürfen, ist die größte Ehre, die einem britischen Gelehrten widerfahren kann.

284 *John Dewey* (1859–1946), amerikanischer Philosoph und Pädagoge. Schüler von William James.

284 *Athenaeum* Hochangesehener Londoner Club von Gelehrten, Schriftstellern und Künstlern, gegründet 1824.

290 *»Hängt-den-Kaiser-auf«-Wahlen* Die mit diesem Schlagwort von Lloyd George ausgeschriebenen Parlamentswahlen nach dem Ersten Weltkrieg (1919).

295 *Chilterns* Niedere Bergkette in Südengland.
302 *Lowell-Institut* In Boston gegründet von James Russell Lowell (1819–1891), amerikanischer Dichter und Literarhistoriker, eine Art Volkshochschule.
305 *Rupert Brooke* (1887–1915), englischer Dichter. Im Ersten Weltkrieg gefallen.
308 *Columbia Journal of Philosophy* Von der New Yorker Columbia-Universität herausgegebene Zeitschrift.
312 *Henri Poincaré* (1854–1912), bedeutendster französischer Mathematiker.
319 »*Little-Go-Greek*« Im Studentenjargon das erste Bakkalaureats-Examen in Cambridge oder Oxford.
319 *Ludwig Wittgenstein* (1889–1951), englischer Philosoph österreichischer Abkunft. Professor am Trinity College in Cambridge.
321 *Norbert Wiener* (geb. 1894), Mathematiker. Professor in Cambridge, Mass. Schöpfer der Kybernetik.
321 *Ernst Schröder* (1841–1902), deutscher Mathematiker. Professor in Karlsruhe.

Zeittafel

1872	geboren am 18. Mai in Chepstow/Monmouthshire als Nachkomme der Herzöge von Bedford
1890–1910	Studium der Philosophie und Mathematik in Cambridge
1894	Attaché der Britischen Botschaft in Paris
	Heirat mit Alys Pearsall Smith
1895	Aufenthalt in Berlin (German Social Democracy, 1896)
1910–1913	gemeinsam mit seinem Freund A. N. Whitehead *Principia Mathematica*
1910–1916	Lecturer am Trinity College in Cambridge
1916	wegen Aufwiegelung zur Kriegsdienstverweigerung verurteilt und auf Kriegsdauer in London interniert
1919	*Einführung in die mathematische Philosophie*
1920–1921	als Gastdozent nach China, *The Practice and Theory of Bolshevism**
1921	*Analyse des Geistes*
	Heirat mit Dora Black
1922	*The Problem of China*
1923	*The A.B.C. of Atoms*
1925	*The A.B.C. of Relativity*
1926	*On Education*
1927	Russell eröffnet mit seiner Frau eine Privatschule, die sie bis 1932 führen
1929	*Ehe und Moral*
1930	*Eroberung des Glücks*
1931	*Das naturwissenschaftliche Zeitalter*
1932	*Education and the Social Order*
	Which Way to Peace?
1936	Heirat mit Patricia Helen Spence
1938–1943	*Macht*
	Gastdozent in den USA
1940	*Let the People Think*
1944	Rückkehr nach England, Vorlesungen im Rundfunk

* von den in Englisch aufgeführten Buchtiteln erschienen noch keine deutschen Übersetzungen.

1946	*Philosophie des Abendlandes*
1947	*Warum ich kein Christ bin*
1949	*Authority and the Individual*
1950	Nobelpreis für Literatur
1951	*New Hopes for a Changing World*
1952	Heirat mit Edith Finch
1954	*Gesunder Menschenverstand und Atomkrieg*
1961	*Has Man Future?*
1962	*Unarmed Victory;* greift als Vermittler in den Kuba-Konflikt ein.
1965	Austritt aus der Labour Party, um gegen die passive Unterstützung des Vietnamkrieges durch die Außenpolitik Wilsons zu protestieren
1967	Gründung und erste Sitzung des Vietnam-Tribunals (2.–10. Mai) in Stockholm, gemeinsam mit Jean-Paul Sartre *Autobiographie* (1872–1914), Erster Teil
1968	*Autobiographie* (1914–1944), Zweiter Teil
1970	am 2. Februar in Penrhyndendreath/Wales gestorben. *Autobiographie* (1944–1967), Dritter Teil

suhrkamp taschenbücher

st 1 Samuel Beckett,
Warten auf Godot
Dreisprachig · Vorwort · Bibliographie
Deutsche Übertragung von Elmar Tophoven
256 Seiten
»Samuel Beckett, dessen Drama ›Warten auf Godot‹ der Anfang einer ins Unabsehbare führenden Entwicklung des modernen Theaters war – auch darum soll dieses folgenreiche Stück die neuen suhrkamp taschenbücher einleiten –, Samuel Beckett ist der größte Dichter unserer Jahrzehnte.« Joachim Kaiser

st 2 Max Frisch,
Wilhelm Tell für die Schule.
Prosa
Erstausgabe. 112 Seiten
Die Tell-Sage zählt zu den berühmtesten nationalen Mythen. Seit Schiller gilt sie als klassischer Besitz vom Triumph des Freiheitswillens über Unterdrückung. An den Schulen wird sie in dieser Form weitergereicht.
Gerade für die Schule erzählt Max Frisch den Wilhelm Tell neu: ein nationaler Mythos wird demontiert.

st 3 Peter Handke,
Chronik der laufenden Ereignisse.
Filmbuch
Erstausgabe. 144 Seiten
Eine einfache Geschichte: Zwei junge Männer, Philip Spade und Sam Beaumont, kommen nach San Fernando und lernen dort die Kellnerin Kelly und »das Mädchen mit dem Pferdeschwanz« kennen. Die Stadt scheint zunächst freundlich, bald jedoch treten ihre Herrschaftsstrukturen hervor. Der Versuch, sie zu verändern, scheitert. – Der Fernsehfilm wurde im Mai 1971 vom WDR ausgestrahlt.

st 4 Hans Magnus Enzensberger,
Gedichte 1955–1970
192 Seiten
Der Band enthält nicht nur eine neue Auswahl aus seinen Gedichtbänden »verteidigung der wölfe«, »landessprache« und »blindenschrift«, sondern er bringt darüber hinaus gut dreißig Gedichte, die Enzensberger zwischen 1965 und 1970 schrieb und die hier, bis auf wenige Ausnahmen, zum ersten Mal veröffentlicht werden.

st 5 Thomas Bernhard,
Gehen
Erzählung. 112 Seiten
»Gehen« ist die jüngste, im Juli 1971 beendete Prosaarbeit von Thomas Bernhard. Wie die Texte von »Midland in Stilfs« stellt auch diese Erzählung die Frage nach einem Sinn des Daseins, der für Bernhard fließend ist. Bewegen, Fließen, »Gehen und nicht stehen«, so äußerte sich Bernhard über seine jüngste Arbeit.

st 6 Martin Walser,
Gesammelte Stücke
368 Seiten
Dieser Band faßt alle Theaterstücke zusammen, die Martin Walser in den letzten zehn Jahren geschrieben hat. Die Stücke, für deren Abdruck die jeweils letzte Textfassung zugrunde gelegt wurde, sind Ausdruck der Auseinandersetzung des Autors mit der dramatischen Tradition und dem Theater der Gegenwart.

st 7 Hermann Hesse,
Lektüre für Minuten
Ausgewählt von Volker Michels
240 Seiten
»Lektüre für Minuten« dokumentiert mit 550 thematisch angeordneten Maximen die gedankliche Essenz der Schriften Hermann Hesses. Zusammengestellt wurde dieser Reader während der Lektüre sämtlicher Bücher Hermann Hesses sowie des vollständigen unpublizierten Nachlasses.

st 8 Olof Lagercrantz,
China-Report
Bericht einer Reise.
Aus dem Schwedischen
von Dorothea Bjelfvenstam
144 Seiten
Als erster europäischer Journalist nach der Kulturrevolution erhielt Olof Lagercrantz, Chefredakteur der größten schwedischen Tageszeitung, Dagens Nyheter, eine Einladung für einen längeren Aufenthalt in China. In 15 Aufsätzen, die in Dagens Nyheter veröffentlicht wurden, berichtet Lagercrantz von seinen chinesischen Erfahrungen: vom chinesischen Alltag, wie von den Gründen und Folgen der Kulturrevolution.

st 9 Jürgen Habermas,
Theorie und Praxis
480 Seiten
Das seit seinem ersten Erscheinen zum Klassiker gewordene Buch von Jürgen Habermas ist eine Sammlung historischer Studien über das Verhältnis von Theorie und Praxis in den Gesellschaftstheorien, die von der Antike über Scholastik, Aufklärung, Idealismus und Marxismus bis zur verwissenschaftlichten Zivilisation der Gegenwart reichen und die Grundlagen für eine systematische Untersuchung dieses politischen Zentralproblems bilden.

st 10 Alexander Mitscherlich,
Thesen zur Stadt der Zukunft
176 Seiten
Der Band faßt Mitscherlichs Publikationen zum Thema Städtebau zusammen, soweit sie nach der »Unwirtlichkeit unserer Städte« entstanden sind. Wer ernsthaft an die Lösung der Probleme denken will, die der Zustand der Großstädte und ihrer Bewohner heute aufgibt, wird an Mitscherlichs Thesen nicht vorbeigehen können.

st 11 Theodor W. Adorno,
Erziehung zur Mündigkeit
Vorträge und Gespräche mit Hellmut Becker.
Herausgegeben von Gerd Kadelbach
160 Seiten
Diese Vorträge und Gespräche, die von 1959 bis 1969 vom Hessischen Rundfunk gesendet wurden, zeigen einen »anderen« Adorno als die meisten seiner Bücher: er wirkt unmittelbarer, kommunikativer, verständlicher; er leitet den Leser – wie einst den Hörer – zum Mitdenken und zum Selbstdenken an.

st 12 Ernst Bloch,
Subjekt – Objekt.
Erläuterungen zu Hegel
544 Seiten
»Diese Schrift erhebt nicht den Anspruch, ein Buch über Hegel zu sein, sie ist eher eines zu ihm, mit ihm und durch ihn hindurch. Sie intendiert die durch Hegel und die Folgen bezeichnete Erhellung unseres geschichtlichen Woher, Wohin, auch Wozu. Hegel leugnete die Zukunft, keine Zukunft wird Hegel verleugnen.«
Ernst Bloch im Vorwort zu »Subjekt – Objekt«

st 13 Siegfried Kracauer,
Die Angestellten. Aus dem neuesten Deutschland
Mit einer Rezension von Walter Benjamin:
Die Politisierung der Intelligenz
144 Seiten
Kracauers Angestellten-Buch ist ein Klassiker der analytisch-dokumentarischen Literatur, der seit seinem Erscheinen (1930) kaum etwas an Aktualität eingebüßt hat. »Der Wirklichkeit wird hier so sehr zugesetzt, daß sie Farbe bekennen muß«, schrieb damals Walter Benjamin.

st 14 Ludwig Wittgenstein,
Philosophische Untersuchungen
272 Seiten
Außer seinem berühmten Frühwerk, dem »Tractatus logico-philosophicus« (1918), hat Wittgenstein nur noch ein

Manuskript für den Druck vorbereitet, die »Philosophischen Untersuchungen«, die 1945–49 geschrieben und 1953 posthum veröffentlicht wurden. Sie sind das Hauptwerk Wittgensteins, das die Philosophie unseres Jahrhunderts entscheidend beeinflußt hat.

st 15 Claude Lévi-Strauss,
Strukturale Anthropologie
464 Seiten
Aus dem Französischen von Hans Naumann.
Die Sammlung von Aufsätzen enthält die Quintessenz der Forschungen von Lévi-Strauss. Sie stellen eine vergleichende Strukturanalyse aller Äußerungen des sozialen Lebens dar, von den Verwandtschaftsbeziehungen und Siedlungsformen bis zur Sprache, Religion, Kunst und Kochgewohnheiten. All das sind Manifestationen der unbewußten Tätigkeit des menschlichen Geistes, die als eine Gesamtheit symbolischer Systeme oder als eine Syntax betrachtet werden können.

st 16 Bertolt Brecht,
Geschichten vom Herrn Keuner
128 Seiten
Brecht hat von 1930 bis in die fünfziger Jahre hinein »Geschichten vom Herrn Keuner« geschrieben; sie werden hier zum ersten Mal in einer separaten Ausgabe vollständig veröffentlicht. Diese Geschichten zeigen Brecht als Meister der kurzen Prosa: als Meister klarer, sachlicher Formen und der aggressiven sozialen Kritik.

st 17 Ödön von Horváth,
Jugend ohne Gott
176 Seiten
Ödön von Horváth ist nicht mehr ein Geheimtip für Kenner. So gut wie unentdeckt sind aber immer noch seine Kurzprosa und die Romane. »Jugend ohne Gott« ist Horváths zweiter Roman. Noch 1938, unmittelbar nach Erscheinen, wurde er in 8 verschiedene Sprachen übersetzt.

st 18 Bernard Shaw,
Die Aussichten des Christentums
Deutsche Übersetzung von Siegfried Trebitsch
144 Seiten
In fünf, der Reihenfolge des »Neuen Testaments« entsprechenden Kapiteln analysiert Shaw die vier Evangelien und die Briefe des Apostels Paulus. Mit der ihm eigenen Originalität und Schärfe weist Shaw die klassenorientierte Entstellung der ursprünglichen Lehre Jesu unter der Orthodoxie der Kirchensysteme nach.

st 19 Allerleirauh
Viele schöne Kinderreime
versammelt von Hans Magnus Enzensberger
400 Seiten
»Neben und seit ›Des Knaben Wunderhorn‹ ist uns kein Buch bekannt, das in solcher Gründlichkeit und Fülle Kinderverse und Sprüchlein aus vielen Jahrhunderten enthält. Es ist dazu mit 380 kleinen, unbekannten Holzschnitten aus dem 18. und 19. Jahrhundert geschmückt, die es zu einem hochwertigen Bilderbuch machen.«
Aargauer Tagblatt

st 20 Jürgen Becker,
Eine Zeit ohne Wörter
270 Seiten
Eine Zeit ohne Wörter: unter diesem Titel veröffentlicht Jürgen Becker eine Serie von Fotos, die er in einer »Zeit ohne Wörter« aufgenommen hat. Er demonstriert mit seinen Fotos nicht nur die bloße Anwesenheit der Dinge, sondern er versucht vor allem darzustellen, wie sie unter veränderten Umständen, zu verschiedenen Zeiten, in wechselnden Stimmungen wahrnehmbar werden.

st 21 Walter Benjamin,
Über Haschisch. Erzählungen, Materialien, Protokolle
Walter Benjamins Texte über Haschisch dokumentieren nicht nur die individuellen Rauscherfahrungen des Autors, sondern stehen in engem Zusammenhang mit

der Tradition der Drogenliteratur. Der Band enthält außer dem bekannten Stück »Haschisch in Marseille« eine an entlegener Stelle veröffentlichte Haschischgeschichte sowie zahlreiche Protokolle und Berichte von Drogenexperimenten.

st 22 Bertrand Russel,
Autobiographie I 1872–1914
400 Seiten
Als letzes Buch Russels vor seinem Tod 1970 erregte seine Autobiographie weltweites Aufsehen. In dem hier vorliegenden 1. Band schildert er in einer brillanten Prosa den bizarren Puritanismus seiner Erziehung, seinen Weg zur mathematischen Logik und seine Freundschaft mit bedeutenden Zeitgenossen.

st 23 Studs Terkel,
Der große Krach
Aus dem Amerikanischen von Dieter Hildebrandt
240 Seiten
Dieses Buch beschreibt in einer Fülle von Interviews den tiefen Schock, den die Amerikaner in den Tagen und Jahren der Weltwirtschaftskrise erlitten haben; dabei wird deutlich, daß das Trauma bis heute nachwirkt. Ein Buch, das nicht nur Auskunft gibt über den »großen Krach«, sondern auch über die Gefahr »schweigender Mehrheiten«.

st 24 Hans Henle,
Der neue Nahe Osten
528 Seiten
Hans Henle erweist sich mit seinem Buch »Der neue Nahe Osten« als der bedeutendste deutsche Nahostspezialist. Zum ersten Mal wird hier die gesamte arabische Unabhängigkeitsbewegung im Wechselspiel mit den ehemaligen Kolonialmächten und den neuen Weltmächten zusammenhängend dargestellt. Die verschiedenen Wege zur Unabhängigkeit, vom neo-kolonialistischen Kompromiß bis zum sozialistischen Experiment werden miteinander verglichen und auf ihre Erfolgschancen hin geprüft.

st 25 Katharina II. in ihren Memoiren
480 Seiten
Die hier gebotene Auswahl aus den Memoiren der Zarin Katharina II. von Rußland gibt ein abgerundetes Bild von ihrem Leben, von ihren frühesten Kindheitstagen bis zum Beginn des verwickelten und intrigenreichen Aufstiegs zu ungeahnter Macht, wie es sich ihr selbst in späteren Jahren spiegelte. Die Sitten- und Hofgeschichte des europäischen 18. Jahrhunderts.

st 26 H. C. Artmannsens Märchen
ca. 120 Seiten
Es hat sich mittlerweile herumgesprochen, daß H. C. Artmann alles kann: Man kennt seine Gedichte, seine Theaterstücke, seine böse und kauzige Prosa. Daß er auch Märchen schreibt, wußten bislang nur »Eingeweihte«. Anläßlich des Readers »The Best of H. C. Artmann« fanden sich fünf. Später entdeckte Artmann noch eine Mappe, schrieb weitere hinzu.

st 27 Peter Handke,
Die Angst des Tormanns beim Elfmeter
128 Seiten
Karl Heinz Bohrer schrieb über »Die Angst des Tormanns beim Elfmeter«, das erfolgreichste Buch eines jungen Autors der letzten Zeit: »Diese Erzählung mit dem eingängig parabolischen Titel gehört zu dem Bestechendsten, was in den letzten zehn Jahren deutsch geschrieben worden ist.«

st 28 Martin Sperr,
Bayrische Trilogie
Jagdszenen aus Niederbayern; Landshuter Erzählungen; Münchner Freiheit.
176 Seiten
Zwei Jahrzehnte bundesdeutscher Wirklichkeit umfaßt Martin Sperrs Bayrische Trilogie: denn was der 1944 in Niederbayern geborene Stückeschreiber in den Anmerkungen zu ›Jagdszenen aus Niederbayern‹ schreibt, gilt auch für ›Landshuter Erzählungen‹ und ›Münchner Freiheit‹: »Die Fabel des Stückes ist von Bayern unabhängig.«

st 29 Cthulhu
Geistergeschichten von H. P. Lovecraft
256 Seiten
Lovecraft, in der Tradition Edgar Allan Poes stehend, ist der Erfinder eines völlig neuartigen Grauens, einer, der die Verdrängungen und Archetypen der Seele zu einer riesenhaften Science Fiction aufbauscht, ein Büchertäumer wie J. L. Borges.

st 30 Algernon Blackwood,
Das leere Haus
Phantastische Geschichten
256 Seiten
In diesem Band der »Bibliothek des Hauses Usher« wird ein Meister der phantastischen Literatur aus England zum erstenmal dem deutschen Leser vorgestellt. In den Geschichten unseres Bandes geraten Menschen in den Bann unheimlicher Plätze und Behausungen, in denen die bösen Gedanken früherer Bewohner Macht über sie gewinnen.

st 32 Noam Chomsky,
Im Krieg mit Asien. Essays
Aus dem Amerikanischen von Jürgen Behrens
ca. 200 Seiten.
Noam Chomsky ist nicht nur ein Linguist, durch seine Theorie der generativen Grammatik international bekannt geworden, sondern auch durch sein politisches Engagement. Seine Aufsätze, Reden, Diskussionsbeiträge halfen der amerikanischen Widerstandsbewegung, sich zu artikulieren und zu begründen. Auf sein Buch »Amerika und die neuen Mandarine« folgt nun »Im Krieg mit Asien«.

st 33 Robert Minder,
Dichter in der Gesellschaft
ca. 380 Seiten.
Robert Minder, 1902 in Wasselonne im Elsaß geboren, ist Professor für Germanistik am Collège de France in Paris. Er versteht es, seine immensen Kenntnisse der deutschen und französischen Literatur in fesselnd geschriebenen Al-fresco-Essays darzubieten, die das Buch auch für den Laien zu einer anregenden Lektüre machen.

st 34 Hannes und Kerstin Alfvén, M 70 –
Die Menschheit der siebziger Jahre
ca. 140 Seiten.
Alle sagen: Unbestritten ist die Spezies Mensch Herr dieses Planeten. Ist sie es wirklich *unbestritten?* Wie darf man heute – zu Beginn der siebziger Jahre – die Situation der Menschheit insgesamt einschätzen? Wie mag, bei kühler, sachlicher Betrachtung, die Zukunft der Menschen sein? Eine Analyse dieser Fragen geben der Nobelpreisträger für Physik des Jahres 1970, Hannes Alfvén, und seine Frau, die Sozionomin Kerstin Alfvén, in ihrem Buch M 70.

st 35 Wolfgang Werner,
Vom Waisenhaus ins Zuchthaus
Ein Sozialbericht, herausgegeben und mit einem Nachwort von Martin Walser
288 Seiten
Etwa 22 Jahre war der 27jährige Wolfgang Werner in den Händen des Staates: in den ersten 17 Jahren als Waisenkind, dann vom 17. bis 27. Lebensjahr mit kurzen Freiheitsstrafen als Sträfling. Jetzt packt er aus. Was dabei herauskommt und wie es herauskommt, das zeigt wie in unserer Gesellschaft erzogen und Strafe vollzogen wird.

st 36 George Gaylord Simpson,
Biologie und Mensch
240 Seiten.
Dieser Band enthält die wichtigsten biologischen und anthropologischen Aufsatz-Veröffentlichungen George Gaylord Simpsons seit 1964. Simpson, einer der heute bedeutendsten Evolutionsforscher, ebenso brillanter wie streitbarer wie humorvoll-ironischer Essayist, versteht nicht nur Biologen zu fesseln – seine Aufsätze wenden sich an alle, denen Gegenwart und Zukunft des Menschen prominentes Gesprächsthema ist.

st 37 E. Fromm, D. T. Suzuki, R. de Martino,
Zen-Buddhismus und Psychoanalyse
240 Seiten
Der amerikanische Psychoanalytiker Erich Fromm,

Richard de Martino, Professor für Philosophie und Religionswissenschaft an der japanischen Universität von Kyoto, und D. T. Suzuki, einer der bedeutendsten Vertreter des Zen-Buddhismus im Westen, unternehmen in diesem Buch den Versuch, die wesentlichen Züge des Zen-Buddhismus zu zeichnen und eine Brücke zwischen östlicher Religiosität und westlicher Wissenschaft zu schlagen, indem sie die Frage beantworten, welchen Wert die Begegnung von Zen und Psychoanalyse haben könnte.

st 38 Ulli Olvedi,
LSD-Report
ca. 240 Seiten.
LSD, die halluzinogene Droge mit dem schwierigsten Namen: Lysergsäurediäthylamid, hat längst auch auf der deutschen Drogen-Szene einen zentralen Platz eingenommen. Die Meinungen über die Gefährlichkeit von LSD sind gespalten. Ulli Olvedi kann zum erstenmal einen kompletten Bericht über alle Aspekte dieses Halluzinogens vorlegen.

st 40 Gunnar Myrdal,
Politisches Manifest über die Armut in der Welt
(gekürzte Ausgabe)
288 Seiten
Das Buch ist die Kurzfassung von Gunnar Myrdals grundlegender dreibändiger Studie »Asian Drama«, die die ökonomische Basis der asiatischen Länder untersuchte. Myrdal (Friedenspreisträger des Deutschen Buchhandels 1970) macht reichlich unkonventionelle Vorschläge, wie die reichen Nationen ihre Beziehungen zu den armen Ländern gestalten müssen, wenn sie überleben wollen.

st 41 Peter Weiss,
Das Duell
Mit Zeichnungen des Autors.
ca. 128 Seiten
Der Autor beschreibt in einer Folge von inneren Projek-

tionen die gestörte Beziehung Gregors zur Umwelt, zu Lea und zu sich selbst. Die Doppelgängerfigur Robert verstärkt diese Grenzsituation. Aber der ästhetische Protest gegen diese Verhältnisse, gegen diese Kulturtradition läßt ihm die Kunst zu einem Totem, zur illusionären Selbsthilfe werden.

st 42 Der andere Hölderlin,
Materialien zum »Hölderlin«-Stück von Peter Weiss
Herausgegeben von Thomas Beckermann
und Volker Canaris
ca. 200 Seiten
In diesem Band soll die von Peter Weiss mit neuen Thesen vorangetriebene Kontroverse um Hölderlin dokumentiert werden: in Texten, die bei der Entstehung des »Hölderlin« eine wichtige Rolle spielten; in Aufzeichnungen, die Peter Weiss während der Arbeit am Stück niederschrieb; aber auch in Beiträgen, die eigens für diesen Band geschrieben wurden und den »Fall« Hölderlin am Stück von Peter Weiss erörtern.

st 43 Peter Handke,
Stücke I
ca. 220 Seiten
Peter Handke hebt mit seinen Sprechstücken, »Publikumsbeschimpfung«, »Weissagung«, »Selbstbezichtigung« und »Hilferufe« und mit seinem »Kaspar« den Illusionscharakter der Bühne auf. Er entwirft nicht Bilder von Handlungen, die andere Handlungen imitieren, sondern er macht die Sprache selbst zum Inhalt.

st 44 Gustav J. V. Nossal,
Antikörper und Immunität
Aus dem Englischen von P. G. Munder
ca. 300 Seiten, mit vielen Abbildungen
Dieses Buch ist eine Einführung in das menschliche Immunsystem und seine Mechanismen. Es behandelt die Antikörper und jene Zellen, die sie produzieren, und es beschreibt die Funktionsweise unseres Immunsystems.

st 45 C. L. Duddington,
Baupläne der Pflanzen
Aus dem Englischen von Elke Kranz
ca. 300 Seiten, mit vielen Abbildungen
Duddington hat ein Buch geschrieben, das all jene anspricht, die über ihre Freude an Pflanzen und Bewunderung für Pflanzen hinaus einen tiefen Einblick in die von der Natur vorgegebenen Entwicklungspläne von Pflanzen gewinnen möchten.

st 46 Samuel Beckett,
Watt
Aus dem Französischen von Elmar Tophoven
ca. 280 Seiten
»Watt« ist Becketts komischstes Buch, vielleicht eines der komischsten Bücher schwarzen Humors. Die Figuren dieses Romans, die bereits an »Warten auf Godot« denken lassen, sind eigentlich alle Clowns und ihre Reden Clownsreden.

st 47 Thomas Bernhard,
Frost
Roman
ca. 300 Seiten
»Frost« ist Thomas Bernhards erster Roman; er erschien 1963. Schon in diesem Prosatext kommt er zu seinem Thema: die ausweglose, weil exzentrische Situation; findet er seine Sprache und Form: das unablässig bohrende Ausschreiten einer erstarrten Sprach- und Gedankenwelt.

st 48 Unterbrochene Schulstunde
Eine Anthologie mit Texten von
Bertolt Brecht, Alfred Döblin, Hermann Hesse, Ödön von Horváth, James Joyce, Erich Kästner, Thomas Mann, Robert Musil, Bernard Shaw, Kurt Tucholsky, Robert Walser, Franz Werfel, Paul Nizan, Stefan Zweig
Zusammengestellt von Volker Michels
ca. 250 Seiten
14 Autoren des zwanzigsten Jahrhunderts reproduzieren

das Erlebnis der Schulzeit. Das Resultat ist eine engagierte, kritische Auseinandersetzung mit dem, was Schule ist: erste Konfrontation mit Autorität und Gesellschaft.

st 49 Ernst Bloch,
Naturrecht und menschliche Würde
ca. 480 Seiten
»Naturrecht und menschliche Würde« erörtert die abendländische Naturrechtsdiskussion von Epikur und der Stoa über Thomas von Aquin, Althus, Hobbes, Grotius, Rousseau, Kant, Fichte, die Französische Revolution und Marx bis zum Bürgerlichen Gesetzbuch und faschistischen Theorien.

st 50 Hans Erich Nossack,
Spirale
Roman einer schlaflosen Nacht
ca. 320 Seiten
»Ein Mann erzählt, was ihn schlaflos machte. Er müht sich, sein Leben zurück und zu Ende zu denken. Traum und Bewußtsein, Romantik und Psychoanalyse, Parodie und Märchen bestehen hier nebeneinander.« *Willi Fehse*